사랑의열매 나눔총서 06

민주사회의 필란트로피

필란트로피의 역사, 제도, 가치에 대하여

PHILANTHROPY IN DEMOCRATIC SOCIETIES: History, Institutions, Values

사랑의열매 나눔총서 06

민주사회의 필란트로피

필란트로피의 역사, 제도, 가치에 대하여

롭 라이히,
루시 베른홀츠,
키아라 코델리 엮음

이은주 옮김, 최영준 감수

교유서가

민주사회에 부합하는
필란트로피의 역할과 책임

사회복지공동모금회는 지난 2008년부터 우리 사회 나눔문화 확산을 위해 나눔총서를 발간하고 있습니다. 2008년 나눔총서I『비영리조직의 역량강화 보고서(Sustaining Nonprofit Performance: The Case for Capacity Building and the Evidence to Support It)』를 시작으로, 2010년 나눔총서II 『착한기업을 넘어: 선진기업들의 전략적 사회공헌』(공저)과 나눔총서III『기업 사회공헌활동의 동향과 전략』(공저), 2012년 나눔총서IV『일곱빛깔 나눔』(공저) 등을 발간하여 우리 사회의 나눔문화 확산과 비영리 조직들의 역량강화를 위해 노력해왔습니다.

2012년에 네번째 나눔총서를 발간한 이후 9년 만인 올해 다섯번째, 여섯번째 총서 두 권을 발간하게 되었습니다. 비록 번역서지만, 이번에 다섯번째 나눔총서인『임팩트 세대: 차세대 기부자들의 기부 혁명(Generation Impact: How Next Gen Donors are Revolutionizing Giving)』에 이어서 여섯번째 나눔총서인『민주사회의 필란트로피: 필란트로피의 역사, 제도, 가치에 대하여(Philanthropy in Democratic Societies: History, Institutions, Values)』를 무려 9년 만에 발간하게 되어 정말 감회가 새롭습니다.

그동안 우리 사회에서 나눔의 중요성에 대한 인식은 더욱 확고해졌습니다. 이는 코로나19 이후에 사회문제의 대상과 내용이 확대되는 상황으로 인해 정부 정책만으로 현재의 위기를 타개하는 것이 한계에 직면했음을 확인한 결과라고도 볼 수 있습니다. 코로나19가 형성한 심층적이고 복합적인 위기는 경제, 노동 영역은 물론이고 일상을 위협하고 있습니다. 이 과정에서 취약계층이 겪는 삶의 불안정성은 증폭되었고 비교적 안정적인 삶을 살았던 이들의 안정 또한 위협받고 있습니다. 이처럼 우리가 목도하는 현실은 나눔의 중요성과 필요성에 대한 공감대를 형성하기에 충분해 보입니다. 실제로 코로나19에 대응하기 위한 사회복지공동모금회 코로나19 특별모금에 사회구성원들은 큰 관심과 참여로 응답했습니다.

이러한 상황에서 사회복지공동모금회 나눔문화연구소에서는 민주사회에서 필란트로피의 의무와 책임을 다양한 관점으로 조명하는 『민주사회의 필란트로피』를 발간했습니다. 2016년 미국에서 발간된 이 책은 민주사회에 부합하는 필란트로피의 역할과 책임에 대해서 깊이 있게 고민하는 기회를 마련하고 필란트로피에 대한 인식의 지평을 확장하는 계기가 될 것으로 기대합니다.

이 책의 저자들은 단순히 필란트로피가 확대되어야 한다고 주장하지 않습니다. 오히려 필란트로피의 확대 과정에서 우려되는 문제들을 지적하고 대안을 고민하며 필란트로피의 양적 성장을 차별화된 다양한 시각으로 해석하고 있습니다. 이 책은 민주사회에서 더 많은 시민이 필란트로피에 관심을 가지고 참여할 수 있는 동력을 이끌어낼 수 있는 방향성에 대한 화두를 던지고 있습니다. 코로나19가 야기한 위기상황에서 필란트로피의 역할이 더욱 중요해지고 있는 지금이 우리 사회에 필란트로피가 더욱 견고하게 자리매김할 수 있도록 필란트로피의 가치와 철학을 성찰해야 하는 시기라고 볼 수 있습니다.

사회학자 카를로 보르도니(Carlo Bordoni)는 '위기'를 새로운 토대 위에서 변화를 준비하는 기회라고 해석했습니다. 그런 점에서 코로나19의 위기상황에서 나눔의 의무와 책임에 천착한 이 책이 우리 사회에 나눔이 뿌리내리고 발전하는 여정의 훌륭한 길잡이가 될 것으로 확신하며, 문화의 확산과 나눔활동에 수고하시는 이 땅의 모든 분들께 이 책을 바칩니다.

끝으로, 이번 여섯번째 나눔총서가 발간되기까지 협조와 지원을 아끼지 않았던 교유당 출판사와, 나눔의 정치적, 철학적 토대를 다룬 쉽지 않은 내용을 번역해주신 이은주 선생님, 깊이 있는 통찰로 이 책의 감수를 기꺼이 맡아주신 연세대학교 최영준 교수님께 감사의 말씀을 전합니다.

2021년 8월
사회복지공동모금회
회장 조 흥 식

일러두기

- 'Philanthropy'는 국립국어원의 외래어표기법을 따르는 대신 비영리 현장에서 보편적으로 사용되는 '필란트로피'로 표기했다.
- 'philanthropy'는 흔히 '자선'으로 번역하지만 박애, 선행, 나눔 등 다양한 의미를 내포하고 있으며, 'philanthropy'를 다룬 다양한 학문 분야마다 그것을 정의하는 방식이 다르다. 여러 분야의 학자들이 'philanthropy'의 다양한 측면을 다룬 논고를 엮어서 만든 이 책의 성격을 고려하여 특정한 의미에 국한되지 않도록 원어 발음을 한글로 표기하는 방식을 택했다.

불평등시대, 필란트로피를 다시 생각하다

최영준 (연세대학교 행정학과 교수)

사회적 난제들이 겹겹이 쌓여가고 있다. 하나의 문제를 풀고 있는 동안 또다른 새로운 문제가 더해지는 모양새이다. 코로나 19와 이에 수반된 급속한 디지털화는 문제의 폭과 깊이를 더하고 있다. 누군가는 국가가 더욱 크고 중요한 역할을 해야 한다고 주장한다. 국가가 존재하는 목적이기 때문이다. 하지만 다른 쪽에서는 국가가 과연 지난 시기 동안 문제 해결에 능숙하고 효과적이었는지에 대한 의문을 제기한다. 관료화되고 경직적인 모습, 당사자들이 배제되었던 정책 과정들, 국가정책의 사각지대에서 고통받았던 사람들, 그리고 그 사이사이를 메꾸고 때로는 선도하며 위로했던 민간과 시민사회의 모습들도 기억한다. 국가의 역할이 중요하지 않다는 이들은 없겠지만 국가만으로 거대한 변화의 시기를 헤쳐나갈 수 있을 것이라고 생각하는 이들도 많지 않다.

공적 목적을 위한 사적 행동인 필란트로피는 이러한 민간 역할의 중심에 서 있다. 필란트로피스트들은 때로는 기부로, 때로는 활동으로 대중이나 국가가 주목하지 못한 사회적 문제를 발굴하며 문제 해결에 직접 뛰어들기도 했다. 기존 문제의 해결방식을 '혁신'할 수 있는 아이디어와 실행 방안을 제시하기도 했으며, 이는 정부정책의 마중물 역할을 하기도 했다. 또한 삶의 질을 높일 수 있는 사회적·문화적 자원을 끊임없이 만들어내기도 했다. 어느새 우리 사회의 어디에서나 찾아볼 수 있는 필란트로피의 존재와 역할은 없어서는 안 될 존재로 인식되기 시작했으며, 기업의 역할 증대와 함께 필란트로피를 증진시키기 위한 노력이 정부와 사회에서 본격화되고 있다.

하지만 우리가 묻지 않았던 질문들이 있다. 필란트로피가 더 보편화되고, 더 많아지면 우리 사회는 더 좋은 사회(Good Society)가 될까? 누가 '진정한' 필란트로피스트들인가? 권력화되는 필란트로피는 민주주의를 증진시킬 수 있을까? 필란트로피의 역할은 국가의 역할과 어떻게 양립 가능할 수 있을까?

미국은 필란트로피가 가장 활발한 국가이며, 우리가 필란트로피와 관련된 조직이나 제도를 가장 많이 배우는 국가이다. 그렇다면 미국은 우리가 꿈꾸는 좋은 사회인가? 아마도 많은 이들이 쉽게 고개를 끄덕이지는 못할 것이다. 미국은 빈곤이나 불평등뿐 아니라 교육이나 보건에도 많은 문제를 드러내고 있는 국가이기도 하다. 그렇기 때문에 미국의 거대 필란트로피스트들은 이러한 영역에 더 많은 기부와 활동에 집중하고 있고, 이를 통해 변화를 이끌어내려고 애쓰고 있다. 그나마 이러한 필란트로피가 있어서 미국이 지금의 수준을 유지하고 있는 것일까, 아니면 국가의 역할이 너무 필란트로피에 치우쳐 있기 때문에 좋은 사회로의 이행이 더딘 것일까? 혹시 권력으로서의 필란트로피스트들이 국가 역할의 확장을 막고 있지는 않을까?

『민주사회의 필란트로피(Philanthropy in Democratic Societies)』는 고액

기부, 기업의 사회적 책임(CSR), 환경·사회·거버넌스(ESG) 등 양적인 확대에만 집중하는 한편 필란트로피의 선한 측면만을 부각했던 우리에게 더 큰 그림을 볼 것을 권고한다. 이 책은 미국 사회에서 필란트로피의 기원과 제도 그리고 도덕적 정당성을 차분히 검토하면서 민주사회에 부합하는 필란트로피는 무엇인가에 대한 진지한 질문과 성찰을 제공한다.

저자들의 이러한 질문은 불평등시대에 더욱 무겁게 다가온다. '승자독식 경제'가 형성되면서 양극화가 더욱 사회적 이슈가 되고 있다. 양극화 사회에서는 해결할 사회적 위험이 더욱 증가하게 되고, 이 사회적 위험을 대처하는 데 필란트로피의 역할이 함께 증가하게 된다. 불평등 사회에서 자원이 풍부한 이 '승자'들은 그 목소리와 역할이 더욱 커지고 있다. 그렇다면 사회적 위험을 정의하고 대책을 마련하며 누구에게 어느 정도의 지원을 할 것인지를 결정하는 데 있어서 필란트로피스트들의 재량은 얼마나 정의로운 것이며, 인정받아야 하는 것일까? 이들의 재량을 지원하기 위한 조세 혜택과 기부자 조언기금 같은 새로운 방식들은 얼마나 민주주의와 양립 가능할까?

이러한 질문들은 2010년 빌 게이츠가 워런 버핏과 함께 전 세계 부호들에게 '더 기빙 플레지(The Giving Pledge)' 캠페인에 동참할 것을 호소했을 때 독일 부호들의 비판을 떠올리게 한다. 크래머 등의 독일 부호들은 자신의 재산 절반을 사회에 환원하자는 더 기빙 플레지 캠페인에 대해서 기부가 국가가 해야 하는 역할을 대신할 수 없으며, 기부자가 기부금을 어디에 사용하는 것이 맞는지를 결정하는 것에 대해서도 비판한 바 있다. 우리 사회에서도 기부자들이 점점 자신의 기부가 어떻게 사용되는지를 통제하고 싶어한다. 사회 문제에 관심을 갖는 기부자들이 증가하는 것에 대해 반가운 마음과 함께 우려의 마음이 동시에 생기는 이유이기도 하다. 더욱이 고액의 기부자들이나 기업이 일반 시민들에 비해 '사회'에 대한 보수적인 시선을 가지고 있다는 일부 근거들은 이러한 우려를 더욱 강화시킨다.

이 책은 필란트로피를 축소시키고 국가의 역할을 마냥 증대시켜야 한다는 주장을 하는 것은 아니다. 필란트로피의 역할에 대해서 성찰을 하자는 것이며, 제자리와 제 역할을 찾는 것이 필요함을 이야기하고 있는 것이다. 여전히 필란트로피의 역할은 중요하다. 사회에 난제 해결을 위한 혁신적 방식을 제시하고, 불확실성의 시대에 실험을 선도하는 역할을 한다. 이를 통해 국가에게 새로운 길과 비전을 제시하기도 한다. 삶의 질을 높이는 문화재 공급의 역할을 하며, 소수자들을 보호하고 옹호하기도 한다. 이 얼마나 소중하고 귀한 역할인가. 하지만 이 모든 역할은 정의의 원칙과 양립해야 하며, 소수의 결정이 아니라 공공의 장에서 민주적 결정으로 이루어져야 한다.

역할 찾기는 필란트로피스트들이나 기업만의 이야기는 아니다. 이 책에서는 주로 다루지 않았지만 누구보다 국가가 제 역할을 찾아야 한다는 필요성을 강하게 제시하고 있다. 당연히 국가가 제공해야 하는 기본적인 공공재 제공 역할을 필란트로피가 담당하게 된 것은 파괴적 필란트로피의 영향이 있을지도 모르나 국가가 그 역할을 다하지 못한 까닭이기도 하다. 이 책은 국가가 좋은 사회와 민주주의를 위해서 어떤 역할을 해야 할 것인지, 변화하는 사회에서 필란트로피가 진정한 필란트로피가 되기 위해서 어떤 제도적 역할을 해야 하는지에 대한 암시를 분명하게 이야기하고 있다.

이 책은 21세기 필란트로피의 바람직한 방향에 대한 고민을 때로는 역사 속에서 혹은 현재의 제도 속에서 던져주고 있다. 저자들이 모두 같은 의견을 공유하고 있지 않기 때문에 다양한 견해들을 접할 수 있는 것은 또다른 장점이기도 하다. 이 책은 우리 사회의 필란트로피스트들과 관계자들, 이를 연구하고 있는 연구자와 학생들 그리고 복지 혹은 사회 혁신 분야에서 일하고 있는 공무원들과 정치인들 모두가 읽어야 할 필독서이다. 잠시 '양적 확대'라는 달리기를 멈추고 우리가 달리는 방향이 맞는지를 점검하는 훌륭한 기회가 될 것이라고 의심치 않는다.

이 책을 감수하게 된 것은 큰 행운이다. 꼼꼼하게 읽어보면서 스스로 얼마나 필란트로피에 대한 고민이 부족했는지를 깨닫게 된 기회였기 때문이다. 쉽지 않은 이 책의 텍스트를 꼼꼼하게 번역해주신 번역가 선생님과 출판사에 그리고 무엇보다 이 책의 번역을 결정해준 사회복지공동모금회에 깊은 감사의 마음을 전한다.

3부 도덕적 근거와 한계 _ 325

민주사회의 필란트로피

루시 베른홀츠, 롭 라이히, 키아라 코델리

필란트로피(philanthropy)는 어디에나 있다.

미국은 물론 대다수의 다른 국가에서도 현대의 모든 삶의 영역에서 필란트로피를 볼 수 있다. 개인들은 민간자원을 활용해 빈곤 구제, 교육, 보건의료, 문화·예술적 표현, 국제 원조, 다양한 형태의 결사단체 등 무수히 많은 공익활동을 지원한다. 우리는 공적 자금이나 조세 배분과 관련된 정부의 결정을 필란트로피 자원으로 보완하기도 대응하기도 한다. 자선활동은 소수의 개인이 제공하는 대규모 기증품부터 거의 모든 사람이 참여하는 소액의 기부금과 시간 기부에 이르기까지 여러 형태로 나타나며, 그 주체 또한 자선단체부터 민간재단, 비공식적인 기부 서클까지 매우 다양하다. 필란트로피의 수준과 구조는 문화와 장소에 따라 다를지라도 부유하거나 가난하거나 민주주의이거나 다른 체제인 것과 상관없이 전 세계의 여러 나라 사람들은 최선을 다해 다른 이들을 돕는다. 미국의 경우 100만 명이 훌쩍 넘는 단체들로 이루어진 만화경처럼 변화무쌍한 비영리 부문이 자선활동에 기반하고 있으며, 이들은 노동인구의 약 10퍼센트를 차지하는 동시에 시민 대다수의 일상과 맞닿아 있다. 2013년 미국의 총 기부금은 3300억 달러로 추산되었는데, 이는 많은 국가의 국내총생산(GDP)보다도 큰 규모이다.

필란트로피는 선한 활동이나 재정 지원 체계이기도 하지만 다른 한편으로는 일종의 권력이 될 수도 있다. 다이앤 래비치(Diane Ravitch) 전 교육부차관보가 빌 게이츠(Bill Gates)를 가리켜 '미국의 비선출 교육감'[1]이라고 평할 때나 미국과학진흥협회의 스티븐 에드워즈(Stephen Edwards) 정책분석관이 "21세기의 과학 연구는 국가의 우선순위나 동료평가보다 막대한 자금력을 갖춘 개인들의 특정한 선호에 좌우되고 있다"[2]고 〈뉴욕타임스〉에 기고할 때 그들은 필란트로피를 비공식적이지만 정치적으로 두드러지는 개인 권력의 행사로 일컫고 있다. 학자들은 대규모 회원 조직에서 전문가가 회원들로부터 자원봉사 시간 대신 기부금을 모금하며 관리하는 소규모 단체로 변화한 미국의 결사체적 삶의 변화를 다룬 학술 기록에서도 일반 시민들이 생활 속에서 행사하는 권력의 중대한 변화를 기술하고 있다.[3]

필란트로피의 실천은 모든 형태의 권력과 마찬가지로 그 유형과 발생, 정당성, 재량권, 분배 등과 관련해 중요한 질문을 제기한다. 필란트로피는 어떤 권력—사적 또는 정치적—인가? 이 권력은 시장 주체의 경제권력 및 국가의 정치권력과 어떻게 상호작용하는가? 필란트로피의 권력 행사는 정당하며 자유민주주의 국가의 기본 가치와 양립할 수 있는가? 영향력 있는 필란트로피 행위 주체들은 어떤 신중함을 가져야 하는가? 필란트로피 중에서도 권장하거나 단순히 허용하거나 엄격히 제한하거나 전면 금지해야 하는 활동은 어떤 것들인가? 필란트로피의 권력 분배는 사회 전반의 경제적 자원과 정치적 영향력의 분배와 어떤 식으로 영향을 주고받는가? 이는 여러 분야의 학자들이 눈여겨볼 만한 질문들이다.

그러나 필란트로피는 그동안 학자들로부터 별다른 관심을 받지 못했다. 그나마 연구에 나선 몇 안 되는 학자들도 민주사회에서 필란트로피가 제기하는 특정한 과제를 간과해왔다. 필란트로피는 언제 민주주의에 이롭거나 해로울까? 부유층에서 자연스럽게 행사하는 경향이 있는 필란트로피 권력은 민주주의에서 동등한 시민권과 정치적 목소리에 대한 기대와 어떻게 상호작용하고 또 어떻게 상호작용해야 할까? 필란트로피의 권력 행사가 정당하려면 어떤 전제조건이 필요할까? 민주주의가 공익을 위해 촉진하고 기려야 할 민간활동은 어떤 형태일까? 또 어떤 형태는 반대하고 저지해야 할까?

이 책은 민주사회에서—사회서비스 제공시에나 문화활동, 기초 연구, 정책 옹호, 정치 참여, 종교 그리고 물론 결사체적 삶에서—필란트로피의 역할이 중요하고 또 나날이 확대되고 있다는 확신에서 출발했다. 그런데도 필란트로피 활동은 학계의 변방에 머물러 있으며, 특히 시장이나 정부에 비하면 인류 역사의 전반에서 비중 없는 조연에 불과하다. 이 책의 목적은 필란트로피를 학문적으로 면밀하게 검토할 대상으로 부각시키면서 주변부에서 중심으로 옮겨오는 것이다.

세계 어디에나 있고 실제로 막대한 영향력이 있음에도 불구하고 필란트로피에 대한 분석이 충분히 이루어지지 않은 이유는 무엇일까? 가능한 이유는 세 가지이다. 첫째, 많은 종교가 익명의 기부를 칭송하며, 필란트로피를 정의하는 현대의 법률 규정은 익명성의 전통을 그대로 계승하고 있다. 필란트로피는 대개 은밀하거나 눈에 띄지 않게 혹은 고의로 정체를 숨기며 이루어진다.

둘째, 기업의 사회적 책임(CSR)이나 사회적 기업 그리고 (미국의 경우) 정치활동에 활발히 참여하는 사회복지단체처럼 전통적인 필란트로피 구조와 바로 인접한 영역에서 오늘날 전개되는 발전 양상은 한때 필란트로피 분야의 지형을 규정했던 경계를 허물고 있다. 비영리 공공 자선단체는 수익을 추구하는 점에서나 측정 가능한 결과를 규정한다는 점에서 영리기업과 닮았으며, 영리기업은 재무적 수익과 사회적 수익을 동시에 추구하는—일명 더블 보텀 라인(Double Bottom Line, DBL)—점에서 비영리 전략을 채택하고 있다. 그 결과 필란트로피 활동의 장은 확대되는 반면 실제 그 본질은 희석되고 파편화되는 추세이다.

셋째, 국고나 민간자산과 비교해볼 때 총 필란트로피 기부는 여전히 규모가 매우 작다. 2013년 미국의 필란트로피 기부 추정 금액은 3300억 달러에 달했지만, 이는 미연방 예산 3조 5000억 달러나 총 민간자산 85조 달러에 비하면 매우 미미한 수준이다. 그렇지만 이 자료에는 쉽게 수량화할 수 있는 금전적 필란트로피의 형태만 포함되어 있을 뿐 시간(또는 혈액이나 장기 같은 신체의 일부) 기부와 재단이나 대학 같은 필란트로피 법인들의 기부 등 다른 형태의 필란트로피는 제외되어 있다. 또한 전체적으로 필란트로피 기부의 양은 세금이나 시장에 비해 작기는 하지만 교육부터 의학 연구, 종교, 예술까지 필란트로피의 영향력이 대단히 중요한 분야들이 있다. 이런 분야에서 필란트로피스트들은 상당한 권력을 행사하며, 특히 시장이나 국가가 역할을 할 수 없거나 할 의지가 없을 때 그 영향력은 더욱 두드러진다.

거의 모든 학문 분야에서 필란트로피를 다룬 논문과 드물게는 저서까지 찾아볼 수 있지만, 필란트로피를 연구하고 정의하는 방식은 서로 너무 달라서 때로는 학자들이 같은 주제를 논하고 있는 것이 맞는지조차 인식하기 어려울 정도이다. 같은 필란트로피를 두고 경제학자들은 친사회적 행동이라고 일컫는 것에 반해 정치철학자들은 선행(beneficence)이나 자선

(charity)이라고 일컫는다. 조직이론학자들은 비영리단체와 재단을 비롯한 필란트로피 기관을 특수한 조직 형태로 고찰하는 반면, 법학자들은 조세법에 내재해 있는 행위로 고찰한다. 사회학자들은 사람 사이에서 이루어지는 교환이라는 특수한 형태의 선물에 주목했으며, 필란트로피를 선물의 일종으로 본다. 바로 뒤에서 다루겠지만 완전히 개념적인 관점에서 보더라도 필란트로피가 무엇이며, 그 핵심이 어떤 것인지 정의하기란 쉽지 않다. 이러한 이유로 필란트로피의 속성과 형태, 한계에 관해 체계적인 분석을 내놓는 것은 만만한 일이 아니다.

따라서 필란트로피를 제대로 정의하고 민주사회의 맥락에서 고려해볼 수 있는 최선의 방법이 무엇인지 정하는 것으로 본격적인 포문을 열고자 한다.

필란트로피와 민주주의

필란트로피의 그리스어 어원은 '인간에 대한 사랑'을 의미한다. 그리고 우리는 대개 필란트로피를 남을 위하거나 사회에 혜택을 주기 위한 자발적 기부 행위―돈, 재산, 시간, 혈액 등 신체 일부의 기부―로 여긴다. 이 점에서 필란트로피는 일반적으로 이타주의, 자선, 선의와 관련이 있다. 그러나 이처럼 개략적이고 모호한 정의는 무엇을 필란트로피로 간주하느냐는 질문을 전혀 해결하지 못한다.

필란트로피는 행위와 제도를 동시에 지칭할 수 있다. 우리는 필란트로피를 개인적인 기부의 한 형태로도, 복잡한 경제 및 정책 구조―민간이 자금을 제공해 공익을 창출하는 제도화된 행위―로도 생각할 수 있다. 전자에 해당하는 행위적 관점에서 보면 필란트로피는 친구와 가족에게 주는 선물과 같은 형태의 기부나 개인 소비를 위한 지출과는 거리가 멀다. 후자처럼 구조적 관점에서 보면 필란트로피는 조세나 시장 교환과 같은 대안적이고 제도화된 재정체제와는 분명히 다르다.

그럼 먼저 특별한 행동으로서의 필란트로피를 고찰해보자. 어떠한 행동을 '필란트로피'로 만드는 기준은 무엇일까? 예를 들어 필란트로피 행동이 선물을 주거나 소비와 같은 다른 행동들과 뚜렷이 구분되는 요소는 무엇일까?

이 질문들에 답하는 한 가지 방법은 기부자의 주관적 동기와 의도를 기준으로 필란트로피 행동을 정의하는 것이다. 그러나 이 방법으로 필란트로피 행동을 정의하는 데는 몇 가지 문제가 있다. 먼저 어떤 동기나 의도를 진정한 필란트로피로 간주할 수 있는지를 명확히 규정할 필요가 있다. 자기 자식에 대한 사랑에서 비롯된 행동—이를테면 자식이 얻게 되는 교육적 이득을 늘리기 위해 자식이 다니는 부유한 학교에 돈을 기부하는 행동—을 필란트로피로 볼 수 있을까? 자기 자식을 포함한 아이들도 분명 인류에 속하기는 하지만 우리와 가깝고 우리에게 소중한 사람을 향한 배타적인 사랑에서 나온 행동이 필란트로피가 될 수 있다는 생각에는 대부분 거부반응을 보일 것이다. 둘째, 모르는 사람들이나 일반 대중을 이롭게 하는 것과 관련된 경우이더라도 필란트로피적인 동기의 존재만으로는 어떤 행동을 필란트로피로 간주하기에 충분하지 않으며, 심지어 필요조건조차 되지 않을 수도 있다. '인류애'에 의해 행동하지만 그 행동이 제삼자에게 해로운 결과를 초래한다면 어떨까? 그래도 그 행동을 필란트로피로 볼 수 있을까? 반면 누군가의 행동이 인류에 대단히 좋은 결과—많은 생명을 구하거나 다수의 가난한 아이들을 학교에 보내는 데 일조하는—를 가져오지만, 사실 그 행동의 주된 동기가 경제학에서 말하는 소위 '따뜻한 만족감(warm glow)'—스스로가 좋은 일을 하고 있다고 느끼는 데서 오는 정서적 혜택을 만끽하고자 하는 욕망—이라면 어떨까? 기부의 동기가 순전히 자신의 잇속을 차리기 위해서라면, 즉 다른 이들에게 칭찬받고 싶은 바람에서 혹은 명성이나 사회적 지위를 얻고자 하는 욕망에서 기부를 하는 경우는 또 어떨까? 필란트로피와 무관한 동기임에도 불구하고 그런 행동까지 필란트로피로 보아야 할까? 어쩌면 중요한 것은 동기가 전부가 아닐 것이다.

또다른 방법은 동기를 기준으로 삼는 것뿐만 아니라 행동의 유형과 그 행동이 발생하는 특정한 방법이나 제도적 형태 또한 기준으로 삼아 필란트로피 행동을 정의하는 것이다. 이 관점에 따르면 '인류애'에서 비롯된 행동이라고 할지라도 그것이 자발적인 기부의 형태로 나타나고, 특정 유형의 제도적 장치나 정해진 단체를 통해 전달되지 않는 한 필란트로피 행동이 될 수는 없다. 이 기준에 의하면 예를 들어 개발도상국의 경제에 이득을 줌으로써 그러한 나라의 어려운 환경에서 살아가는 사람들을 돕기 위해 공정무역 상품을 구입하겠다는 결정은 필란트로피 행동으로 간주되지 않을 것이다. 마찬가지로 사회안전망을 뒷받침하려는 강한 의지로 세금을 납부하는 일도 필란트로피 행동으로 여기지 않는다. 필란트로피를 자발적인 기부로 국한하면 지출이나 조세와는 다른 독특한 형태의 교환으로 필란트로피를 이해하는 데 도움이 된다. 필란트로피는 적어도 기부 행위로 직접적인 수익을 얻거나 소비재를 구매하지 않는 한 비호혜적이라는 점에서 지출과 다르다. 또한 조세와는 달리 강제로 집행되지 않고 자발적이다.

그런데 바로 이 지점에서 또다른 어려움이 발생한다. 거리의 거지에게 기부하는 것도 필란트로피로 볼 수 있을까? 이는 분명 자발적인 기부이자 구제 행위이지만 그럼에도 불구하고 일각에서는 이것이 필란트로피 행동이 아니라며 반박한다. 그 반론의 근거는 필란트로피는 아무리 빈곤한 개인이라도 특정 개인이 아니라 비영리 또는 비정부 기구처럼 특정한 단체에 자발적으로 기부하는 것만을 추려내는 법적 용어라는 것이다. 특정 개인이 아닌 공식적인 단체에 기부하면 세제 혜택을 받는 경우가 많다. 이러한 법률주의적 정의에 따르면 기부는 법, 더 정확히는 조세법에 의해 인정되는 경우에만 필란트로피 행동으로 볼 수 있다.

마지막으로 필란트로피 행동은 그 행동이 실제 공익으로 이어지기 전까지는 완성되지 않았다고 볼 수도 있다. 여기서 초점은 행동의 동기나 유형이 아니라 행동의 목적이나 결과에 있다. 결과에 집중하면 '만사를 고려하는' 문제가 발생하지 않는다. 단순한 바람이나 선한 의도만으로는 어떤 행동을 필란트로피라고 하기에는 충분하지 않다. 결과 역시 중요하다. 그렇지만 결과 중심의 접근방식에는 문제점이 있다. 결과를 어떻게, 누가 정의할 것인가? 필란트로피 행동이 온전히 필란트로피의 성격을 띠고 있다고 간주하기 위해 초점을 맞춰야 하는 '공익'의 기준을 정할 책임은 누구에게 있는가? 기부자들이 직접 공익의 기준을 정해야 할까? 공익은 법률이나 조세법에 의해 인정되는 것으로 국한해야 할까? 필란트로피의 타당한 목적을 규정하는 궁극적인 기준을 객관적·도덕적 가치 이론이 제시해야 할까? 아니면 민중(demos)—민주공동체에서 동등한 지위를 가진 시민들—이 무엇을 공익으로 또 필란트로피로 볼 수 있는지 정해야 할까?

필란트로피를 구조적 관점에서 사회의 경제나 정책 구조—민간에서 중요한 재화의 생산 및 공급에 자금을 지원하기 위한 제도화된 체계—의 일환으로 살펴보더라도 역시나 복잡한 문제들과 마주치게 된다. 먼저 우리는 이 구조를 이루는 구성요소들을 확인해야 한다. 어떤 유형의 조직과 어떤 종류의 제도가 시장이나 국가와 같은 여타 자금 지원 체계와 구별되는 이 자금 지원 체계의 틀을 세우고 규정하는가? 한 사회의 경제 구조에서 필란트로피가 차지하는 '위치'는 무엇인가? 물론 이 질문들에 대한 답은 설명적으로나 규범적으로 기술할 수 있다.

설명적 관점에서는 역사와 조직이론, 정치학을 참조해 필란트로피 조직 및 제도는 물론 그들의 사회적 역할과 권력이 어떻게 생겨났으며, 시간이 흐르면서 어떻게 발전하고 변화했는지 밝힌다. 역사를 통틀어 필란트로피의 역할이 변화해왔는가, 아니면 그 조직의 형태만 바뀌거나 혹은 양쪽 모두 변화했는가? 역사적으로 필란트로피 분야와 시장 및 공공 부문 간의 경계는 어떻게 정해져왔는가? 이 책의 참여 저자들은 다양한 제도적 형태가 어떻게 영리·비영리 법인부터 민간재단, 매스 기빙(mass giving, 대중이 소비를 통해 사회 기부에 참여하는 방법 중 하나로, 소비자가 물건을 사면 그 수익금이 기부금으로 연결되는 구조 – 옮긴이)까지 아우르는 필란트로피의 개념을 형성하는지 살펴본다.

규범적 관점에서는 다음과 같은 질문을 던져보아야 한다. 민주사회에 자리잡은 하나의 제도적 구조로서 필란트로피가 수행할 적절한 역할 혹은 독특한 기능은 무엇인가? 또한 필란트로피의 권력을 행사하는 도덕적 근거는 무엇이며, 어떠한 도덕적 제한을 부과해야 하는가? 이 질문들에 답하기 위해서는 몇 가지 독립된 기준이 필요하다. 이 책에서는 자유, 평등, 사회정의의 가치를 포함한 정치적 핵심 가치에서 기준점이 제공될 것이다. 이들 가치를 어떻게 명시하느냐는 그 자체로 각축의 장이다. 이 책의 저자들은 필란트로피가 이러한 핵심 가치들을 지지하거나 적어도 양립되기라도 하는지 아니면 오히려 이 가치들을 위협하는지에 대해 묻고 있다. 필란트로피는 어떤 경우에 부당한 권력 행사가 되는가? 필란트로피가 민주주의에서 성취되기를 기대해서는 안 되는 일이 있는가? 필란트로피가 민주주의에 이롭거나 해로운 경우는 언제인가?

여기서 이야기하는 '민주주의'는 자유롭고 공정한 선거나 적절한 형태의 대의제를 특징으로 하는 특정 정부체제만을 의미하지 않는다. 이보다 훨씬 더 보편적인 개념으로서 그 시민에 대한 동등한 배려와 존중이라는 기본 원칙에 충실한 사회를 의미한다. 이 원칙은 시민들이 서로 동등한 관계에 있고, 공식적으로 법 아래에서 평등하며 정치적 영향력과 참여에서 동등한 기회를 가질 때 선명하게 드러난다. 이러한 민주주의 원칙은 사회경제적 불평등을 충분히 제한함으로써 공공 부문 내에서 개인들이 동등하게 관계를 맺는 능력이 위협받지 않는 사회, 그리고 중요한 기본 자유(양심·표현·결사의 자유 등)를 존중하고 보호하며 실현하는 사회를 시사한다. 이렇게 정의된 민주주의는 결과(예를 들어 물질적 불평등 규제)와 절차(예를 들어 법 아래에서의 평등과 정치 참여 기회) 모두에 대한 관심을 반영한다.

우리는 필란트로피를 정의하는 데 따르는 복잡한 문제를 감안해 필란트로피의 역할이나 고유한 특징에 대해 참여 저자 모두의 생각을 일치시킨 고정된 정의를 제시하지 않았다. 그 대신 참여 저자들에게 각자가 내린 정의를 제시하게 하는 과제를 위임했다. 우리는 그들에게 필란트로피가 타인을 위하거나 사회에 이로운 혜택을 제공하는 것이 목적인 자발적인 기부를 나타낸다는 일반적인 관점만을 강조했다. 이 책의 각 장은 자선 기부, 민간재단, 기업의 사회적 책임, 기부자 조언기금 등을 세세히 분석함으로써 이러한 정의가 얼마나 다양하게 운용되고 해석될 수 있는지 보여준다.

또한 우리는 필란트로피의 정의와 민주정치 체제 안에서의 역할을 책 전체의 전제로 제시하기보다 필란트로피를 각 장에서 예상되는 결과물로 취급한다. 우리는 이 책의 다양한 학문적 관점에서 나오는 필란트로피에 대한 다원적인 해석이 그 자체로 우리 공동의 노력에 매우 크게 공헌했다고 생각한다.

이 책을 접하게 된 일부 독자들은 특정 저자가 서술한 장을 찾아보거나 자신의 최근 관심사와 관련된 주제로 바로 이동할 수 있다. 각 장이 독립된 형식을 취하고 있으므로 이렇듯 취사선택해서 책을 읽는 것도 분명 가능한 방법이다. 그렇지만 우리는 이 책 전체가 복합적이고 변화무쌍한 형태의 공적·사적 권력으로서의 필란트로피에 대해 그야말로 새로운 시각을 제공한다고 확신한다. 또한 넓게는 민주적인 삶에서, 좁게는 미국 민주주의에서 필란트로피의 지속적인 중요성을 강조한다. 필란트로피를 학술연구의 주변부에서 중심으로 옮겨오면 민주주의에 관한 모든 연구의 핵심에 놓여 있는 과제를 달성할 수 있다. 다시 말해서 공공 부문과 민간 부문 사이의 복잡한 구분을 이해하고 이러한 구분이 시간이 흐르면서 발전한 양상을 추적하며, 사적인 부와 권력의 공적 차원을 확인하고 어떤 경우에 사적인 행동이 공익을 지원하거나 위협하는지 알아볼 수 있다. 이 책은 민주사회에서 필란트로피의 역할과 정당성을 여러 학문 분야에 걸쳐 통합적으로 탐구하며, 이러한 초점이 어떻게 공익을 추구하는 과정에서의 변화와 어떤 상황에서 사적인 행동과 공익이 일치하는지를 이해하기 위한 강력한 분석적 지평 혹은 개념적 가능성을 열어줄 수 있는지 보여준다. 우리는 민주적인 삶을 폭넓게 이해하기 위해서는 필란트로피의 발전사와 구체적인 제도, 도덕적 근거와 한계를 다루어야 한다는 생각에 동기부여되어 긍정적인 동시에 비판적인 관점을 견지한다.

각 부 소개

이 책은 크게 '기원', '제도적 형태', '도덕적 근거와 한계' 등 총 세 부분으로 구성되어 있다. 각 부는 해당 저자들이 함께 쓴 짤막한 도입부로 시작한다. 다음은 각 부에 대한 소개의 글이다.

기원

인간의 친절한 행동은 인류의 역사만큼이나 오래되었다. 이에 비해 현대의 조직적인 필란트로피는 훨씬 더 최근에 시작된 것이다. 오늘날 필란트로피의 본질을 이루는 사회적 기술에는 특정한 기업 형태, 세금의 행위 유발 요소, 다양한 금융상품, 지배 구조 요건, 보고 기준 등이 있다. 이러한 핵심 요소—오늘날의 비영리·비정부 기구들과 기업, 재단, 개인의 다양한 필란트로피 활동—는 널리 인정받고 있지만 그 역사는 놀랍도록 짧다. 현대 필란트로피의 중추 구조 중 대다수는 100년이 채 되지 않았다.

필란트로피의 발전사를 고려할 때 떠올리면 유용할 만한 사실이 있다. 바로 식민지시대 미국에서는 필란트로피가 종교와 매우 밀접하게 연관되어 있었으며, 종교활동으로 인식되었다는 점이다. 그러므로 필란트로피가 사적인지 공적인지 혹은 본질적으로 자발적이고 연합적인 성격을 띠었는지 아니면 어떤 식으로든 국가와 연결되어 있었는지와 관련된 질문은 거의 제기되지 않았다. 게다가 식민지시대 미국은 당연히 아직 민주주의국가도 아니었다. 필란트로피와 민주주의의 관계에 관한 질문들은 1부가 시작되는 19세기에 이르러서야 대두되며, 그들은 특히 19세기 후반 도금시대(Gilded Age)에 나타난 필란트로피 자원의 막대한 증가와 일반 목적의 민간재단 출현, 조직화된 대규모 필란트로피의 등장으로 인해 어려움을 겪게 된다. 공적 자금 지원과 민간 필란트로피 간의 변화하는 역학관계는 필란트로피 기관들의 점진적인 기업화, 특히 대규모 재단들을 위시한 필란트로피의 정치적 영향력에 대한 우려, 필란트로피 활동의 경계를 정하려는 명확한 노력 등 20세기 경제 및 정치 역사에서 더 커진 갈등을 어느 정도 반영한다.

한마디로 앞선 시대의 관행과 오늘날의 관행은 딱 잘라 구분되지 않는다. 현재 우리가 가지고 있는 제도와 관행은 각 주, 법원, 미국 의회, 계약 담당기관, 조세 당국이 개인 필란트로피스트나 이러한 개인들에 의존하는 단체와 교섭한 내용이 축적된 결과물이다. 다트머스대학에 대한 미국 연방 대법원의 판결(1819)부터 록펠러 재단의 설립 인가를 받기 위한 싸움(1913), 자선단체들이 자신의 정적을 지원하지 못하게 막으려던 린든 존슨(Lyndon Johnson)의 의지부터 시민연합(Citizens United) 사건(2010), 앤드루 카네기(Andrew Carnegie)의 『부의 복음(Gospel of Wealth)』(1889)부터 최근 빌 게이츠와 워런 버핏(Warren Buffett)의 주도로 시작된 '더 기빙 플레지(The Giving Pledge, 기부 약정)'에 이르기까지 공익을 위한 공적 행동과 사적 행동의 경계는 계속해서 새롭게 수정되고 있다.

1부에서는 조너선 레비가 19세기 미국의 사회사상을 관통하는 이타주의 개념을 추적하고, 소유권과 책임에 관한 더욱 광범위한 논의를 보여주는 하나의 예로서 비영리법인 형태의 발전상을 밝히고 있다. 레비는 비영리법인 형태의 발생지를 연방정부가 아닌 각 주로 보고, 20세기의 세제 혜택이 생겨나기 한참 전의 필란트로피 활동에 관한 풍성한 이야기를 들려준다. 올리비에 준즈는 '미국 역사에서 필란트로피란 무엇인가'라는 질문을 던지며, 이 화두를 통치체제, 시장, 국민성의 상관관계에 관한 질문들을 고찰해볼 수 있는 앞서 간과되었던 기회로 바라본다. 준즈가 서술한 장은 미국의 사회 및 정치 역사에서 자주 언급되지 않은 필란트로피 이야기에 대한 자신의 호기심을 드러내면서 우리에게 학계에서 필란트로피가 간과되는 분야가 또 어디인지 질문하게 한다. 끝으로 롭 라이히는 아마도 미국 필란트로피의 고전적 형태라고 할 수 있는 민간재단을 검토하면서 1부를 마무리한다. 그는 록펠러 재단 설립에 대한 극심한 반대와 관련된 자주 잊게 되는 이야기로 포문을 연 뒤 민주사회에서 민간재단은 어떤 역할을 해야 하는지를 묻는다. 라이히는 궁극적으로 재단을 옹호하기는 하지만 재단활동에 내재된 사적 권력의 행사에 무엇이 정당성과 책임을 부여하는지에 관한 일련의 날카로운 당위적 질문을 제기하는데, 이 질문들은 책의 나머지 부분에서도 되풀이된다.

제도적 형태

필란트로피는 다양한 제도적 형태로 구현된다. 이러한 형태들은 오랜 시간에 걸쳐 등장하고 발전하면서 변화하는 정치, 경제 상황에 대응해 다양한 사회적 목적을 수행한다. 레비와 라이히의 글이 각각 지금은 표준이 된 비영리법인 구조와 민간재단이 탄생한 배경을 설명하고 있는 반면, 2부에서는 이처럼 전통적인 형태에서 분화된 몇 가지 제도 형태, 즉 전문화된 비영리기업의 성장, 기부자 조언기금의 폭발적인 증가, 기업의 사회적 책임의 도덕적 한계, 디지털시대의 필란트로피를 위한 새로운 도구와 규칙의 최근 발전 양상에 대해 살펴본다.

특정한 제도적 형태를 숙고하는 일은 필란트로피의 본질이나 필란트로피와 민주주의의 관계에 대한 전반적인 조사에서 중요하다. 필란트로피의 다양한 제도적 형태를 고찰하다보면 우리가 필란트로피 행동의 어떤 부분—예를 들어 기부자의 의도나 그 의도를 실현하는 방법 또는 특정 결과의 달성—을 인정하거나 보상하고 싶어하는지에 관해 의문이 생긴다.

현재 우리가 가지고 있는 제도적 형태는 각각의 가능성에 대한 우리의 지지를 반영할 수도 있다. 아니면 필란트로피 행동이 무엇인지 또는 어떠해야 하는지에 관한 우리 모두의 모호한 상태를 반영할지도 모른다. 오늘날 우리는 비영리단체들이 수익과 전략적인 성과지향에 중점을 두면서 기업의 성격에 가까워지는 모습을 목격하게 된다. 다른 한편으로 전통적인 기업이 의식적으로 더블 보텀 라인이나 트리플 보텀 라인을 채택하면서 사회적 미션 조직이 되어가는 모습도 볼 수 있다. 필란트로피스트들이 필란트로피 투자 수익률을 측정하려고 애쓰는 것도, 투자자들이 그들의 시장활동이 불러오는 사회적 영향을 요구하는 모습도 보인다. 필란트로피스트들은 비즈니스와 필란트로피, 정치와 기부를 혼합하고 있다. 이 모든 요소의 작용으로 필란트로피를 어디에서나 볼 수 있게 된다. 이전 시대에 맞춰 구축된 규제 체계는 이러한 변화를 따라가는 데 어려움을 겪고 있다. 특정한 제도적 유형을 뒷받침하는 학설은 이처럼 변화무쌍한 시대와 부합하지 않는다.

더 나아가 제도적 형태의 변화는 특정 사회 내에서 필란트로피가 수행하거나 수행할 것으로 기대되는 역할의 변화를 반영할 수도 있다. 이와 관련해 2부의 첫번째 장에서 에런 호바스와 월터 파월은 필란트로피가 결사체적 삶의 비공식적인 대면 활동에서 비영리법인의 공식적이고 전문적인 활동으로 발전하고 대단히 부유한 사람들에 의해 새로운 방식의 필란트로피 활동이 등장한 것이 대체로 공공 부문을 뒷받침하던 쪽에서 교란하는 쪽으로 필란트로피 권력의 역할 변화를 반영한다는 점에 주목한다. 필란트로피는 점점 갈수록 소유권은 사적이지만 목적은 공적인 형태를 띠고 있는 경쟁적인 권력 형태가 되고 있다. 호바스와 파월은 이러한 변화가 어느 부문과 조직 형태에 어떤 공공의 책임이 부여되는지에 대한 다양한 정의와 정부를 둘러싼 대중의 기대에 어떤 영향을 주고 또 이로부터 어떤 영향을 받는지에 대해 묻는다. 두 사람은 지금의 필란트로피 형태가 그 파괴적인 특성으로 인해 필란트로피의 진실성과 민주주의의 건전성을 동시에 위협하고 있다고 우려한다.

한편 기업의 사회적 책임을 다룬 장에서 폴 브레스트는 영리기업 내부에서 실행되는 필란트로피의 면면을 들여다본다. 기업의 사회적 책임에 초점을 맞추면 필란트로피와 시장 가치 사이의 갈등을 살펴보는 데 유용한 시점을 제공한다. 브레스트는 다음과 같은 질문들을 던진다. 영리 조직 내부에서 재무 목표를 희생시키며 사회적 목표를 추구함에 있어 경영자 재량의 표면적 한계는 무엇일까? 수익 극대화에 따르는 주주의 이익은 기업의 필란트로피 행위를 어디까지 제한하는가? 기업의 경영진은 사회적으로 책임 있는 목표를 추구하기 위해 어떤 근거로 재무 감축을 단행하는가?

2부의 첫 두 장이 필란트로피 제도와 정부, 시장 주체들 간의 복잡한 관계에 집중한다면 이어지는 두 장은 돈을 기부하기 위한 특정 제도적 형태가 민주사회에서 필란트로피가 어때야 하며, 어떤 역할을 해야 하는지에 대한 우리의 이해와 어떻게 부합하고 어긋나는지에 대해 질문한다.

레이 메이도프는 기부자 조언기금을 논한 장에서 이러한 금융상품에 포함된 인센티브 체계와 관련해 일련의 도전 과제를 제기한다. 메이도프는 만약 필란트로피 행위에 기부자의 의도부터 사회적 결과에 이르기까지 연속체가 내재되어 있다면, 기부자 조언기금은 필란트로피 제도로 인정받을 수 있는 자격을 갖추기 위해 해당 연속체의 시작 지점으로 지나치게 기울어져 있다고 주장한다. 호바스와 파월이 필란트로피가 국가에 지나치게 큰 공적 영향력을 끼치고 있다고 우려하는 반면, 메이도프는 기부자 조언기금이 차후의 불확실한 어느 시점 전까지 어떠한 공적 영향이나 공익도 없이 기부자들에게 즉각적인 세제 혜택을 제공한다는 점을 우려한다.

루시 베른홀츠가 서술한 장은 1부의 기원 이야기를 새로운 조직 모델의 최근 발전 양상과 디지털 필란트로피에 적용할 새로운 법규제의 필요성과 연결을 짓는다. 미국의 디지털 공공도서관을 사례 연구로 활용하면서 디지털 환경이 필란트로피를 혁신할 수 있는 기회를 제공하는지 아니면 아예 새로운 영역으로 옮겨놓는지를 이해하고자 한다.

도덕적 근거와 한계

학자들은 어떤 유형의 과세가 적법하고 어떤 유형이 적법하지 않느냐는 질문을 포함해 정치적 권위와 강압적인 권력의 도덕적 한계에 대해 오랫동안 논쟁해왔다. 마찬가지로 최근 들어 시장의 도덕적 한계에 주목하는 학자들도 점점 늘어나고 있다.[4] 그들은 민주사회에서 상품이 되어서는 안 되는 대상과 시장이 수행해서는 안 되는 기능이 있는지 의문을 제기하고, 특정 활동의 상업화가 가치 있는 규범을 몰아낼 위험이 있는지에 대해 검토했다. 또한 시장 주체들이 교환에 있어 완전한 재량권을 가져야 하는지 아니면 반대로 이러한 교환이 일정한 규칙에 따라(예를 들어 정보의 대칭에 관한 것) 혹은 일정한 윤리 규범에 준해(예를 들어 개인의 자율성에 관한 것) 이루어져야 하는지 질문을 던졌다.

그러나 필란트로피의 도덕적 한계라는 문제는 지금까지 거의 도외시되어왔다. 이렇게 된 데는 아마도 이타주의의 한 형태인 필란트로피에 제약을 가해서는 안 된다는 생각이 작용했을 것이다. 필란트로피가 도덕적으로 가치 있는 행동이나 인격적인 미덕과 같이 좋은 것이라면 필란트로피가 많을수록 더 좋지 않은가. 필란트로피는 어디서나 볼 수 있어야 한다. 그런데 이런 식의 논리에는 명백한 결함이 있다. 첫째, 기부할 수 없는 대상도 있기 때문에 문제가 된다. 돈을 받고 투표권을 파는 것이 잘못된 행동이라면 이타심에서 자신의 투표권을 다른 사람에게 기부하는 것도 필란트로피적으로 똑같이 문제가 될 수 있다. 때로는 특정한 물건을 기부하는 행위가 그 물건을 파는 것보다 도덕적으로 더 나빠 보이기도 한다. 예를 들어 자기 자식의 노동력을 기업에 파는 행위(설령 그 기업이 사회적 공익을 만들어 낸다고 가정하더라도)는 도덕적으로 잘못되었지만, 같은 기업에 자식의 노동력을 기부하는 것은 전자보다 더 심한 그야말로 비뚤어진 행동으로 보인다. 이런 예들은 필란트로피적 기부를 통해 제공할 수 있는 대상에 도덕적 한계가 있음을 보여준다.

둘째, 필란트로피가 일부 경우에라도 공권력 행사를 방해하는 사적 권력의 한 형태이거나 공익을 추구하고 실현하는 다른 방법이라면 필란트로피는 곧바로 정당성에 대한 문제를 불러일으킨다. 그리고 정당성의 문제는 도덕적 한계—특정한 권력 유형의 행사에 가해지는 제한—의 문제이다. 이러한 한계에는 필란트로피의 목적에 대한 제한—민주사회에서 필란트로피가 어떤 역할을 수행하거나 수행하지 말아야 하는지—이 포함될 수 있다. 또한 필란트로피의 주체에 대한 제한—필란트로피스트는 자신이 가진 권력을 어떤 근거나 원칙, 가치에 따라 어떻게 행사해야 하는가—도 포함될 수 있다.

참여 저자들은 이러한 문제들에 비추어 민주국가에서 필란트로피가 수행하지 말아야 할 기능이 있는지 질문한다. 또한 개인 기부자나 재단을 불문하고 필란트로피스트들이 기부할 때 지켜야 할 윤리 규범이 (만약 있다면) 무엇인지도 묻는다.

앞의 장에서 브레스트와 라이히가 필란트로피 활동에 가해진 일정한 제한에 대해 살펴본다면, 이 마지막 부분에서 에릭 비어봄, 라이언 페브닉,

키아라 코넬리는 제한의 문제를 전면으로 다루면서 각자 다른 해답을 제시한다. 비어봄의 글은 국가에 의해서만 이행될 수 있는 사회적 기능과 공적 책무가 따로 있다는 점을 분명히 보여준다. 이 같은 역할과 책임을 필란트로피스트들에게 부여하는 것이 이론상 더 나은 결과를 가져올 수 있다고 하더라도 도덕적으로는 반대할 만한 일이다. 비어봄에게 특정한 상품 생산은 공공의 책임이 되어야 마땅하다. 비슷한 맥락에서 라이언 페브닉은 필란트로피가 민주적이고 상당 수준 공정한 사회에서 수행되도록 권장되어야 할 역할은 중요한 면에서 제한적이라고 주장한다. 특정 상품―문화 상품―에 대해서만 필란트로피를 통해 자금이 지원되어야 한다. 이런 제한을 존중하지 않으면 민주주의의 기본 가치에 위협이 된다. 끝으로 키아라 코넬리는 기부방식―규모와 대상―을 정할 때 기부자의 논리와 재량에 한계를 두는 윤리적 규범에 초점을 맞춘다. 코넬리는 우리가 일반적으로 기부자들에게 원하는 대로 어떻게, 얼마나, 누구에게 줄지를 결정하는 데 있어서의 재량권은 결국 대폭 축소되어야 한다고 주장한다. 현대사회에서 필란트로피의 상당 부분은 배상적 정의―타인들에게 그들이 부당하게 박탈당한 것을 되돌려줄 의무―로 이해해야 한다는 것이다. 기부의 규모와 대상을 정할 때 필란트로피스트들은 채무자와 같은 수준의 재량권을 누려야 한다. 다시 말해서 재량권이 없다시피 해야 한다는 뜻이다.

과정

이 책은 특이한 과정을 거쳐 만들어졌다. 이 책에 실린 글들은 참여 저자들의 글을 모아서 단행본으로 정리하는 대신 필란트로피를 주제로 18개월 동안 진행된 학제 간의 대화에서 탄생했다. 우리는 사회학자, 정치학자, 역사학자 등을 정치사상가, 법학자 등과 한자리에 모이게 했다. 스탠퍼드대학에서 매번 열린 워크숍에서 저자들은 각 장을 읽고 토론하며 논평했다. 원고 수정은 우리의 지속적인 대화와 각 저자 그룹이 공동으로 제출하는 피드백을 고려하면서 이루어졌다.

우리는 필란트로피와 민주주의의 관계를 경험적·기술적 접근법—특정 민주사회에서 필란트로피가 실제로 어떤 역할을 했는가—과 규범적 접근법—필란트로피가 어떤 역할을 해야 하는가—을 모두 동원해 철저히 살펴보는 것을 목표로 삼았다. 우리가 나눈 대화의 골자는 민주사회 속 필란트로피의 기원과 제도 유형, 도덕적 근거 및 한계에 관한 것이었다.

우리가 대화의 주최자로 나서게 된 데는 학제 간 대화가 일련의 새로운 탐구를 가능하게 하고, 중첩된 관심사와 주제를 드러냄으로써 새로운 장을 열게 될 것이라는 기대가 동력이 되었다. 필란트로피가 가진 특유의 다면적인 성격을 고려할 때 이 같은 대화는 필란트로피라는 화두에서 특히나 중요하다고 생각한다. 우리의 토론에서 볼 수 있었듯이 필란트로피는 제도적 장치이자 도덕적 가치로도, 경제 분야이자 조세 사유 및 개인의 미덕으로도 볼 수 있다. 필란트로피는 법, 조직 형태, 도덕률을 통해 사회에 깊이 내재되어 있다. 공공 목적으로 돈을 나누어주는 활동은 인류만큼이나 오래되었지만, 현대의 필란트로피 관례가 규범뿐 아니라 법률을 근간으로 삼았기 때문에 우리는 필란트로피를 발명품이 아니라 특정 사회의 법과 규범이 만들어낸 산물로 간주한다.

시간에 따른 필란트로피의 발전과 여러 국가에서 필란트로피가 맡은 역할은 국가와 시장을 위시한 여타 분야의 발전과 분리해서 생각할 수 없다. 따라서 현대 필란트로피의 역사는 사회복지, 자본주의, 세계화의 역사와 연결된다. 그 결과 필란트로피의 속성과 민주주의와의 관계에 대한 질문에는 규범적(가치지향) 학문과 실증적(경험지향) 사회과학이 포함된다. 규범적 학자들과 실증적 학자들이 필란트로피를 연구해왔지만 양쪽이 상호 교류하는 경우는 극히 드물다. 우리는 학제 간 교류에 대한 의지를 반영하듯이 학문별 분류를 피하고 동일 학문 내부의 논의에 중점을 두는 통상적인 접근법에서 벗어나고자 했다. 결과적으로 독자 여러분은 워크숍 참가자들의 토론에서 대두된 세 가지 핵심 주제를 아우르는 학제 간 토론과 대화를 이 책에서 만나볼 수 있다.

우리는 처음 몇 차례의 만남에서 두 가지 목표를 위해 노력했다. 첫째, 그룹이 민주사회에서 필란트로피의 기원과 제도적 형태, 도덕적 근거 및 한계에 관한 핵심적인 질문을 다루기에 더 수월한 방향으로 서로의 연구 질문에 대해 의논하고 개선했다. 둘째, 필란트로피와 민주주의에 관한 핵심 개념이나 가설을 논의의 자리에서 적극 부각시키도록 서로에게 촉구함으로써 우리가 다 같이 그 의미와 관계를 명확히 밝힐 수 있는 여지를 마련했다. 마지막 워크숍에서는 우리가 진행한 공동 작업을 반영해 참여 저자들을 책의 각 부로—기원, 제도, 가치—나눈 뒤 소그룹에 짧은 각 부의 소개글을 작성하도록 요청했다. 이렇게 작성된 글들은 각 부의 서문이 됨과 동시에 우리의 통합적인 학제 간 대화의 결실을 나타내기도 한다.

각 부의 개별 장들도 이러한 과정을 통해 만들어졌기 때문에 담당 저자들은 필란트로피와 민주주의에 관련된 모든 문제를 다루지 않는다. 우리는 이 프로젝트에서 특정 주제가 아닌 학자들을 선별했다. 분명 중요하지만 다루지 않은 주제도 있는데, 예를 들면 점점 증가하는 세계적인 기부 현상, 자원봉사의 발생 빈도와 의의, 전략적 또는 결과 중심적 필란트로피를 지향하는 최근의 경향 등이다. 그러나 이 책에 실린 장들은 동일 학문과 달리 유익한 학제 간 대화가 이루어질 때 민주국가에서 나타나는 필란트로피의 실태와 그 실태에 관한 질문에 대해 우리가 공동으로 직면하는 정책 선택을 더욱 명확히 이해할 수 있다는 기대를 실현시키기 위해 노력한다.

끝으로 한 가지 덧붙이고 싶은 말은 필란트로피는 결코 미국에서만 나타나는 현상이 아니라는 점이다. 이는 당연히 민주주의에도 해당하는 이야기이다. 하지만 미국에서 얼마나 많은 활동이 비영리단체와 필란트로피를 통해 조직되었는지를 보면 그 수준은 가히 독보적이다. 미국의 기존 여론은 이를 긍정적인 현상으로 보고, 다른 국가들은 상당히 의식적으로 미국의 필란트로피 관행과 법률을 적용할 수 있는 방안을 모색하고 있다. 이런 이유로 우리 프로젝트에 참여한 저자 일부가 미국에 초점을 맞추게 되었지만 미국의 모델이—종종 그렇다고 생각되듯이—모방과 선망의 대상으로 제시된다면 그 유효성과 타당성에 대한 우리의 탐구가 미국 모델을 지나치게 신봉하는 사람들에게 신중히 생각할 수 있는 기회를 제공할지도 모른다.

1부

기원

책의 첫 포문을 여는 1부는 기원에 대해 다루면서 필란트로피와 민주주의 간의 *끈질기게* 지속되는 근본적인 갈등을 설명한다. 앞으로 거듭 강조하겠지만 새로운 형태의 필란트로피와 시민 행동은 1면의 기삿거리이다. 챈 저커버그 이니셔티브 같은 새로운 유형의 사업체는 한 세기 동안 이어진 제도적 실천을 지속하고 있다. 우리는 모두 휴대폰 기반의 조직화, 온라인 캠페인, 새로운 형태의 디지털연합에 놀라워한다. 우리는 기계장치에 놀라 입을 다물지 못하지만 민주적 참여의 핵심 가치가 우리 주변의 모든 디지털 행동주의에서 증폭되는 동시에 억제되고 있는 방식에 더욱 관심을 갖는다. 디지털시대에 우리는 민간의 공익활동을 어떻게 정의하고 평가하는가? 이 질문에 대한 만족스러운 대답은 역사적 선례에 따라 크게 좌우된다.

200년 동안 미국 시민들과 그들의 대표자들은 국가(정부) 행위의 적정한 한도를 정하기 위해 애쓰는 한편 어떤 유형의 민간(기업) 행위를 허용하거나 장려해야 하는지 의문을 제기했다. 이처럼 국가 행위와 민간활동을 구분하는 문제는 19세기부터 오늘날까지 여러 다양한 형태를 취하면서 지속되어왔다. 첫 주자로 나선 조너선 레비는 이 문제에 대해 답하는 과정에서 과도기적 순간, 즉 오늘날 우리가 의존하는 기본적인 제도 구조가 생겨난 시대를 살펴본다.

오늘날에 이르기까지의 시간을 훑다보면 이러한 제도들이 경제적·사회적·이념적 투쟁을 거치며 풍화되는 것을 볼 수 있다. 올리비에 준즈는 특히 수많은 사람의 꾸준하고도 소소한 행동을 조명하면서 필란트로피가 거의 학계의 관심권 밖에 머물면서도 항상 그 자리에 존재하며 한 세기 동안 사회·정치 운동을 헤치고 나아가고 있다는 사실을 보여준다. 준즈는 여러 공동체 전반에서 장기간에 걸쳐 일어나는—국가의 역할, 영리활동, 시민운동 간의—이러한 긴장 상태를 검토하는 한 가지 방법으로 필란트로피 연구를 제시한다.

미국 필란트로피의 독특한 법인 형태는 일반 목적의 민간재단으로, 20세기 초 앤드루 카네기와 존 록펠러(John Rockefeller) 같은 인물들의 이름이 붙은 재단에서 설립한 단체를 말한다. 그런데 그들이 재단을 창설하면서 따라온 민간재단에 대해 심한 저항과 대중의 회의적 시각이 있었다는 사실은 최근 들어 종종 간과되기도 한다. 이에 롭 라이히의 장에서는 필란트로피 재단을 통한 재벌의 목소리가 민주사회에서 어떤 역할을 해야 하는지 고찰하는 과정에서 이 역사의 일부를 되살린다.

미국의 200년 역사에는 기업활동의 경계를 설정하려는 지속적인 노력도 포함되어 있다. 지금은 비영리법인과 영리법인이 (적어도 법적으로는) 명확히 구분되어 보이지만 역사를 돌아보면 이들 용어와 경계는 결코 고정된 적이 없었다. 전신시대에 처음 만들어진 제도는 무선시대에 새로운 형태로 바뀌고 있다. 시간이 그 경계 사이로 지나가고 어느 순간 우리는 기존의 제도적 유형이 지금 시대의 요구나 가능성과 맞지 않는 것처럼 느끼게 된다. 공공과 민간의 경계가 여러 세력에 의해 모호해진 이 순간이 바로 오늘날 우리가 처해 있는 현실이다.

우리는 필란트로피의 역사가 비단 기부의 역사만이 아닌 정치경제학, 국가 행위, 제도 유형, 사적 도덕성 개념의 더욱 광범위한 역사까지 아우른다는 사실을 잘 알고 있다. 이어지는 1부에서는(크게 보면 이 책 전체가) 끝없이 변화하는 필란트로피 제도의 속성, 즉 우리가 민간의 공익활동을 법적으로 어떻게 제한해왔는지, 이러한 경계가 더욱 포괄적인 정치적·사회적·지적 가치를 대변한다는 사실에 대해 중점적으로 살펴보고자 한다.

1장

이타주의와 비영리
필란트로피의 기원

조너선 레비(Jonathan Levy)

〈퍽(Puck)〉이라는 잡지에 실린 조지프 케플러(Joseph Keppler)의 시사 풍자만화 '두 필란트로피스트(The Two Philanthropists)'([그림 1.1])에 묘사된 인물은 왼쪽에서부터 뉴욕의 거물 자본가 제이 굴드(Jay Gould)와 최근에 사망한 철도왕 코닐리어스 밴더빌트의 아들인 윌리엄 밴더빌트(William Vanderbilt)이다. 당시 굴드는 미국 전신사업의 90퍼센트를 독점했던 웨스턴 유니언사의 금융 지배권을 두고 밴더빌트와 경쟁하고 있었다. 1866년 전신법에 따라 미국 정부는 웨스턴 유니언사를 매입해 민간 통신망을 사실상 공공사업체로 전환할 수 있게 되었다. 굴드와 밴더빌트는 서로 경쟁하면서 주가를 올리고 있었으나 의도와는 무관하게 정부의 그 어느 때보다 값비싼 매입을 미연에 방지하는 결과를 낳았다. 하지만 이런 일화가 필란트로피와 무슨 관련이 있는 것일까?

이 질문은 답하기가 쉽지 않은데, 당시에는 20세기 전반에 걸쳐 필란트로피와 관련된 의미나 제도적 위치가 아직 확정되지 않았기 때문이다. 20세기에 '필란트로피'는 '비영리 부문'을 통해 이루어지는 부─대개 민간

[그림 1.1] 조지프 케플러, '두 필란트로피스트', 〈퍽〉, 1881년 2월 23일

의 자본주의적 이윤 창출을 통해 먼저 얻어진—의 사적 재분배를 의미하게 된다. 그러나 1881년 케플러가 '두 필란트로피스트'를 그릴 때까지만 해도 아직 그 의미가 정립되기 전이었다.

필란트로피는 정의상 일종의 사적 행동이라고 할 수 있을 것이다. 그러나 역사적으로 보면 필란트로피는 비록 시간이 지나면서 바뀌기는 했어도 항상 공적인 성격을 나타내고 있었다. 1913년 연방소득세가 영구적으로 도입된 이후 미국의 필란트로피는 세금 공제로 인해 필연적으로 공공의 성격을 띠게 되었다. 하지만 그보다 앞서 애초에 필란트로피를 공공화한 것은 주정부 인가 법인을 통한 필란트로피의 제도적 조직이었다. 미국 필란트로피의 역사에 한 가지 연속되는 특징이 있다면 그 조직 형태가 처음부터 법인기업이었다는 점이다.

굴드와 밴더빌트는 그들의 기업인 웨스턴 유니언사가 공익에 이바지했다고 주장했다. 그들은 자신들이 금융 해적질을 벌인 것이 아니라 미국 최초의 전신망을 구축한 것이라고 우겼다. 그렇게 만들어진 통신 인프라가 미국 연방정부에 양도되기보다는 민간의 책임 아래 남아 있을 때 공공에 가장 큰 혜택이 돌아간다는 논리였다. 케플러는 다음과 같이 그들을 조롱하는 캡션을 붙였다. "애태우지 말아요, 엉클 샘(미국을 의인화한 별칭-옮긴이). 우리는 그저 당신을 더 큰 사람으로 만들어주고 싶을 뿐이니까!" 이 글에서 케플러는 필란트로피를 내세운 일종의 구실을 풍자했다. 그것은 바로 민간기업의 수익 창출로 인한 결과는 공공에 대단히 크고 심지어 '필란트로피적인' 이익이 되었다는—굴드뿐 아니라 구글에도 해당되는 당대의 일반적인 정서—구실이다.

그러나 19세기 미국에서는 그 정서에 특정한 유의성(valence)이 있었다. 공화정치를 실험했던 1세대 미국인들은 공화주의 법인이라고 칭할 수 있을 만한 공공·민간의 성격이 혼합된 기업 형태를 탄생시켰다. 공화주의 법인의 자산 기반은 민간에 있었지만 주 의회는 가부 표결을 통해 자유재량으로 법인이 '공공의 목적'을 수행할 수 있도록 인가했다. 법인은 인민주권을 '부여'하거나 '인정'하는 일이었기 때문이다. 다양한 공공의 목적은 거의 언제나 '선의'의 성격으로 해석되었는데, 이때 선의는 사적 행동과 공적 목적을 구분하기보다는 혼합된 개념이다. 이러한 목적을 보장하기 위해 기업의 사적 행동은 주에서 발행한 인가서의 내용으로 제한되었으며, 그 한 예가 1851년 뉴욕 주정부가 장차 웨스턴 유니언사가 될 사업체에 내준 설립허가서이다. 굴드는 바로 이 유산―자선단체에서 대학, 합자회사에 이르는 모든 법인이 공익 자선 목적으로 인가된 공공·민간 혼합형 기관이었다는 사실―을 끌어와서 정부의 웨스턴 유니언사 경영권 인수를 저지하고자 했다.

케플러는 공화주의 유산을 제멋대로 전용한 굴드의 행동이 세상을 비웃는 것이라 생각했고, 실제 사실도 그랬다. '두 필란트로피스트'는 옛 공화주의 법인 질서의 종말 직전을 묘사한 것이다. 그렇지만 이 만화는 미묘한 방식으로 더 많은 것을 이야기하고 있다. 당시 미국 공화정은 자유자본주의 민주국가였다. 그 변화의 주체인 법인들은 그에 맞춰 스스로를 변화시켰다. '두 필란트로피스트'는 구질서의 붕괴만을 그린 것이 아니다. 또 달리 해석해보면 이 만화는 새로운 기업 세계, 즉 필란트로피와 민주주의의 현대적 관계―이 책에서 만나게 될 모든 장에서 위태로운 상태―가 펼쳐질 세계의 도래를 놀랍도록 정확히 파악하고 있기도 하다.

이것은 공화주의의 법인 형태 하나로만 구성된 것이 아니라 자유주의의 영리·비영리 기업들로 이루어진 민간기업의 세계, 다시 말해서 도덕적·제도적인 이분법적 구도를 열망한 기업 세계였다. 이 세계에서는 민간 비영리법인만이—웨스턴 유니언사와 같은 공공 또는 영리 법인이 아니라—'필란트로피'의 적절한 전달 수단이 되었다. 실제로 1870년대 이전까지는 '비영리'라는 용어와 분류도 존재하지 않았다. 1870년대에 와서야 비로소 필란트로피는 하나의 특정한 의미—대개 이윤 창출을 통해 얻은 부를 '비영리' 형태의 제도를 통해 민간에서 재분배하는 것—를 얻기 시작했다.

이 새로운 기준에 의하면 굴드는 필란트로피스트인 척할 수도 없었을 것이다(밴더빌트 일가는 1873년에 밴더빌트대학을 설립하기라도 했지만 굴드대학 같은 것은 존재하지 않는다). 이후에 재산을 상속받은 딸이 기부하기는 하지만 굴드 자신은 재산을 기부한 적이 거의 없다. 이렇듯 굴드가 필란트로피 역사에 남긴 가장 큰 공헌은 여러 건의 사업 거래에 자신의 친구 러셀 세이지(Russell Sage)를 포함시킨 일일 것이다. 1881년 굴드는 마침내 웨스턴 유니언사의 지배권을 장악하고 세이지를 이사진에 합류시켰다. 세이지는 이를 통해 많은 돈을 벌었지만 그 역시 기부는 거의 하지 않았다. 그러나 세이지의 재산은 그가 사망한 뒤 결국 그의 아내를 통해 미국 최초의 '일반 목적 재단'인 러셀 세이지 재단(1907)을 설립하는 데 사용된다. 이 재단과 이후 등장한 일반 목적 재단들은 폭넓은 기부자 재량권을 제공했으며, 그 조직 구조는 현대 필란트로피에서 가장 지배적인 비영리 단체의 형태가 되었다.

이 장에서 설명하겠지만 그렇게 지배적인 위치가 되기까지 19세기 후반에 많은 변화가 일어났다. 먼저 19세기 중반에 주정부 차원에서 일반 법인화법이 통과되면서 법인 설립이 자유로워졌다. 더이상 주권의 임의적인 부여가 아니게 된 법인 면허는 시민이면 누구나 자유롭게 누릴 수 있는 권리가 되었다. 주 의회들은 공공의 목적 대신 민간의 법인 설립의 동기부여를 새롭게 강조했다. 이렇듯 전에 없이 사적인 동기가 강조됨으로써 영리와 비영리라는 두 부문이 탄생하게 되었다. 영국의 사회진화학자 허버트 스펜서(Herbert Spencer)가 내놓은 '이기주의'와 '이타주의'라는 새로운 도덕적 용어가 무엇보다 결정적이었다. 기존의 공화주의적 핵심어인 선의(benevolence)를 대체한 자유주의적 핵심어 이타주의(altruism)는 비영리법인과 마찬가지로 19세기 후반에 새로 도입된 개념이었다. 사적이고 오로지 타인을 생각하는 가치인 이타주의의 '발견'은 법인이라는 필란트로피의 새로운 본거지에 절실히 필요했던 신뢰성을 부여하는 역할을 했다.

따라서 이 장에서는 19세기 말에 나타난 이타주의라는 도덕적 개념과 중요한 필란트로피 제도의 기원인 비영리법인 간의 역사적 연관성에 대해 탐색해본다. 산업자본주의의 사회적 균열 구조와 경제적 불평등을 해결하려는 노력이 대립하는 가운데 중요하게 대두된 현안은 공적 행동과 사적 행동의 관계, 부의 생산과 재분배에 대한 새로운 기업의 질서 정립, 민주국가에서 오늘날까지도—이 책에서도 마찬가지이지만—계속되고 있는 기업의 필란트로피의 정당성에 관한 논쟁이었다.

케플러의 '두 필란트로피스트'는 민주적 정당성에 관한 문제에 대해서도 이야기하고 있었다. 이 만화는 장차 친숙하게 될 다소 일찍 나온 사적인 필란트로피를 통한 부의 재분배에 대한 반론—도금시대 미국의 금융 과잉에 대한 비판—이었다. 20세기 초에 이르러 이들은 러셀 세이지 재단, 카네기 재단(1911), 록펠러 재단(1913)과 같은 일반 목적 재단에 대규모로 축적된 필란트로피 자산에 대한 진보적인 정치 비평이 된다. 그러나 좀더 자세히 들여다보면 '두 필란트로피스트'는 이분법적 구도를 묘사하고 있기도 하다. 그림은 한가운데에 그려진 거대한 전신주로 이등분되어 있고, 아래에는 두 철로가 하나로 합쳐진다. 굴드와 밴더빌트는 서로 경쟁하지만 같은 전선을 잡아당기면서 수척해진 사람의 형상으로 표현된 정치체(국가)의 목을 조르고 있다. 즉 민간이 공익을 옥죄는 형상이다. 케플러는 단지 필란트로피를 앞세운 가식을 조롱하는 데 그치지 않았다. 그는 마치 예언자처럼 기업의 권력이라는 현실을 애매하게 얼버무리는 사적 도덕성 개념과 그와 연관된 제도 유형을 비판했다. 그 개념은 이원화된 도덕적 세계, 즉 서로 뚜렷이 구별되어 있지만 따지고 보면 기업이라는 같은 동전의 양면에 해당하는 영리법인과 비영리법인에 제도적으로 깃들어 있는 이기주의와 이타주의라는 두 사적 동기 간의 다툼이다. 케플러는 이 같은 기업 세계가 공익을 위할 여지를 거의 남기지 않을 것이라고 경고했다.

공화주의 법인

1832년 조지프 에인절(Joseph Angell)과 새뮤얼 에임스(Samuel Ames)는 미국 최초로 법인에 관한 법률 논문 「민간 사단법인법에 관한 논고」[1]를 발표했다. 이 논문에는 비영리법인이라는 용어가 나오지 않는다. 미국의 독립혁명 이후 몇십 년 동안 발달한 '민간 사단법인'은 공공/민간의 성격이 혼합된 미국 특유의 법인 형태였다. 민간 사단법인―공화주의 법인―이 영리와 비영리 두 가지 형태의 자유주의 법인으로 갈라진 것은 남북전쟁이 끝난 이후였다. 역사적 뿌리와 운용 원리 및 공화주의 법인의 본질을 먼저 온전히 파악하지 않고서는 그로부터 파생되는 비영리법인 필란트로피의 새로움과 중요성을 이해할 수 없다. 이러한 법인 형태의 역사는 19세기를 거치면서 공적·사적 행동이 구분된 것을 비롯해 변화를 거듭하는 이 둘의 정의를 들여다볼 수 있는 창을 제공하기도 한다.

에인절과 에임스는 영국의 이전 분류 체계를 인용했는데, 영국에는 수백 년 동안 '단독'법인과 '사단'법인이 있었다. 단독법인은 군주(왕이 죽었다. 국왕 만세!)나 주교처럼 종교적 직위를 가진 개인 한 사람으로 구성되었다.[2]

최소 2명 이상이 연계한 사단법인은 '세속'과 '교회' 두 유형으로 이루어졌다. 독립혁명 이후 미국에는 단독법인도 교회 사단법인도 모두 사라지고 남은 것은 세속 사단법인뿐이었다. 에인절과 에임스의 설명에 의하면 세속 사단법인에서도 다시 '시민'과 '자선' 두 형태로 나뉘었다. 세속 시민 사단법인에는 지방자치단체(훗날의 도시)와 주식합자회사(훗날의 영리법인)가 포함되었다. 세속 자선 사단법인은 1601년 엘리자베스 구빈법 전문에 규정된 '병자 생계 지원', '교육' 등의 목적을 포함하는 자선 업무를 수행했다. 세속 자선 사단법인이야말로 미국 비영리법인의 직계 조상이 될 만한 가장 강력한 후보처럼 보이지만 사실은 그렇지 않았다.

정작 미국인들은 시민법인과 자선법인을 합쳐서 '민간 사단법인'이라는 단일한 형태로 만들었으며, 단독법인이 이미 사라지고 없었기 때문에 바로 얼마 뒤에는 '민간법인'이라고도 불리게 되었다. 이와 더불어 미국은 '공공법인'과 '민간법인' 간의 새로운 구분 기준을 만들었다. 그 조치는 입법기관이 아닌 법정에서 시작되었다. 미국의 연방대법원은 테럿 대 테일러 판결(1815)에서 처음으로 공공/민간 법인의 차이를 명확히 표현하기 시작했다.[3] 이 사건은 독립혁명 이후 버지니아주가 식민지시대의 한 단독법인을 해산시키려고 한 일과 관련된 것이었다. 해당 단독법인은 주교직 또는 '교회의 인격'으로, 교회 사단법인인 성공회를 통해 자산을 전달할 목적으로 존재했다. 버지니아주는 법인이 해산된 뒤 그 교회의 자산을 몰수했다. 조지프 스토리(Joseph Story) 대법관은 다수의 편에 서서 주정부의 해산을 불허하는 판결을 내렸다. 사법 명령에 의해 스토리는 '공공법인', 즉 '군, 읍, 시 등과 같이 공적 목적으로만 존재하는' 법인과 '민간법인'을 구분했다. 1776년 스토리 대법관은 성공회가 불식간에 교회 사단법인에서 '민간법인'으로 바뀌었다고 언명했다. 그리고 '재산을 자유롭게 향유할 시민의 권리'

를 보호하는 것이 공화정부의 '기본 원칙'이므로 버지니아주는 성공회의 재산을 빼앗을 수 없다고 말했다.

테럿 판결에서 스토리 대법관이 분명히 밝힌 공사 구분은 그대로 유효할 터였다. 잠재적으로 오해의 소지가 있는 부분은 스토리가 '민간법인' 또한 공적이지 않다고 이야기하지 않았다는 점이다. 다시 말해서 '공공법인'은 '오로지' '공적 목적'을 위해 존재하는 법인이라고 했는데, 여기서 '오로지'가 결정적인 수식어였다. 당시 스토리 대법관은 모든 민간법인이 공적·사적 목적을 위해 존재했음을 익히 알고 있었다. 차이점이라면 민간법인의 자산 기반이 사적이라는 것이었다(바로 이 점이 스토리가 테럿 대 테일러 판결에서 만든 헌법적 보호장치를 제공했다). 그러나 1805년 노스캐롤라이나주 대법원은 노스캐롤라이나대학 신탁이사회 대 포이 판결에서 다음과 같이 언급했다(스토리도 틀림없이 동의했을 의견이었다). "사실 사적 목적만을 위해 설립된 법인은 상상조차 하기 어렵다. 이런 종류의 기관이라면 으레 제고하고자 하는 공공의 이익이나 목적을 근거로 설립되었겠지만, 많은 경우 그 구성원들은 공적 목적과 결부된 사익을 도모하고 있다."[4]

영국의 시민법인과 자선법인을 미국식 민간법인 형태의 하나로 통합한 것은 바로 이처럼 공사가 혼합된 용어였다. '사익'이라는 것은 어쩌면 합자회사에서 주주에게 배당금을 지급하거나 기독교에서 빈민에게 구호금을 전달하는 것일지도 모른다. 하지만 법인 면허를 얻기 위해서는 각자 어떤 식의 '공공 목적'—일반 대중이 이용할 수 있는 유료도로 건설 또는 병자들에 대한 공적 생계 지원—을 완수해야 했다. 그러므로 테럿 사건으로 공사 구분이 시작되기는 했지만 본질적으로는 그 두 측면이 여전히 '민간법인' 안에 융합되어 있었다. 수십 년 뒤 에인절과 에임스도 공감을 표했다. 이들은 주정부들이 예를 들어 설립 목적이 '상업', '문예', '종교'와 상관없이

'공공에 이익이 되는 목적'을 가진 법인들에게 인가를 내주었다고 설명했다. '공익'은 사유재산 소유자에게 "법인의 특권을 부여하기에 충분한 고려 사항으로 간주"되었다.[5]

공화주의 법인은 오랫동안 지속된 법인격 이론—법인은 주권의 '부여' 또는 '인정'이라는—을 피력했다. 영국에서 법인은 군주의 주권을 부여한 것이었다. '법인'의 어원인 라틴어 코르푸스(corpus)는 '몸'이라는 뜻으로, 바로 왕의 주권이 존재하는 곳이다. 미국에서는 독립혁명 이후 '정치체'가 '인민'이 됨에 따라 법인은 '인민주권'을 부여받게 되었다. 왕의 영장과 달리 미국의 법인 면허는 인민에 의해 선출된 주 의회의 공식 허가를 제공했다. 시민들이 주 의회에 인가를 요청하면 그들이 선출한 의원들은 그 안건들을 하나씩 표결에 부쳤으며, '공공 목적'이 있는지 면밀히 검토했다. 법인격 부여 또는 인정 이론의 기원은 로마였으며, 미국인들이 독립혁명 기간 및 이후 고전적 공화주의가 한창 광범위하게 부활하던 시기에 이를 끌어다 쓴 것은 우연이 아니었다. 18세기 공화주의는 자산가들이 자신이 선택한 대표자들의 통치에 동의해야 한다고 주장했다. 19세기 초 미국 주정부들이 선거권에 일정 한도의 재산 제한을 둔 것도 바로 이 때문이다. 이에 따라 주 의원들은 일종의 보상으로 공화국의 자산가 시민들에게 공적 과업을 수행할 수 있는 법인 특권을 부여했을지 모른다(시민은 재산이 없으면 투표를 하거나 그들이 선택한 대표자들로부터 법인 특권을 받을 수 없었다). 반면 특권을 부여받은 법인이 이후 위임받은 공적 과업을 제대로 수행하지 못하거나 인가서에 명시된 허용 범위를 넘게 되는 경우에는 주 검찰총장이 심문 재판이나 월권에 대한 법적 절차를 개시해 굴복시킬 수도 있었다. 공화정부가 자체 성문헌법에 구속되었듯이 작은 '정치체'인 법인은 인가서라는 그들만의 작은 헌법 조문에 의해 지배받아야 했다.[6]

테럿 판결로 처음 선포된 공공/민간 구분은 '민간 사단법인'의 공화주의적이고 공사가 혼합된 성격을 지나치게 모호하게 만들었다. 예를 들어 테럿 사건이 있은 지 4년 뒤 존 마셜(John Marshall) 대법원장은 다트머스대학 대 우드워드 판결(1819)에서 스토리 대법관의 공공/민간 구분을 재확인시켜주었다.[7] 이 사건은 뉴햄프셔주 정부가 식민지 시절에 만들어진 다트머스대학의 법인 인가서를 수정하려고 하면서 재판이 시작되었는데, 마셜은 식민지시대를 인정하면서 다트머스대학을 '민간 자선단체'로 칭했다. 그는 연방헌법에 따른 계약 조항을 적용해 주정부가 '민간법인'의 인가서를 변경할 수 없다고 판결했다. 마셜은 '민간법인'이라고만 언급했다. 영리·비영리 구분이 빠져 있었으므로 그 판결은 대학이나 합자회사 모두 똑같이 적용되었다. 마셜은 다트머스대학의 자산이 사유에 속하기 때문에 '순수한 민간'단체로 간주되기는 했지만 '선의'의 일을 행하는 '공공심 있는 개인들'에 의해 대학이 설립되었다는 점은 인정했다. 민간법인이 민간으로 분류되는 것은 동기가 아니라 자산 때문이었다. 더 나아가 마셜은 법인 설립에 내재된 보상적 성격도 인정하면서 '공공에 돌아가는 혜택'이 인가서에 대한 '충분한 보상'이라고 적었다. 스토리 대법관이 합치된 판결에서 강조했듯이 다트머스대학 건에서 마셜의 계약 조항 적용은 보상을 약화시키지 않았다. 스토리 대법관은 새로운 법인 인가서를 발부할 때 차후 계약 조건을 변경할 수 있는 권리를 보류할 것을 주정부에 요청했다.

이와는 별개로 법인격 부여 이론에 대한 공화주의적 해석—민간법인은 '공공 목적'을 이행해야 한다는—이 왜 중요했을까? 필란트로피와 관련해 미국의 민간법인은 영국의 자선법인과는 달랐다. 후자는 피신탁인들을 대신해 사유재산을 전달하기 위해 존재했다. 피신탁인은 법인법이 아니라 영국의 재산·유언검인법에서 고안된 것이었다. 그 이행 원칙은—기부자의 원래 의도를 지속적으로 유지하는 데 역점을 둔 가급적 근사 해석의 법 원칙은 물론 기부자와 기부자가 지정한 수탁자의 '방문권'을 통해 실현된— '기부자의 영구 양도'였다. 미국의 많은 주에서 민간법인(자산이 주식 자본에 묶여 있지 않은)의 내부 지배 구조는 영국의 수탁자 신탁법리를 확실히 통합했다. 그러나 연방대법원은 1833년까지 영국식 신탁법리를 연방법에서 인정하지 않았다. 그리고 개인이 법인에 유증하는 경우 신탁법리가 각 주의 형평법 법원에서 확고히 자리잡는 데 어려움을 겪었다. 영국의 자선법인에 비해 미국의 민간법인은 의회의 뜻에 훨씬 크게 좌우되었다. 의회는 공공 목적을 위임할 뿐 아니라 종종 (신탁법과는 다르게) 자산 축적에 대해 영구 소유권을 부정하고 제한을 두는 식으로 인가서를 통해 민간법인들에게 조건을 지시했다. 그 당시 법인 설립자나 이사, 기부자가 미국의 민간법인에 대해 갖는 영향력이 수탁자가 신탁에 대해 갖는 영향력보다 작다는 평이 많았다. 한마디로 모순된 이야기처럼 들리지만 공화주의적 정치 원리의 제재를 받은 미국의 민간법인은 처음에는 공공기관에 가까웠다.[8]

더욱이 건국 초기 미국에서는 '공공 목적'이 공화정 주 의회보다 민간법인의 행위 주체들에게 그렇게 자주 위임될지는 확실히 알 수 없었다. 고전적 공화주의 정치이론에는 특히 자선 관련 목적을 비롯해 많은 '공공 목적'이 정부 당국의 책임 아래 계속 남아 있는 타당한 이유가 있었다. 1780년 매사추세츠주 헌법은 다음과 같이 선언했다. "이 주의 장래 모든 기간에 입법부와 행정부는…… 인간애, 보편적 선의, 공적·사적 자선의 원칙과…… 모든 사회적 애정, 사람들 사이의 관대한 정서를 지지하고 고취할 의무를 진다." 매사추세츠주는 세금을 지원받는 회중파 교회를 1833년까지 해체하지 않았다. 많은 혁명 지도자들은 공화정 주정부들이 '선의'를 실행할 것이라고 기대했다. 이 때문에 건국 초기에 법인 인가서의 급증이 두드러진다. 농민들의 세금 반란에 시달렸던 초기 미국의 주정부들은 승인된 '공공 목적'을 주에서 수행할 수 있도록 충분한 과세 권력을 확립하기 위해 고군분투했다. 연방주의자들이 자애로운 지배계급으로 자리잡지 못하면서 사실상 각 주가 인가서를 통해 민간법인들에게 공적 과업을 위탁하기 시작했다. 이렇듯 주정부가(조세 기반이 약화되고 역량이 마비된 상태에서) 공적 과업을 외주하는 방식은 향후 미국 정부에 지속적으로 이어지는 전통이 되었다.

순식간에 더 많은 선례가 만들어졌다. 민간법인들과 관련된 규제 문제가 대두되었다. 법인이 설립된 직후부터 입법 및 행정 규제 권한은 약했으며 행사되지 않는 경우가 많았다. 법인 설립자들은 '공공 목적'을 수행할 수 있는 인가를 받은 뒤 자신들이 가진 특권으로 다른 일을 하기도 했다. 예를 들어 남북전쟁 이전만 해도 정치적 후원은 법인의 목적으로 결코 허용되지 않았다. 1790년대 제퍼슨 공화파가 연방주의자들에 맞서 결집했을 당시 조지 워싱턴(George Washington) 대통령은 '자체적으로 만들어진 기구'가 공화파 의회를 견책하다니 이보다 더 '황당'하고 '유해'한 일이 어디 있느냐고 개탄했다. 워싱턴은 '이따금씩' 만나서 '의회의 행위'에 항의할 '인민의 권리'를 부정하지는 않았다. 그러나 선한 동기보다는 '이기적인 동기로 움직일' 가능성이 큰 '자체적으로 만들어진 상설기구'는 유해하다는 것이었다. 그런데 제퍼슨파 정치 집단 상당수가 '자선'과 '선의'라는 미명 아래 법인 인가서를 받은 터였다. 연방파는 방향을 전환해 워싱턴 자선 클럽을 창설했는데, 표면상으로는 자선 목적이었지만 실제로는 초기 민주정치에 참여하기 위해서이기도 했다. 1805년 '자선'이라는 공인된 목적을 위해 뉴욕 태머니협회(Tammany Society)가 설립되었다.[9] 태머니 홀의 민주주의 정치운동에서부터 오늘날 연방세법 제501조(c)(3)과 제501조(c)(4)에 규정된 지위를 교묘하게 이용해 때로는 '교육'과 '사회복지'를 표방하면서 노골적인 정치적 후원을 하는 사례에 이르기까지 계보는 꽤나 거침이 없다.

자유주의 법인

1832년에 발표된 에인절과 에임스의 「민간 사단법인법에 관한 논고」는 한 시대의 끝자락에 나온 것이었다. 미국 민주주의가 대두하면서 이미 공화주의 법인이 쇠락하고 있었기 때문이다. 1830년대에는 거의 모든 주가 선거권에 대한 재산 제한을 없애고 백인 남성의 보통선거를 도입한 상태였다. 그후 몇십 년 동안은 주 의회 대부분이 일반 법인화법을 통과시킴으로써 법인 설립시 의회의 자유재량을 없애고 민간에서 자유롭게 법인을 설립할 수 있게 했다.[10] 머지않아 민간법인은—영리·비영리를 막론하고—공적 목적을 벗어던지게 될 터였다.

공화주의 법인제도에는 시작부터 규제 모니터링 이외에도 실질적인 문제가 있었다. 허용 가능한 공공 목적은 계속 발전할 수 있는가, 아니면 인가서의 문구 그대로 고정불변해야 하는가? 하지만 당장 더 시급하게는 주의회에 시민들의 법인 인가 요청이 빗발쳤다. 건국 초기 주 의회들은 오랜 시간 동안 법인 인가에 관해 숙고하고 승인하는 일 이외에는 거의 아무 일도 하지 못했다. 국교 폐지 이후 수백 개의 종교단체가 법인 인가를 신청했다. 처음에 주정부들은 '공공 목적' 중 가장 논란이 많은 부분(은행 면허가 항상 가장 논란이 많았다)을 면밀히 검토할 권리를 유보했지만, 비교적 논란이 적은 목적(종교협회, 교육, 자선 등)에 대해서는 표준화된 법인 설립 절차를 주 헌법에 포함시키거나 일반 법인화법을 제정하기 시작했다. 이들 법은 법인 설립 조건을 규정했으며, 시민들이 제안한 법인이 명시된 기준을 충족하기만 하면 의회의 표결 없이도 주로 법무장관이나 주 대법원에 청원을 제출함으로써 법인 설립이 허용되었다. 1778년 사우스캐롤라이나주의 헌법은 개신교 종파 전체에 법인 설립권을 허가했다. 1784년 뉴욕주는 모든 '종교공동체'에 최초의 일반 법인화법을 통과시켰다. 10년 뒤 뉴저지주는 '학술 진흥회'에 일반 법인화 설립권을 부여했다.[11]

이와 같은 일반 법인화법들은 중요한 선례가 되었다. 1820년대 중반부터 1837년 공황 전까지 지속된 긴 호황기에 미국의 각 주는 영리 목적의 법인 면허—금융법인, 보험법인, 유료 고속도로법인, 제조법인부터 막판에는 철도법인까지—요청으로 몸살을 앓았다. 은행은 상업 수단을 제공하고, 제조업체는 미국을 전시(戰時)에 대비시키는 등 이 기관들은 모두 '공공 목적'에 동의했다. 그러나 얼마 안 되어 이들 주에서의 법인 설립 과정은 저급한 민주정치를 닮아가기 시작했다. 의원들 간의 입법 결탁이 만연했는데, 뉴욕주에서는 경쟁 정파의 의원들이 재임중에 본인과 자신들의 친구만을 위해 귀한 은행 면허를 따로 남겨두기도 했다.[12]

아이러니하게도 1830년대 독점 금지라는 기치 아래 잭슨 대통령의 정치적 반발은 민간법인 형태에 대한 접근을 제한하기보다 오히려 확장시켰다. 잭슨 민주주의자들은 자유재량에 의한 법인 설립 절차를 고결한 공화주의적 공익 증진으로 칭송하기보다 '평등권'을 저해하고 '귀족정치'와 '부정부패'를 촉진한 '특별법'이라고 비난했다. 1847년 일리노이주 헌법제정회의에 참여한 한 대표는 다음과 같이 자신의 생각을 표명하기도 했다. "나는 특별법, 다시 말해서 특수법인 설립에 특히 강경한 입장이다. 그를 통해 이루려고 하는 목적, 즉 파트너십을 구축할 권리가 소수에게만 주어지고 다수에게는 전혀 허용되지 않는 상황에 반대한다. 한마디로 나는 어떤 형태를 취하건 또 표면적으로 그것이 성취하고자 하는 목적이 무엇이건 불공평한 법안에 반대한다."[13] 일반 대중 사이에서 부상한 민주적 해결책은 대등한 조건으로 모두에게 민간법인 형태의 길을 열어주는 것이었다.[14]

1832년 잭슨 대통령이 미합중국 제2은행(미국에 존재한 가장 강력한 법인)의 면허 갱신에 대해 거부권을 발동한 예를 통해 가장 극적으로 증명되었듯이 잭슨주의자들은 연방 법인 설립을(어차피 그런 일은 정말 드물게 일어났을 뿐이지만) 극도로 싫어했다. 그들은 법인 설립을 줄곧 주의 영역으로 남겨두었다. 처음 주 단위에서 나온 일반 법인화법들은 계속해서 특정 공공 목적을 위한 일반법으로 남았다. 그 과정에서 뉴욕주가 길잡이 역할을 했는데, 1837년 뉴욕주는 은행에 대한 일반 법인화법을 최초로 통과시켰다. 이어서 1848년에는 모든 '박애, 자선, 과학, 선교단체'에 일반법인 설립 자격을 허가했고, 이는 1850년대 동안 다른 여러 주에 모범적인 법이 되었다. 1860년에 이르면 38개 주 중 24개 주가 어떤 형태로든 일반법인 설립법을 제안했다.[15] 그 움직임은 너무나 빠르게 일어나서 전체적으로 특징짓기가 어렵다. 몇몇 주에서는 때로 비금전적이라는 용어가 선의의 목적의 표준 목록에 첨부되기 시작했지만 항상 그런 것은 아니었다. 한편 '자선단체'를 위한 일반 법인화법 중 일부는 주 차원에서 재산세를 면제해주었다. 하지만 일부를 제외한 나머지는 그렇지 않았다.[16] 합자회사의 경우도 마찬가지였다. 예를 들어 보험법인은 합자회사로 미국 자본시장에서 상업적으로 매우 중요한 구성요소였지만 대개 주정부의 재산세 면제 혜택을 누렸다. 그럼에도 불구하고 1870년대까지 지속된 일련의 과정에서 일반 법인화법은 시간이 지날수록 더욱 보편화되었다. 종국에는 대부분의 주가 단 두 가지 법이나 심지어는 한 가지 법만으로 모든 법인을 포괄할 정도에 이르렀다.

그렇지만 일반법인은 1870년대에 이르러서야 마침내 특수법인을 대체하기 시작했다.[17] 1874년 펜실베이니아주는 새로운 일반 법인화법을 통과시켰다. 이 법은 '요트 클럽' 창설을 비롯해 가능성 있는 여러 다양한 법인의 운영 목적을 목록에 포함시켰다. 그러나 기존과 다른 최초의 이 법은 주 내의 모든 법인을 세 가지 범주로 나누었다. 첫째로 종교법인은 단독으로 한 범주를 이루었고, 세금 공제 혜택을 누렸다. 다음으로는 과세 대상인 '영리'법인과 과세 대상이 아닌 '비영리'법인이 있었다. 이와 더불어 법인의 성격을 '비영리'로 결정짓는 근거는 '공공 목적'이 아니라 어느 학자가 이야기했듯이 민간법인 설립자들의 '비상업적인 의도'였다.[18]

1874년 펜실베이니아주의 일반 법인화법을 살펴보면 흥미로운 사실을 알 수 있다. 이 법이 통과되었을 때 누구나 알고 있지만 금기시되었던 문제는 펜실베이니아 철도―그 당시 세계 최대 법인이었던 국가기관―였다. 이 철도회사는 1846년에 특별히 발부된 주정부 면허를 보유하고 있었는데, 거기에는 철도 운영에 '반드시 필요'하거나 '편리'하지 않은 사업활동을 명백히 제한하는 내용이 포함되어 있었다. 일반 대중에 개방된 철도를 건설하고 유지하는 것이 회사의 목적이었다. 그런데 1871년 펜실베이니아 철도는 존 D. 록펠러의 스탠더드 오일 컴퍼니와 결탁함으로써 면허의 허용 범위를 넘어섰다. 이에 대한 대응으로 1874년 펜실베이니아주는 헌법 개정안을 통과시켰다. 철도회사가 철도 이외의 다른 활동을 하는 것은 위헌이며, 의회가 '법인의 권한을 부여하는 특별법'을 통과시키는 것도 위헌이라는―그리하여 사실상 주 의회가 일반 법인화법을 통과시킬 수밖에 없게 만드는―내용이었다.[19] 철도법인은 그 싸움에서는 졌지만 곧 전쟁에서 승리했다. 변호사들과 로비스트들은 곧바로 펜실베이니아주 의회의 새로운 일반 법인화법 제정을 옹호하고 나섰다. 이제 펜실베이니아 철도는 더이상 '철도법인'이 아닌 '영리'법인이었다. 다시 말해서 어디에서든 이윤을 추구할 수 있는 자유의 몸이 되었다. 이윤을 추구할 의도가 없던 펜실베이니아 법인들은 이제 새로운 범주, 즉 '비영리'로 존재하게 될 터였다.[20]

일반법인이 도입되면서 공공 목적이라는 용어는 서서히 사라졌다.[21] 인가서 자체도 작은 정치체들을 상대로 한 성문헌법이라기보다 표준 문안이 되어갔다. 1870년대 동안 일반 법인화법은 '이윤'을 구체적으로 명시하는 것까지는 아니더라도 민간법인의 활동을 '합법적인 목적'으로 제한했다. 민간법인들은 대체로 유한책임과 같은 특권을 제공받은 반면, 재산 축적의 한도와 같은 규제는 해제되었다. 이제 누구에게나 기회가 주어진 법인 설립 자체는 더이상 별다른 규제 수단이 되지 못했다. 비록 변변찮은 수준이더라도 규제는 다른 곳에서 찾아야 할 터였다. 어쨌든 이제 법인을 설립하는 데 있어서 훨씬 더 중요해진 것은 법인활동을 통해 얻고자 하는 특정한 공적 목적이 아니라 애초에 법인을 설립하려는 사적 동기였다. 신탁법에서도 이와 유사하면서 똑같이 중요한 국면이 펼쳐졌는데, 그중 가장 두드러진 예인 뉴욕주의 1893년 틸든법(Tilden Act)은 제한 없는 필란트로피적 유증을 합법화했다.[22] 2년 뒤인 1895년에 나온 뉴욕주의 회원제 법인법은 20년 동안 미국에서 나온 일반 법인화법들을 통합해 '금전적 이익을 위해 조직되지 않은' 명확한 법인 분류를 만들어냈다.[23] 다시 말해서 사유재산이나 공공 목적이 아닌—수익 창출 여부를 떠나—그 기관이 존재하게 된 사적 동기가 법인의 지위를 규정하기에 이르렀다.

이기주의와 이타주의

공화주의 법인에서 자유주의 일반법인으로 형태가 바뀌고, 공공 목적에서 사적 동기로 중점이 전환했음에도 불구하고 법인 설립은 여전히 주

차원에서 이루어졌다. 미국 연방정부는 남북전쟁중에 권한과 역할을 확장했다가 이후에 다시 후퇴한 반면, 웨스턴 유니언사라는 훌륭한 예를 둔 주인가 법인들은 그 범위가 전국으로 더욱 확대되고 강력해졌다. 한편 빅토리아시대의 대중문화는 도덕적인 기풍이 두드러졌으며, 19세기 후반 30년 동안에는 법인의 조직과 활동에 내재되어 있는 사적 동기가 신중하게 고려되었다. 영리법인과 비영리법인의 새로운 제도적 구분에 타당성을 제공한 것은 이기주의와 이타주의라는 새로운 도덕적 용어였다.

이타주의만큼 탄생 시기가 정확히 알려진 용어는 드물다.[24] 1882년 허버트 스펜서(Herbert Spencer)는 영국에서 미국으로 장기 여행을 떠나 미국 자본가들에게 연이어 환대를 받았다. 리버풀에서 뉴욕까지 가는 항해 길을 처음부터 함께한 사람이 있었는데, 바로 스펜서의 가장 열렬한 미국인 지지자 중 한 명인 피츠버그의 철강업자 앤드루 카네기였다. 1881년 카네기는 다수의 공공도서관 건립을 위해 자금을 기부하면서 필란트로피 분야에 이제 막 뛰어들기 시작했다(종국에 카네기와 그의 자선단체가 자금을 지원한 공공도서관은 1,679곳에 이른다). 바로 직전에 사회진화론적 개념인 '적자생존'이라는 용어를 처음 만든 사람은 찰스 다윈이 아니라 스펜서였는데, 카네기의 에드거 톰슨 제철소를 방문한 스펜서는 "이런 곳에서 6개월 동안 지내면 자살하고 싶어지겠다"라고 이야기했다. 결국 스펜서는 미국을 그다지 좋아하지 않았다. 그럼에도 불구하고 그의 미국 방문은 대성공이었고, 뉴욕의 델모니코 레스토랑에서 그를 기리는 전설적인 연회로 마무리되었다. 스펜서는 어리둥절해하는 사업가들에게 '사업 스트레스로 인한 신경쇠약'의 위험성에 대해 경고했다. 그럼에도 스테이크와 시가를 함께 나누던 그 자리에서 〈월간 대중과학(Popular Science Monthly)〉의 편집장 에드워드 유먼스(Edward Youmans)는 스펜서를 가리켜 "현대의, 아니 사실 역

대” 가장 위대한 사상가라고 대담하게 발표했다.[25]

스펜서는 이 자리가 마련되기 얼마 전에 『윤리 데이터(The Data of Ethics)』(1879)를 출간했는데, 이 책은 이기주의와 대척점을 이루는 이타주의에 관해 그때까지 영어로 나온 가장 중요한 해설이라고 할 만했다(진화생물학과 동시대 학계의 여러 분파에서 이타주의가 지닌 중요성에도 불구하고 찰스 다윈은 이 용어를 한 번도 사용하지 않았다). 『윤리 데이터』는 스펜서가 확립한 생물학적·사회적 '진화'(이 역시 다윈이 아닌 스펜서의 용어)라는 거대한 틀 안에서 이타주의를 확립했다. 스펜서는 이타주의라는 용어를 프랑스 철학자 오귀스트 콩트(Auguste Comte)의 저작에서 가져왔다고 거리낌없이 시인했다.

콩트는 6권으로 구성된 『실증철학강의(Cours de philosophie positive)』(1830~1842)—새로운 과학적 연구 대상인 '사회'를 소개한 거대 체계—를 출간한 뒤 '인류 종교를 제도화하는 사회학론'이 부제로 붙은 『실증정치체계(Système de politique positive)』(1851~1854)에서 이타주의(altruisme)라는 용어를 처음 소개했다. 낭만주의에 심취해 있던 콩트는 '이기주의'보다 '이타주의'를 중히 여기는 것이 '인간 삶의 큰 문제'라고 주장했다. 그는 '다른 사람에게 속한다'는 뜻의 이탈리아어 '알트루이(altrui)'에서 이타주의의 유래를 찾았다(라틴어 어원은 '이 타자에게'를 뜻하는 'alteri huic'이다). 이타주의는 생물학적 사실이라는 것이 콩트의 주장이었다. 이기주의와 이타주의는 '이기적 본능'과 '사회적 감정'과 같은 좀더 일반적인 개념을 전문적·체계적으로 옮긴 용어이다. 이타주의는 '보편적 사랑에 대한 내재적 경향'으로, 콩트는 이타주의의 존재를 믿으며 과학적 유토피아를 제안했다. '질서와 진보', '타인을 위한 삶'은 이상사회의 두 가지 경구였다. 그곳에는 민주주의의 '혼란'이 없는 무신론자 사제들과 비선출 은행가들로 이루어진 지배층이 주도하는 독재체제가 있을 터였다. 가정에서 절대적인 권위를 가진 여자들은

숭배의 대상이 될 것이었다.[26]

　이타주의는 생물학에 뿌리를 두기는 했지만 프랑스의 유토피아 사회주의의 변화하는 조류 속에서 탄생한 정치적 개념이었다. 그러나 대서양 너머에서는 물론 영국해협 너머에서도 사람들의 관심을 끈 것은 콩트의 정치적 견해라기보다 '과학 윤리'를 위한 시도였다. 콩트는 자신이 이룬 이타주의의 발견이 중대한 과학적 성취라고 생각했다. 동물 행동을 관찰한 결과와 인간의 뇌신경 구조에 관한 추측을 바탕으로 이타주의가 인간의 '타고난' 행동양식임이 생물학적으로 입증되었다고 여겼다. 오랫동안 지배적이었던 기독교 신학에서는(가톨릭 국가였던 프랑스에서는 특히) 인간은 본디 악하고 타락했으며 '자기애'가 강하다고 가르쳤다. '선의'는 인간 본성이 아니라 신의 은총에서 비롯된 것이었다. 18세기 공화주의는 더 나아가 '선의'와 '선행'(두 용어 모두 '자기 이익'의 반대 개념)을 구분했다. 선의는 의지의 발동인 것에 반해 선행은 행위의 결과이다. 콩트의 이타주의는 생물학적·사회적 진보에 대한 총체적이고 목적론적인 비전 안에서 선의와 선행, 즉 의지와 행위를 서로 충돌시켰다. 이타주의는ㅡ애덤 스미스(Adam Smith)부터 알렉시 드 토크빌(Alexis de Tocqueville)에 이르는 여러 중요한 사상가들이 올바른 이해가 전제된다면 조화롭게 존재할 수도 있을 것이라고 제안했던ㅡ'자기 이익'과 '선의'를 서로 완전히 분리하기도 했다. '순수한 이기주의'와 '순수한 이타주의'만이 끝없이 대립하는 형국이었다. 이기주의와 이타주의는 중첩될 수도 없고 심지어 지속적인 긴장 상태로 존재할 수조차 없었다. 결국은 이타주의가 승리할 터였다. 콩트는 서로를 위해 살아가는 '이타주의자들'은 선한 독재체제를 기꺼이 따를 것이라고 믿었다.

　1852년 영국의 대중 철학자 조지 헨리 루이스(George Henry Lewes)는 〈웨스트민스터 리뷰(Westminster Review)〉에 실린 글에서 이타주의를 뜻하는 프랑스어 알트루이슴(altruisme)을 영어 표현인 '앨트루이즘(altruism)'으로 번역했다.[27] 그는 콩트가 '인간의 이기적 본능이 어떻게 이타적 본능의 발달로 만족스럽게 이어지는지, 이기주의가 이타주의에 어떻게 자극이 되는지' 과학적으로 증명했다고 설명했다. 이처럼 원시적 이기주의에서 종국의 문명화된 이타주의까지 역사가 진보의 방향으로 흐른다는 인식은 지속될 터였다. 콩트는 많은 영미권 신봉자들을 매료시켰다. 1879년 영국의 〈프레이저스 매거진(Fraser's Magazine)〉은 어디에서나 들리는 "이타주의의 아름다운 이탈리아어 소리"에 주목했다.[28] 게다가 심지어 콩트를 비판하던 이들마저도 그의 도덕적 용어를 채택했다. 예를 들어 존 스튜어트 밀(John Stuart Mill)은 콩트의 반자유주의를 끊임없이 맹비난했지만 "누구나 필히 일정 수준의 이타주의에 도달해야 하며, 그 기준을 넘어서는 이타주의는 의무는 아니지만 칭찬할 만하다"는 점을 인정했다.[29] 헨리 시지윅(Henry Sidgwick)은 콩트의 "개인을 전적으로 종에 종속시키는 오류: 이타주의 안에서 이기주의를 완전히 삼켜버리기"에 반발했다. 그러나 시지윅도 정작 자신의 공리주의 명저 『윤리학의 방법(The Method of Ethics)』(1874)에서 이타주의를 언급했다.[30] 1882년에는 대중 철학자 레슬리 스티븐(Leslie Stephen, 후기 빅토리아시대에 이타주의를 신랄하게 비판한 소설가 버지니아 울프의 아버지)이 자신의 저서 『윤리학(Science of Ethics)』에서 이타주의에 대해 영미 자유주의 중에서 '사회를 위하는' 분과라고 언급하기도 했다.[31]

그러므로 스펜서를 위한 초석은 마련되어 있었다. 『윤리 데이터』는 3분의 1에 가까운 분량을 이기주의와 이타주의의 관계를 논하는 데 할애했다. 콩트의 경우와 마찬가지로 스펜서에게는 이 두 가지가 이기적·이타적 동기를 생물학적·도덕적 용어로 옮긴 완전한 한 쌍의 대척점이었다. 스펜서는 『심리학 원리(The Principles of Psychology)』 재판본에서 이타주의라는 용어를 사용한 자신의 선택을 처음으로 변호했다.

> 나는 콩트 씨 덕분에 접한 이 단어를 기꺼이 채택한다. 최근에 어느 비
> 판자가 이를 새로운 유행으로 치부하면서 우리는 왜 선의나 선행처럼
> 좋은 옛 단어들로 만족할 수 없는지 물었다. 거기에는 매우 충분한 이유
> 가 있다. 그 의미로나 형태로 이기주의와 이기적이라는 단어의 안티테
> 제(antithese)를 암시하는 이타주의와 이타적이라는 단어는 선의나 선행
> 과 그로부터 파생된 단어들과는 달리 대립되는 요소를 완전하고도 명확
> 하게 사고하도록 이끄는데, 이들 단어가 안티테제를 직접적으로 내포하
> 지 않기 때문이다. 이처럼 탁월한 함축성은 윤리 개념의 교류를 크게 촉
> 진한다.[32]

스펜서는 옳았다. 자기 이익과 선의/선행 간의 안티테제는 그가 이기주
의와 이타주의 사이에 그은 선처럼 명확하지 않았다. 그리고 콩트가 그랬
듯이 스펜서도 이타주의 안에서 선의와 선행, 의도와 행위가 구별되지 않
았다.[33]

윤리적 행동의 본질은 비록 스펜서의 손에서 궁극적으로 훨씬 다른(자
발적·비정치적) 방법으로 달성된다고 하더라도 동일한 진화론적 목적이었
다. 스펜서는 『심리학 원리』에서 윤리적 '감정'을 세 그룹으로 나누어 제시
했다. 첫째는 진화론적 생존경쟁에 뿌리를 둔 '이기적' 감정 또는 개인의 이
기심, 둘째는 이타적인 것처럼 보이지만 실제로는 이기적인 행동을 하는
'이기적–이타적' 감정, 마지막은 이타적 감정이다. 스펜서가 보기에 이타적
감정은 '근대의 필란트로피'에서 분명히 드러났다. 이타적 감정은 '이기적–
이타적' 감정과 '뚜렷이 구별'되기보다 그로부터 진화하는 과정에 있는 것

으로 나타났다. 스펜서는 이러한 진화가 지속되는 것을 필란트로피(그가 애써 규정하지는 않았지만)의 과제로 보았다. 필란트로피는 원시적 이기주의를 문명화된 이타주의로 변화 및 진화시켜야 한다. 그렇게 할 때 이타주의는 불분명한 미래의 '사회 상황'에서 득세할 수 있을 것이다. 『윤리 데이터』는 이러한 생각을 한층 더 구체적으로 풀어내고 있다. '이기주의 대 이타주의'라는 제목의 장에서는 이기주의가 개인의 기본 동기라고 못을 박는다. 하지만 다음 장인 '이타주의 대 이기주의'에서는 이타주의가 아무리 미약할지라도 진화가 시작된 이래 줄곧 존재해왔다고 주장한다. 스펜서는 이타주의가 종국에는 승리할 것이라고 확신하면서도 산업사회에서 진화가 자연스레 일어나도록 내버려두었을 때에 한한다는 단서를 붙였다. 자발적인 진화 과정에 국가의 간섭이 있어서는 안 되었다. 스펜서의 생각은 사적 영역과 공적 영역을 확실히 구분했다. 그는 사적 행동, 생각과 마음의 생물학적 표현을 강조한 반면 공적 가치와 행동에 대해서는 뚜렷이 선을 그었다. 스펜서의 자유주의는 『개인 대 국가(The Man versus the State)』(1884)에 가장 분명하게 담겨 있다. 이 책에서 그는 '이타주의'는 '국가 행위와 무관하게' 발생하는 '자발적인 협력'의 결과로만 나타난다고 설명했다.[34] 이러한 진화의 진정한 원동력은 수십 년 전 스펜서가 수수께끼처럼 언급했듯이 "우리의 지식이나 이해를 초월하는 어떤 원인"이다.[35]

이타적 비영리 필란트로피

미국에서 스펜서의 견해에 대해 호의를 표하기는 어려울 것이다. 20세기 초 기준으로 미국에서 판매된 스펜서의 책은 30만 부로 추정된다.[36] 유명한 강연자이자 저자인 존 피스크(John Fiske)는 미국의 지식인 중 스펜서를 신봉한 가장 권위 있는 인물로, 자신의 저서 『우주 철학의 개요: 진화론에 입각하여(Outlines of Cosmic Philosophy, Based on the Doctrine of Evolution)』(1875)에서 스펜서의 이타주의를 충실히 번역해 "사회 진보의 근본적인 특징은…… 이타주의가 이기주의를 점진적으로 대체하는 것"이라고 선언했다. 이기주의와 이타주의 그리고 진화상 필연적인 '진보'에 관한 스펜서의 견해는 적어도 미국의 신진 철학자 한 명에게는 커다란 매력을 지녔다.[37]

앤드루 카네기는 스펜서를 '친애하는 스승님'이라 불렀고, 자서전의 한 장에 '허버트 스펜서와 그의 제자'라는 제목을 붙이기까지 했다. 카네기는 스펜서를 가리켜 "터무니없는 기독교식의 하나님의 은총을 통한 구원이라는 터무니없는 기독교적 계획"으로부터 벗어난 지적인 삶을 살았다고 적었다('두 필란트로피스트'에 그려진 전신주 대부분이 낡은 십자가 모양이라는 점에 주목하자). 하나님의 은총은 세속적인 선의로 이어지지 않았다. 오히려 이타주의가 '영속적'이고 과학적인 진화의 '법칙'에 따른 필연의 산물이었다. 카네기는 스펜서의 글을 처음 읽었던 경험을 이렇게 묘사했다. "초자연적인 요소를 포함해 신학에 대해 의심하는 단계에서…… 운좋게도 다윈의 저작과 스펜서의 『윤리 데이터』, 『제1원리(First Principles)』, 『사회정학(Social Statics)』을 접하게 되었다……. 깨달음이 홍수처럼 밀려오더니 모든 것이 명료해졌던 기억이 난다. 나는 신학과 초자연적 현상에 대한 생각을 허물었을 뿐 아니라 진화의 진리를 발견했다. '모든 것은 발전하기 마련이니 다 괜찮다'가 나의 모토이자 진정한 위안의 원천이 되었다."[38] 이기주의와 이타주의의 진화 논리는 카네기의 수필집 『부의 복음』 전반에서 중요한 부분을 차지한다. 카네기는 이기주의 편에 서서 진화론적인 '경쟁 법칙'으로 카네기 철강회사의 사업 관행이 설명된다고(그리고 정당화된다고) 주장했다. 그는 수익을 위해 자신의 제철소에서 거의 주 7일, 12시간 교대근무를 한 직원들과의 임금 및 근무시간 협상에서 조금도 물러설 수 없었다. 비즈니스에서 그것은 '적자생존'이고 '생존경쟁'이었다. 이타주의로 변한 카네기는 '사업 집중', 즉 부가 '소수에게' 집중되는 것이 '향후 인류 발전에 필수적'이라고 서술했다. 그러나 '스스로를 부양'할 수 없는 사람들에게 자선을 베푸는 구제의 비도덕성에 대해 근거를 제시한 것도 동일한 진화법칙이었다.[39] 스펜서의 저서 『윤리학 원리(Principles of Ethics)』(1892)에서는 자선의 위험을 강조하면서 '무분별한 필란트로피'가 '상대적으로 무가치한 사람들'을 양산할지 모른다고 우려했다.[40] 이런 유의 자선은 진화적 발전을 가로막았다. 이타주의적 필란트로피는 이와는 다를 터였다.

　스펜서식의 이기주의와 이타주의에 대한 진화론적 체계는 카네기의 세계관과 일상 행위에서 보인 여러 수수께끼 같은 특징을 설명하는 데 도움이 된다. 이제 각 주의 법인법은 기업 경영진을 최소한의 '합법적인 목적'의 기준에 구속시키는 것이 일반적이었다. 그렇다고 이러한 법이 경영진은 민간기업 활동을 이윤 창출에만 전념해야 한다고 의도한 것은 아니었다(현재도 마찬가지이다. 폴 브레스트의 5장 참조). 그러나 카네기와 마찬가지로 도금시대의 많은 기업가들은—일례로 굴드를 보라—그렇게 하는 쪽을 택했다.[41] 기업가들은 이러한 활동을 위해 회계 기준을 개선해 '이윤'의 의미를 사적 자본 투자로 얻은 증가분으로 명확히 했다. 그들은 이 같은 이윤을 창출하기 위해 사업 비용을 새롭게 측정하고 모니터링했다. 산업자본주의 시대에 이러한 조치는 무엇보다도 임금 지출 감축을 의미했다. 굴드와 카네기 두 사람 모두 직원의 임금을 무자비하게 삭감했으며 파업을 막고 노조를 해산시켰다. 1870년대와 1880년대에 그들 세대는—카네기의 표현을 빌리면 '이기주의'가 동기가 되어—이윤 창출이라는 하나의 목표에만 매진하는 영리 목적의 기업 세계를 새롭게 창출하고자 했으며, 그 목표를 성공적으로 달성했다. 영리법인은 태생부터 이기주의적이었고, 굴드는 그 상태 그대로 두고 싶어했다. 1880년대에 그는 웨스턴 유니언사를 다름아닌 이윤을 창출하는 조직으로 변모시켰다.[42]

카네기는 달랐다. 그는 국가 행위 자체를 신뢰하지 않았다. 하지만 개인의 이타주의—같은 인간에 대한 보편적인 관심—는 존재한다고 믿었다. 그렇지만 진화의 경쟁 논리는 새로 탄생한 이기주의적 영리 목적의 기업 세계에서 그가 단순히 직원들의 임금을 인상할 수 없음을 의미했다. 그러나 그가 『부의 복음』에서 설명했듯이 직원들이 12시간씩 강철 제련 작업을 한 뒤에 즐길 수 있도록 도서관과 박물관, 수영장을 지을 수는 있었다. 이 논리는 분명 우회적이기는 하지만 일관성이 있다. 카네기는 별도의 규범적·제도적 영역을 만들어 이윤을 추구하는 그의 자본을 필란트로피적 부로 전환함으로써 필란트로피스트가 될 수 있었다. 각 영역의 동인은 완전히 달랐지만 둘이 합쳐졌을 때 그 목표는 이타주의로 동일했다. 따라서 그 수단은—필란트로피적 부로 전환된 자본이었건 그의 비영리 필란트로피 활동에 적용된 '과학적'이고 '효율적'인 사업방식이었건—이기주의/영리에서 이타주의/비영리로 경계를 넘을 수도 있었다. 두 영역이 독립된 별개였을지 몰라도 처음에 카네기는 양쪽 모두를 개인적으로 장악했다. 책상에 앉은 카네기가 카네기 철강회사의 간부들에게 임금을 삭감해달라고 애원하는 편지를 쓰더니 곧이어 필란트로피 사업을 맡은 간부 중 한 명에게는 자신의 재산(앞서 임금을 삭감해서 얻은 수익)을 알아서 기부하라는 편지를 쓰는 모습을 상상해보자. 정말 이상하고 언뜻 모순되어 보이는 그림이 아닐 수 없다. 그러나 카네기는 자신의 사적 행동을 통해 원시적인 이기주의가 문명화된 이타주의로 진화하고 있다고 진심으로 믿었다.

이런 사람은 카네기뿐만이 아니었다. 1890년대에 이르러 '이타주의'의 개념과 진화 논리는 미국 사회의 필란트로피 관련 논의 속으로 빠르게 흘러들었다. 예를 들어 에이머스 G. 워너(Amos G. Warner)의 획기적인 저서 『미국의 자선단체: 필란트로피와 경제 연구(American Charities: A Study in Philanthropy and Economy)』(1894)에서는 '이타주의'가 '진보의 핵심 동기'라고 인정했다.[43] 비영리법인은 태생부터 이타주의적이었다. 이 필란트로피 담론에서는 두 가지 특징을 언급할 필요가 있다.

첫째, 이기주의와 이타주의 개념은 최근에 생겨난 자선과 필란트로피 간의 구분을 명확히 하는 데 도움이 되었다. 강력하고 대표적인 예로 1888년 〈월간 대중과학〉에 실린 "경제적인 측면에서 살펴본 이타주의"라는 기사가 있다. 이 글의 저자는 미국 어류위원회 소속의 생물학자(그리고 아마추어 사회학자) 찰스 W. 스마일리(Charles W. Smiley)이다. 스마일리는 '인간 행동의 기본 동기'가 이기주의, 즉 '자기 배려'라고 서술했다. 그러나 이타주의는 '야만의 상태'에서 진화했다. 선의/자선과 이타주의/필란트로피는 같은 것이 아닐 뿐만 아니라 선의는 이기주의의 한 종류이기도 하다. 스마일리는 "선의의 충동을 충족"시키기 위해 "구제를 베푸는 행위"는 "가장 거짓된 형태의 이기심"일 뿐 진정한 "이타주의"가 아니라고 주장했다.[44] 존 D. 록펠러는 자전적 저서 『사람과 사건에 관한 추억담(Random Reminiscences of Men and Events)』(1908)에서 "필란트로피는 흔히 자선이라고 부르는 것"이나 길거리의 거지에게 "단순히 돈을 주는 것"과는 다르다고 거듭 되풀이했다. 록펠러 역시 생물학적 은유의 단계에 이르렀다. 자선과 달리 필란트로피는 "그야말로 본질적으로 문명을 풍요롭게 한다." 록펠러의 자전적인 자기표현은 이기주의에서 이타주의로 진화하게 된 궁극의 목적을 추적하는 단순한 이야기이다. 그는 젊은 시절 점원으로 일할 때 돈을 '동경의 시선'으로 바라보던 일을 회상한다. 그러다 스탠더드 오일 컴퍼니에서 많은 돈을 벌어들인 뒤로 사업은 부수적인 관심사가 되었고 종국에는 필란트로피(자선이 아닌) 분야에 집중하게 되었다.[45]

둘째, 상당히 추상적인 이기주의와 이타주의의 사적 동기는 새로운 영리 및 비영리 법인 형태의 개방적인 특성과 조화를 이루었다. 공화주의체제에서는 예를 들어 방직업체로 인가받은 법인이 단지 '수익성이 더 좋다'는 이유로 사업 방향을 선회해 철도를 건설할 수 없었다. 반면 '합법적인 목적'의 자유주의체제에서는 법인 자본이 이윤 창출이라는 추상적인 목표를 자유롭게 추구할 수 있게 되었다. 마찬가지로 공화주의 법인의 경우에도 굶주리는 이들을 먹여살리는 인가 법인이 단순히 '선의'를 극대화할지 모른다는 이유만으로 노숙자들에게 쉼터를 제공하는 사업으로 전환할 수 없었다. 19세기 후반 들어 사적 동기가 새롭게 강조됨에 따라 법인 자본과 같은 필란트로피적 부가 점차 자유화되었다. 제도적 측면에서 나타난 하나의 정점은 '일반 목적 재단'(롭 라이히의 3장 참조)이 합법적으로 탄생한 것이었다. 새로 부상한 영리 부문에서 '합법적인 목적'으로 한도가 정해졌다면 비영리 부문에서는 '일반 목적' 기준으로 한도가 정해졌다. 1915년까지 일반 목적 재단은 27개였으며 1930년에는 200개가 넘었다.[46] 카네기와 록펠러 모두 이 길을 걸어갔는데 처음에는 그들의 필란트로피 자산을 이용해 도서관, 수영장, 시카고대학 등과 같은 특수한 목적과 시설 제공을 목표로 삼았다. 그러나 1913년 록펠러 재단이 뉴욕에서 인가되었을 때 그 인가서는 '전 세계 인류의 복지 증진'이라는 추상적인 목적을 발표했다. 다시 말해서 진화론적 이타주의의 종점에 담긴 모호함은 '일반 목적'이라는 방대한 종점의 거울상이었다.

기타 이타주의

1870년대와 1880년대의 카네기와 달리 1890년대와 1900년대의 록펠러는 이타주의라는 용어를 사용하지 않았다. 록펠러의 필란트로피 활동을 처음 이끈 집행위원회는 '선의 부서(Department of Benevolence)'였다. 여기에는 물론 다른 이유도 있었겠지만 록펠러의 종교적 감수성이 작용했을 것으로 추측된다. 19세기 후반 이타주의가 필란트로피계에 받아들여졌음에도 불구하고 20세기 초부터 유럽과 북미 양쪽의 사회주의자들은 이타주의를 자신들의 이념적 도구로 활용하는 데 성공했다. 이에 격분한 말년의 스펜서(그는 1907년에 사망했다)는 사회주의자들이 쓰는 이타주의를 버리고 선의와 선행이라는 표현으로 되돌아갔다.

1832년에 태어난 알렉산더 롱리(Alexander Longley)는 미국의 한 유토피아 사회주의공동체에서 성장했는데, 이곳은 오귀스트 콩트가 아닌 또다른 프랑스 유토피아 사회주의자 샤를 푸리에(Charles Fourier)의 신조를 토대로 설립된 '팔랑크스(phalanx)'라는 곳이었다.[47] 공동체는 와해되었고 롱리는 인쇄술을 배웠다. 1868년 그는 세인트루이스에서 〈코뮤니스트(Communist)〉지의 초판을 인쇄했다. 롱리는 계속해서 우정공동체, 상호부조공동체 등 협동조합촌을 연이어 만들고 미주리주의 농장 협동조합과 세인트루이스의 공동주택 다수를 설립했는데, 이는 모두 '이기적 동기'와 '관대한 충동'을 결합하리라는 희망에서 비롯된 행동이었다. 그후 1885년 롱리는 자신의 독자들(물론 수는 적었다)에게 다음과 같이 발표했다. "우리 신문을 더 광범위하게 보급하고 다른 개혁들도 최대한 지원하기 위해 이타주의자(ALTRUIST)라는 이름을 채택하게 되었습니다. …… 모든 진보·개혁 운동에 더욱 보편적으로 적용될 뿐만 아니라 우리가 옹호하는 공동 이익의 기본 원리를 더욱 분명하게 표현해주기 때문입니다." 롱리는 '다름아닌 공유재산이야말로 진정한 이타주의'라고 믿었다. 또한 그는 민주주의적 선거정치와 이것을 달성하는 수단으로 취해지는 정부의 행동을 배척했다. 롱리는 19세기 유토피아 사회주의의 실례가 되는 본보기였다.[48] 1918년 그가 사망하면서 〈이타주의자〉지는 발행을 중단했다. 롱리가 중요한 사회운동을 촉발시켰다고 말하기는 어렵다. 그는 카네기나 록펠러처럼 부유하고 영향력 있는 사람들의 상대가 되지 못했다.

이타주의를 지지하고 신봉하는 다른 사회주의자들도 있었다. 그들 대다수는 미국의 유명 소설가 윌리엄 딘 하우얼스(William Dean Howells)의 추종자였다. 필시 스펜서보다 하우얼스를 통해 이타주의를 접한 미국인이 더 많을 것이다. 하우얼스가 이 용어를 처음 사용한 것은 1890년 《하퍼스(Harper's)》에 수록된 '알트루리아의 합성된 연민(Synthesized Sympathies of Altruria)'이라는 허구의 장소를 다룬 단편소설에서였다. 유토피아 소설 『알트루리아에서 온 나그네(A Traveler from Altruria)』는 1895년에 발표되었다.[49] 다름아닌 제이 굴드에 대항해 철도 노동자 20만 명이(그리고 웨스턴 유니언 사 노동자 소수가) 일으킨 폭력 파업으로 점화된 1886년의 대규모 노사분규는 하우얼스의 이력에서 결정적인 영향을 미쳤다. 그의 소설은 더욱 사실적으로 변했고 산업자본주의의 도덕적 방향성에 대해 더 회의적인 자세를 취했다. 소설 『애니 킬번(Annie Kilburn)』(1889)에는 민간 필란트로피에 대한 맹렬한 비난이 담겼다. 하우얼스의 대표작 『새로운 행운의 위험(A Hazard of New Fortunes)』(1890)의 주요 등장인물 중 한 명은 근본적으로는 냉담하지만 폭력적인 사회주의자였다. 『알트루리아에서 온 나그네』의 주인공인 아리스티데스 호모스는 모든 시민이 사유재산과 경제적 기능을 국가에 양도하는 데 동의한 가상의 지명인 알트루리아에서 미국 북동부지역으로 찾아온다. 호모스는 유권자들이 투표를 통해 이타주의에 찬성한 오스트레일리아와 뉴질랜드의 사례를 넌지시 언급한다. 하지만 책의 결말에 이르러 우리는 알트루리아의 사회질서가 정치 때문이 아니라 알트루리아 사람들이 '자기희생의 신성한 황홀경'에 빠진 것에서 비롯되었음을 알게 된다. 콩트와 스펜서의 이타주의가 추구하는 궁극의 목적이 또다시 존재했던 것이다. 아니나 다를까 알트루리아 시민들은 이기주의의 단계 이후 특별한 방식으로 공익에 '자기 한 몸'을 바치기로 결정했다.

1896년 롱리는 미시간주 그랜블랑과 위스콘신주 매디슨에 현실 속의 알트루리아를 세우려 시도했다고 언급했다. 하우얼스는 샌프란시스코에서 북쪽으로 80킬로미터 떨어진 캘리포니아주 산타로사 인근에 자리한 작은 농업공동체였던 알트루리아 정착민들에게 수표를 보내기도 했다. 이 알트루리아는 '경쟁에 혹사당하고 지치거나 생존 투쟁에서 패배한 이들'에게 치열한 생존경쟁을 피할 수 있는 안식처이자 진화로부터의 도피처가 되어줄 터였다. '50달러와 도덕적인 품성'만 있으면 누구나 들어갈 수 있었고, 각 회원은 자신의 사유재산을 '결사체'의 공동 소유로 양도할 것을 서명했다. 이 공동체는 '공동의 우호적 생산 결사체'를 성공시킴으로써 '모든 사회가 이기주의와 개인주의에서 벗어나 광범위하고 실질적인 이타주의로 접어들기를' 희망했다. 이곳 알트루리아 주민들은 주간지 〈알트루리안(Altrurian)〉을 발행하기도 했다.[50] 바로 그 뒤를 이어 오클랜드 알트루리아 협동조합, 뉴욕시 알트루리아연맹, 뉴저지주 무어스타운의 이타주의자연합, (이탈리아 이민자를 회원으로 받은) 시카고 알트루이 클럽(Altrui Club) 등이 속속 등장했다.[51]

이중 알트루이 클럽만이 유일하게 20세기가 시작될 때까지 살아남았지만 이 역시 빠르게 무너졌다. 유토피아 사회주의의 현실적인 약점은 차치하고 여기서는—점점 심해지는 영리 및 비영리 간의 분열에도 불구하고—20세기로 들어선 뒤에도 영리와 비영리의 양극점 사이에 방대한 조직적 절충지대가 계속 존재했다는 점에 주목할 필요가 있다. 이타주의의 여부를 떠나 이곳은—당대 사람들의 표현처럼—국가와는 무관하게 자발적으로 결성된 사적인 '협동'과 '결사'의 세계였다. 컬럼비아대학에서 경제학 교수를 지낸 존 베이츠 클라크(John Bates Clark)는 『부의 철학(The Philosophy of Wealth)』(1892)에서 그가 '경제적 이타주의'라고 일컫은 이기주의와 이타주의의 제도적 혼합물에 "어떠한 한계도 정할 수 없는 미래"가 있다고 추측했다.[52] 비영리 필란트로피와 이타주의의 배타적 연계 및 영리 목적의 기업 영역 안에 둘러싸인 사업은 이 중간지대를 서서히 질식시켰다. 그래도 처음에는 그 과정이 느리게 진행되었다. 20세기에 들어선 직후부터 이타주의는 유토피아 사회주의자와 필란트로피스트뿐 아니라 미국의 각종 공제회와 산업노동조합, 협동농장, 기업 이익분배제도, '사회적 복음'을 전파한 기독교 개혁운동가, 도시 인보관운동 지지자 등 다양한 방면에서 소환되었다.[53] 그러나 이기주의와 이타주의를 상호배타적인 양극으로 제시하든 아니면 더 나은 제도적 해결을 절실히 요구하는 생물학적 사실로 제시하든 이타주의는 단 하나의 예외도 없이 모든 경우에 사적인 개인의 도덕성 문제로 제기되었다. 놀랍게도 공적 유의성은 전혀 찾아볼 수 없었다.

전후 이타주의

제1차세계대전은 상호연결된 필란트로피와 이타주의, 비영리의 역사에서 커다란 분수령이 되었다. 미국 의회는 헌법 개정 후 1913년에 연방소득세를 통과시켰고 전쟁 기간중에 추가로 확대했다. 이 제정법에는 법인소득세도 포함되었다. 영리법인의 이윤은 연방정부의 과세 대상 소득이 되어 새로운 재정 국가에 매우 중요한 수입 경로가 되었다. 제1차세계대전이 끝난 뒤 연방정부의 전쟁·복지 국가로서의 면모가 강화되면서 영리법인과 비영리법인 모두 영구적으로 국가 재정 체계로 편입되었다. 이에 따라 주인가 비영리단체에 면세 혜택을 부여한 연방세법은 19세기 후반의 영리/비영리 간 분열을 더욱 공고히 했다.[54] 그러나 다른 한편으로는 앞서 19세기에 주정부가 위임한 공공 목적 상당수를 연방세법상 급증한 제501조(c) 범주(최종적으로 오늘날의 제501조(c)(3)에 규정된 비과세 '종교', '교육', '자선' 단체 목록이 되었다)에 포함시켰다. 이 모두는 미국의 비영리 필란트로피가 사적 동기에서 다시 공공 목적으로 중점을 둘 수 있다는 가능성을 시사했다. 법인들이 새로운 재정적 정체성을 갖게 됨에 따라 2장에서 올리비에 준즈가 이야기하는 20세기 미국의 '혼합된' 정치경제가 공고해졌다.[55]

제1차세계대전이 발발하면서 이타주의는 역풍에 시달리지는 않더라도 공공의 논의와 지적 담론에서 차츰 사그라졌다. 이기주의의 위대한 선지자 프리드리히 니체는 스펜서의 글을 읽은 뒤 이타주의 반대(Kein Altruisms)!를 외쳤다.[56] 니체의 거부는 후기 빅토리아시대 지식인 사회에서 지배적인 분위기가 되었다.[57] 윤리학에서는 G. E. 무어(Moore)와 그 제자들이 생물학적 은유를 피하고 스펜서의 '자연주의적 오류'에서 벗어났다. 정치학계 지식인들은 개인적인 도덕주의와 동기의 문제에서 서서히 멀어지면서 '사회적 삶', 제도, 국가 등 공적인 문제로 논의의 방향을 다시 집중시켰다. 1908년 사회주의 정치인 유진 데브스(Eugene Debs)가 이야기했듯이 "사회주의자는 이기심을 이타주의로 대체할 것을 제안하지 않는다."[58] 도덕적 정서가 아닌 국가권력이 사회주의의 올바른 수단으로 여겨졌으며, 이러한 견해는 러시아에서 성공한 볼셰비키혁명에 의해 표면적으로나마 사실로 입증되었다. 좌파 진영에서는 볼셰비키가 수많은 유토피아 사회주의자를 말 그대로는 아닐지라도 이념적으로 무덤에 몰아넣었다. 이와 동시에 자유주의 역시 국가에 더 집중하게 되었다. 스펜서의 『개인 대 국가』가 정치적 자유주의 역사의 한순간을 요약했다면 존 듀이(John Dewey)가 『공공성과 그 문제들(The Public and Its Problems)』(1927)에서 '공공성'을 칭송한 것은 그다음 순간을 포착했다. 듀이의 책에서는 이기주의나 이타주의가 단 한 번도 언급되지 않았다.[59]

그러나 담론의 장이 다시 원활해졌을 때 한 곳에서만은 이타주의나 사적 동기에 대한 몰두가 지속되었는데 바로 기업 필란트로피계 내부였다. 필란트로피 재단의 활동을 면밀히 조사한 것으로 유명한 의회 월시 노사관계위원회는 최종 보고서(1916)에서 사회 문제에 대한 '정부의' 해법과 '이타주의적' 해법을 대조했다. 1915년 이 위원회의 청문회에 출석한 존 록펠러 2세는 본인 가문의 여러 '이타주의적' 노력을 조직적으로 펼치기 위해 록펠러 재단이 존재하는 것이라고 설명했다. 1918년 록펠러 재단은 처음으로 공공 보조금을 지원한다고 발표하면서 '이타주의적' 동기에 의해 행동하는 모든 사람에게 부를 자유롭게 분배할 수 있다고 설명했다(어떤 식으로든 '사적 이익'과 연관되어서는 안 된다고 했는데, 사적 이익이야말로 스탠더드 오일 컴퍼니의 유일한 일이었다).[60] 보수주의자이자 하버드대학 윤리학 교수인 조지 허버트 파머(George Herbert Palmer)의 『이타주의: 그 본질과 유형(Altruism: Its Nature and Varieties)』(1919)은 제도화된 이타주의적 필란트로피의 새로운 풍조를 알렸다. 파머는 이기주의가 이타주의로 대체되는 일은 결코 없을 것이라며 개탄했다(또다른 누군가는 진정한 이타주의를 "불가능한 완벽"이라고 표현하기도 했다[61]). 그러므로 필란트로피스트는 자신의 동기를 끊임없이 점검해야 했다. 또한 파머는 최고의 '선물'은 '대규모' 기관사업—박물관, 연구

대학처럼 이기주의에 대항하는 영구적인 보루―이라고 덧붙였다.[62] 영리적 기업 세계와 비영리적 기업 세계는―한쪽은 재정 국가에 의해 과세되고 다른 쪽은 면세를 받으며―영구히 존속할 터였다.

파머가 글을 쓴 1919년에 비영리 필란트로피는 이미 한층 더 공공화된 20세기 이력을 시작하고 있었다. 록펠러는 그동안의 기조를 바꿔 1910년 록펠러 재단의 연방 인가를 받기 위해 시도했다. 실제로 인가가 나지는 않았지만 만약 인가를 받았다면 국가가 '공익의 요구에 맞춰 법인의 목적을 제한'하는 결과를 초래했을 것이다. 어쨌든 20세기 전반에 걸쳐 동일한 재정 경로로 연결된 재정적 삼각구도―국가, 기업 위주의 경제, 기업 위주의 '비영리 부문'―가 형체를 갖추었다. 비영리법인은 재정화가 이루어진 초기에 더 공공화되고, 필란트로피는 호바스와 파월의 표현을 빌리면(4장 참조) 더 '기여적'인 성격을 띠었다. 그 결과 존 D. 록펠러 3세가 주축이 된 필러(Filer)위원회가 '공공 목적을 위한 사적 기부'를 호소한 기념비적인 결과물 『미국의 기부(Giving in America)』(1975)를 출간할 즈음 이타주의는 사적 동기가 아니라 공적 '시민성'의 성과와 관련이 있었다.[63]

한 가지 점에서는 역사적 기록이 명확하다. 19세기 초반의 공화주의 법인이든 20세기 중반의 재정적 법인이든 법인 형태를 통해 민간 필란트로피가 공공의 이익을 증진시킬 수 있다는 사실이다. 오늘날에는 필란트로피의 민주적 정당성은 물론 그 의미와 제도적 위치까지도 누구나 관심만 있으면 찾아볼 수 있다. 수많은 영리법인이 굴드의 웨스턴 유니언사를 상기시키며―7장에서 루시 베른홀츠가 다루고 있듯이 미국 디지털 공공도서관과 경쟁한 구글의 사례를 보라―자신들이 세상에 필란트로피적 혜택까지는 아니더라도 공익을 실현한다고 주장한다. 한편 '베네핏' 코퍼레이션, '저수익' 법인과 같은 새로운 법인 유형은 좀더 근본적인 제도상의 가능성을 가리킨다. 그러나 현대의 비영리법인은 19세기 탄생의 표식을 지니고 있기도 하다. 많은 법인이 '이윤 극대화'에 매진하고 인간 본성에 대한 진화생물학적 설명이 다시 유행하고 있으며, 재정난에 시달리고 도금시대 이래 본 적이 없는 수준으로 급증하는 경제적 불평등을 바로잡을 의지도 없는 민주주의국가들이 그들의 축소된 역량을 민간 필란트로피가 보상해야 하느냐는 질문에 직면해 있는 이 시대에, 케플러의 '두 필란트로피스트'는 결코 필연적이지 않지만 충분히 가능성 있는 기업 권력의 한 형태―사적 행동이 공익을 질식시키지는 않더라도 최소한 약화시키는 제로섬 게임―를 상기시키는 준엄한 경고와도 같다.

2장

필란트로피의 역사는
왜 미국사의 일부가 아닌가?

올리비에 준즈(Olivier Zunz)

벤저민 프랭클린(Benjamin Franklin)은 미국 독립혁명 전날 한 목사에게 '새 예배당 건립을 위한 모금'을 어떻게 시작할지에 관해 조언하면서 기금 모금에 대한 정확한 통찰과 미국 필란트로피의 힘에 대한 깊은 이해를 드러냈다. 그의 자서전에 소개된 이 일화에서 프랭클린은 친구에게 이렇게 이야기했다. "우선 얼마라도 낼 게 확실한 사람 모두에게 물어보고, 그다음에는 낼지 안 낼지 불확실한 사람들에게 연락해서 기부한 사람들 명단을 보여주세요. 마지막으로 절대 아무것도 내지 않을 것 같은 사람들도 빼놓지 말아요. 그들 중 일부는 당신이 잘못 판단했을 수도 있으니까."[1] 제대로 접근하기만 하면 기부자가 부족할 일은 없을 것이라는 프랭클린의 예상은 정확했다. 또한 프랭클린은 비슷한 방식으로 모금한 자금을 이용해 정부로부터 추가 자원을 지원받는 방법도 개인적인 경험을 통해 잘 알고 있었다. 그는 펜실베이니아대학과 펜실베이니아병원을 비롯해 지역의 여러 중요 시설을 설립하면서 이 같은 일을 몇 차례 진행한 경험이 있었기 때문이다. 지방정부와 주정부가 자선단체들의 활동을 보강함에 따라 프랭클린이 장려한 것과 같은 정부와 시민사회의 파트너십은 19세기 내내 증가했다. 이러한 협업은 20세기 들어 연방정부까지 자원을 지원하고 연방세법을 활용해 민간 기부를 촉진하면서 대대적으로 확대되었다. 그 결과 다양한 정부 단위와의 민간 파트너십과 정부 보조금에 의존하는 혼합형 기부의 정치적 경제가 탄생했다.

이러한 조합의 핵심에는 크게 모호한 부분이 존재한다. 정부는 이처럼 세액 공제 혜택을 주는 과정에서 필란트로피 활동과 정치활동 사이에 엄격한 경계가 있어야 한다고 여러 번 명시했다. 하지만 또 한편으로 공공복지라는 명분을 내세운 공공 부문의 혁신에 정치적 파장이 없는 경우를 생각하기는 어렵다. 필란트로피 단체들은 정치적 싸움을 시작할 구실로 교육 캠페인을 상당히 느슨하게 해석하는 방법을 종종 활용했다. 한편 의회와 법원은 규칙을 변경해 사실상 필란트로피와 정치의 경계를 바꿔놓았다. 세입법은 다수의 기부자를 대표하는 공공 자선단체에게 민간재단보다 정치인들에게 영향력을 행사할 수 있는 더 많은 재량권을 주었다. 최근 몇 년 동안 연방대법원은 수정 헌법 제1조의 권리를 확대했고, 이와 더불어 국정에 대한 민간의 자금 지원도 증가했다.

변화하는 규칙 내에서 필란트로피 단체는 공공 문제에 영향을 미칠 뿐만 아니라 거의 모든 분야에서 재력을 가진 미국인들이 공공 문제에 자금을 지원한다. 필란트로피가 대단히 부유한 사람들만 하는 일이었다면 역사적 논의는 필란트로피의 정당성 중심으로 이루어졌을 수도 있다. 그러나 소수뿐만 아니라 다수가 필란트로피에 기여한다는 사실을 깨닫는 순간 논의는 더 큰 차원으로 확대된다. 이목을 집중시키는 거액의 기부금뿐 아니라 수많은 소액의 기부자가 모여서 만들어진 수십억 달러로 놀랄 만큼 많은 조직이 지원을 받아 다채로운 활동을 벌인다. 오늘날 이러한 비영리 부문은 영향력이 클 뿐만 아니라 연간 예산이 국방부 수준에 맞먹을 정도로 규모도 엄청나다.[2] 각계각층의 미국 사람들이 국내외에서 중요하게 여기는 대의에 이끌려 필란트로피 활동에 참여했으며 경제발전, 인도주의 캠페인, 문화예술, 사회서비스, 인권 등을 지지했다.

미국의 역사학자들은 필란트로피를 소홀히 취급하는데 이는 참으로 이상한 일이다. 그렇다고 완전히 무시하는 것은 아니다. 미국의 몇몇 주요 인물들의 전기에서 고액의 필란트로피를 깊이 있게 다룬 결과물을 찾아볼 수 있다.[3] 수백 건의 가치 있는 논문이 전문 기록보관소(대표적인 예로 다수의 주요 필란트로피 활동과 관련된 수집품을 보관하고 있는 록펠러 아카이브센터가 있다)에 보관되어 있는 공식 기록에 의거하지만 필란트로피는 확실히 주요 주제가 되지는 못한다. 대학교수들은 입문용으로 미국 역사를 개괄할 수 있는 시중에 나와 있는 수많은 전공서에서 이 주제가 비중 있게 다루어진 흔적을 찾지 못할 수도 있다. 이들 서적에서는 카네기 정도만 자신의 재산을 기부하고자 노력하는 도금시대의 거물로 스치듯이 잠깐 등장할 뿐 일반 대중의 필란트로피는 완전히 간과되고 필란트로피가 미국 역사에 끼친 더 큰 영향에 대해서는 거의 언급조차 되지 않는다.

왜 더 많은 역사학자들이 이윤 창출에 기반한 자본주의체제가 어떻게 다양하고 활발하며 강력한 비영리 부문까지 동시에 만들어낼 수 있는지 이해하려고 하지 않을까? 사회 전체가 자금 출처인 가운데 개별 수익을 창출할 가능성이 없는—크고 작은—수익으로 마련된 자금에 의존하는 필란트로피 단체들을 일컫는 말로 비영리 부문이라는 용어가 생겼다.[4] 왜 역사학자들은 비록 민주적 단체로서 완전한 정당성을 획득하지는 못했지만 국가와 시민사회 간의 상호작용 대부분을 중재해왔고, 지금도 계속 중재하고 있는 경제적·실험적으로 막강한 세력을 무시하고 있을까? 어떻게 필란트로피의 역사를 다룬 중요한 학술 논문이 더 광범위한 미국의 역사 이야기에 큰 영향을 끼치지 않을 수 있을까? 보통은 사회정의와 관련된 문제에 열정적이고 정치경제에 통달한 역사학자들이 왜 필란트로피 전문가들의 연구 결과에는 관심이 없어 보이는 것일까?

지금 나는 올림포스산의 신들처럼 초연한 태도가 아니라 아마도 10년 넘게 필란트로피의 역사에 대해 깊이 고민해온 역사학자에 걸맞은 사명감을 가지고 이 글을 쓰고 있다.[5] 이 논고에서 나는 필시 관련 내용을 포괄적으로 다루지 못하고 몇 가지 중요한 연구를 빼놓을 것이다. 설사 그렇더라도 이해가 가지 않게 누락된 내용과 유실된 개념을 조금이나마 밝히게 되기를 바란다.

필란트로피가 미국 역사에서 맡은 중요한 역할을 역설한 진보 역사학자와 합의 역사학자

본격적인 시작에 앞서 필란트로피의 역할에 대해 항상 이렇게 관심이 부족했던 것은 아니라는 점을 간단히 언급해두고자 한다. 이전 세대 역사학자들은 미국 역사에서 필란트로피가 차지하는 중요한 위상을 무시하지 않았다. 뿐만 아니라 '진보' 역사학자들과 '합의' 역사학자들은 서로 뚜렷이 다른 이념적 시각에도 불구하고 필란트로피의 영향력에 관해서는 견해를 같이했다. 그들은 필란트로피의 편재성과 이를 뒷받침하는 광범위한 참여 스펙트럼, 이기주의와 이타주의가 혼재된 특성, 사회 변화에 미치는 영향을 제대로 이해했다.

진보적 관점을 대표하는 저술로는 1927년 처음 출판된 찰스 비어드(Charles Beard)와 메리 비어드(Mary Beard) 부부의 『미국 문명의 발흥(The

Rise of American Civilization)』이 있다. 이 책은 미국 역사에 대한 두 저자의 경제학적 해석을 담은 권위 있는 종합서이다. 비어드 부부는 미국 역사의 동력은 경제적 이해관계였다고 역설한다. 하지만 리처드 호프스태터(Richard Hofstadter)가 이 저작을 분석한 글에서 지적했듯이 비어드 부부는 이해관계에서 멈추지 않고 사상까지 분석했다. 미국의 '문명' 연구에 '사상-이해관계 공식'을 적용한 것이다.[6]

비어드 부부는 필란트로피를 다루는 과정에서 고액 필란트로피스트들의 동기에 대해 공공연히 의구심을 표했다. 그들은 '교육 수준이 높고 풍부한 토지를 소유한 사람들'이 자신들의 부도덕한 권모술수를 정당하게 비난하는 폭로자들에 대해 '선의의 봉건주의'로 과민하게 반응했다고 지적했다. 비어드 부부가 우리에게 보여준 부자들은 "괴로움에 몸부림치며 더 존경받을 만한 안전과 속죄의 외피를 찾아다니는" 모습이었다.[7] 찰스 비어드가 자신의 이력에서 어떤 선택을 했는지 아는 독자라면 그들이 필란트로피스트들을 '천박한 금권주의'의 시각으로 바라보는 것이 그리 놀랍지 않을 것이다. 찰스 비어드는 자신이 교수로 재직했던 컬럼비아대학을 부호계급의 또다른 필란트로피적 표현이라 여겼던 것 같다. 저술활동으로 생계를 꾸릴 수 있었던 비어드는 컬럼비아대학을 사직하면서 보수적인 대학 이사들이 학교 운영의 기본 원칙을 무시하고 교수진에 가한 압력으로부터 벗어나겠다고 선언했다.

비어드 부부의 분석은 필란트로피스트들의 이해관계에 대한 부정적인 견해에서 멈추지 않았다. 필란트로피스트들의 사상을 평가한 그들의 의견은 훨씬 긍정적이었다. 그들은 비록 반작용적이라고 해도 이 기부자 계층에 필란트로피 혁신의 공을 돌렸다. 이 부유한 기부자들은 '도시 개선'을 강조했다. 비어드 부부는 부유층은 이전까지 사회적 지위가 유도했을 뿐인 신뢰할 수 없는 공익에 대한 헌신이었던 '노블레스 오블리주'를 일반화된 '예방' 시스템으로 바꿔놓았으며, 이는 다시 '가난과 도탄의 뿌리'에 대한 체계적인 '공격'으로 이어졌다고 설명했다.[8]

우리는 비어드 부부가 정책 연구에 깊이 관여한 열성적인 개혁가들이었음을 상기할 필요가 있다. 찰스 비어드는 1909년부터 계속 뉴욕시정조사연구소—록펠러의 자금 지원을 받아 도시 문제의 근본 원인을 찾고 장기적인 해법을 마련하는 데 전념한 필란트로피 단체—에서 일주일에 3번 오후에 근무를 했다. 그는 1912년에 이 연구소의 공무원 양성소 설립을 도왔고, 1915년에는 책임자가 되었다. 비어드는 기부자들이 자신의 제안이 지나치게 사회주의적이라고 생각한 것에 항의하다가 결국 연구소를 떠났지만 그는 국내는 물론 해외에서도(1923년 일본 대지진 이후 도쿄 재건을 지원) 헌신적으로 개혁운동을 지속했다.[9] 비어드는 필란트로피 덕분에 자신과 같은 개혁가들이 자유로이 쓸 수 있게 된 방대한 자원에 감사했다. 다만 그는 개혁가들이 본래의 사명을 잊지 말아야 한다고 주장했다.

비어드 부부가 필란트로피를 미국 문명의 일부로 평가한 맥락이 중요하다. 비어드 부부는 제1차세계대전중의 인도주의적 노력, 공중보건 캠페인의 시작, 지역사회 기금의 출현으로 촉발된 대중 필란트로피의 성장을 목도했으며, 많은 이들이 광범위하게 필란트로피에 참여하는 이러한 경향을 인정했다. 그들은 부자뿐만 아니라 '미국 사회의 모든 계층이 각성'해 다음 세대의 필요를 예측하며 움직였다는 사실을 인식했다.[10] '문명의 역사'뿐만 아니라 '문명의 매개체'가 되는 책을 쓰고자 했던 저자들로서는 무엇보다 의미 있는 주장을 한 것이었다.[11]

비어드 부부는 일반 대중에 폭넓게 다가갔지만 이미 지식을 갖춘 식자층을 상대하는 데 만족하지 않고 이러한 견해를 담은 중등학교 교과서를 추가로 출간함으로써 미국의 아이들이 이 내용을 시민교육의 일부로 흡수할 수 있게 했다. 비어드 부부는 미국의 고등학생들에게 필란트로피가 지난 세기의 전환기에 "미국 문명 건설에 지대한 영향을 미쳤다"고 가르쳤다.[12] 이러한 비어드 부부의 해석에는 다소 모호한 부분이 있다. 필란트로피스트들의 동기가 부적절한 것이 아니냐는 의혹은 물론 긍정적인 결과와 공공의 참여 확대가 그들이 행한 선의의 프로젝트에 정당성을 부여했다는 인식이 바로 그것이다.

비록 1950년대에(그리고 1960년대 대부분의 시기에) 저술활동을 한 역사학자들이 역사 속 갈등의 흐름을 바꿔놓은 거대한 요인인 돈벌이와 그에 따른 풍요에 대해 달라진 인식을 나타냈지만, 진보주의자들이 미국의 역사를 집필하는 데 미친 영향은 제2차세계대전 이후에도 전혀 수그러들지 않고 지속되었다.[13] 진보주의 전통에서 가장 널리 알려진 대표 주자는 역사학자 멀 커티(Merle Curti)였다. 커티는 미국에서 가장 우수한 대학 중 하나인 위스콘신대학 역사학과에 들어가기 전 또 한 명의 위대한 진보주의 역사학자인 하버드대학의 프레더릭 잭슨 터너(Frederick Jackson Turner)의 마지막 제자였다. 그는 1943년 『미국 사상의 성장(The Growth of American Thought)』을 출간하면서 퓰리처상을 수상한 지적인 역사학자로 자리매김했으며, 10년 뒤에는 새로운 사회사 분야의 영향력 있는 선도자가 되기도 했다. 커티는 비어드 부부와 개인적으로 인연이 있었다. 메리 비어드는 남편이 제2차세계대전중에 고립주의(비간섭주의)를 고수하다가 혹독한 비판을 받고 젊은 역사학자들이 더이상 그의 영향력을 인정하지 않게 되었을 때 커티를 "믿을 수 있는 친구"로 여겼다.[14]

커티는 필란트로피에 대한 진보주의적 분석을 한 단계 더 발전시켰다. 그는 필란트로피의 역사를 적극적으로 홍보했는데, 그 안에 미국의 역사를 새로운 방식으로 해석할 수 있는 진정한 잠재력이 있다고 여겼기 때문이다. 1957년 그는 〈미국역사리뷰(The American Historical Review)〉에 "연구 분야로서의 미국 필란트로피의 역사"를 발표하는 한편 포드 재단과 러셀 세이지 재단으로부터 연구 프로그램을 시작할 수 있는 상당한 지원을 확보하기도 했다.[15] 20세기 기금(The Twentieth Century Fund)과 록펠러 재단은 다른 필란트로피 연구들을 확대하기 위한 자금을 제공했다. 커티는 또 그 나름대로 중요하지만 여전히 간과되고 있는 책인 『미국의 해외 필란트로피(American Philanthropy Abroad)』(이 책에 대해서는 뒤에서 다시 다루고자 한다)와 연구서 『미국 고등교육 형성에서의 필란트로피(Philanthropy in the Shaping of American Higher Education)』(로더릭 내시 공저)를 집필했다.[16] 커티가 고등교육을 지원하는 필란트로피의 역할을 이처럼 인정하며 관심을 갖게 된 시기가 자체 학사 프로그램에 바로 이런 종류의 금전적인 개입을 비록 잠깐이기는 하지만 부정적으로 바라본 대학에서 교수진으로 재직하고 있을 때였다는 사실을 덧붙일 필요가 있다. 이 때문에 그는 공동 집필한 위스콘신대학 연혁에서 1925년에 대학 이사들이 각종 재단으로부터 더러운 돈일 가능성이 있는 기부금을 받지 않기로 결정했다고—이 결정은 얼마 되지 않아 백지화되었다!—기록한 바 있다.[17]

커티는 문명에 대한 비어드의 견해를 자기 세대의 국민성 이론 탐구에 적용하고 싶어했다. 그에게 필란트로피는 여러 가지가 혼합된 미국인들의 특징을 대표하는 활동으로 다가왔다. 역사학자 폴 콘킨(Paul Conkin)은 그 당시 커티의 연구와 그 연구에서 필란트로피가 맡은 역할에 대해 유용한 평가를 해주었다. 콘킨에 의하면 커티는 "우리의 문화 결정권자들, 즉 미국 문명을 현재의 모습으로 만들 수 있는 기술이나 영향력, 기회를 가지고 있었던 이들—교육자, 필란트로피스트, 개혁가, 비평가, 언론인, 소설가—에 주목했다. 그들은 간단히 말해서 '미국의 사상'이라는 모호한 실체, 특히 미국 전역에 준하도록 광범위하게 공유되고 우리의 집단적 삶의 일부가 되었기에 커티가 사회사상이라고 일컬은 태도, 신념, 가치 형성에 기여한 이들이었다."[18] 커티는 필란트로피에 관한 한 확실히 문화 결정권자 너머를 바라보았다. 로더릭 내시(Roderick Nash)와 함께 쓴 교육 관련 저서에서는 대학의 가장 충실한 지지자들이었던 다양한 동문 집단에 많은 지면을 할애하고 있다.[19] 『미국의 해외 필란트로피』에서도 마찬가지로 인도주의운동에서 평범한 미국인들의 역할에 초점을 맞추었다. 커티는 콘킨이 인정하듯이 "미국인 모두의 문화적 성취를 이해하고 평가하고자 노력"했으며, 이를 위해 필란트로피에 참여한 폭넓은 사회 계층을 인지했다.[20]

커티가 진보주의 전통에 변함없이 충실했던 사이 제2차세계대전 이후 시기의 다른 역사학자들은 진보주의를 뒤로하고 번영을 가져올 수 있는 역량을 갖춘 미국 시스템을 찬양하는 존 하이암(John Higham)의 구절을 빌려 새롭게 '합의된 숭배'를 지지했다.[21] 역사학자 리처드 호프스태터는 진보적 역사학에 대한 유명한 평론에서 미국 문명에 관한 비어드의 책을 '설교투'라 평했고, 경제적 갈등에 대한 그 책의 해석이 지나치게 단순하다고 보았다.[22] 그러므로 대니얼 부어스틴(Daniel Boorstin)을 필두로 하는 합의학파에 동조한 더 보수적인 역사학자들이 비어드 부부와 커티의 필란트로피에 대한 견해를 공유했다는 점은 더더욱 놀라운 일이다.

부어스틴은 시카고대학 교수로 재직하던 당시 그가 이 대학 출판사에서 편집한 학술 총서인 『시카고 미국 문명사(Chicago History of American Civilization)』에 커티의 제자 로버트 브렘너(Robert Bremner)가 쓴 『미국의 필란트로피(American Philanthropy)』를 실을 수 있는 자리를 마련했다.[23] 1957년에 시작된 이 시리즈에는 연대별, 주제별로 다양한 저서가 포함되었으며, 브렘너의 글은 내가 아는 한 필란트로피를 다룬 개별 단행본으로는 유일하게 이러한 시리즈에 포함될 만하다고 인정받은 경우이다. 또한 부어스틴은 널리 읽힌 자신의 연작 『미국인들(The Americans)』에서 필란트로피에 상당한 분량을 할애했다. 그에게 퓰리처상을 안겨준 이 3부작 중 마지막 저서 『민주주의 경험(The Democratic Experience)』(1973)에서는 크고 작은 필란트로피스트들에 대해 진심어린 감사를 전했다. 그의 선학들과 마찬가지로 필란트로피에 대한 부어스틴의 비전은 건강한 회의론으로 가득했으나 동시에 국가 전체를 위한 훌륭한 문제 해결 방법으로서 필란트로피가 갖는 중요성을 온전히 인식하고 있기도 했다. 부어스틴은 비어드 부부나 커티보다 이기심을 더 많이 인정했을지는 몰라도 그 역시 고액 필란트로피스트들(특히 대학에 기부하는 이들)을 "교육적 대성당에 후한 기부"를 함으로써 "민주주의적 천국행 입장권을 얻고 싶어하는 혹은 최소한 자신의 산업적 죄악을 사면하는 의미의 명예 학위를 기대하는 엄청난 부의 소유자"로 묘사했다.[24]

부어스틴 역시 비어드 부부나 커티와 마찬가지로 부유층뿐 아니라 미국인 대다수에 의한 기부―'수백만 달러'뿐만 아니라 '수백만 페니'까지―를 강조했다는 점은 무엇보다 중요하다. 부어스틴은 팍스 아메리카나에 관한 중요한 구절에서 전 세계를 목표로 한 평범한 기부자들에 의해 동력을 얻은 '사마리아인의 외교'에 대해 논했다.[25]

그리하여 20세기 중엽 다른 경우라면 확연하게 구별되고 정치적으로 상충했던 역사학의 진보학파와 합의학파는 현실적이고 비판적인 입장을 견지하면서도 필란트로피의 편재성과 보편성에 의견을 같이했다. 필란트로피의 역사 연구를 나름대로 시작하면서 나 또한 시민사회에서 필란트로피의 역할과 역사적 중요성에 관한 이러한 전제를 공유했다. 나는 필란트로피의 중요성에 대해 확신했으나 우리 세대의 역사학자 대다수가 침묵해왔다는 사실에 깜짝 놀라지 않을 수 없었다.

필란트로피의 쇠퇴

필란트로피가 미국 역사의 담론에서 사라진 이유에 대한 부분적인 설명을 제시하기 위해 경영사(經營史), 외교정책사, 정책사 등 뚜렷이 다른 세 역사 분야에서의 주요 변화에 초점을 맞추고자 한다. 필란트로피의 실종을 광범위한 경향—예를 들어 역사학자들이 국민성의 공식을 사실로 상정하는 데 무관심하거나 사회사학자들이 이전까지는 잊고 있던 집단들에 대해 열정적으로 견해를 밝히는 추세—탓으로 돌리는 대신 나는 필란트로피가 더 큰 사회 변화 이론 안에서 이해되지 못하고 소외된 과정을 보여주는 실례로 세 하위 분야에서의 특정 논의를 살펴볼 것이다.

필란트로피와 경영사

자본주의의 발전과 그 안에서 필란트로피의 위치를 다루는 역사의 세 하위 분야 중에서도 경영사야말로 풍요의 세대 문제를 직접적으로 다루기 때문에 가장 주목할 만한 분야라고 생각된다. 따라서 경영사학자들은 자본가들이 이러한 부의 재투자에 주력하는 평행 조직들에 자금을 지원하는 뜻밖의 방식에 대해 할말이 많을 것이다. 대형 재단은 투자 기금 못지않은 경영의 산물이다. 앤드루 카네기부터 빌 게이츠에 이르는 인물들이 제공한 중요한 기부는 막대한 자금의 집행에 있어 많은 제도적 혁신을 가져왔다.[26]

중소 규모의 수많은 기부가 합쳐져 만들어진 거액의 자금을 관리 및 감독하는 데 있어 경영 원칙 또한 대단히 중요했다. 이렇게 대중 기부로 만들어진 조직들 중 다수는 일부 활동을 자원봉사자들에게 의지하기는 하지만 단일 기부로 이루어진 재단 못지않게 재무 및 조직 관리에 의존한다. 그러나 학자들은 최근에 부의 창출이 아닌 부의 처리를 위해 고안된 방식으로 관리 방안을 활용함으로써 제기된 문제를 사회적 기업가 정신의 관점을 통해서만 검토했다.[27] 어떻게 경영사학자들은 경영사의 이렇듯 큰 부분을 연구하지 않을 수 있을까?

이것은 대공황 시기에 관심이 다른 곳으로 전환된 이상한 이야기이다. 기업들이 무너지고 필란트로피는 (후버 대통령이 구조를 요청했음에도 불구하고) 여전히 역할을 수행했을지라도 빈민들을 돕거나 형세를 역전시키는 과제를 감당할 수 없다고 판명됨에 따라 고액의 필란트로피에 대한 암울한 평가는 매슈 조지프슨(Matthew Josephson)이라는 진정한 홍보 담당자를 찾아냈다. 공교롭게도 비어드 부부에게 헌정된 책이기도 한 『날강도 귀족들: 위대한 미국 자본가들, 1861~1901(The Robber Barons: The Great American Capitalists, 1861–1901)』(1934)에서 조지프슨은 비어드 부부가 인정했듯이 적어도 일부 부유한 기업가들은 자신에게 주어진 사회적 책임을 심각하게 받아들였다는 평가를 완전히 부정했다. 조지프슨은 그가 주로 베껴 쓴 부정부패 적발자들의 폭로 기사만큼이나 일방적으로 부유층을 향한 명백한 공격을 시작했다. 그러자 대니얼 드루(Daniel Drew)는 '새로운 예배당을 찾아 기부하거나 기도회에 참석하는 방식으로 양심의 가책을 해소'했고, 밴더빌트(Vanderbilt)는 오로지 '자신의 영속적인 명예를 위한 기념비'로서 대학을 설립했다. '자신의 말도 안 되게 많은 재산을 난처하게 여긴 록펠러는 짐작건대 대중의 마음을 얻고 '천국의 벽을 오르기' 위해 '눈에 잘 띄는' 필란트로피 활동에 빠져들었다. 이 귀족들은 하나같이 "마치 많은 돈을 지출하지 않으면 하나님이 노하실까봐 두려워하기라도 하듯이 성공적인 기습 공격에서 손에 넣은 전리품의 상당 부분을 서둘러 내놓았다."[28]

부어스틴과 커티를 비롯해 각자 고유한 정치적 감수성을 가지고 필란트로피가 미국 역사의 담론에 더욱 폭넓게 통합되기를 바랐던 1950년대 다른 역사학자들은 조지프슨을 그리 심각하게 받아들이지 않았다. 그의 견해는 좋은 읽을거리이자 월스트리트에서 주기적으로 다시 모습을 드러내는 불법 행위에 대해 반드시 필요한 폭로임에 틀림없었다.

그러나 경영사는 20세기 중엽에 확실한 하위 분야로 부상하면서 조지프슨에 대한 상당 부분의 반론이 되었다. 1950년대 후반에 이르면 〈비즈니스 히스토리 리뷰(Business History Review)〉지가 "역사학자들이 미국의 복잡한 과거에 그 어느 때보다 더욱 정교한 사고를 적용하기 위한 시도를 함에 따라 날강도 귀족들이라는 개념은 점차 쓰이지 않게 될 운명으로 보인다"고 선언할 수 있을 정도였다.[29] 1940년 앨런 네빈스(Allan Nevins)는 2권짜리 록펠러 전기와 함께 재검토를 시작했다. 조지프슨 못지않은 공론가였던 네빈스는 책 첫머리에서 자신이 '자유경쟁 경제의 확고한 신봉자'라고 인정했는데, 아마도 이 말은 그가 엄청난 수준의 불평등도 용인할 수 있다는 의미였을 것이다.[30] 그는 록펠러의 재산이 남북전쟁 이후 미국의 자유경쟁 경제에서 '우연히 생긴 결과'에 가깝다고 생각했으며, 이처럼 다행스러운 우연을 가능하게 해준 필란트로피를 찬양했다. 그는 록펠러가 자신은 자기 재산의 '소유주'라기보다 오히려 '수탁자나 관리자'라고 한 말도 곧이곧대로 믿었다. 네빈스는 하나님이 인류를 위해 자신을 부자로 만들었다는 록펠러의 '다소 신비주의적인 확신'에는 동의하지 않았을지 몰라도 록펠러와 그의 관리자들이 필란트로피 업무에 바친 '헌신적인 노력, 사전 숙고, 창의력'에 대해서는 '진정 마음에서 우러나온 감사의 인사'를 받을 만

하다고 생각했다.[31]

조지프슨은 기부금을 마구 뿌려대면서 자신의 사업적 위업을 자랑하는 원시시대 전사로 록펠러의 특징을 묘사했다면, 네빈스는 그를 (석유산업에 불법 신탁 형태의 수평적 통합뿐만 아니라 수직적 통합을 도입한 것 이외에도) 교육과 의료계에 지대한 도움을 준 헌신적이고 자유민주적인 인류의 진정한 친구라고 생각했다. 따라서 경영사 분야는 조지프슨 같은 신폭로자들과 네빈스 같은 기업사 저술가들이 등장인물에 고정된 역할을 부여한 뒤 그들을 대신해 총격전을 벌이는 도덕극의 형태로 발전했다. 이들은 필란트로피에 대해 조사하거나 연구하는 것이 아니라 오히려 점수를 따기 위해 필란트로피를 이용했을 뿐이다.

부어스틴은 동기를 넘어 결과에 이르는 방법을 모색했다. 그는 결국 사회복음주의 목사인 워싱턴 글래든(Washington Gladden)과 1905년 회중파 교회의 나머지 성직자들이 록펠러의 '더러운 돈'의 기부를 기꺼이 받았는데, 그 이유는 그 돈이 좋은 용도로 잘 사용될 것이라 믿었기 때문이라고 역설했다.[32] 부어스틴이 시사한 바는 기부금 자체와 그것이 개신교 포교활동에 미친 영향이 록펠러의 '더러운' 재산이라는 출처와 록펠러의 기부 동기만큼이나 중요하다는 것이었다. 무자비한 물욕과 수상쩍은 합법성 여부에 대해서는 변명의 여지가 없었을지라도 고액 필란트로피스트들의 기여는 진정 이로운 영향을 미칠 수 있었다.[33] 게다가 비영리 부문의 규모와 다양성—'수백만 달러'는 물론 '수백만 페니'까지 아우르는—을 생각하면 이 분야의 활동 주체는 고액 필란트로피스트만이 아니었다. 그러나 부어스틴의 낙관적인 견해는 묵살되었다. 대신 그의 연구는 하나의 기준점이 되어 그 대척점에서 새로운 사회사가 쓰임으로써 그전까지는 보통의 미국인과 다양한 소수 집단이 활약했던 역사 저술계의 새로운 행위 주체들에게 동력을 제공했다.

앨프리드 챈들러(Alfred Chandler)가 『보이는 손: 미국 비즈니스의 경영 혁명(The Visible Hand: The Managerial Revolution in American Business)』 (1977)으로 경영사의 방향을 과감히 전환시켰을 때 필란트로피 논쟁은 날 강도 귀족들과 함께 지하로 사라졌다. 챈들러가 한 일은 대체로 유익했다. 이 책은 챈들러가 앞서 수행했던 중요하고도 널리 구상된 몇 가지 역사적 인 경영 연구를 다루었다.[34] 이 기념비적인 책이 출간된 직후 토머스 매크 로(Thomas McCraw)가 잘 표현했듯이 필란트로피는 챈들러의 구상에 포함 되지 않았다.

케케묵은 [날강도 귀족] 논쟁에 대한 챈들러의 반응은 간단했다. 그저 피 해버린 것이다. 지금까지도 그의 저서 중 무엇을 읽더라도 가끔 스쳐가 듯 언급되는 경우를 제외하면 그러한 논쟁이 비즈니스에 관한 역사적 저술을 지배했다는 사실은 말할 것도 없고 그러한 논쟁이 있었는지조차 모르고 지나갈 수 있다. 이 같은 입장을 취함에 있어 챈들러는 특유의 겸손한 방식으로 친비즈니스적 논객이나 반비즈니스적 논객 모두 자신 들이 하는 말이 무슨 뜻인지도 모른다고 넌지시 꼬집었다. 그는 미국 비 즈니스의 경영혁명을 이해하는 데 필요한 노력을 기울이지 않았고, 기 업 경영진을 날강도 귀족이나 산업 정치가로 보는 과도한 일반화를 뒷 받침하는 데 필요한 기초 연구를 조금도 수행하지 않았으며, 무엇보다 도 애초에 그런 내용의 논쟁을 타당한 것으로 용인한 것에 대해 양쪽 모 두를 나무란 것이었다. 챈들러의 눈에는 그러한 논란 전체가 부적절해 보였다. 그 자신은 완전히 다른 일련의 질문을 강력히 제기했으며, 그 과정에서 이 분야의 본질을 바꿔놓았다.[35]

챈들러의 뛰어난 개정판에서 대두된 것은 도덕극이 아니라 소위 역사학자들이 말하는 '조직적 통합'이었다. 『보이는 손』은 처음 등장한 이래 줄곧 산업자본주의와 금융자본주의의 상호작용을 이해하는 시금석 역할을 해왔다. 실제로 챈들러는 내부에 초점을 맞춤으로써 이전까지 비즈니스 관행을 비난하는 이들과 용인하는 이들 간의 무익한 논쟁에 발목이 잡혀 있었던 하위 분야를 유의미하게 만들었다. 챈들러의 분석에서 경영 기법과 기술 혁신은 미국 경제에서 대기업의 성장을 설명하는 데 있어 금융 투기보다 훨씬 더 큰 설명력을 가지고 있었다. 그러나 그는 논쟁을 피하면서 그 주제를 일축했다.

1971년 챈들러는 존스홉킨스대학 역사학과를 떠나 하버드 경영대학원으로 자리를 옮겼고, 이로 인해 그는 경영사에 대한 자신의 접근법을 경영수업을 듣는 이들에게 적용할 수 있는 기회를 얻게 되었다. 미국 역사를 개관해놓은 모든 대학 교재들에는 비록 필란트로피가 없을지라도 경영혁명에 대해서는 충분히 주목하고 있다.

나는 비록 다른 세대의 사회사학자이지만 챈들러와 동질감을 느꼈다. 나는 『미국의 기업화(Making America Corporate)』(1990)에서 사실상 모든 경제활동 분야에서의 방대한 경영자층 창출을 통해 미국 중산층의 조직혁명이라는 함의를 이끌어냈다. 하지만 그로부터 10년 뒤 나는 필란트로피 역사에 대한 연구를 시작하면서 챈들러가 일축했던 날강도 귀족이라는 논제가 필란트로피 관련 저술활동을 하는 소수의 역사학자들에게 여전히 영향을 미치고 있다는 사실을 깨달았다. 그 역사학자들은 고액 필란트로피스트의 범죄를 먼저 떠올리지 않고 그들에 대해 긍정적인 이야기를 할 수 있을까?[36] 개개인을 판단할 때는 분명 어느 한쪽으로 치우치지 않고 공정해야 함이 매우 중요하다. 하지만 나는 부어스틴과 커티처럼 필란트로피스트들의 누적된 활동을 평가하는 것이 특정한 개인을 비난하거나 용서하는 것보다 미국 역사에 더 중요하다고 생각했다.

나는 챈들러가 필란트로피를 빠뜨린 것이 불운한 일이었음을 절감하게 되었다. 경영사는 비어드 부부와 커티, 부어스틴이 선도했던 필란트로피의 광범위한 사회 참여의 의미를 보지 못했다. 조직혁명이 새롭게 강조된 것은 반가운 일이었지만 그로 인해 경영사학자들이 시민사회 속 경영인들의 활동을 등한시하게 만드는 유감스러운 결과를 초래했다. 챈들러는 경영사학자들을 날강도 귀족들의 동기에 관한 무익한 논쟁에서 벗어나게 하면서 또한 필란트로피에 관한 논의에서도 멀어지게 했다. 경영사학자들의 전문 학술지들을 대강 훑어보기만 해도 챈들러의 지속적인 영향을 가늠하기에 충분하다. 〈비즈니스 히스토리 리뷰〉는 챈들러의 1977년 저서 이후 근대 미국의 필란트로피나 필란트로피스트를 주제로 한 기사를 단 7편 게재했고, 〈비즈니스 히스토리(Business History)〉는 지난 3년 동안 3편만을 실었으며, 〈엔터프라이즈 앤드 소사이어티(Enterprise and Society)〉는 단 1편의 기사도 싣지 않았다.[37] 1970년대와 1980년대에 반짝 찾아온 도시 역사의 부흥기에 소수의 역사학자가 지역사회를 대상으로 한 기업가들의 필란트로피 투자를 심층적으로 검토한 사례를 확인할 수 있을 뿐이다.[38] 그러나 현재 우리가 처한 상황—관리경제의 퇴조, 다른 유형의 기업가 정신의 출현, 날강도 귀족 시절을 연상시키는 거대한 부의 불평등의 부활, 세계경제는 물론 국내에서 꾸준히 증가하고 있는 비영리 부문의 영향력—은 역사학자들에게 몇몇 경제학자의 선례에 따라 필란트로피를 그들이 자신들의 조사 영역이라고 주장하는 기업가사회의 필수 요소로 보아야 할 때가 왔음을 시사하고 있는지도 모른다.[39]

외교사와 미국의 대외정책 논쟁

지난 40년 동안 외교 역사학자들 역시 필란트로피를 등한시했는데, 그 이유는 아마도 필란트로피를 그들의 평소 연구 대상인 민족국가와 정치적 행위 주체가 아닌 개인의 표현으로 보기 때문일 것이다. 멀 커티는 여기서 다시 한번 이러한 전통적인 접근법에 다른 대안을 제시했다. 커티는 민족 국가에서 시민사회로 초점을 옮겼으며, 심지어 미국 외교에 대한 필란트로 피의 이로운 영향에 대해 수용적이고 낙관적이기까지 했다. 커티는 선구적 인 시각이 담긴 매우 중요하지만 간과되어온 저서인 『미국의 해외 필란트 로피』(1963)에서 평범한 많은 미국인들이 대개 공식적인 인가 없이 행했던 필란트로피 및 인도주의 활동에 대해 긍정적인 평가를 제시했다. 무엇보다 중요한 부분은 그가 자원봉사와 소액의 기부를 강조했다는 점이다.

커티가 해외 필란트로피에 관한 책뿐만 아니라 미국의 평화주의에 관 한 2권의 책 『미국 평화 십자군(The American Peace Crusade)』(1929)과 『평 화냐 전쟁이냐(Peace or War)』(1959)에서도 다루었던 퀘이커교도를 예로 들 어보자. 커티는 3권의 책 모두에서 퀘이커 필란트로피스트들의 말을 그대 로 받아들이고, 그들에게 미국 제국주의나 자유자본주의의 밀사 역할을 부여하지 않았다. 그는 퀘이커 필란트로피스트들이 스스로를 보는 그대로 그들을 바라보았다. 즉 '비폭력에 대한 믿음, 인류애의 초월적인 힘에 대한 믿음'을 가지고 '주로 공감과 연민의 마음으로' 행동하는 그들을 바라보았 다.[40] 커티는 그들의 인도주의적 노력에 군사적·정치적 이해관계가 개입된 것과 관련해 퀘이커교도들이 해외에서 행한 선의의 행위는 "삶을 지탱해 주는 수단뿐만 아니라 그렇게 지탱된 삶을 견딜 만하게 만들어주는 희망 까지 줄 수 있는 값진 인간 정신이 여전히 존재한다는 사실을 증명한다"고 주장했다.[41] 멀 커티는 이 책들을 저술할 당시 미국 대학원의 전례없는 확장 기간 동안 대학원생 모집에 적극적으로 참여한 영향력 있는 역사학자였다. 전공 학자로서나 진보주의자로서 그의 흠잡을 데 없는 자격과 그가 들려준 이야기의 중요성, 그리고 그 이야기를 솜씨 좋게 전달한 사실을 감안했을 때 다른 역사학자들이 그의 선례를 따라 미국의 해외 필란트로피를 연구할 법도 하지 않았을까?

그런데 미국 전역의 외교사학자들은 정작 위스콘신대학의 또다른 교수 윌리엄 애플먼 윌리엄스(William Appleman Williams)를 본보기로 삼았는데, 그의 외교정책 개념은 '신좌파'라는 이름으로 이 분야의 역사를 장악하게 되었다. 윌리엄스는 외교정책을 기업가들이 자본주의를 수출하기 위해 사용하는 수단으로 보았지만 자본주의의 소산인 필란트로피에는 어떠한 역할을 할 여지도 남기지 않았다. 아마도 커티는 진보주의자로, 윌리엄스는 마르크스주의자로 일컬을 수 있겠지만 이들 사이에는 극복할 수 없는 엄청난 이념적 간극이 있었다기보다는 무엇을 가장 중요시하느냐가 달랐을 뿐이다. 커티는 해외에서 목소리를 낸 모든 미국인의 문화적 성취를 평가하고 싶어했다. 윌리엄스는 『미국 외교의 비극(The Tragedy of American Diplomacy)』(1959년 초판, 1962년, 1972년 증보판)에서 시장을 찾는 기업가들에게만 오로지 초점을 맞추었다. 윌리엄스가 보기에 미국의 외교정책 입안자들은 '제국', 즉 그들이 공식적인 식민주의와 동일시한 정치적 지배체제에 공공연히 반대했음에도 불구하고 이름만 아닐 뿐 사실상 제국주의자들이었다.[42] 1890년대부터 줄곧 그들은 다른 부분에서는 진심이었을 민족자결권에 대한 믿음을 경제 팽창의 동력이 제압해버리도록 방치했다. 미국 외교관들이 국제무대에 개입해 다른 나라들이 자신들의 문제를 해결할 수 있도록 도울 수도 있었겠지만 그들 역시 자유자본주의가 이러한 문제를 해결할 수 있는 최선이자 유일한 방법이라고 상정했다. 해외에 자유자본주의를 확립하자 미국 경제가 확장됨으로써 번영을 보장할 수 있게 되는 이득이 따라왔다. 다시 말해서 이념적·구조적 제국주의는 경제 팽창의 동력과 맞물려 있었다. 이 관행은 자멸적이었다. 윌리엄스는 미국 제국주의자들이 민족자결을 전복시키는 과정에서 혁명과 외국시장이 붕괴되는 씨앗을 뿌렸다고 주장했다. 이후 그들은 시종일관 반혁명주의자들을 지원하는 데 힘을 쏟아야 했다. 윌리엄스는 미국의 이상주의가 이 나라의 외교정책을 움직이는 실세—외국시장에 대한 자본의 갈망—를 감춘 허울이라고 여겼다. 상대적으로 '현실적'이었던 그의 대안은 이후에 닥칠 베트남전의 환멸과 신좌파의 부상에 완벽히 부합한 것에 반해 커티의 낙관적인 견해는 대책 없이 순진해 보일 터였다.

미국의 외교정책에 대한 몇몇 연구는 윌리엄스학파에 비해 범위는 좁았지만 안토니오 그람시(Antonio Gramsci)의 헤게모니 이론에 의지해 고액 필란트로피와 주식회사 미국(Corporate America, 미국의 기업 세계를 일컫는 표현-옮긴이), 미국 정부가 결탁해 함께 미국의 지배를 추구했다고 주장했다.[43] 이들 연구는 세 거대 재단—포드, 카네기, 록펠러—이 냉전 추진에 끼친 영향을 주제로 삼아(재단의 기록보관소를 이용할 수 있었기에 가능했던 일) 미국이 세계에서 권력을 잡는 수단으로서의 필란트로피를 노골적으로 드러내고 있다. 미국 엘리트층의 헤게모니적 관점은 일정 한도 내에서는 가치가 있지만 전체적으로 보면 사람들을 오도할 만큼 환원주의적이다. 역사학자들은 국내외 기업과 국무부, 재단의 관계자들이 서로 대립되는 소신과 전략을 취한 다수의 사례를 기록했다.[44] 국내에서는 포드 재단 인사들이 자신들의 존재를 있게 한 자본주의를 묵살하는 태도를 취해 헨리 포드 2세가 떠들썩하게 사임하는 계기를 만들었고, 이 유명한 사건을 보수주의자들은 노련하게 이용했다.[45]

윌리엄스와 그의 제자들은 1970년대에 외교 문제에 관한 역사 연구를 장악하기에 이르렀다. 몇몇 예외가 있기는 했지만 커티의 주요 노력에 활력을 불어넣은 시대정신은 사람들의 시야에서 사라졌다.[46] 하지만 여론의 동향이 커티 쪽으로 움직일지도 모른다는 희망적인 조짐이 다소 보인다. 외교관계사는 최근 들어 역사나 대기업의 감독 밖에서 활동하는 비국가 행위 주체—대중 필란트로피 단체, 비정부기구, 재단—에 초점을 맞추었다. 필란트로피 기관들은 특히 교전지역에서 미국 정부의 이익을 도모하거나 보호하는 경우가 많았지만, 다른 한편으로 큰 자율성을 보였고 경우에 따라서는 공식적인 외교정책의 방향을 바꿔놓기도 했다. 미국 필란트로피스트들은 전 세계의 신흥 시민사회를 지원하기 위한 노력에서 영향력을 발휘해왔다. 그들은 경제발전에 인도주의적 개입과 인권 신장을 결합해야 한다고 주장했으며, 이를 위해 세계 곳곳의 빈곤 인구에 대한 직접적인 서비스 전달 경로를 확보할 수 있도록 도움을 주었다.

국제 인도주의와 인권에 관한 연구가 대거 쏟아져나오며 새로운 세계사로 빠르게 병합되고 있다.[47] 이들 연구가 모두 해당 주제를 필란트로피와 연결짓는 것은 아니지만 어느 정도 관련성은 있을 수밖에 없고, 이러한 움직임을 연구한 학자들은 점점 더 빈번하게 연구를 수행해 필란트로피가 발전 전략과 국가-시민사회의 파트너십 및 갈등 전략에 어떻게 참여했는지 평가하게 될 가능성이 크다.

공공정책의 역사

세번째로 주목하고 싶은 역사 연구군은 특히 사회운동과 연관지어 공공정책 사안을 검토한다. 이 분야의 역사 문헌은 주로 역사학자들과 사회과학자들의 협업으로 탄생한 비교적 최근에 구축된 것이다. 선구자로는 후버 행정부 시절에 정책 인큐베이터로 작동한 재단과 싱크탱크의 중요성을 새롭게 조명한 역사학자 엘리스 홀리(Ellis Hawley)와 배리 칼(Barry Karl)이 있었다.[48] 다른 역사학자들과 정치학자들은 린든 존슨의 위대한 사회(Great Society) 프로그램에 집중했는데, 이 정책에서는 정부와 비영리단체의 자원을 효율적으로 연결하는 것이 관건이었다.[49] 나의 경우에는 필란트로피의 역사를 연구하면서 연방정부와 시민사회 (그리고 지방정부) 간 협력의 역사를 살피다보니 종종 묘사되어온 것처럼 리바이어던의 끊임없는 성장이 아니라 역동적으로 이어지는 혼합형 자금 조달 실험이 보였다. 이처럼 혼합된 정치적 경제는 연방정부의 긴축 재정이라는 장애물을 견뎌냈으며 심지어 가장 예상하지 못한 순간에 다시 부상했다. 조지 W. 부시가 신앙 기반 이니셔티브를 통해 온정적 보수주의를 표방하며 미국의 자발적 행동주의의 심장부에 연방정부의 자금을 투자했을 때 그는 의도치 않게 위대한 사회 프로그램을 심폐소생시키고 있었다고 말할 수 있다.

이러한 연구들이 시사하는 바는 연방정부가 해당 지역의 주정부와 긴밀하게 공조하는 민간 기부자와 필란트로피 기관의 방해를 받지 않고 전국적으로 자체 자원을 배포할 수 있는 완전한 자율성을 가져야 한다는 루스벨트 대통령(그리고 그의 '구호 총책'인 해리 홉킨스(Harry Hopkins))의 주장은 장기적으로 성행하지 못한 실험이었다는 사실이다. 공공정책 연구자들은 미국 연방정부의 권한이 약하다는 근거 없는 믿음을 뒤엎고 싶을 때면 자연스레 뉴딜체제를 정부의 성장을 연구하는 출발점으로 삼는다. 또한 그들은 시민사회의 자치 능력과 강력한 연합을 만들 수 있는 역량의 저하를 지적하곤 한다.[50] 그러나 이것은 왜곡된 거울로 본 시각이다.

다행히도 아직 초기 단계인 정책사와 정치학 간의 협업 참여자 상당수가 제임스 매디슨(James Madison)이 이야기한 '복합 공화국(Compound

Republic)'의 현대적 확장판에 해당하는 이른바 '계약 국가'(나는 혼합형 정치적 경제라고 부른다)의 도래를 기록하고 있다.[51] 비영리단체들은 그들을 지원하는 대중운동과 마찬가지로 계약의 당사자이다. 따라서 이러한 새로운 연구들에서 대중운동이 필란트로피의 수혜자일 뿐 아니라 촉매제이기도 했다는 사실을 개념화하는 것이 대단히 중요하다. 여기서 필란트로피를 보다 종합적인 담론에 통합하는 한 가지 방법으로 머릿속에 바로 떠오르는 것은 계급, 성별, 인종―(이제는 구식이 되었지만) '새로운 사회사'의 세 가지 분석 범주―이 필란트로피 캠페인에 미치는 영향이다.

먼저 계급에 초점을 맞춰보자. 예로부터 노동운동은 다른 무엇보다도 산업계의 거물로서 합법적으로 시행할 수 있는 한 오픈숍(open shop, 근로자의 의사에 따라 노동조합의 가입과 탈퇴를 선택할 수 있는 제도 - 옮긴이)을 고집한 고액 필란트로피스트들과 반목해왔다. 그러므로 필란트로피는 노동 역사의 많은 부분에서 노동자측에 대한 온정주의적 공격에 지나지 않는다. 노동사학자들은 앨프리드 챈들러가 고취한 경영관리적 경영사도 무시한 만큼 조지프슨의 경건한 발언에는 이론의 여지를 남기지 않았다. 날강도 귀족들은 노동운동을 진정한 진보주의의 주체로, 계급의식을 그 이면의 동인으로 묘사하기 위한 대척점에 있는 기준으로 꾸준히 유용하게 쓰였다. 노동자계급이 민족에 따라 분열되었더라도 민족의식은 계급의식의 적절한 대체물이 되었다.[52]

노동분쟁은 그야말로 심각했고, 노동운동과 직접적으로 제휴한 형태의 필란트로피 프로그램은 거의 등장하지 않았다. 비영리학자들 중에서는 리처드 매갯(Richard Magat)이 『예상치 못한 파트너(Unlikely Partners)』(1999)에 들인 노력을 통해서야 20세기 동안 재단이 노동단체에 보조금을 지급한 사례가 기록되었는데, 여기에는 메리 반 클리크(Mary van Kleek) 휘하

러셀 세이지 재단에서의 몇몇 중요한 순간도 포함되었다. 그러나 이들 사례는 예외였다. 매갯이 언급했듯이 찰스 스튜어트 모트 재단에서 부이사장을 지내고 은퇴한 한 인물은 제너럴 모터스의 단독 최대 주주였던 고(故) C. S. 모트가 노동자계급이 자기 재단의 양수인에 포함될 수 있다는 기미를 조금이라도 눈치챘다면 아마 "무덤에서 벌떡 일어났을 것"이라고 이야기한 바 있다.[53]

　　그러나 대형 재단들이 노동운동에 충실하지 않은 것은 대규모 대중 필란트로피 캠페인을 점점 더 지지하는 산업 노동자들의 더욱 광범위한 이야기와는 별반 관계가 없다. 노동자들의 소득이 증가했고 그들이 노동뿐 아니라 필란트로피 단체에도 소득의 많은 부분을 투입했으므로 노동자를 단순히 수령자가 아닌 기부자로 생각하게 되면 돌연 시야가 근본부터 바뀌게 된다. 20세기 초반 노동통계국의 조사 기록을 살펴보면 노동자들은 가계 예산에서 소액을 적십자 회비로 책정했다. 노동자들 사이에서 나타난 이와 같은 기부 경향은 제2차세계대전 이후 엄청나게 확대되었는데, 당시 노사 간의 단체교섭으로 노동자들의 수입이 늘어나 노동자 복지 향상을 위해 일하는 비영리단체들에 투자할 수 있게 되었기 때문이다. 이때는 노동자들이 '소아마비 구제 모금운동(March of Dimes)'에서부터 '공동모금(United Way)'에 이르기까지 다양한 자선운동을 주도하거나 기여하는 등 노동자계급에서 대중 필란트로피가 확대된 시기였다. 주식회사 미국에서는 필란트로피 기부가 공장 노동자들의 급여 공제 형태로 나타나는 경우도 늘어났다. 연방정부의 자금 조달에 대한 통제권을 두고 노사가 다투는 일이 드물지 않았지만 전후 시기의 미국 노동자들은 자신이 직접 선택한 필란트로피에 점점 더 크게 기여했으며, 자체 프로그램을 추진해 자신들의 문제를 해결하는 데 전념했다.[54]

필란트로피를 온정주의에 국한시킨 노동사학자들은 신좌파를 그리 오래 이끌지 못했다. 성별과 인종 관련 연구가 순식간에 미국 역사계의 주류가 되었다. 허를 찔린 노동사학자들은 변화하는 시대의 조류에 뒤처지지 않으려고 안간힘을 썼다. 그들은 노조 지도부가 여성운동까지는 아니더라도 시민 평등권운동의 목표를 포용한 사례를 기록하기 위해 가능한 많은 증거를 수집했으며, 일반 조합원들이 인종차별과 성차별을 누그러뜨리지 않았다는 사실을 인정하지 않았다.[55] 하지만 이와 상관없이 계급은 이내 새로운 사회사의 무대 중앙에서 밀려났다.

여성사는 아마도 필란트로피가 중요한 사회정책 수립과 사회운동의 자금 조달에서 수행한 역할로 가장 크게 인정받은 분야일 것이다.[56] 여성운동은 역사를 통틀어 자금을 조달하는 데 매우 효율적이었기 때문이다. 여성사는 필란트로피가 여성 해방의 수단이 될 수 있는 여지를 만들어준 사회사의 한 가지 예외를 제공했다. 여기에는 내세울 수 있는 확실한 논거가 있었다. 중상류층 여성들이 자선 행위와 그들의 관리 아래 있는 많은 필란트로피 결사체를 활용해 공공정책에서 자신들의 목소리를 내고 사회 전반에 영향력을 행사하는 방법을 배웠다는 것이다. 상대적으로 부유한 여성들이 노동자계급의 여성들에 대해 강압적인 동화주의 경향을 보였다고 할지라도 필란트로피는 여성들이 이용할 수 있는 행동의 수단이자 영향력을 얻을 수 있는 발판이 되었다.

이 밖에도 필란트로피의 시민권운동 지원에 관한 문헌(나도 여기에 일조했다)도 속속 등장하고 있다. 필란트로피와 시민권 간의 연결고리는 더 상세히 기록되어야 한다. 대다수 필란트로피가 가진 심히 정치적인 속성을 분명히 보여주어야 할 확실한 이유가 있기도 하고, 사회운동에 자금을 지원하는 일이 이보다 더 위험천만할 수 있는 경우도 그다지 없기 때문이다.

나는 최근에 출판된 칼립소 가수 해리 벨러폰티(Harry Belafonte)의 회고록 첫 장을 심취해 읽은 적이 있다. 그의 글은 시민권운동에 대한 자금 조달이 흔히 생각하는 것처럼 전장으로부터 안전한 거리에서 이루어지는 무심한 일이 아님을 너무나 생생히 묘사하고 있었다. 벨러폰티는 용감한 사람들이 어떻게 많은 돈을 모금한 뒤 생명의 위험을 무릅쓰고 자신의 권리를 찾기 위해 싸우고 있던 남쪽 참호 사람들에게 그 돈을 전달했는지 보여주는 (예외가 아니라) 가장 두드러진 예이다.[57] 시민권운동은 20세기 역사상 사회 분야들 간의 정의의 이름으로 이루어진 다양한 연합의 존재를 가장 두드러지게 보여주는 증거이자 자금 조달과 정치가 가장 공공연하게 마주한 지점이다.

눈을 현혹시키는 경계

역사학자들은 비어드, 커티, 부어스틴, 브렘너를 비롯한 몇몇 학자들의 연구를 통합한 국민성 개념을 포기한 이후부터는 기부를 광범위한 역사적 주제로 생각하는 것을 매우 꺼려했다. 개인적으로 수행한 미국 필란트로피 역사 연구에서와 마찬가지로 이번 장에서도 나는 이 같은 국민성 연구를 부활시키자고 제안하지 않는다. 오히려 사회 변화를 위한 전략으로 정부의 자원과 시민사회의 자원을 결합하는 정치적 경제에서 더욱더 중요해지는 요소로서 기부를 강조한다. 내가 보기에 필란트로피를 더 광범위한 미국 역사의 담론에 통합시키는 데 있어 이를 가로막는 가장 큰 장애물은 각 분야의 제도별로 이 분야를 세분화함으로써 사실상 마치 재무부 관료들이 역사적 관련성을 정하는 결정권자이기라도 한 듯이 세법상의 분류를 따르려는 학자들이다.[58] 다른 제도 유형과 연결짓지 않고 한 가지 제도 유형에 관해서만 글을 쓰면 비영리 부문을 각각 인위적으로 구별된 개체들로 나누는 빈약한 제도주의에 그칠 수 있다.

필란트로피는 수많은 제도가 교차하는 지점에서 작동되기 때문에 자본주의가 보유한 자원을 대대적으로 재편하는 과정에서 큰 역할을 한다 (세금 감면의 타당성을 주장하는 근거). 그러나 역사학자 데이비드 햄맥(David Hammack)과 사회학자 헬무트 안하이어(Helmut Anheier)가 함께 저술한 재단의 역사에 관한 『미국의 만능 제도(A Versatile American Institution)』(2013)를 읽어서는 이 사실을 알 수 없을 것이다. 아스펜 연구소의 비영리 부문과 필란트로피 프로그램의 의뢰로 제작된 이 책은 두 저자가 여러 해 동안 비영리 부문에 대해 방대한 지식을 축적했음에도 불구하고 미국 역사 속의 재단들이 아니라 좁게 해석한 재단 내부의 역사를 다루고 있다. 책의 상당 부분은 정부의 거대한 성장을 고려할 때 재단이 할 수 있는 역할이 얼마나 적은지 보여주는 데 그 목적을 두고 있다. 저자들은 재단이 '어떤 의제를 제기할 수는' 있지만 '재단 단독으로는 어떤 의제도 실행할 수 없다'고 상정한다. 필란트로피를 통한 지원은 으레 부분적일 수밖에 없으므로 그 공도 부분적으로만 인정해야 한다는 햄맥과 안하이어의 말은 당연히 옳다. 하지만 로렌초 데 메디치가 미켈란젤로를 탄생시켰다거나 록펠러 재단이 현대 의학을 탄생시켰다고 주장한 사람은 아무도 없다. 두 저자는 역사에 의미를 부여해주는 부분과 전체 사이의 필연적 연결고리를 파악하는 것을 포기한 것으로 보인다. 재단은 "흥미로운 일을 할 수 있다"는 것이 그들이 제시한 최종 평가이다.[59] 이것은 소심한 수십억에 대한 소심한 역사이다.

마찬가지로 특정 부문의 자금 조달에 초점을 맞춘 필란트로피 연구의 끝이 없어 보이는 반복에도 다른 의견이 있을 수 있다. 의학, 다양한 과학 분야, 고등교육, 환경, 공중보건 등에서의 개별적인 필란트로피 관련 노력으로 이루어낸 성취를 요약한 주요 소론이 많이 나와 있는 것은 확실하다.[60] 이러한 작업의 대부분은 실제로 필요한 것이지만 더 광범위한 정치적 논쟁 및 사회 변화와 필히 연결짓지 않고서는 여전히 역사적 틀 안으로 통합하기가 어렵다. 보조금 목록으로 필란트로피를 연구해서는 얻을 수 있는 보상이 거의 없다. 예를 들어 산업화의 역사를 좁게 정의된 부문별 연구 위주로만 정리했다고 생각해보라. 그런데 바로 이런 상황이 비영리 부문 연구의 현주소이다. 이 분야는 그동안 심하게 파편화되었지만 그럼에도 역사는 그 수많은 세부 사항을 통합하고 그들 간의 공통된 방향을 찾아낼 수 있는 능력에서 힘을 얻는다.

부문별 파편화는 고용시장에서 비롯된 결과일 수도 있다. 필란트로피 역사학자들은 비영리 부문의 제도적 확대로 혜택을 받은 이들이다. 교양 학부들이 자체 자원을 유지하려고 애쓰며 공공정책 학과를 확대하는 과정에서 많은 이들이 비영리 부문 관련 프로그램의 강의 및 연구직을 얻을 수 있었다. 역사학자 입장에서 정책학자들과 어울려 일할 수 있는 기회는 필란트로피 역사의 영역과 범위를 넓히는 데 있어 매우 중요한 유인이지만 결과가 반드시 그렇지만은 않았다. 실제로 일부 필란트로피 역사학자들은 학계에서의 이러한 대안적 위치로 인해 지적 독립성이 결여되었다고 불평하기도 했다. 이 점에서는 나 또한 카네기의 필란트로피 활동에 관한 연구로 널리 알려진 엘런 라게먼(Ellen Lagemann)이나 재단과 공공정책에 관한 선구적인 연구로 영향력을 떨치는 배리 칼이 공공연히 표명한 우려에 공감한다.

라게먼은 1999년 편집자로 참여한 『필란트로피 재단: 새로운 학문, 새로운 가능성(Philanthropic Foundations: New Scholarship; New Possibilities)』의 서문에서 재단에 관한 글을 쓰는 학자들은 '두 스승'을 모셔야 하는 듯한 기분을 심심치 않게 느낀다고 이야기했다.[61] 그들은 의회의 개입에 대한 반론을 열망하는 재단 전문가와 동시에 더 광범위한 거버넌스 문제에 관심이 있는 역사학자 양쪽에 연구 결과물을 보냈다. 그들은 둘 사이에 끼인 채 양쪽 모두를 실망시킬 수도 있는 위험을 감수했다. 같은 책에서 칼은 한층 더 암담한 평가를 내놓았다. 필란트로피 역사학자들이 양쪽 중 어느 진영으로부터도 관심을 기대하기 어렵다는 것이었다. 그는 필란트로피 역사학자들을 '이판사판의 상태'라고 보았다. 즉 그의 표현에 의하면 그들은 "자금을 지원하고 싶어하지 않는 재단들과 또 전혀 다른 이유로 그들을 고용하고 싶어하지 않는 역사학과 사이에 꼼짝없이 갇혀" 있었다. 칼은 이 역사학자들의 연구 결과물을 "아무도 원하지 않는 역사로 따로 떨어져 있는" 것으로 보았다.[62] 칼은 물론 그 논점을 주장했지만 나는 『미국의 필란트로피(Philanthropy in America)』를 위해 연구, 조사하고 글을 쓰는 과정에서 내가 의지하며 크게 도움을 받았던 필란트로피에 관한 전문적인 역사 연구가 여전히 넓은 의미의 역사적 문제와 느슨하게 연결되어 있다는 사실에 당혹스러웠고, 더 광범위한 미국의 역사 이야기가 필란트로피를 완전히 무시한다는 사실에 좌절감을 느꼈다. 너무나 많은 비영리단체가 그들의 기록에 대한 접근을 차단함으로써 내가 요구해온 더 큰 담론을 가로막고 있다는 점도 덧붙여둔다. 몇몇 희망적인 예외가 있기는 하지만 그런 단체들이 대중의 관심을 피하고 최소한의 공개 요건만 충족시키며 일반 대중이 이용할 수 있는 기록보관소에 그들이 작업한 흔적을 제대로 남겨놓지 않는 이유로 자신들이 민간 태생임을 집요하게 내세우는 것은 잘못된 처사이다.[63]

미국 역사에서 필란트로피에 대해 지속적으로 숙고해야 하는 이유는 역사학자들이 과거의 모든 측면을 아우를 수 있도록 해줄 뿐만 아니라 그들이 시민으로서의 역할을 수행하고 국가의 목표에 대해 논의할 수 있도록 돕는 일을 더욱 용이하게 해주기 위해서이기도 하다. 필란트로피 활동의 흔적은 우리 주변에서 흔히 찾아볼 수 있으며, 민주주의 정부를 둘러싼 우리의 논쟁에 적절히 불을 지피기도 한다. 최근 미국의 한 주요 도시가 대공황 시절에 아슬아슬하게 피해갔던 운명을 맞아 파산 신청을 했다. 우리는 디트로이트에서 (미시건 대기업들을 기반으로 한) 기존에 있던 여러 재단의 컨소시엄을 목격하고 있다. 지역의 한 재단이 7개 카운티를 망라하는 대도시권 전체에서 자금을 끌어오고, 수많은 비영리단체가 구제활동을 벌이면서 신규 기업의 일자리를 창출하며, 도심지역을 활성화하는 대중교통 시스템을 시작하고 도시의 새로운 종합 발전 계획을 설계하고 있다. 참여 재단들은 파산 절차로 인해 위협받는 디트로이트 근로자들의 연금제도는 물론 도시의 귀중 미술품까지 무사히 지키려고 노력했는데, 이 모든 노력은 모든 수준의 정부와 지속적으로 협상하고 집중적인 입법 조치를 통해 이루어졌다.[64]

우리는 이들의 서로 중복되는 노력을 어떻게 평가할까? 고액의 기부자들은 이견이 있는 개혁이 진행중인 가난한 (그리고 일부 부유한) 학군을 대상으로 전국 각지에서 초등 및 중등 교육에 대대적으로 개입했다.[65] 이 경우 역시 역사학자들은 그들의 성과를 어떻게 평가할 수 있을까? 새로운 세대의 젊은 필란트로피스트들이 실리콘밸리에서 등장해 창의적으로 발자취를 남기고자 열을 올렸다. 그들의 행위는 유익할까, 아니면 그들은 그저 기존에 확립된 부의 전달 방법을 와해하고 있는 것일까? 아무리 논란이 많다고 해도 고액 필란트로피는 여전히 자본주의의 건전성을 위협하는 불평등을 줄여주는 효과적인 수단이다. 반대로 시민사회 개선에 참여하는 보다 평등한 사회가 된다면 그것이야말로 대중 필란트로피의 기반이 될 보편적 기부로 나아가는 가장 확실한 길이다. 필란트로피는 이 나라의 삶에서 큰 부분을 차지하므로 역사학자들은 필란트로피의 지속적인 영향에 대해 논의함으로써 미국인들을 인도해야 한다.

● 감사의 글

이 장을 읽고 의견을 제시해준 데 대해 스탠퍼드 워크숍 참여자들과 익명의 출판부 검토자뿐 아니라 나의 친구들인 찰리 피지노프, 아서 골드해머, 스탠리 N. 카츠, 멜빈 레플러, 제임스 앨런 스미스에게도 진심으로 감사한다. 가이 에이킨은 연구 보조로서 모범을 보여주었다.

| 3장 |

민주국가에서 재단의 역할에 관하여

롭 라이히(Rob Reich)

19세기에 접어든 직후 존 D. 록펠러의 필란트로피 자문을 맡고 있던 프레더릭 게이츠(Frederick Gates)는 불안한 마음으로 록펠러에게 편지를 보냈다. "당신 재산이 눈덩이처럼 불어나고 있어요! 이 속도를 따라잡아야 합니다! 불어나는 속도보다 더 빠르게 나눠줘야 해요!"[1] 얼마 뒤 록펠러는 게이츠의 조언에 따라 인류를 이롭게 할 사명을 띤 일반 목적의 필란트로피 재단 설립안을 마련했다. 록펠러와 그의 자문단은 주에서 이런 재단에 발급하는 면허는 재단의 규모와 목적에 제한을 가할 것이라는 점을 우려해 미국 의회로부터 록펠러 재단 설립을 승인하는 연방정부의 인가를 받고자 했다.

록펠러는 곧바로 워싱턴에서 격렬한 비난에 직면했다. 일부 반대파들은 스탠더드 오일의 독점적 사업 관행과 노조에 대한 완강한 반대에서 얻은 록펠러의 엄청난 부에 대한 저항에서 비롯되었다. 시어도어 루스벨트(Theodore Roosevelt) 전 대통령은 "그런 재산으로 아무리 많은 자선을 펼친다고 해도 그 재산을 취득하는 과정에서 저지른 부당 행위를 상쇄할 수는 없다"고 논평했다. 당시 현직 대통령이었던 윌리엄 태프트(William Taft)는 록펠러의 재단 설립 시도를 "록펠러 씨를 법인화하려는 의안"이라고 말하며 그 재단 설립에 반대할 것을 의회에 주문했다. 미국노동연맹의 새뮤얼 곰퍼스(Samuel Gompers) 회장은 성난 소리로 이렇게 내뱉었다. "이제 세상이 록펠러 씨에게 감사히 받아들일 한 가지는 그 사람처럼 되지 않을 수 있는 방법을 다른 사람들이 조만간 볼 수 있도록 돕는 대규모 연구 및 교육 기금의 설립일 것이다."[2]

다른 비판자들은 록펠러라는 사람과 그의 사업 관행이 아니라 거대한 재단이라는 구상 자체에 반대했다. 유명한 유니테리언 교회 성직자로 오랫동안 미국시민자유연맹(American Civil Liberties Union)의 이사회 의장을 지낸 존 헤인즈 홈스(John Haynes Holmes) 목사는 1912년 노사관계위원회(Commission on Industrial Relations)에 출석해 다음과 같이 진술했다. "저는 당연히 현재 이들 재단을 총괄하고 있는 사람들―예를 들어 록펠러 재단을 대표하는 사람들―이 지혜와 통찰과 비전을 갖췄으며 동시에 가장 타당한 동기에 의해 움직일 것이라고 믿습니다. …… 저의 입장은 민주주의에 대한 전체적인 생각입니다. …… 이러한 관점에서 보면 이 재단은 그 성격 자체가 민주사회라는 개념과 모순되어 보입니다."[3] 노사관계위원회 위원장을 맡은 프랭크 월시(Frank Walsh) 미주리주 상원의원은 록펠러 재단뿐만 아니라 모든 대형 재단에 반대를 표했다. 월시는 1915년에 쓴 글에서 '록펠러 재단과 같은 자선활동을 통한 거액의 지출을 공적으로 인가하고 승인하는 것의 타당성'에 이의를 제기했다. "여기서 나의 목표는 재단으로 알려진 대규모 필란트로피 신탁단체들이 왜 사회의 안녕에 위협적인 존재처럼 보이는지 그 이유를 최대한 명확하고 간결하게 서술하는 것이다."[4]

홈스와 월시가 표명한 우려는 결코 유별난 것이 아니었다. 재단이 골칫

거리로 여겨진 것은 도금시대 날강도 귀족들이 어쩌면 부정하게 손에 넣었을지도 모르는 부를 상징하기 때문이 아니었다. 재단은 지극히 반민주적인 기관, 다시 말해서 영구히 존속할 수 있고 엄선된 이사진 이외에는 어느 누구에게도 책임이 없는 단체로 여겨졌기 때문에 골칫거리가 되었던 것이다.

록펠러는 몇 년 동안 꾸준히 노력하고 관련 의원들에게 상당한 양보안을 제시했음에도 불구하고 그의 재단에 대한 연방정부의 인가를 취득하지 못했다. 그러자 그는 1913년 뉴욕주로 방향을 선회했고, 주정부는 논쟁의 여지없이 록펠러 재단을 인가해주었다.

재단은 중요한 의미에서 오랜 역사를 가지고 있다. 기부금으로 공공 기념물과 플라톤의 아카데미를 비롯한 교육기관을 건립한 고대에서도 오늘날의 필란트로피 재단과 유사한 형태를 찾아볼 수 있다. 이와 같은 예는 서구사회에만 국한되지 않는다. 이슬람사회에서도 일찍이 서기 7세기부터 모스크와 학교, 병원, 무료급식소에 자금을 지원하는 신탁제도인 와크프(waqf)가 발전했다.

미국의 근대식 민간재단은 역사적 전통에 뿌리를 두고 있지만 록펠러 논란의 시대가 낳은 산물이다. 바로 여기서 이전 역사에서는 볼 수 없었던 새로운 특징들이 탄생했다. 록펠러 재단과 카네기 재단의 취지는 다른 기관들에 대한 지원과 사실상 새로운 조직들(예를 들어 연구소)의 설립 및 자금을 지원하고, 직접적인 서비스를 제공하기보다 사회 문제의 근본 원인을 해결하고자 하며(소매'가 아닌 '도매' 방식으로 활동), 민간의 자치 임원들이 공적 임무를 대표할 유급 전문 직원들과 함께 운영하도록 기획된 광범위하고 일반적인 목적을 가진 독립체를 설립하는 것이었다. 이들 재단의 또다른 측면은 새로웠다. 즉 재단이 보유한 방대한 자원 덕분에 다른 평범한 기부와는 다른 규모로 운영될 수 있었다.

홈스 목사와 월시 의원의 발언이 분명히 보여주듯이 이러한 재단이 생겨날지 모른다는 가능성은 민주주의에 대한 위협으로 여겨졌다. 19세기를 거의 통틀어 어느 개인의 사적인 주도 아래 사적 재산으로 간단히 재단을 만드는 일은 불가능했다. 민주적 기구의 승인과 법인격 부여가 반드시 필요했다. 록펠러 재단의 인가 문제를 논의할 당시 미국 의회는 재단 규모를 최대 1억 달러로 한정하고 존속 기간은 50년으로 제한하며 연방의회 의원, 정부 각료, 대학 총장들을 포함한 상임 감독위원회를 반드시 설치하도록 하는 재단 거버넌스 구조를 제안했다. 그렇게 되면 록펠러 재단은 자산 제한과 정해진 존속 기간, 강력한 공적 감시감독 아래 놓이게 될 터였다. 록펠러의 자문단측에서도 의회의 우려를 잠재우기 위해 재단의 자율성을 제한하는 이 요건들 중 일부를 제안했다. 결국 이와 같은 인가 조건에서조차 록펠러가 연방정부의 인가를 얻지 못하게 된 것은 록펠러의 이의 제기 때문이 아니라 의회 내의 정치적 반대 때문이었다. 록펠러는 연방정부 차원에서 인가를 받을 수 없게 되자 대신 뉴욕주에서 이를 시도했다. 반사실적 역사에서 배울 수 있는 작은 교훈은, 즉 의회가 록펠러 인가를 승인했다면 아마도 재단에 대한 법적 체계는 지금과 크게 달랐을 것이다.

우리는 100년 동안 많은 진전을 이루었다. 오늘날 필란트로피스트들은 널리 존경을 받으며, 부유층의 재단 설립에는 공공이나 정계의 회의적인 태도가 아닌 시민사회의 감사하는 마음과 마주하게 된다. 뿐만 아니라 재단의 설립 허가는 독립적으로 이루어지는 동시에 세제 혜택 지원까지 받는다.

오늘날 우리는 미국 필란트로피 제2의 황금시대에 살고 있다고 해도 과언이 아니다. 불평등의 심화는 시민사회의 상호 예의에는 적일지 몰라도 민간 필란트로피의 친구이다. 카네기와 록펠러가 20세기 초에 끼친 영향은 게이츠와 버핏(그리고 다른 기부 약정 서명자들)이 21세기에 끼치는 영향과 같다. 우리는 20세기 마지막 10년 동안 게이츠 재단과 같이 전례없는 대형 재단들의 탄생을 목도했다. 게이츠 재단 그리고 별도로 빌과 멀린다 게이츠 부부의 기부금과 워런 버핏의 기부금을 보유하고 있는 게이츠 신탁의 자산을 합친 금액은 총 650억 달러가 넘는데, 이 재단은 전체 국내총생산 목록에서 대다수의 아프리카 국가보다 앞선 전 세계 65위 수준에 올랐다. 또한 눈길을 끄는 것은 억만장자들과 그들의 거대 재단뿐만이 아니다. 20세기의 마지막 10년 동안에는 백만장자 붐이 일어 수적으로나 자산 규모 면에서 유례없는 소형 재단의 급증을 촉발하기도 했다. 재단은 더이상 논란의 대상이 아니라 일상적이고 평범한 것이 되었다(이 장 끝에 첨부한 부록 A 참조).

이는 건전한 전개일까? 그 답을 알기 위해서는 필란트로피 재단이 존재하는 목적이 무엇인지 질문해볼 필요가 있다. 민주사회에서 재단은 어떤 역할을 해야 하는가? 재단은 홈스 목사가 생각했던 것처럼 민주주의 개념과 모순되거나 월시 의원의 생각처럼 사회의 안녕을 위협할까?

한 가지 뻔한 대응은 이것들을 부적절한 질문으로 보는 것이다. 앤드루 카네기는 부자로 죽는 것은 부끄러운 일이며, 개인 재산을 공익을 위해 분배하기로 결정한 사람은 시민이 고마워하는 대상으로 감사를 받을 것이라고 생각했다. 부유층의 과시적 소비가 재단의 설립보다 낫다고 보기는 어렵다.

그럼에도 불구하고 민주국가에서 재단의 목적에 대해 묻는 것은 중요한 문제이다. 여러 유형의 재단들이 수천 년 동안 존재해온 것에 반해 보조금을 조성하는 현대적 재단―개인 재산을 기부자 주도의, 세제 혜택을 받는 영구적인 기금으로 따로 떼어놓고 그 자산의 일부를 매년 공공 목적으로 분배하는 형태—은 바로 앞에서 이야기했듯이 빨라도 20세기 초에야 시작된 비교적 최근의 현상이기 때문이다. 이 형태의 필란트로피 재단은 민주국가의 제도적 변종, 그것도 자산 덕분에 상당한 힘을 가진 변종이다.

이번 장에서 나는 현대 미국의 필란트로피 재단이라는 특이한 제도적 유형에 대해 살펴보고 이것이 민주주의와 부합하는지 고찰해보고자 한다. 내가 내린 결론은 다수의 반민주적 특징에도 불구하고 현대적 재단이 민주주의와 양립 불가능하지는 않다는 것이다. 실제로 추후 살펴보게 될 다원주의와 발견을 옹호하면서 작동할 때는 민주사회에 중요하게 기여할 수 있다.

제도적 변종으로서의 재단

왜 변종일까? 일단 재단은 최소한 원칙적으로는 시민의 평등에 헌신하는 민주사회에서 재벌의 목소리를 대변한다. 그러나 재단 형태의 기이함은 이를 훨씬 초월한다. 현대적 필란트로피 재단은 아마도 민주주의사회에서 우리가 가진 가장 책임성 없고 불투명하며 특이한 제도적 유형이라고 할 수 있다.

재단은 책임성이 없다

상업시장에서 기업이 판매하는 상품을 소비자들이 구입하지 않아 수익을 올리지 못하면 그 기업은 문을 닫게 된다. 어떤 기업이 생산하는 제품이 마음에 들지 않거나 필요하지 않은가? 그렇다면 그 제품은 사지 말라. 소비자 대부분이 이런 식으로 생각한다면 그 기업은 사라질 것이다. 이

것이 시장에 내재된 책임성 논리—소비자의 요구 충족—이다.

민주주의국가의 공공기관에서 조세수입의 배분을 담당하는 공무원은 반드시 선거에 출마해야 한다. 시민들은 자신이 선출한 대표자의 지출 결정에 찬성하지 않으면 그의 당선을 무효화하고 다른 사람으로 교체할 수 있다. 공공정책과 지출에 대한 대표자의 선택이 마음에 들지 않는가? 그렇다면 다음 선거에서 그 사람에게 표를 주지 말라. 이것이 민주주의에 내재된 책임성 논리—시민에 대한 대응성—이다.

그러나 재단에는 시장 책임성이 없다. 팔아야 할 상품이 있어서 소비자들의 행동으로 재단이 문을 닫을 일도 없고, 시장 경쟁자들이 더 뛰어난 실적을 올려 재단을 업계에서 밀어낼 일도 없다. 재단은 무엇을 파는 대신 다른 조직들, 즉 주로 재단의 지속적인 지원에 생계가 달려 있는 조직들에 자금을 기부한다. 재단의 기금 조성 결정이 마음에 들지 않는가? 이 경우는 살 물건도 없고 그 결정에 책임을 물을 투자자도 없으므로 문제가 까다롭다. 게다가 재단은 선거 책임성도 가지고 있지 않다. 일반 대중이 재단의 기금 분배에 대해 어떻게 생각하건 간에 재단의 인사 어느 누구도 선거에 출마하지 않기 때문이다. 게이츠 재단이 하고 있는 일이 마음에 들지 않는가? 빌과 멀린다 게이츠의 당선을 무효화할 방법이 없으므로 문제가 까다롭다. 이 재단의 교육기금 조성에 대해 비판한 다이앤 래비치는 빌 게이츠를 미국의 비선출 교육감이라고 일컬었다.

재단에도 최소한의 절차적 책임성의 의무가 있기는 하다. 미국에서는 '지출(payout)' 규정을 두어 재단이 매년 순자산의 5퍼센트 이상을 의무적으로 지출하도록 하고 있다(다만 재단 운영에 필요한 관리비도 이 지출에 포함된다). 또한 재단 이사회, 직원과 급여, 자산에 관한 기본 자료가 담긴 연간 세금 신고서를 제출할 의무도 있다. 하지만 이는 실질적인 책임과는 거리가 멀다. 자산가들은 선거구민, 소비자, 경쟁자 없이 무엇이든 원하는 자금으로 원하는 목적의 재단을 자유롭게 설립하고, 재단의 기금 조성 결과와 상관없이 이 목적을 계속 고수할 수 있다.

재단이 기금 지원 대상을 공공 자선단체 혹은 세법 기준으로 제501조 (c)(3)에 해당하는 비영리단체로 삼아야 하는 것은 분명하다. 그러나 미국의 경우 소유자들에게 수익을 분배하지 않기로 약속하기만 하면 사실상 어느 단체나 비영리단체로 조직화될 수 있다. 뿐만 아니라 6장에서 레이 메이도프가 상세히 기록한 것과 같이 재단들은 즉각적인 공익을 창출하지 않는 대신 기부자가 공공 자선단체에 분배하기로 결정할 때까지 자산을 보관하는 역할을 하는 '기부자 조언기금'에 출연함으로써 보조금을 분배하고 지출 규정을 준수할 수 있다. 따라서 공공 자선 요건은 전혀 제약이 되지 않는다.

내부의 책임성 부재는 보조금 수혜자들로부터 솔직한 피드백을 받을 수 있는 체계를 마련하기 어려운 여느 재단의 특징으로 인해 한층 더 심해진다. 일반적으로 재단과 교류하는 사람은 보조금을 받으려고 하거나 다음 보조금을 받으려고 하는 이들이다. 잠재적 수혜자나 실제 수혜자는 재단에 비판적인 피드백을 제공할 유인이 거의 없다. 약간의 과장을 보태자면 그동안 내가 지켜본 결과 재단의 실무 담당자들은 자신이 한순간에 어느 자리에서 가장 똑똑하고 잘생긴 사람이 되어 놀라는 경우가 많다.

재단은 투명성이 없다

해마다 자산의 5퍼센트를 지출하고 기본 자료가 담긴 연간 세금 신고서를 제출해야 한다는 법적 요건을 제외하면 재단은 은밀하게 활동할 수 있으며 실제로도 종종 그렇게 한다. 재단은 웹사이트나 사무실이 없어도

되고, 연간 또는 분기별 보고서를 발행하거나 보조금 조성 전략을 설명하지 않아도 된다. 또한 보조금을 수령한 모든 사람과 특정 단체에 지원한 금액을 확인하지 않아도 된다. 재단은 보조금의 조성 상황을 평가할 필요도 없다. 만약 평가가 필요하다고 해도 평가 내용을 공개할 필요는 없다. 이사회의 의사결정에 대해 보고할 필요도 없다.

때로 재단이 투명하게 행동해 앞에서 이야기한 정보와 그 이상을 제공하는 경우도 있다. 그러나 이것은 특정 재단의 특이한 선호가 작용한 것일 뿐 투명성을 강조하는 법적 체계이거나 직업 규범은 아니다.

따라서 재단은 대개 기부자에 의해 확인되고 정의된 공적 목적을 위해 사적 자산을 관리하고 분배하는 블랙박스와 같으며, 이러한 재단에 대해 대중은 거의 알지 못하며 알아낼 수 있는 것도 거의 없다.

영구적인 기부자 주도 목적

재단은 기부자의 의도를 소중히 여기고 필란트로피 자산을 영구히 보호하도록 법적으로 고안되어 있다. 기부자의 죽은 손은 무덤에서부터 수세대에 걸쳐 뻗어나간다. 재단을 규정하는 법률은 기부자가 재단의 거버넌스와 목적을 지배할 수 있도록 허용하며, 이는 기부자가 사망한 뒤에도 적용된다. 재단은 이사회가 운영을 맡아야 하지만 기부자와 그의 가족 또는 신뢰하는 동료들이 이 역할을 할 수도 있다. 지역사회나 공공의 거버넌스 요건은 없다. 예를 들어 게이츠 재단의 이사진은 빌 게이츠와 멀린다 게이츠, 빌 게이츠의 부친, 워런 버핏이다. 이보다 소규모인 수많은 가족 재단의 거버넌스 구조도 별반 다르지 않다. 재정 고문들은 가족의 가치관을 세대 간에 전승하고 지속할 수 있는 수단으로 가족 재단을 설립하는 사업을 일상적으로 홍보한다.

이 같은 구조에 대해 법학자이자 판사인 리처드 포즈너(Richard Posner)는 다음과 같이 논평했다. "영속하는 자선 재단은…… 누구에게도 설명할 의무가 없는 그야말로 무책임한 기관이다. 자본시장에서도 제품시장에서도 경쟁하지 않으며…… 나머지 부분에서는 닮은꼴인 세습 군주와 다른 점은 어떠한 정치적 통제도 받지 않는다는 점이다." 그는 또 다음과 같은 의문을 표했다. "경제학의 수수께끼는 어째서 이 재단들이 떠들썩한 스캔들이 아니냐는 것이다."[5]

끝으로 재단은 풍부한 세제 혜택을 받는다

재단이 단순히 부자들이 자신들의 자유를 행사하는 한 가지 방법이라면 앞에서 이야기한 모든 것들이 반드시 타당하지는 않더라도 이해할 수는 있을 것이다. 어떤 이는 자신의 부를 소비하는 쪽을 택하고, 어떤 이는 기부를 하거나 상속자에게 유증하는 쪽을 택하며, 다른 이들은 필란트로피 목적으로 돈을 기부하는 쪽을 택한다. 그렇다면 필란트로피스트들에게 왜 책임성을 요구하는가? 왜냐하면 재단은 단순히 개인의 자유를 행사하는 것이 아니기 때문이다.

마크 도위(Mark Dowie)는 2002년에 출간된 『미국의 재단(American Foundations)』에서 금융업자 조지 소로스(George Soros)가 설립한 재단 중 하나인 열린사회연구소(Open Society Institute)에 관한 재미있고도 유익한 일화를 들려준다. 소로스는 보조금 조성 우선순위에 대한 의견 차이를 해결하기 위해 진행된 회의에서 다음과 같이 선언했다고 한다. "이건 내 돈이오. 그러니 내 방식대로 합시다." 바로 그때 한 하급 직원이 불쑥 끼어들어 재단의 자금 중 절반 정도는 그의 돈이 아니라 공공의 돈이라면서 "대표님이 그 돈을 열린사회연구소에 투입하지 않았다면…… 그중 절반가량은 국고에 있었을 테니까요"라고 설명했다.[6] 이 직원은 소로스 재단에 오래 남아 있지 못했다고 한다.

미국에서 필란트로피는 단순히 기부자의 자발적 활동, 즉 사람들이 개인 재산으로 무엇이든 원하는 대로 할 수 있는 자유를 행사한 결과가 아니다. 재단 창립을 포함해 필란트로피 전반은 여러 가지 세제 혜택을 받는다. 기부자가 재단으로 옮긴 자산에는 두 가지 측면에서 세금이 부과되지 않는다. 기부자는 기부로 (거의) 면세를 받으므로 기부를 하지 않았을 경우 떠맡게 될 세금 부담을 줄인다. 재단의 기본 재산을 이루며 시장에 투자되어 있는 자산 역시 (거의) 면세를 받는다.[7] 보조금의 정확한 세부 사항은 시간이 지나면서 달라졌지만 미국의 필란트로피에는 오랫동안 개인의 자유에 보조금을 지급하는 일이 수반되었다.

그래도 항상 이런 식은 아니었다는 점을 기억할 필요가 있다. 필란트로피 활동의 역사는 고대까지 거슬러올라가지만 필란트로피 활동에 대한 세제 혜택은 고작 1917년 연방소득세의 탄생과 함께 시작되었다. 카네기 가문과 록펠러 가문 그리고 그들 이전의 수많은 필란트로피 선구자들은 재단기금에 자산을 기부해도 연방의 세제 혜택이 없는 여건에서 필란트로피를 실천했다.

사람들이 이미 가지고 있는 자유를 행사하는데, 다시 말해서 필란트로피 목적으로 출연하는데 왜 보조금을 제공할까? 보조금에 대해 여러 가능한 이유를 생각해볼 수 있다. 가장 두드러지게는 세금 혜택이 있으면 보조금이 없는 경우에 비해 더 많은 필란트로피, 더 크고 더 많은 재단을 자극해 공익을 확대할 것이라는 생각이다.

실제로 이것이 맞느냐의 여부는 실증적 질문이다. 만약 그렇다면 이것이 보조금을 제공하는 타당한 이유가 되느냐의 여부는 규범적 질문이다.

나는 이들 질문에 답하려는 것이 아니라 오늘날 재단이라는 존재가 사람들이 재단을 설립할 수 있는 자유를 행사한 결과물로 정확히 인식되지 않는다는 점을 지적하고자 하는 것이다. 재단이 자발적으로 만들어지는 것은 사실이나 다른 한편으로 재단은 그 설립을 지원하기 위한 공공 보조금—원래대로라면 세수입이 되었을 자금의 손실—의 산물이기도 하다 (2011년 미국 재무부가 자선 기부에 대한 세금 보조에 들인 비용은 530억 달러로 추정된다). 그러므로 재단은 단순히 부자들의 개인적 자유를 표현하는 대상이 아니다. 시민들은 세수 손실의 형태로 재단에, 더 나아가서는 부유층의 선호를 공적으로 표현하는 데 돈을 지불하는 셈이다.

예를 들어 공식적인 책임 메커니즘이 거의 혹은 전혀 없고 투명성 의무는 사실상 없으며 기부자의 의도를 영구적으로 이행하도록 고안된 법적 체계와 재단의 설립을 보조하기 위한 풍부한 세금 감면 혜택이 갖춰진 상황에서 무엇이 민주사회에서 재단에 정당성을 부여할까?

민주사회에서 왜 이 같은 제도 형태가 있어야 하는가? 재단은 무슨 용도로 존재하는가?

우리는 한 가지 흔하고 직관적인 생각을 재빨리 무시할 수 있다. 바로 재단의 존재 이유는 가난하거나 소외된 계층의 필요에 즉각 반응하는, 문제를 교정하거나 재분배하는 기능 때문이라는 생각이다. 기본 욕구를 위한 재단 기부는 재단의 활동 중 놀랍도록 적은 비율인 약 10퍼센트를 차지하는 데 그친다. 게다가 재단의 자산 규모가 클수록 기본 욕구를 충족시키기 위해 제공되는 보조금의 비중은 더 낮다.[8]

어쨌든 재단을 빈민 구제를 위한 방법으로 이해한다는 것은 더 공정한 세상이었다면—이를테면 극심한 빈곤이 존재하지 않거나 개인의 기본 욕구가 충족되고 필란트로피 기부에 의존하지 않는 세상—필란트로피 재단이 필요 없을 것임을 시사한다. 그렇다면 극심한 빈곤이 퇴치된다면 필란트로피의 정당성과 필요가 사라질 것인가 하는 의문이 제기된다. 나는 그렇지 않다고 생각한다. 넓은 의미의 필란트로피와 좁은 의미의 재단은 민주사회에서 그저 교정적인 차선의 노력이 아니다.

내가 제기하고 싶은 질문은 다음과 같다. 만약 무에서부터 민주사회를 시작한다면 과연 우리는 재단을 만들까? 우리는 최선의 제도적 구조로서 현존하는 것과 유사한 법적 형태의 재단을 원할까? 다소 무책임하거나 불투명하고 기부자가 주도하며, 영속적으로 존립하거나 적어도 기부자가 사망한 뒤에도 수년 동안 운영될 수 있는 재단을?

재단 형태가 가진 여러 특이점 목록은 이에 반대할 수 있는 강력한 논거가 된다. 재단은 정의상으로나 법적으로 공익을 향한 재벌의 목소리를 대변하므로 민주주의와 양립할 수 없다. 그런데 왜 민주국가에서 돈주머니의 크기로 인해 누군가에게 공익에 대해 더 많은 발언권을 주어야 하는가? 어째서 이 같은 재벌의 발언권에 공공의 보조금이 제공되어야 하는가? 또한 왜 민주주의가 세금 보호를 받는 자산의 형태로 수세대에 걸쳐 이러한 발언권이 확장되도록 허용해야 하는가? 재단은 민주사회에 잘못 자리잡은 금권정치적이고 강력한 요소처럼 보일 것이다.

더욱이 이 책에 참여한 저자 몇 명은 필란트로피와 민주주의 간의 긴장관계를 들춰내고 필란트로피 재단의 일부 제도적 장치와 궁극적으로는 그 정당성에 의문을 제기하는 논거를 제시하고 있다. 10장에서 키아라 코델리는 기부자의 재량권을 맹비난하면서 필란트로피를 배상적 정의로 생각하는 것이 더 낫다고 주장한다. 8장에서 에릭 비어봄은 특정 종류의 공공재 생산은 민간에 아웃소싱해서는 안 된다고 주장한다. 에런 호바스와 월터 파월(4장)은 필란트로피의 발전 과정에서 게이츠, 저커버그, 블룸버그처럼 그 사람의 활동이 국가를 대체하고 공공정책 과정을 전복시키며 민주주의를 약화시키는 주목도 높은 필란트로피스트들이 출현한 점에 주목한다. 라이언 페브닉(9장)은 자선이 민주사회에서 문화적 역할을 할 수 있지만 그 외의 영역에서는 의구심을 갖고 다루어야 한다고 주장한다.

특히 오늘날 재단이 보이는 실제 행동을 생각해보면 앞에서 이야기한 견해 중 많은 부분에 동의한다. 그렇지만 나는 민주주의에서 재단의 역할은 옹호할 수 있다고 생각한다. 이 책에 실린 비판의 목소리나 재단이 민주주의에 어긋난다는 생각과 반대로 나는 재단이 민주사회에서 중요한 역할을 수행한다고 주장하는 바이다.

재단에 대한 옹호론

재단은 단순히 민주주의와 양립하는 것에서 그치지 않고 민주주의를 지원할 수 있다. 재단이 민주주의를 증진시킬 수 있다는 주장은 두 가지이다. 첫째, 재단은 정부 정통주의를 약화시키고 공공재의 정의와 분배를 분권화함으로써 공공재 생산의 문제를 극복하는 데 일조할 수 있다. 이를 다원주의 논거라고 부르자. 둘째, 재단은 시장의 기업이나 공공기관의 선출직 관료에 비해 독특하고 더 긴 시간적 지평에서 활동하면서 우리가 상업 부문이나 공공 부문에서 일상적으로 기대할 수 없는 사회정책 실험과 혁신에서 모험적 시도를 할 수 있다. 이를 발견의 논거라고 하자. 이를 근거로 민주주의와 상충하지 않고 민주주의를 지원하는 재단의 존재를 옹호하는 최선의 논증을 개략적으로 수립할 수 있다.

내가 제시하는 논증은 현재 재단에 부여된 법적으로 허용된 모든 사항을 정당화하려는 것이 아니다(재단의 영구적 존립에 대한 법적 허용을 변호하는 것이 가능한지에 대해서는 특히 회의적이다). 내가 지적하고 싶은 것은 재단이 민주사회에 부적절하다는 비판을 피하고 재단에 높은 자율성과 상대적인 책임성 부재를 부여하며, 보조금에 대해 일종의 당위성을 제공하는 일반적인 재단 옹호론의 경향이다.

재단의 존재 목적을 이해하려면 흔히 그렇듯이 어떻게 하면 재단이 더 효과적이고 더 큰 영향력을 가지며 결과 중심적일 수 있는지 물을 수도 없고 또 물어서도 안 된다. 재단이 어떤 일에 효과적이어야 하는지 이해하기 위해서는 먼저 시장 및 국가와 관련된 재단을 이해해야 한다. 이렇게 했을 때 비로소 우리는 다원주의와 발견의 논거를 파악할 수 있다.

다원주의론

오래전부터 상업시장은 공공재—경제학자들이 비경합적·비배타적으로 정의하는 상품—공급에 능하지 않다고 인식되어왔다. 공공재는 마치 불이 환하게 밝혀진 항구처럼 누군가가 이용할 수 있으면 모두가 이용할 수 있는 상품이며, 마치 맑은 공기처럼 더 많은 사람이 소비해도 가격이 더 비싸지 않은 상품이다. 공공재의 표준 예에는 국방, 교육, 예술, 공원, 과학 등이 있다. 공공재의 가장 중요한 점은 설령 돈을 내지 않더라도 누군가가 공공재를 소비하는 것을 막기는 어렵거나 바람직하지 않다는 것이다. 민간기업은 돈을 지불하는 소비자를 선호하기 때문에 상업시장에서는 공공재가 충분히 생산되지 않는다.

실제로는 경제학자가 이야기하는 비경합적·비배타적 의미에서 순수하게 공공의 성격을 띤 상품은 거의 없다. 그러나 핵심 개념을 이해하기 위해 엄밀한 정의에 의존할 필요는 없다. 기업이 소비자로 하여금 이용 기회에서 배제될 리 없는 상품에 비용을 지불하게 할 수 없을 것이므로 공공의 성격을 띤 상품은 시장에서 불충분하게 생산될 수밖에 없다는 것이 핵심이다.

그 대신 국가가 공공재를 공급할 수 있으며, 이는 흔히 국가의 기본적 기능 중 하나이자 세수입을 활용하는 방식이라고 생각된다. 민주주의국가에서 어떤 공공재가 생산될지 예측하는 한 가지 간단한 방법은 선출된 대표자들이 시민 과반수가 선호하는 공공재에 자금을 지원하는 쪽에 투표할 것임을 인식하는 것이다. 예를 들어 시민 과반수가 경찰의 보호를 선호하고 소수가 예술 지원을 선호한다면 정치인들은 예술이 아닌 경찰에 대한 자금 지원에 찬성표를 던질 것이다. 뿐만 아니라 민주주의국가에서의 정치적 행동 표준 모델은 정치인들이 중위 투표자를 만족시키는 수준으로 과반수가 선호하는 공공재에 자금을 지원할 것이라고 예측한다. 국가의 공공재 생산은 이른바 다수결주의에 제약을 받고, 정치 스펙트럼의 중간에 위치하는 중위 투표자의 선호에 의해 제한된다. 민주적으로 선출된 정치인은 소수 집단만 선호하는 공공재나 중위 투표자가 선호하는 정도를 넘어선 수준의 공공재 생산을 지지하지 않을 것이다. 예를 들어 예술 분야에 공공자금을 지원하면 노먼 록웰(Norman Rockwell) 같은 인물은 무수히 배출될지 몰라도 아방가르드나 급진주의 예술은 그렇지 않을 것이다 (사진작가 안드레스 세라노(Andres Serrano)가 국립예술기금이 일부 지원한 상금을 받고 제작한 작품 〈오줌 예수(Piss Christ)〉를 둘러싸고 불거진 논란만 보아도 알 수 있다).

바로 여기서 재단을 변호하는 다원주의 논거가 등장한다. 재단은 공익을 위해 사적 자산을 효율적으로 사용하기 위해서 설립되며, 어떤 대상에 자금을 제공할지는 기부자의 의도에 달려 있다. 이는 특이한 결과를 낼 수 있다. 따라서 재단은 시장이나 국가에 의해 불충분하게 생산되거나 아예 생산되지 않는 공공재에 자금을 지원하기 좋은 특별한 위치에 있다. 어떤 상품에 필란트로피 자금을 지원하고 싶은지에 대해 기부자들의 선호가 다양할 것이기 때문에 재단은 소위 말하는 소수 집단의 공공재나 논란이 분분한 공공재, 즉 다수가 그 상품을 선호하지 않았기 때문이든 혹은 다른 이유로든 민주국가가 자금을 지원할 의향이 없거나 지원할 수 없는 상품을 위한 자금원이 될 수 있다.

시장과 국가의 불이행을 바로잡는 대응책보다는 다른 개념으로 표현하자면 재단에 대한 한 가지 핵심적인 옹호론은 재단을 공공재 생산 과정을 부분적으로 분산시키고 공공재의 정의에서 정부 정통주의를 약화시키는 중요한 수단으로 본다고 이야기할 수 있다. 다양한 민주국가에서는 직접적인 세수 지출을 통해 어떤 종류의 상품을 공급할지에 대해 각기 다른 선호가 존재할 것이다. 기부자 개개인의 특이한 선호로 움직이며 시장과 민주국가의 책임성 논리에서 자유로운 재단이야말로 계속 진화하고 견제하며 다양한 시민사회의 장을 여는 데 기여하는 반가운 다원주의를 전체적으로 제공할 수 있다. 이러한 분산은 민주국가에서의 정부 정통주의를 완화시킨다.

이러한 개념은 새로운 것이 아니다. 예를 들어 비과세단체의 주된 기능이 정부가 승인한 정책만을 시행하는 것이라는 생각을 기각한 루이스 파월(Lewis Powell) 판사의 견해에서도 이 개념을 확인할 수 있다. 파월의 시각에서 아마도 재단을 포함한 비영리단체에 대한 세금 혜택 제공은 "공동체생활의 주요 영역에서 정부 정통주의의 영향을 제한하는 데 필수적인 하나의 방편"이다.[9]

다원주의 논증은 재단의 자율성이나 시장 및 선거 책임성 결여를 결함에서 중요한 덕목으로 바꿔놓는다. 재단은 영리기업과 달리 다른 회사들과 경쟁하거나 자금을 지원하는 상품을 소비하지 못하도록 사람들을 배제할 필요가 없으므로 자유롭게 공공재에 자금을 투자할 수 있다. 또한 향후 선거를 앞둔 정치인과 달리 다수가 선호하지 않거나 중위 투표자보다 높은 수준의 소수 또는 실험적이거나 논란이 있는 공공재에 자유롭게 자금을 지원할 수 있다.

바람직한 분산과 정부 정통주의의 축소를 이루기 위해 재단의 특정한 제도적 형태가 필요할까? 아마 아닐 것이다. 아마도 선호하는 비영리단체에 기부하는 단순한 형태로 이루어지는 개인의 자선 행위로도 분산을 상당 부분 충족시킬 것이기 때문이다. 이 기능을 수행할 재단, 특히 최소한의 지출 요건을 가지고 영속적으로 존재할 수 있는 재단을 설립하는 것은 불필요할 수 있다.

예를 들어 나는 지난 세대 동안 대대적으로 일어난 소규모 재단의 설립 붐에서 칭송할 만한 점을 거의 찾아볼 수가 없다. 자산 규모가 100만 달러 미만인 재단의 수는 1993년부터 2010년까지 3만 2000개에서 6만 개로 2배 가까이 증가했는데, 이 재단들은 유급 직원을 채용하는 경우가 드물고 연간 5만 달러 이상을 기부하는 경우가 거의 없으며 부유한 가문의 자선 수표책 역할을 하는 정도에 그친다. 이러한 가문들은 필란트로피 활동의 수단으로 재단을 설립하기보다 간단히 수표를 쓰거나 기부자 조언기금을 활용하는 방법으로 같은 결과, 같은 공익을 달성할 수 있으며, 그 과정에서 재단이 필요로 하고 공익으로 간주될 수 없는 간접비도 피할 수 있다. 또한 납세자들은 재단에 투입되었으나 아직 자선단체에 부여되지 않은 막대한 액수의 돈을 더이상 보조하지 않게 될 것이다. 2012년 총자산은 7150억 달러에 이르렀는데 약 8만 개의 독립 민간재단으로 이루어져 있다. 이들 자산 중 25퍼센트 이상을 상위 50개의 대형 재단이 보유했다. 만약 1000만 달러나 5000만 달러와 같이 재단 설립에 필요한 최소 자산 기준이 있다면 공익에 어떤 손실이 발생할까? 나는 손실은 거의 없고 아마 얼마간의 이득이 있을 것이라고 생각한다. 최소 자산 기준 미만에 속하는 부유한 개인들이 가족 재단을 만들기보다 공공 자선단체에 돈을 더 기부하고 싶어할 수도 있기 때문이다. 기부자 조언기금 역시 지난 세대에 붐이 일었었다. 때때로 일반인들을 위한 민간재단이라 불리기도 한 이 기금 또한 (6장에서 레이 메이도프가 주장하듯이) 문제가 많다.

모든 재단이 자산 규모와 상관없이 정말로 공공재의 정의와 공급을 어느 정도 분산시킨다고 하더라도 그 결과로 다원화되는 필란트로피 관련 견해들은 완전히 민주적이 아닌 금권정치적인 경향을 띨 것이다. 재단으로부터 자금을 지원받은 소수, 실험적 또는 논란이 많은 공공재들은 시민 전체가 아닌 부유층의 다양한 선호를 대변할 것이다. 부유층이 선호하는 다양성이 시민 전체가 선호하는 다양성을 그대로 반영한다고 생각할 타당한 이유가 없다. 실제로 적어도 미국에서는 최상위 부자들(큰 자산 보유자들의 상위 25퍼센트와 1퍼센트 모두 해당되며, 이중 후자는 민간재단의 큰 부분을 차지한다)이 일반 시민들에 비해 훨씬 보수적인 선호를 보인다는 실증적 증거가 나와 있다.[10] 따라서 재단의 활동은 공공재 생산을 분산시킬 때조차도 금권정치적인 성격을 지닌다. 이 결론을 피할 수 있는 방법이 없다고 생각하는데, 부유하거나 가난한 사람 모두 본인 소득의 같은 비율을 자선사업에 기부하지만 절대치로 보면 부유층이 내는 금액이 훨씬 크기 때문이다. 그렇다면 재단을 없애야 한다는 뜻일까? 그렇지는 않다. 나는 여기서 도출되는 결론은 재단 자체가 아니라 재단 활동에서 세금 혜택을 받는 측면에 불리하게 작용한다고 생각한다. 재단이 금권정치적인 다원주의를 만들어 낸다면 그러한 활동을 더욱 촉진하는 활동을 부추기는 공공 보조금을 정당화하기는 더욱 어렵다. 그러나 정부 정통주의가 금권정치적으로 완화되는 것이 아예 완화되지 않는 것보다는 낫다. 그리고 이것이 사실이라면 보조금이 재단 설립에 필수적인 것으로 판명될 경우에는 재단에 대한 얼마간의 조세 혜택이 정당화될 수도 있을 것이다.

나는 이러한 분산론이 재단에 대해 확정적인 것까지는 아니더라도 어느 정도 타당해 보이는 옹호론, 즉 재단은 민주주의를 뒷받침하는 민주사회의 제도적 특징을 제공한다는 결론을 내린다.

발견론

재단을 옹호하는 다원주의론에서와 마찬가지로 시장 및 국가와 관련해 재단을 이해하는 것은 발견론의 핵심이기도 하다. 이 논증의 구상은 재단이 '민주사회의 위험 자본'으로, 사회정책에서 혁신과 실험을 발견하는 강력한 기제로 작용한다는 것이다.

먼저 논란의 여지가 없는 가정에서 출발해보자. 어떻게 이해하더라도 민주주의국가는 일반 복지를 증진하거나 정의의 목적을 추구하고자 한다. 그러나 민주적 대표들은 어느 순간에든 아니면 시간이 지나면서 변화하는 사회적 상황에 불확실성이 번지고 있을 때 특히 이러한 목표를 달성할 수 있는 최적의 방법을 알지 못한다. 예를 들어 어떤 정책과 프로그램이 교육적 기회와 성취를 가장 잘 촉진할 수 있을까? 누군가는 취학 전 무상교육이 답이라고 생각하고, 누군가는 학교 재정제도의 개선을, 또다른 이는 온라인 학습 기회의 개선 및 확대를 거론한다. 관련된 예는 순식간에 늘어난다. 교도소나 약물 남용 프로그램에서 어떤 정책이 가장 효과적으로 재범률을 낮출 수 있을까? 아니면 환경정책에 대해 생각해보자. 경제성장에 끼치는 부정적인 영향을 최소화하면서 탄소 배출을 줄일 수 있는 변화는 어떤 것일까?

지도자들이 모든 것을 다 알지 못하고 올바른 목표를 추구하기 위한 최선의 방법에 대해 합리적인 의견 충돌이 일어날 가능성이 있으며, 사회 상황이 항상 변화하고 있다는 인식하에 민주사회는 사회정책에서 혁신과 실험을 촉진하고 분산시킴으로써 민주적으로 합의된 목표를 실현하기에 더 효과적이고 나은 정책이 확인 및 채택될 수 있기를 바랄지도 모른다. 게 다가 이 같은 실험의 필요에는 결코 끝이 없다. 경제·문화·기술·세대적 상황이 끊임없이 변화하는 점을 감안할 때 이상적인 여건이라면 발견의 과정은 다양한 맥락과 변화하는 우선 사항에 맞는 최선의 혹은 대단히 효과적인 관행의 보고를 사회에 반복적으로 제공한다.

물론 정부가 단독으로 어느 정도의 실험과 위험을 감수한 혁신을 촉진할 수도 있다. 예를 들어 정부는 결과가 불투명한 기초 연구에 투자할 수 있다. 관할 구역의 하부 단위를 정책을 시험하는 실험실처럼 다루는 연방 정부 구조를 구축할 수도 있다. 루이스 브랜다이스(Louis Brandeis) 판사가 미국의 주들을 민주주의 실험실이라고 표현했던 것도 이런 이유에서였다. 민주적 거버넌스가 실험주의적이며 문제 해결의 한 형태로서 정책과 제도적 설계에 접근하는 데는 타당한 이유가 있다. 이러한 접근법에도 불구하고 정치 지도자들이 정부야말로 이 같은 실험을 수행하는 데 이상적이지 않을까 하는 회의적인 시각을 갖는 것도 마땅하다. 우선 첫째로 민주주의 체제의 시민들은 공공정책에서 검증되고 신뢰할 만한 결과를 기대하고 높이 평가하는 경향이 있다. 선출된 대표자로서, 선택된 정책이 어떤 혜택도 제공하지 못할 수 있다는 점에서 사회 문제에 대한 위험도가 높은 대응 전략에 공적 자금을 할당하는 이들은 선거에서 표로 응징당할 위험까지 감수하는 셈이다. 또 한 가지 정부의 씀씀이가 헤프면 개탄의 소리를 듣기 쉽지만 그 접근법이 애초에 실험이라는 칭호를 얻으려면 실험이라는 것은 몇 차례 실패해야만 한다.

그렇다면 어떤 정부 외 체계가 분권화된 혁신과 실험을 수행하도록 설계될 수 있을까? 나는 재단이 예를 들어 연방제 같은 발견적 절차 체계 중 하나가 될 수 있다고 주장한다.

게다가 재단은 이러한 발견의 노력에서 시장과 국가기관에 비해 구조적 이점을 가지고 있는데 그것은 바로 상대적으로 긴 시간 지평이다. 발견론의 본질적인 특징은 민주국가의 시장과 공공기관에서의 혁신 및 위험부담과 연관된 시간 지평에 초점을 맞춘다. 이윤을 추구하는 기업과 달리 재단은 분기별 또는 연간 수익 보고서나 손익계산서를 작성할 필요도 없고 극성스러운 투자자나 주주에 시달리지도 않는다. 시장의 영리기업에는 위험도가 높고 시간 지평이 긴 실험에 체계적으로 보상을 하는 인센티브 구조가 없다. 영리기업이 사업을 유지하려면 결과물을 보여주어야 한다. 마찬가지로 민주국가의 공직자들도 위험도가 높고 시간 지평이 긴 실험에 보상을 하는 인센티브 구조를 가지고 있지 않다. 그들은 재선되기 위해 공적 자금 지출로 그 결과를 신속히 보여주어야 한다.

데니스 톰프슨(Dennis Thompson)은 미래 세대의 이익을 대변하는 데 있어 민주사회가 가진 문제점을 발견함으로써 이 사안을 조금 다르게 제시한다.[11] 그는 이것을 '현재주의(presentism)', 즉 현재에 치우친 민주주의의 체계적이고 광범위한 편향의 문제라고 이야기한다. 톰프슨은 이러한 편향의 몇 가지 근원을 밝히고 있는데, 그중 하나는 사람들이 멀리 동떨어진 장기적인 것보다 현재와 단기적인 것을 선호하는 경향이 있다는 사실이다. 또한 시민의 선호에 즉각 대응하는 것이 민주주의 정부의 속성이므로 우리는 민주사회의 정부정책이 현재와 단기적인 것을 선호하리라고 기대할 수 있다. 기후변화처럼 미래 세대가 직면하게 될 명백한 문제에도 불구하고 민주주의의 현재주의는 큰 골칫거리이다. 민주주의의 현재주의에 맞설 방법으로 톰프슨이 선호하는 해결책은 민주주의적 신탁관리(trusteeship)로서, 현 세대가 시간의 흐름에 따른 민주적 과정을 보호하기 위해 행동을 취함으로써 미래 세대의 이익을 대변할 수 있다는 견해이다. 나는 현재주의에 대한 톰프슨의 진단에 동의하지만 재단은 오랜 시간 동안 민주적 과정을 보호하기에 적절한 제도적 설계이기도 하다고 제안한다. 재단은 바로 그 거버넌스 구조 때문에 혹은 성공하더라도 장기간에 걸쳐 결실을 맺기 때문에 현세대보다는 미래 세대에 혜택을 주는 실험과 혁신에 자금을 제공할 수 있다.

예를 들어 시장과 선거책임제도에서 자유롭고 기부자들의 다양한 선호와 견해에 책임이 있으며, 여러 세대에 걸쳐 유지될 수 있도록 보호된 기금을 가진 재단은 민주사회에서 건전하며 미래 세대의 이익을 겨냥하는 고위험의 장기적인 정책 혁신 및 실험에 참여하기에 특출한 위치에 자리잡고 있다고 할 수 있다. 이러한 발견의 방식으로 운용될 때 재단은 민주주의와 양립할 수 있을 뿐만 아니라 민주주의적 목적을 지원하고 더 나아가 증진할 수도 있다.

그렇다면 재단의 자금이 투입된 혁신은 평가 절차를 거친 뒤에 어떻게 될까? 실패한 혁신과 실험은 사라지되 사회는 그 실패로부터 무언가를 배웠을 것이다. 다른 한편으로는 실패를 받아들이고 수정해 긍정적인 결과를 만들 수도 있다. 또 어떤 재단사업은 긍정적인 효과를 보여주는 데 성공한다. 재단의 관점에서 보면 필란트로피 기부에서의 성공은 혁신적이고 모험적인 사회정책 실험에 투자한 뒤 그중 가장 성공적인 실험을 영구히 지속시키는 데 있지 않다. 아무리 대형 재단이라고 해도 그 자산 규모는 시장이나 국가의 자산에 비해 훨씬 작기 때문에 재단사업의 성공은 성공적

이거나 가치가 입증된 정책 혁신이 상업시장이나 국가에 의해 '규모가 확대'되는 것을 확인하는 데 있다.

미국 재단들이 이루어낸 가장 큰 성취 사례를 보면 이 모델에 꼭 들어맞는다. 앤드루 카네기의 공공도서관 설립, 녹색혁명을 뒤에서 지원한 자금, 고등교육 지원제도인 펠 그랜츠(Pell Grants) 도입, 911 국가 비상대응 시스템의 조정, 소액 대출의 부상은 모두 재단이 자금을 지원한 혁신의 결과로서 시장이나 국가의 규모화 대상이 된 예이다. 그리고 기후변화를 완화하기 위한 녹색 기술 연구에 대한 최근 일부 재단의 자금 지원 노력은 미래 세대의 이익을 대변하는 모델과 일치한다.

재단은 특유의 제도적 구조 덕분에 시장이나 정부와는 다른 시간 지평에서 운영될 수 있다. 재단은 영구기금을 둘 수 있도록 고안되어 있고 영속적인 존립이 허용되기 때문에 상대적으로 위험부담이 큰 사회정책 실험에 자금을 지원할 수 있다. 재단은 자체 자원을 활용해 수십 년 뒤에 대두될 가능성이 있는 사회 문제나 더 오랜 시간이 지나야 성공적인 결과가 가시화될 수 있는 혁신을 미리 찾아서 다룰 수 있다. 한마디로 말해서 재단은 기업이나 국가와 달리 '오래 갈' 수가 있다. 민주사회에서 효과적인 사회정책의 혁신을 위한 하나의 중요한 발견적 절차를 뒤에서 지원해주는 종잣돈이 될 수 있다는 뜻이다. 나는 이것이 더 강력한 재단 옹호론이라고 생각한다.

그러나 발견을 위한 위험 자본을 충분히 제공할 수 있는 재단은 상당한 자산을 보유하고 있으며, 학습한 내용을 관리하고 전파할 수 있는 전문 인력을 갖추고 있을 가능성이 크다는 점에 주목하자. 연간 지출 금액이 5만 달러 미만인 소규모 가족 재단은 이러한 과제를 수행하기에 유리한 위치에 있지 않다. 바로 여기에 소규모 재단들의 성장에 대해 우려할 또다른 이유와 재단 설립을 허가받기 전에 높은 최소 자산 기준을 고려해야 할 또 다른 이유가 있다.

이 책의 다른 저자들의 견해와는 대조적으로 나는 대중 필란트로피(올리비에 준즈의 2장 참조)가 아니라 전문화된 엘리트 필란트로피를 지지한다. 필란트로피가 정부의 역할을 대체하거나 보충하는 것(호바스와 파월의 4장 참조)이 아니라 재단 고유의 역할이 있다는 것이 나의 주장이다. 필란트로피가 이를테면 배상적 정의와 같은 특정한 대의를 수행해야 한다는(코넬리의 10장 참조) 것이 아니라 기부자 재량에 대해 대의 중립적이고 지지한다는 주장이다. 또한 금권정치적 발언권이 민주주의와 피할 수 없는 갈등관계에 있다는(페브닉의 9장 참조) 것이 아니라 민주주의를 지원하는 방향이 될 수 있다는 주장이다.

미국이나 다른 지역의 재단을 여기에서 구체적으로 제시하고 옹호한 비전을 기준으로 평가해보았을 때 수행 성적은 어떨까? 재단은 내가 이 글에서 약술한 민주사회에서의 으뜸가는 이상론적 역할을 다하고 있는가? 재단은 다원주의와 발견을 촉진하는 데 능한가? 엄밀한 평가는 내 논증의 범위 밖에 있지만 의심의 여지가 없다.

재단을 옹호하는 많은 이들을 포함해 저명한 재단 논평자 다수는 재단의 성과가 기대에 못 미친다고 생각한다. 세계 최대 규모의 재단 2곳에서 15년 이상 일한 경험이 있는 가라 라마시(Gara LaMarche)는 재단이 위험을 감수하기보다는 회피하는 경향이 있다고 생각한다. 그는 글을 통해 다음과 같은 견해를 밝혔다. "대담한 위험 감수는 대부분의 사람이 재단과 연관지어 생각하는 특징이 아니다. 재단은 사회 기득권층 유형이 이사회와 회장단을 주로 장악하고 있는 조직이다. 세금 우대의 주된 취지가 대담함을 장려하는 것이라면 그 의도는 효과가 없어 보인다."[12] 애틀랜틱 필란트로피즈(Atlantic Philanthropies)의 전 이사이자 『재단: 미국의 거대한 비밀(The Foundation: A Great American Secret)』의 저자인 조엘 플레시먼(Joel Fleishman)은 재단이 좀더 투명하고 대담해지면 보다 좋은 실적을 올릴 것이라고 생각한다. 필란트로피 분야의 저명한 저술가인 발데마르 닐슨(Waldemar Nielsen)을 위시한 다른 이들은 재단은 '변화의 최첨단이 아니라 꽁무니'에 있는 경우가 더 많다고 하면서 재단이 혁신을 지원한다는 견해에 이의를 제기했다. 피터 프럼킨(Peter Frumkin), 폴 브레스트(Paul Brest), 할 하비(Hal Harvey)는 재단이 사회 변화 전략이나 이론 없이 기부자들의 선호와 바람을 표출하는 수단으로 운영되는 경우가 너무 많다고 주장했다.

어쩌면 이 비판자들이 옳을지도 모른다. 만약 그렇다면 재단에는 그만큼 더 나쁘고, 현재 재단에 부수되는 독특한 제도적 특권에도 더더욱 좋지 않다. 이 글에서 나의 목적은 재단의 실제 행위와 성과를 변호하는 것이 아니라 적절한 표준을 찾는 것이다. 나는 민주사회에서 재단의 용도가 무엇이며, 민주국가는 왜 재단이라는 기이한 제도적 유형을 만들기로 했는지에 관한 논증을 제공하고자 했다. 또한 나는 재단은 본질적으로 민주주의와 맞지 않는다는 생각을 논박하고자 했다. 내가 주장하는 요지는 재단이라는 독특한 제도 유형은 그것이 가진 금권주의적 권력에도 불구하고 민주국가에서 중요한 역할을 할 수 있다는 것이다.

재단은 민주주의의 필수 요소일까? 이 질문에 바로 그렇다고 확답할 준비는 되어 있지 않다. 민주국가는 다원주의를 배양하고 발견을 증진할 수 있는 다양한 체계를 갖추고 있기 때문이다. 그렇지만 재단은 분명 민주적으로 허용되며, 오늘날 존재하는 형태 그대로 민주주의에 해가 되기보다 민주주의를 지원하는 재단의 역할을 옹호하는 것이 가능함을 충분히 보여주었기를 진심으로 바란다.

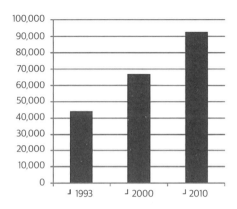

[그림 3.1] 민간재단 수 증가 추이, 1993~2010

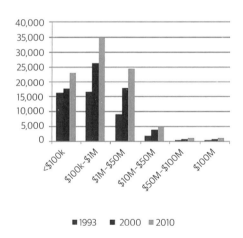

[그림 3.2] 자산 규모별 민간재단 수 증가 추이, 1993~2010

2부

제도적 형태

21세기 들어 다양한 유형의 필란트로피가 규모와 영향력에서 성장함에 따라 우리는 이러한 활동이 제공하고자 하는 공익의 목표를 실제로 이행하고 있는지의 여부를 평가한다. 2부에 참여한 저자들은 이처럼 다양한 유형의 특징을 나타내는 필란트로피 활동의 한계와 가치를 개괄적으로 설명하고, 서로 맞물려 돌아가는 국가, 시장, 사회의 특성을 인식하고 있는 민주주의 의제의 맥락에서 필란트로피를 고찰한다.

필란트로피는 공익의 편에서 수행되는 민간활동, 즉 일종의 선행으로 오랫동안 이해되어왔으며 그로 인해 상당한 정당성과 호소력을 얻게 되었다. 하지만 2부의 글들은 이 같은 가정에 대한 재고를 제기한다. 필란트로피는 단순히 많은 개인들이 사적으로 수행하는 필란트로피 행동의 총합이 아니다. 개인행동의 체계와 형태를 결정짓는 규범과 제도 유형을 기준으로 필란트로피를 볼 수도 있다.

필란트로피는 오랜 역사에 걸쳐 수많은 모습과 형태를 취하며 다양한 사회의 다양한 태도와 조직적 의사결정을 반영해왔다. 간단히 말해서 필란트로피의 제반 현상은 보편적인 것에 반해 그 유형과 형태는 진화를 거듭해왔다. 필란트로피는 특정 사회의 발명품이 아니라 가공물이다.

1부에서 살펴보았듯이 민주주의국가의 다양한 활동은 특정 제도와 법률의 성문화를 낳았고, 이는 다시 필란트로피 활동에 구체적인 형태를 부여했다. 민주적 절차는 필란트로피의 힘과 발전을 촉진한 형태들을 인정함으로써 그 형성과 성장을 지원했다. 민주주의는 필란트로피를 움직이고 구체화하며, 후자는 전자의 특정한 맥락에서 이해되고 평가되어야 한다.

2부에서 우리는 20세기 후반에 규모와 영향력이 커진 특정 유형의 필란트로피에 주목한다. 이들 유형 중에서도 기부자 조언기금을 비롯한 몇몇은 국가가 공식적으로 성문화했다. 일부는 독특한 종류의 민간 필란트로피 행동양식으로 파월과 호바스(4장)가 기여적 또는 파괴적 필란트로피라는 명칭을 붙였다. 영리법인과 같이 필란트로피의 목적을 위해 명시적으로 만들어지지 않은 유형들도 필란트로피에 참여하면서 이를 기업의 사회적 책임이라고 일컫는다.

제도적 장치는 필란트로피 활동을 촉진하는 것에서 그치지 않고 그 자체로 필란트로피 활동과 필란트로피의 사회적 가치를 결정짓는 강력한 틀이 된다. 민간재단이나 기부자 조언기금, 기업의 사회적 역할과 같은 필란트로피 유형을 규정하는 국가의 활동은 민간활동을 관장하고 조직하는 것 이상의 역할을 한다. 민주주의가 특정 활동을 가치 있게 여긴다는 것을 시민들에게 알리는 표현이다. 이런 점에서 해당 유형의 필란트로피는 언제든 그 태생적인 우연성을 숨기고 독자적인 생명력을 띠기 때문에 무엇이 그들을 탄생시켰는지와 상관없이 그 목적이 수용되는 경향을 보인다.

2부에서 논의되는 유형들은 각각 의사결정자(또는 기부자)에게 부여되는 재량권과 그 결정에 의해 영향을 받는 이들 간의 문제적 관계를 보여준다. 그 결과는 필란트로피 활동의 정당성에 관해 의문을 제기하는 것이다. 4장에서 에린 호바스와 월터 파월은 민주주의에 기여한 규범적인 유형의 필란트로피가 적어도 부분적으로는 민주주의를 파괴하는 새로운 유형의 필란트로피로 대체되어왔다는 주장을 전개한다. 파괴적 필란트로피는 부유한 개인과 기관이 정부 권한의 범위와 공공자원의 배분에 영향을 미칠 수 있는 결정—전통적으로 민주적 정치에서 시민이 선출한 대표들이 내린 결정—을 내릴 때 발생한다(법인이나 개인의 로비활동은 비록 세법상 필란트로피로 취급되지는 않지만 같은 효과를 낼 수 있다는 점을 언급해둔다).

6장에서 레이 메이도프는 오래도록 지속되는 제도적 형태로서 최근 들어 엄청난 자산 성장을 기록한 기부자 조언기금에 대해 살펴본다. 기부자 조언기금에 투자하는 개인은 즉시 세제 혜택을 받으며, 공식 규정에도 불구하고 기금의 지출 시기에 대해 거의 전적인 재량권을 행사한다. 한편 기부자 조언기금은 세금 혜택을 받는 금액의 가치가 시간이 지나면서 소멸됨에 따라 기부금 공제로 혜택을 받아야 할 비영리단체에 손해를 끼치는 문제를 안고 있다.

5장에서 폴 브레스트는 공익을 위한 민간활동의 장이라는 결사체적 삶의 전통적인 모델에서 벗어난 또다른 형태를 고찰하는데, 이것은 바로 기업의 사회적 책임이라는 이름 아래 행해지는 일련의 활동이다. 브레스트는 기업 소유주들과 기업의 운영에 영향을 받는 주주들의 정당한 이익이 무엇인지 살펴본다. 이 모든 다양한 이익이 최적화되지 못할 경우의 핵심 질문은 경영자는 서로 경합하는 이익의 균형을 맞출 때 어떻게 자신이 가진 광범위한 재량권을 행사해야 하는가이다.

7장에서 루시 베른홀츠는 이처럼 다양한 차이가 어떻게 결합하고 충돌하는지 보여주는 인상적인 사례로 미국 디지털 공공도서관을 만드는 과정에서 직면한 난제에 초점을 맞춘다. 베른홀츠는 순수하게 디지털로만 운영되는 시민사회 조직에 맞춰 새로운 제도적 형태나 규칙이 필요한지 질문을 던진다.

4장

기여하거나 파괴하거나:
새로운 형태의 필란트로피는
민주주의를 약화시키는가?

에런 호바스(Aaron Horvath), 월터 W. 파월(Water W. Powell)

미국에서 시민사회, 정부, 필란트로피 간의 서로 중복되는 관계는 역사적으로 유서가 매우 깊다. 신생 민주국가 수립에 두드러진 역할을 한 시민사회의 연대적 기원은 오늘날 공공 영역의 본질을 바꿔놓은 책임성 요구와 운영 원칙의 도입으로 보완 및 확대되었으며 얼마간 대체되기도 했다. 20세기의 상당 기간 동안 비영리단체는 공공서비스를 제공하는 새로운 방법을 시험하기 위한 실험실이었다(Hall 2006). 이러한 노력의 효과가 입증되자 주로 정부에서 그 일을 수행했으며, 뉴딜 시기와 위대한 사회 시기에 이러한 현상이 가장 현저히 나타났다. 오늘날 많은 사람들이 공화당의 아이젠하워와 닉슨 대통령의 행정부 시절에도 연방정부가 얼마나 적극적으로 공적 역할을 수행했는지 알게 되면 아마 놀라움을 금치 못할 것이다. 요즘의 연방정부는 시민의 눈으로 바라봤을 때 정당성도 크게 떨어지고 시민과의 소통도 훨씬 부족하다. 시민과 정부의 관계가 사라짐에 따라 새로운 세대의 최상위 부자들이 필란트로피 세계에 참여해 민간 자선단체의 자금 지원, 사명, 활동, 운영상 특징에 급격한 변화를 촉발시켰고, 더 나아가 시민사회와 민주적 거버넌스의 관계를 바꿔놓았다.

1장에서 조너선 레비는 철도왕 코닐리어스 밴더빌트의 아들인 윌리엄 밴더빌트와 나름 필란트로피스트이자 자본가인 제이 굴드를 비판하는 〈퍽〉지의 풍자만화로 서두를 열었다. 이 만화는 정부가 웨스턴 유니언사를 공공서비스화하기 위해 지불해야 할 가격을 올리려고 했던 그들의 노력을 신랄하게 꼬집고 있다. 우리는 이와 극명하게 대비되는 시사주간지 〈타임(Time)〉의 2005년 12월 24일자 표지를 제시하는데, 바로 빌 게이츠, 멀린다 게이츠 부부와 뮤지션 보노를 '선한 사마리아인들'이라고 칭송하는 사진이다([그림 4.1]).[1] 확실히 요즘은 공익을 규정하는 사적 노력을 바라보는 시각이 달라졌다.

지금까지 공공 영역의 성장과 전문화에 관해 많은 사람들의 논평이 있었다(Frumkin 2002; Skocpol 2003; Hwang & Powell 2009). 일부는 그 과정에서 민주주의가 훼손된다고 주장했다(Putnam 2007). 그러나 새로운 필란트로피 활동 시대의 도래와 민주주의의 퇴행을 연결짓는 경우는 드물었다. 이에 우리는 필란트로피, 국가, 시민사회 간의 변화하는 관계를 살펴봄으로써 이 연결고리를 만들어보고자 한다. 필란트로피는 어쩌다 합법적인 공익 제공자로 여겨지게 되었을까? 이는 민주주의의 실천에 어떤 영향을 미칠까? 우리는 필란트로피를 둘러싼 제도적 환경이 그동안 현저히 변화했으며, 현재 상황에서는 그 환경이 민주주의를 약화시킬 위험이 있는 특정 형태의 필란트로피—우리는 이를 파괴적 필란트로피라고 일컫는다—를 정당화하고 촉진한다고 주장한다.

파괴적 필란트로피의 의미는 점진적으로 진화하는 필란트로피와 국가 간 관계의 맥락에서 바라볼 때 특히 극명하게 드러난다. 지난 수십 년 동안 지방과 중앙의 비영리단체와 정부는 공공서비스 분야에서 파트너로 서

[그림 4.1] 〈타임〉지 표지,
2005년 12월 26일~2006년 1월 2일

로 협력해왔다(Salamon 1987). 정부가 자금을 지원하면 비영리단체가 수많은 사회·문화 서비스를 산출하는 이러한 패턴은 제3자 정부라고 일컬어진다. 그런데 이 같은 관계가 최근에 나타난 파괴적 필란트로피의 시대로 인해 바뀌고 있다. 기부금의 규모가 도금시대 이래 전례가 없을 뿐만 아니라 참여 인원과 대중의 수용 모두에서 그 유명한 자선의 시대마저 초월하는 수준이 되었다. 우리는 엄선된 사례를 통해— 저커버그가 뉴어크의 공립학교 시스템에 1억 달러를 기부한 일, 성과기반보상(Pay for Success, PFS) 사업 같은 사회 프로그램의 위험을 담보하는 민간 투자의 출현, 최근 블룸버그 뉴욕 시장 임기에 투입된 놀라운 수준의 민간 자선자금—비영리단체와 정부가 더이상 서로를 보완해주는 관계가 아니라 서로 경쟁하거나 대체하는 관계로 작용하는지에 관한 논의를 하고자 한다. 파괴적 필란트로피는 일부 열성 지지자들 사이에서 박애 자본주의라고 불리는 특별한 공공 목적의 다양한 민간 주도 사업으로 공공 영역을 대체한다(Bishop & Green 2008). 이러한 사업은 공공 부문의 설 자리를 없앰으로써 그 타당성과 효용을 더욱 축소하고 시민의 목표를 효율성과 시장에 대한 협소한 관심으로 바꿔버린다는 것이 우리의 주장이다.

파괴적 필란트로피

통상적으로 생각하듯이 필란트로피는 충족되지 않은 공공의 필요나 이른바 중위 투표자층에 주력하는 경향이 있는 정부가 만족시켜주지 못하는 소수 집단의 이해관계에 의해 주도된다. 필란트로피스트들은 새로운 대의명분과 새로운 유형의 공익을 옹호해왔으며, 궁극적으로 이를 위해 국가의 지원을 받고자 했다. 이러한 활동은 국가가 제공하는 공익에 기여하고 이를 확장시키며 국가로부터는 쉽게 제공되지 않는 이익에 주의를 기울인다는 점에서 우리는 이를 기여적 필란트로피라고 부른다. 필란트로피스트들은 후에 국가가 이어받게 되는 사회 프로그램을 실험하고 공공 임무에 자금을 제공하며 폭넓은 대중에 봉사하는 새로운 계획과 제도를 마련함으로써 이러한 기여를 현실화한다. 필란트로피의 한 가지 두드러진 특징은 정부에 대한 대안을 광범위하게 구축하고자 하는 것이지만—심지어 국가와 경쟁하는 경우도 있다—기여적인 필란트로피 유형은 제공되는 공익의 파이 규모를 키우는 것이 목표이다.

이에 반해 파괴적인 필란트로피 유형은 대안을 제시함으로써 파이 한 조각에 대한 지배권을 차지하려고 한다. 우리가 보는 관점에서 파괴적 필란트로피는 노골적 또는 결과적으로 대규모 기부를 통해 어떤 사회 문제가 중요한지에 관한 공공 담론을 바꾸고, 그 문제가 어떤 면에서 중요한지에 대한 의제를 설정하며, 시민사회의 숙의 과정에 참여하지 않은 채 그 문제를 해결하기 위한 서비스 공급자로 누가 바람직한지 명시하는 모든 활동이다. 파괴적 필란트로피는 시민적 가치를 자금 제공자의 이익의 형태로 만들고, 대중의 의견을 구하는 대신 여론과 사회적 요구에 영향을 미치거나 이를 다르게 변화시키려고 한다. 예를 들어 국가는 공립학교를 제공하지만 파괴적인 필란트로피 유형은 대안학교를 제공함으로써 공립학교에 도전하고 그 기반을 약화시키는 경쟁 유발을 목표로 삼는다. 게다가 이러한 새로운 대안들이 성장해서(혹은 필란트로피 분야에서 사용하는 말로 '규모화해서) 가능한 국가가 제공하는 공공재를 대체하는 것이 그 목적이다.

파괴적 필란트로피가 가진 특수성을 분명히 보여주고 기여적 형태와의 차이를 뚜렷이 부각시키는 특징은 어떤 것들일까? 파괴적 필란트로피에는 세 가지 두드러진 특징이 있다. 첫째, '담론을 바꾸려고' 한다는 것이다. 필란트로피스트들 단독으로는 국가와 맞먹는 규모의 자원을 보유하고 있지 않다는 점을 감안할 때 담론의 전환은 비교적 제한된 비용으로 영향력을 행사할 수 있는 최고의 기회이다. 필란트로피스트들은 언론 매체, 홍보, 영향력 있는 정치적 담론을 통해 초대형 메가폰 역할을 하면서 사회문제를 바라보는 사람들의 관점을 적극적으로 형성하고 이러한 문제를 해결할 수 있는 특정한 방법을 옹호한다. 그들은 열정적인 전도사인 셈이다. 둘째, 파괴적 필란트로피는 대개 경쟁에 구원의 미덕이 있다는 믿음에 기반을 두고 있다. 이 특징을 이루는 몇 가지 요소들은 개별적으로 나타날 수도 있고 짝지어 나타날 수도 있다. 도덕적으로 우월한 선택을 했다는 믿음, 국가와 경쟁하면 정부가 어쩔 수 없이 군살을 빼게 된다는 관점, 과거의 굴레에서 벗어나 색다른 전략을 자유롭게 추구할 수 있는 새로운 조직—신생기업—에 대한 선호 등이 이러한 요소들이다. 셋째, 파괴적 필란트로피는 공공재에 자금을 제공하는 새로운 모델을 고려한다. 파괴적 필란트로피의 이러한 특징은 재정난에 처한 주정부들이 점점 줄어드는 예산으로 사회서비스를 제공하려고 허우적거리고 있는 원인일 수도 있다. 이처럼 재정난에 시달리는 주정부는 공공–민간 파트너십뿐만 아니라 공공서비스 제공을 맡게 될 필란트로피 분야의 파트너들에게로 점점 더 눈을 돌리게 된다. 이러한 면에서 궁핍한 정부는 스스로의 정당성을 더욱 약화시킨다.

물론 주요 특징을 세세히 서술하는 것만으로는 사람과 조직이 다양하거나 복잡한 동기를 가지고 있으며, 필란트로피 관련 포트폴리오가 파괴적 활동만으로 구성되는 경우는 드물다는 사실이 드러나지 않는다. 우리의 의도는 매우 두드러지고 증가하고 있는 필란트로피 활동 유형의 특징을 부각시키는 것이다. 언뜻 보기에 이러한 특징들이 민주적 거버넌스에 관한 우려와는 다소 거리가 있는 것처럼 느껴질 수도 있지만 우리는 파괴적 활동이 정당성을 얻고 점점 더 높이 평가받는 현상이 이러한 활동의 막강한 영향력을 시사하는 증거라고 생각한다. 파괴적 필란트로피의 각종 프로그램과 구상은 꽤나 빠르게 평범한 일상사로 받아들여졌으며 반발에 부딪치는 경우도 극히 드물다. 빌 앤드 멀린다 게이츠 재단이 설립된 해가 고작 2000년이라는 사실을 떠올려보라. 현재 이 재단은 마치 공공 영역의 유서 깊은 터줏대감이기라도 한 듯이 필란트로피계에서 집중 조명을 받고 있다. 〈타임〉지 표지는 요즘 필란트로피스트들이 얼마나 칭송받는지를 대변해주는 하나의 지표에 불과하다.

기여적·파괴적 필란트로피 유형은 대부분 신구의 경계선을 따라 나눌 수 있다([표 4.1] 참조). 그러나 현대적인 느낌의 이름에도 불구하고 파괴는 현대에만 있는 현상이 아니다. 여러 이유로 지금은 우리가 기여적 성격이라고 생각하는 과거의 필란트로피 행동도 처음에는 파괴적이라고 여겨졌을

[표 4.1] 시대별 필란트로피 비교

	도금시대	현대
필란트로피스트	카네기, 록펠러, 멜런 등	게이츠, 월턴, 저커버그 등
공공재	박물관, 도서관, 대학교, 교회, 공원, 재단	K-12(유치원에서 고등학교까지) 교육과 공중보건
국가 공급과의 관계	기여적: 공적 공급을 보완	파괴적: 정부의 공급을 간섭·대체
필란트로피스트의 정당성	필란트로피스트가 비난의 대상으로 잡지 표지에 실림. 관심이 집중되는 것을 꺼림. 본인의 이름을 붙인 사례가 드묾	필란트로피스트가 존경의 대상으로 잡지 표지에 실림. 이름이 눈에 잘 띄게 들어감. 이름을 알리고 싶어하지 않는 기부자는 특이한 경우로 여겨지고 뉴스에 보도됨

수 있다. 시카고대학 대학원 교육과정에 자금을 지원한 존 D. 록펠러의 행동은 신학 교육에 해를 끼쳤다. 앤드루 카네기가 설립한 수천 개의 도서관은 기존에 형성되어 있던 공동체 형태에는 필시 파괴적인 영향을 주었을 것이다. 필란트로피의 신구 유형을 엄밀히 비교하는 것은 적절하지 않다. 과거의 필란트로피스트들은 공공재가 결핍된 손쉬운 상황에서 행동에 나섰고, 그들이 제시한 프로그램 상당수가 대부분 개발되지 않은 국가에 의해 최종적으로 채택되었기 때문에 더 큰 기여를 한 것처럼 보일 수도 있다. 예를 들어 훗날 연방 자금의 지원을 받는 헤드 스타트(Head Start, 저소득층 자녀 지원사업-옮긴이) 프로그램이 된 록펠러 재단의 실험적 시도가 기여적이었다면, 오늘날 이와 비슷한 프로그램을 개발하는 필란트로피스트는 경쟁 모델을 만들어내는 셈이 될 것이다. 게다가 기존의 필란트로피 행동이 기여한 바를 살펴볼 시기가 100년 이상까지는 아니더라도 최소한 수십 년

은 되는 데 반해 우리가 이 글에서 다루는 파괴적 활동은 대부분 근래에 일어났다. 이 행동들이 최종적으로 가져올 영향은 다르게 판명될지도 모른다. 실제로 이 장이 추구하는 확실한 목표는 오늘날 필란트로피스트들이 주도하는 파괴적 활동을 어떻게 하면 보다 참여적인 민주사회를 촉진하는 방향으로 돌릴 수 있을지에 관해 주의를 환기시키고 숙고해보는 것이다.

역사적 비교의 방법론적 어려움을 차치하면 우리의 논의에 유용한 두 가지 핵심 사항이 있다. 첫째, 도금시대의 필란트로피스트들은 그 당시 금권정치가라고 조롱받기 일쑤였고 후대에 가서야 칭송을 받았다. 둘째, 현대의 필란트로피스트들은 그들의 행동이 공공의 선택을 저해할지라도 사회의 후원자로 널리 칭송을 받는다. 구시대의 필란트로피는 파괴적이었을지 몰라도 이러한 파괴는 결국 공적 토론과 정부 조치로 억제되었다. 현대의 필란트로피는 제약이 가해지지 않으므로 훨씬 느슨한 감독 아래 더 큰 영향력을 발휘할 수 있다. 오늘날 필란트로피스트들은 지금의 신자유주의 시대에서 대단한 명성을 누리고 있을 뿐만 아니라 주정부들도 계속 추진할 자금이 없는 사업에서 도움을 받기 위해 파괴적 필란트로피스트들에게 의지하고 있다. 현대와 도금시대에서 주목할 만한 차이는 필란트로피 기부의 정당성이다.

현시대의 필란트로피를 논함에 있어 필란트로피가 무조건 민주주의를 좀먹는다고 이야기하려는 것은 아니다. 우리는 여러 조직 유형이 섞이고 다양한 조직활동이 이루어질 때 건강한 혁신 환경이 조성된다는 것을 알고 있다(Nelson 1981; Stark 2009; Powell 외 2012). 공공 부문은 오랫동안 혁신 생태계의 든든한 지주로서 기초과학의 초기 자금(seed funding) 대부분을 제공하고 상호 검토를 통해 가장 유망한 후보를 선정했다. 파괴는 상대적으로 특이한 프로젝트를 지원하거나 특정한 신규 기획의 자금 지원을 통해 이 과정에 일조할 수 있고 실제로 일조하기도 한다. 그러나 우리는 이러한 파괴적 지원이 제대로 억제되지 않는다면 민주주의에 특정한 일련의 위험을 초래한다고 주장한다. 파괴적 필란트로피스트들은 이 새로운 체제에서 자신들의 대안이 공적 공급의 형태를 대체할 수 있을지도 모른다는 기대를 품고 이러한 대안의 규모를 확장하는 데 열을 올린다. 이러한 과정에서 이 새로운 활동과 정책은 풍부한 재력을 가진 이들에 의해서만 옹호됨에 따라 다양성에 대한 헌신은 특별한 이익을 기념하는 잔치가 된다.

물론 도금시대의 필란트로피스트들이 당대의 제도—법, 여론, 규범—에 제약을 받지 않았다면 그들도 오늘날의 파괴자들과 닮은꼴로서 비슷한 영향을 끼쳤을 수도 있다. 앤드루 카네기는 자신이 자금을 지원한 단체의 엄정한 관리자로 학계의 리더들에 의지했는데, 그들의 중립성을 추구해서가 아니라 여론이 요구했기 때문이다(Johnson & Powell 2015). 만약 카네기가 필란트로피 활동에 나섰을 때 스펜서의 사회진화론 철학을 실행에 옮길 수 있도록 허용되었다면 과연 어땠을지 상상해보라(레비의 1장 참조). 파괴적 필란트로피가 꼭 현대에만 있는 것은 아니지만 현대는 파괴적 필란트로피와 특징적으로 결부된다.

따라서 우리가 주장하는 것의 핵심은 필란트로피, 특히 거금이 동원되는 필란트로피는 국가 공급과의 긴장관계 속에—때로는 기여적으로 때로는 파괴적으로—존재한다는 것이다. 필란트로피는 공공 담론을 바꾸고 의제를 설정하며 공적 숙의 과정 없이 공공재를 제공한다. 우리는 시간이 지나면서 필란트로피 활동의 의도적인 파괴성이 점차 증가했다고 생각하지만, 공적 행동에 비해 사적 행동의 정당성이 확대되면서 필란트로피가 민주주의에 끼치는 파괴적 영향이 더욱 증폭되었다고 주장한다. 지금부터는 필란트로피에 전제되어야 하는 정당성의 근거가 변화하는 양상을 맥락 속에서 찾아보기 위해 국가와 시민사회의 관계 궤도를 살펴보기로 하자.

국가와 사회의 궤도

자발적 결사체들은 미국의 독립혁명과 그 직후의 공화정 수립 과정에 서 중추적인 역할을 했다. 19세기 초에는 뉴잉글랜드와 중서부 지역 곳곳 에 풍요로운 결사체적 삶이 확산되었고, 결사체의 성격은 다양한 종파의 영 향으로 결정되었다(Hall 2006). 19세기 후반에는 앞서 종교적 개념을 지녔던 공익에 대한 사적 책임이 미국인의 정치 및 사회 생활 속에 확고히 뿌리를 내렸다(Wiebe 1967; Warner Jr. 1968). 알렉시 드 토크빌의 유명한 표현처럼 이제 막 탄생한 '참여자들의 국가(nation of joiners)'는 공제회, 의용 소방대, 건설업체와 대부업체, 낙농 및 곡물 협동조합, 노동조합 등이 공동체를 이 루는 사회로 급성장했다(Clemens 2006; Schneiberg, King, and Smith 2008). 상호공제조합은 미국의 중산층과 하층민의 삶에 스며들었고, 온갖 종류의 자선 구호활동이 이러한 결사체로부터 생겨났다(Skocpol 2003). 이 밀도 높 은 사회 부문은 개인의 이해관계를 표현할 수 있게 해주었고, 공동체 내 의 단단한 결속을 촉진했으며 수많은 자선 목표를 달성했다. 또한 일각에 서는 이러한 결사체적 기원이 많은 현대 필란트로피에도 지속적으로 동 력을 공급하고 영향을 끼치고 있다고 주장한다(Frumkin 2002). 자선사 업에 관한 현대의 많은 논의는 여전히 연민, 가치, 신뢰의 이상과 연관되어 있다.

도금시대의 더 부유한 계층도 비슷한 결사체 모델을 활용했지만 이는 상호간의 자선보다는 순수 예술의 맥락에 놓여 있었다. 19세기 말부터

20세기 초까지 여러 대도시에 박물관, 도서관, 교향악단, 식물원이 설립되면서 미국 전역의 도시생활이 크게 변모했다(Fox 1963; DiMaggio 1991; Johnson & Powell 2015). 부자들은 '노블레스 오블리주' 정신으로 필란트로피 활동을 조직해 교양과 예술을 접할 수 있는 통로를 제공했다. 예를 들어 J. P. 모건은 뉴욕 메트로폴리탄미술관의 탄생에 결정적인 역할을 했다. 박물관 중 대다수가 처음에는 주말에 문을 열지 않아 노동자 가족의 접근을 제한했으나 시간이 지나면서 점차 도시인들의 문화생활에 중요한 역할을 담당했다. 이러한 문화단체들은 미국에서 가장 큰 비영리단체 중 일부가 되었으며, 순수 예술의 후원자 모델은 미국의 모든 대도시에서 하나의 특색으로 자리를 잡았다.

도금시대에는 부유한 기업가들이 교양인 계층과 함께 선진 산업사회를 건설하는 일에 나서기도 했다. 앤드루 카네기는 미국에 1679개의 공공도서관 건립에 자금을 지원했고(Van Slyck 1995, 217), TIAA-CREF(교직원퇴직연금기금)로 알려진 대학교수들을 위한 연금기금을 설립했다. 오늘날 미국의 많은 유수 대학—시카고대학, 카네기멜런대학, 매사추세츠 공과대학(MIT), 스탠퍼드대학, 펜실베이니아대학—은 존 D. 록펠러, 앤드루 카네기, 조지 이스트먼, 릴런드 스탠퍼드, 조지프 휘턴 같은 이들에 의해 처음 설립되었거나 그들로부터 촉매 역할을 해줄 거액의 기부를 받았다. 소스타인 베블런(Thorstein Veblen)의 유명한 말처럼(1912) 이러한 필란트로피 행위 중 일부는 분명 자기과시적이기도 했다. 다만 이스트먼은 스미스라는 가명으로 매사추세츠 공과대학에 2000만 달러 이상을 기부했고, 록펠러는 자신의 이름이 붙은 대학 건물 하나 없이 시카고대학에 7000만 달러 이상을 기부했다. 이 기업가들의 동기에 대한 논쟁은 전설처럼 남아 있으며, 많은 전기작가들은 그들의 이해관계가 얼마나 복잡했는지를 강조한다. 우리는 그들의 막대한 기부금 사용에 주목해보고자 한다. 그들의 필란트로피는 주로 박물관과 도서관, 대학 설립을 위한 토지와 건물의 형태로 자원을 추가하는 등 기여한 바가 매우 컸다. 그렇게 설립된 공식 조직들은 미국의 문화 및 교육 지형의 토대가 되었고, 이후 이어질 정부의 고등교육, 공중보건, 예술, 과학 연구 지원을 위한 장을 마련했다.

시간이 지나면서 공식적 조직 구조는 예술 및 시민 단체에서 점차 확산되어 새로 싹트기 시작한 시민사회의 비전을 체계화하고 실행에 옮겼다. 자선법인, 자선신탁, 상호공제조합은 폭넓은 연방세법의 범위 내에서 비영리단체의 지위를 부여받았다. 조세 혜택과 사회공익 증진 요구를 결합시킨 비영리단체들은 정치인들과 일반 대중의 흥미와 비판을 동시에 끌어냈다. 이처럼 관심이 고조됨에 따라 이 단체들이 조세 보조금을 어떻게 사용하고 있는지에 대해 책임성과 투명성을 높여야 한다는 목소리가 나온 동시에 보조금의 프로그램을 효과적으로 운용하라는 요구가 증가했다. 영향과 성과에 관한 견해의 중요성이 커지고 있는 원인을 찾아 두 가지 근원—사회과학과 전문 지식이 자선으로 이어지는 움직임과 민간 부문의 활동이 비영리 행동에 미치는 영향—에서 비롯된 영향을 간략히 짚어보기로 하자.

전문성 프로젝트로서의 혁신주의시대

19세기 말부터 20세기 초 미국의 공공 영역의 특징에 처음으로 뚜렷한 변화가 일어났다. 사회운동이 증가함에 따라 자원봉사의 활동에서는 멀어졌다. 이 새로운 관점은 전문 교육과 과학적 평가를 아울렀다. 이 같은 대대적인 변화의 기원은 민간자본으로 설립되어 남북전쟁 기간 동안 공중보건과 구호활동에 냉철하고 분석적인 접근방식을 활용한 미국 위생위원회(Sanitary Commission)에서 찾아볼 수 있다(Fredrickson 1986). 남북전쟁 동안 위생위원회의 활동을 이끌었던 이들은 남북전쟁 이후 새로 마련된 공공복지 체계의 개혁과 재편에 비슷한 과학적 방법을 적용했다(Giesberg 2000). 이러한 노력은 혁신주의시대에 과학·의학·공학적 해법을 통해 공공 문제를 개선하려는 시도에 힘입어 한층 더 꽃을 피웠다. 이 접근법은 과학 원리와 전문지식을 적용해 경제·사회·정치 제도의 결함을 바로잡고자 했다(Abbott 1995; Mohr 1994). 이렇듯 빈민구호소와 교회에서 벗어나려고 한 움직임은 자선에 과학적 근거를 마련하고 싶은 열망을 반영한 것이었다. 새롭게 열린 사회공학의 시대에는 신설되거나 기존의 문과대학에서 전환된 연구 중심의 대학들이 사회 병폐에 대한 근대적 처방을 개발하는 산실이 되기도 했다. 하버드대학 총장을 지낸 찰스 엘리엇(Charles Elliot)은 엘리트 기관의 역할을 인격 형성과 사회적 전통에 바탕을 둔 것에서 공공에 봉사하는 과학적 전문지식을 갖춘 곳으로 재개념화했다. 시카고대학, 카네기 공과대학, 존스홉킨스대학, 매사추세츠 공과대학 같은 신흥 교육기관들은 진보를 촉진하는 데 있어 과학적 지식 기반의 중요성에 주목함으로써 명성을 얻었다. 도금시대 필란트로피스트들이 증여한 연구비 지원 재단은 합리적이고 체계적인 기금 배분를 통해 진보를 촉진한다는 목표로 구체적인 대상을 겨냥한 필란트로피를 추구했다.

1920년대 들어 대공황이 엄습하고 허버트 후버 대통령에게는 대공황이 야기한 문제를 결사의 노력으로 해결할 수 있는 능력이 부재한 탓에 혁신주의시대의 광채는 스러지고 말았지만, 과학과 전문성의 유산은 20세기 동안 더욱 강세를 이어갔다. 혁신주의운동은 사회사업 분야를 완전히 변모시켰을 뿐 아니라(Lubove 1965; Mohr 1994) 오늘날 여러 비영리 신용평가 기관과 매사추세츠 공과대학의 빈곤연구센터처럼 다양한 활동에서 나타나는 분석적 방법론으로의 방향 전환을 가져왔다. 이러한 노력에서 가장 중요한 부분은 자선활동은 전문가들에 의해 체계적으로 설계되어야 하고 측정 가능한 결과를 산출해야 하며, 가장 효과적인 방법을 찾아내기 위한 수단으로 과학적인 정밀 검증을 거쳐야 한다는 신념이다. 사회과학과 공중 보건 용어—데이터, 통계적 유의성, 무작위 대조군 실험—를 어디에서나 볼 수 있게 된 최근의 상황은 과학계가 비영리 영역에 진입했다는 증거가 아닐 수 없다.

관리적 전환

20세기 후반에는 시민활동에 대한 과학적 접근법에 정부와 기업의 자원 투입까지 더해졌다. 미국에서 이러한 관리적 전환에 박차를 가한 것은 정부가 내놓은 몇 가지 정책이었다. 첫째, 1980년대 의료보험 개혁법과 이에 수반되는 변경 사항은 의료서비스에 대한 환급률을 정했다(Scott 외 2000). 이처럼 보건의료가 수익화되면서 영리기업의 진출이 가능해졌고, 영리기업들은 환급금 기준으로 비영리 제공업체들과 경쟁하기 시작했다. 비록 영리기업 다수가 이후 범용 의료서비스에서는 손을 떼고 수익성 있는 전문 틈새 분야에 남기는 했지만 가격 경쟁은 보건의료 분야에 확고히 자리잡았다(Schlesinger & Gray 2006). 둘째, 1996년 클린턴 대통령은 복지 수급자들의 직업 훈련 이수를 의무화하면서 미국 복지제도의 구조를 완전히 바꿔놓았다. 이 법이 제정되면서 1930년대부터 시행되었던 기존 프로그램은 대체되었고, 빈곤층에 대한 연방정부의 자금 지원 방법과 목표도 모두 변경되었다. 이 정책의 이니셔티브는 기존에 없던 또 하나의 각축장을 만들었으며, 그 안에서 비영리단체와 영리단체 간의 서비스 제공 경쟁이 일어났고 더불어 평가 기준은 하나로 통합되었다(Weisbrod 1998; S. R. Smith 2002; Eikenberry 2009). 과거부터 정성 평가에 좀더 치중했던 사회 부문에는 이처럼 측정 가능한 성과로서의 가격 특수성이 매력적으로 다가왔으며 곧 다른 측정 기준에 대한 관심으로 확대되었다.

비영리단체와 사회서비스 제공 계약을 맺고 위탁하는 정부 역시 감독, 보고, 기록, 평가 수준을 새롭게 정비했다. 전 세계적으로 '신공공관리론'이라고 불리는 개혁운동은 성과 관리나 비영리, 영리 제공업체 양쪽과의 계약 체결 같은 전략을 수용했다. 이 운동은 미국에만 국한되지 않았다. 실제로 북유럽, 영국, 오스트레일리아, 뉴질랜드에서도 채택되어 보수정당들로부터 열광적인 호응을 얻었다. 공적 공급에서 나타난 이러한 변화는 서비스 제공의 정량화 확대, 경영자 인센티브, 공공서비스 소비자라는 새로운 역할을 맡은 시민들을 대변한다고 주장하는 목소리 등을 수반한다 (Hood 1991; Hood & Peters 2004; Pollitt & Bouckaert 2011). 이와 같이 민간 위탁을 수용한 결과 정부서비스의 아웃소싱이 더욱 활성화되어 20세기 전반에 흔히 볼 수 있었던 공공서비스 파트너나 제3자 정부 모델 수준을 훨씬 뛰어넘었다. 또한 이러한 개혁은 실제로 사회서비스를 제공하고 자금을 지원하는 주체가 누구인지 시민들이 스스로 질문하게 만들었으며, 더 나아가 공적 공급의 효율성에 대한 의구심을 키웠다.

성과와 측정 가능한 결과에 대한 관심은 사회 및 결사체 영역에 새로 들어온 또다른 집단에 의해 이용되고 한층 더 장려되었다. 1990년대 후반에 순자산이 많은 개인들로 이루어진 새로운 세대(기술과 금융 분야에서 벌어들인 돈이 많았다)가 필란트로피 세계에 발을 들여놓았다. 그들에게는 기부를 할 때 본인이 '직접 나서고' 싶다는 바람과 즉각적인 결과를 보고자 하는 강렬한 욕구가 있었다. 참여에 더 적극적인 이 신세대 기부자 집단은 비즈니스 세계의 지표와 관행, 관념에 크게 의지했다. 전략적 필란트로피 또는 벤처 필란트로피라 불리는 필란트로피 세계에서의 뒤이은 변화는 지각변동과도 같았다. 이 기부자들은 건강한 재정 상태를 유지하기 위해 서비스에 대한 수익과 수수료를 창출하도록 비영리단체를 압박했다. 〈하버드 비즈니스 리뷰〉에서 크게 주목받은 일련의 기사들은 비영리 부문에서 전문적 관리 역량의 필요성을 소리 높여 외쳤고(Letts, Ryan, and Grossman 1997), 기업의 중역들과 자문위원들은 기존의 재단과 기부자들에게 그들의 기부금을 제대로 관리할 비즈니스 지표를 채택하라고 촉구했다(Rojas 2000; Kaplan 2001).

현시대

1차 정보기술(IT) 버블이 붕괴하기 직전이던 20세기 말경 세계 곳곳에서 사회의 해악을 치유할 수 있는 만병통치약으로 기업가 정신을 받아들였다. 혁신과 "옛것은 버리고 새것을 맞이하자"라는 주문이 곳곳으로 퍼져나갔다. 흥미롭게도 오스트리아 출신의 경제학자 조지프 슘페터(Joseph Schumpeter)의 글이 이러한 주장에 분석적인 힘을 실어주기 위해 선택적으로 사용되었다. 그리고 그후 몇 년 동안 슘페터는 더 큰 사회에서 논쟁을 불러일으키는 사상을 가진 경제이론가로서 스미스, 마르크스, 하이에크와 어깨를 나란히 했다. 슘페터([1942] 1975, 77-84)는 "뭐니뭐니해도 변화의 과정"이라는 말로 자본주의의 특징을 요약한 것으로 유명하다. 그는 "끊임없이 몰아치는 창조적 파괴의 돌풍"이라는 표현을 새롭게 만들어 자본주의 기업이 안으로부터 변신했음을 특징적으로 묘사했다. 슘페터는 50년에 걸친 그의 저작에서 기존의 대기업과 민첩한 신생기업 중 어느 쪽이 혁신에 능할지를 두고 판단을 망설였다. 그러나 20세기 후반의 기업가들은 슘페터의 방대한 저작을 온전히 받아들이지 않았다. 그 대신 창조적 파괴라는 표현만 취해 그들이 이룬 성공의 핵심은 기존 산업을 파괴한 신생기업을 세운 것이라고 주장했다. 우리는 최근 몇 년 동안 우버(Uber) 대 택시업계, 에어비앤비 대 호텔업계처럼 신생기업이 기존 기업들에 도전장을 내미는 사례를 지켜보았다. 그리고 기존 질서가 이러한 파괴에 맞서 싸워야 하는 상황에서 이어지는 규제 전쟁을 목도하고 있다. 다양한 파괴적 기업이 재정적으로 깜짝 놀랄 만한 성공을 거둔 만큼 그 창립자들에게 이러한 철학을 필란트로피 활동으로 확장시키는 것은 일도 아니었다. 어쩌다보니 크고 빠른 변화가 도시의 목표가 되었다.

파괴의 철학은 정부에 대한 신뢰가 하락하고([그림 4.2] 참조), 민간기업에 대한 신뢰가 상승하는 때에도 나타난다. 이들 기관에 대한 엇갈리는 시각은 여론조사에서 잘 나타난다. 2013년의 경우 국민의 19퍼센트가 연방정부를 신뢰한 반면 53퍼센트는 기업에 대해 호의적인 견해를 보였다(Dimock 외 2013). 2008년에서 2009년 은행가들로부터 비롯된 전 세계 금융 위기에도 불구하고 민간기업에 대한 신뢰는 분명 정부에 대한 신뢰를

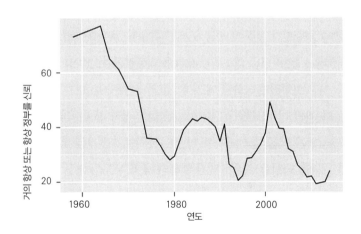

[그림 4.2] 정부에 대한 신뢰 하락(1958~2014)   자료 출처: 퓨리서치센터(Pew Research Center)

훨씬 능가한다.

비즈니스에 대한 호의적인 견해를 보여주는 또다른 증거는 세계에서 가장 존경받고 영향력 있는 인물에 기업인들을 포함시키는 수많은 여론조사와 순위 평가에서 찾아볼 수 있다. 예를 들어 2013년 〈포브스〉가 선정한 세계에서 가장 영향력 있는 72인 명단에서 기업인은 40명, 정부 및 국제 비정부기구(INGO) 대표는 31명, 기타 인물이 3명으로 나타났다. 이 명단에서 미국인만 추려보면 기업인은 20명이지만 정부 대표는 고작 4명에 불과했다. 갤럽(Gallup)과 유고브(YouGov)도 자체적으로 실시한 여론조사에서 비슷한 결과를 보였으며, 유고브 조사 결과에서는 빌 게이츠가 세계에서 가장 존경받는 인물로 나타났다.[2] 이러한 명단이 어떻게 만들어지는지는 차치하고라도 현재 재계 지도자들이 정치인들보다 두각을 나타내고 있다는 점에 이의를 제기할 사람은 거의 없을 것이다.

정부와 기업을 바라보는 이러한 시각차는 아마도 레이건 행정부에서 시작되어 클린턴 시대까지 이어지며 확대되고 있는 경제적 자유주의의 산물일 것이다. 자유시장을 촉진하는 것처럼 비치는 국가의 이미지는 사회복지제도의 축소와 민간 부문의 공공재 제공 확대를 동시에 정당화하는 역할을 했다. 예를 들어 닉슨 대통령과 오바마 대통령의 보건의료 법안을 비교해보자. 시장 친화적인 공화당 대통령이었던 닉슨은 오바마가 제안한 그 어떤 안보다 훨씬 더 포괄적인 안을 제안했지만, 정작 사회주의로 몰아가는 비판과 국가가 선을 넘고 있다는 비난을 불러일으킨 것은 오바마의 법안이었다. 이처럼 극명한 대비는 민간 부문과 공공 부문의 역할에 대한 태도 변화를 정확히 포착한다.

이와 같이 필란트로피 활동이 이루어지는 사회적 환경은 뚜렷이 변화했다. 그렇다면 최상위 부자들—고액의 필란트로피를 주도하는 이들—은 이러한 환경을 어떻게 생각할까? 현시대는 그들의 필란트로피에 어떤 형태를 부여할까? 이 질문을 탐구하기에 흥미로운 재료 중 하나는 더 기빙 플레지(The Giving Pledge)이다. 2010년에 설립한 더 기빙 플레지는 워런 버핏과 빌 게이츠—세계에서 가장 부유하고 영향력 있으며 매우 존경받는 두 사람—가 다른 억만장자들이 자기 재산의 절반 이상을 평생 기부하도록 독려하기 위해 만든 기부 모임이다. 2014년 7월 기준으로 억만장자 127명이 재산 기부를 서약했고, 103명은 자신의 필란트로피 철학과 동기에 관해 성명을 발표했다. 성명서는 몇 줄부터 몇 페이지까지 길이가 다양하며 대부호들이 필란트로피에 적용하는 논리를 엿볼 수 있게 해준다. 이들 성명서가 일반에 공개되어 있다는 것에서(givingpledge.org 웹사이트에서 확인 가능) 바로 이것이 기부자들이 다른 사람들과 공유하고 싶어하는 필란트로피에 대한 정서임을 알 수 있다. 성명서에 쏟아진 언론의 호평 또한 이들 선언의 정당성을 한층 더 부각시킨다.

우리 글과 관련해서 보면 이 성명서들은 향상되고 겉보기에 당연시되는 고액 필란트로피의 속성을 반영하고 있다. 성명서에는 서약과 성명서 작성에서 보이는 노블레스 오블리주의 강한 정신을 넘어 필란트로피가 적법한 공공재 제공자일 뿐만 아니라 정부보다 더 선호되는 제공자라고 직접적으로 언급된 경우가 많다. 이들 성명서가 이전에 없던 새로운 것임은 주목할 만하다. 미국 역사상 다른 시기였다면 필란트로피스트들이 국가와 동등하거나 국가보다 우월하다는 견해는 많은 이들의 조롱을 받았을 것이다. 하지만 더 기빙 플레지 성명서에서는 이 같은 생각이 마치 확실한 사실처럼 제시되어 있다.

한편에서는 정부의 자원과 역량이 축소되었으므로 필란트로피가 사회를 위해 나서야 할 때라는 정서가 널리 퍼져 있다. 또 한편에서는 정부의 조치가 위험 회피와 끊이지 않는 갈등으로 제약을 받고 있기 때문에 효과적이지 못하다고 비판한다. 정부는 행동이 느리고 생각이 많으며 진보를 가로막는다. 이에 반해 필란트로피는 기민하고 기업가적이며 혁신적인 것으로 묘사된다. 성명서에서 필란트로피스트들은 스스로를 공익에 투자하고 공익을 추구하는 기업가—우리가 분석한 103개 성명서에서 '투자'라는 표현은 88회, '기업가 정신'은 27회, '혁신'은 24회 사용되었다—로 여기고 있다.

이들 성명서에 따르면 필란트로피스트들은 좋은 아이디어를 접하면 바로 알아채며 정부는 하지 않을 모험을 감수한다. 이처럼 가끔 은연중에 비치는 정부에 대한 비판은 노골적으로 드러난다. 호르헤 페레스(Jorge Perez)는 "정부가 우리의 모든 문제를 해결할 수 없다는 것은 자명해 보인다"라고 했다. 또한 마크와 메리 스티븐스 부부는 자신들의 재산으로 할 수 있는 일을 나열하면서 "우리 재산을 세상을 나아지게 할 수 있다고 생각되는 거의 모든 조직과 단체에 기부하는 것"이 "정부가 가져가서 재분배하게 두는 것"보다 훨씬 낫다고 언급했다. 테드 타우버(Ted Taube)는 "직업윤리와 개인적 책임을 약화"시키는 데 일조한다며 정부의 정책을 맹공격했다.

물론 더 기빙 플레지에서 정부에 관해 언급한 일부는 정부를 동등한 파트너로, 필란트로피스트들의 사회 혁신을 '규모화'(12회 사용된 표현)하는 수단으로 반드시 상대해야 할 기관으로 여기고 있다. 우리가 이처럼 특정한 태도들을 언급하는 이유는 이전에는 기껏해야 의문스러웠던 사고방식—공개적으로 자랑스럽게 스스로를 적법한 공공재 제공자라고 여기는 필란트로피스트들의 사고방식—이 어떻게 이제는 필란트로피스트들이 공개적으로 밝히는 기부에 대한 태도와 기부를 하는 이유에 얼마나 두드러지게 등장하게 되었는지 부각시키기 위해서이다. 이는 이전 시대의 필란트로피스트들이 이러한 견해를 가지고 있지 않았을 수도 있다고 이야기하려는 것이 아니다. 단지 현대의 필란트로피스트들이 이와 같은 견해를 이토록 거리낌없이 선포할 수 있는 것 자체가 엄청난 변화의 징후라는 이야기이다. 우리는 이러한 정당성이 지금 시대에 광범위하게 퍼져 있는 정부에 대한 불신과 민간기업에 대한 상대적으로 호의적인 시각에서 비롯된다고 생각한다. 따라서 1980년대에 로널드 레이건(Ronald Reagan)은 "저는 정부에서 일하는 사람인데 도와드리려고 왔습니다"라는 말이 영어에서 가장 무서운 여섯 마디라고 했지만, 오늘날 이보다 좀더 위안이 되는 말은 "저는 필란트로피스트인데 도와드리려고 왔습니다"라는 것일지도 모른다.

최근의 다른 여러 사례와 더불어 이러한 정서가 팽배한 현실은 필란트로피와 국가의 관계에서 이념과 권력의 변화가 일어나고 있음을 시사한다. 예를 들어 미국에서는 대중이 합의한 목적을 수행함에 있어 공공이 민간 비영리단체들에 크게 의지했던 오랜 역사가 있기는 하지만, 지금 새로운 시대의 특징은 민간 필란트로피가 의제를 설정하고 대안을 제공하며 목적과 누가 그 목적을 이행할지까지 전례없는 수준으로 결정한다는 점이다. 더 기빙 플레지 성명서에는 민주주의와 정치적 절차에 대한 인내심은 거의 보이지 않고 책임과 자율성을 외치는 소리로 가득하다.

파괴적 필란트로피 행위

우리는 필란트로피와 그 활동이 이루어지는 더욱 광범위한 환경에서 나타난 이 같은 태도 변화에 입각해 현대의 특정 필란트로피스트들의 활동을 살펴보면서 그 파괴적 특성을 알아보고자 한다. 크게 화제가 된 최근의 사례들을 보며 우리가 세운 파괴의 정의에 살을 붙여보겠다. 엄선된 이 사례들은 파괴적 필란트로피의 영향을 명확히 실증하고 부연해준다. 먼저 필란트로피 성격의 자금 지원이 과학적 의제를 바꾸는 데 어떤 역할을 했는지 살펴봄으로써 담론 전환의 측면을 고찰한다. 다음으로는 미국에서 학교 개혁을 추진하려는 필란트로피스트들의 시도라는 렌즈를 통해 경쟁과 시장에 대한 선호도를 살펴본다. 이어서 일부 사회서비스가 금융화되고 시장의 역할이 대규모 필란트로피 기부를 포함하게 된 뉴욕시의 최근 상황에 주로 초점을 맞춰 국가에 자금을 제공하는 새로운 모델들을 검토해본다.

담론 전환

필란트로피스트들이 공공재—과학 연구, K-12 교육, 사회서비스 등—에 기부하는 금액은 국가에서 제공하는 자금에 비하면 소액이다. 그러나 과학 연구, 공교육, 국가서비스에 관한 대중 담론은 필란트로피스트들이 행한 사업에 과도하게 집중되었다. 우리는 이 같은 효과—특정 사안에 대대적인 관심을 유도하고, 사회 문제가 중요하게 작용하는 의제를 설정하고, 이러한 문제들을 다루는 방법을 정하기 위해 필란트로피를 이용하는 것—를 담론 전환의 파괴적인 특징으로 간주한다. 어떤 의미에서 담론의 전환은 충족되지 않은 사회적 요구에 자원과 관심을 돌린다는 점에서 기여적 필란트로피의 목표와 유사하게 볼 수도 있다. 하지만 담론 전환은 이와 다르며 우려스럽다고 이야기하고 싶다. 우리는 공적 담론을 공공의 이익이 아닌 필란트로피적 이익의 형태로 결정짓고, 공공의 의제를 설정하는 데 있어 민주적 절차나 심의 절차를 약화시키거나 그 정당성을 없애려고 하기 때문이다.

파괴적인 담론 전환이 무엇인지 이해하려면 먼저 시민 담론에 대해 생각해보아야 한다. 시민 담론은 한편으로 일반 대중이 다양한 이익을 표현할 수 있게 해주고, 다른 한편으로는 이익이 구성될 수 있게 해준다. 이 영역에서 대부호와 필란트로피스트, 재단의 영향력은 역사적으로 우려를 자아냈다. 동시에 그들로부터 기인한 인식 제고는 오랫동안 시민 영역의 일부였으며 반드시 공공기관을 와해시키기 위해 고안된 것은 아니다. 이 같은 인식 제고는 사람들에게 유익한 견해와 관심사에 영향을 미칠 수 있다. 예를 들어 필란트로피스트들은 보건이나 교육 또는 광범위한 가치에 대한 대화를 이끌어낼 수 있다. 그러나 인식을 제고하거나 담론을 전환하려는 노력이 항상 일반의 관심을 염두에 두는 것은 아니다. 시민 담론을 특정한 구체적 관심사로 돌릴 수 있는—특히 그 관심사가 공익이라는 광채를 쓰고 제시되는 경우—필란트로피스트들의 능력은 담론 전환의 두드러진 특징이다. 더욱이 이렇게 대화를 촉발했을 때 아무런 이의 제기가 없거나 곧이곧대로 받아들여지면(필란트로피가 정부보다 더 큰 정당성을 얻는 만큼 갈수록 이렇게 될 가능성이 크다고 본다) 점점 더 이런 시도를 통해 어떤 견해가 중요한지, 그 견해를 어떻게 다루어야 하는지, 대중은 어떻게 반응해야 하는지가 결정되게 된다.

파괴적인 담론 전환을 관찰할 수 있으나 아직 충분히 연구되지 않은 영역의 한 예로 민간의 과학 연구비 지원으로의 변화가 있다. 최근 몇십 년 사이 연구 중심 대학에 대한 공적 지원이 눈에 띄게 감소했다. 1992년부터 2010년 사이 정부가 공립 연구 대학 지원금으로 책정한 예산은 대학 총수입의 38퍼센트에서 23퍼센트로 감소했다. 가장 급격한 하락은 등록자 수가 증가 추세이던 2002년에서 2010년에 일어났다(국립과학재단 2012). 연구비 지원은 정체되었고 심지어 실질 가치 기준은 더 감소했다. 부시와 오바마 행정부가 클린턴 임기중에 건전하게 증액 편성한 예산을 다시 감축하자 대학과 비영리 연구기관은 연방정부의 지원 감소분을 벌충하기 위해 기부에 의지하고 연구 결과를 민간기업에 기술이전했으며, 이 밖에도 수많은 전략을 시도했다. 2010년 이래로 연방 과학기관들의 예산은 물가상승률을 적용할 경우 300억 달러 감소했다(Basken 2014, A4). 미국 대다수 주의 고등 교육비에서도 이제 주정부보다 학생이 부담하는 몫이 더 커졌다(Hebel 2014, A34). 또한 학생 1인당 주정부 지출 규모는 1980년 이래 최저 수준을 기록하고 있다. 이 같은 추세는 자칭 지식 기반 경제에 결코 좋은 징조가 되지 못한다.

학술 연구 지원에서 민간자본의 역할이 확대된 것은 분명하다. 그런데 놀랍게도 이렇듯 엄청난 변화에 대해 별다른 논의가 뒤따르지는 않았다. 아마도 이 새로운 자금이 극소수가 아닌 다양한 출처에서 나오며, 자금 제공자들의 다원적 이해관계가 특정 부분에 이익이 몰릴 수 있는 여지를 차단하는 역할을 할 것이라는 가정이 깔려 있는 것 같다. 2014년 〈뉴욕 타임스〉의 한 1면 기사는 새롭게 바뀐 현실을 부각시켰다. 이 기사에서 미국과학진흥협회의 스티븐 에드워즈 연구원은 "좋든 나쁘든…… 21세기의 과학 연구는 국가적 우선순위나 동료 전문가 집단의 평가보다 거액의 자산을 소유한 개인의 특정한 선호에 따라 좌우되고 있다"고 논평했다(Broad 2014).

이처럼 필란트로피스트들의 선호를 보여주는 몇몇 사례에는 기부가 수반되는데, 2007년 고든 앤드 베티 무어 재단이 지름 30미터의 거대 망원경 건설을 위해 캘리포니아 공과대학에 2억 달러를 기부한 일이 대표적인 예이다. 필란트로피스트의 가족이 앓고 있는 병과 같은 특정한 질병 관련 연구도 필란트로피와 이해관계가 깊다. 예를 들어 억만장자이자 사업가인 댄 길버트(Dan Gilbert)는 아들이 신경섬유종증이라는 희귀병 진단을 받은 뒤 관련 연구소를 여러 개 설립했으며, 브로드 가족 재단은 2002년부터 과민성대장질환 연구에 4000만 달러를 기부했다. 일각에서는 특정 계층과 인종에게서 흔히 나타나는 낭포성섬유증 같은 질병과 관련된 연구에 주로 자금을 지원하기 때문에 필란트로피를 통해 후원되는 보건의료 연구가 불평등을 영속시키는 데 일조한다는 우려의 시선을 보낸다. 한편 필란트로피스트 중에는 개인적으로 흥미를 느끼는 과학 분야 지원에 주력하는 이들도 많다. 마이크로소프트의 공동 창업자 폴 앨런(Paul Allen)은 5억 달러를 들여 시애틀에 뇌 연구소를 설립했고, 프레드 카블리(Fred Kavli) 역시 연구 대학 몇 곳에 뇌 연구소를 세웠다. 래리 엘리슨(Larry Ellison)은 한 노벨상 수상자의 관련 연설을 들은 뒤 인공지능 개발에 특별한 관심을 갖게 되었다. 구글에 몸담았던 에릭 슈밋(Eric Schmidt)과 웬디 슈밋(Wendy Schmidt) 부부는 웬디 슈밋이 스쿠버다이빙을 처음 접한 뒤 해양 연구에 흥미를 느끼게 되어 1억 달러 이상을 투자해 슈밋 해양연구소를 건립하는 한편 해양 연구 전반에 아낌없는 지원을 하고 있다.

따로 떼어서 보면 이 사업들은 각자 선택한 분야에서 중요한 과학적 기여를 하기 위해 힘쓴다. 그러나 총괄해서 보면 연구사업의 필란트로피 자금 지원에 대한 의존도가 증가함에 따라 의도하지 않은 결과를 초래할 수도 있다. 과학적 발견은 공공 의제를 정함에 있어 중요한 역할을 한다. 동료와 공인된 전문가로 구성된 집단이 과학 연구 계획서를 검토 및 숙고해서 지적 가치와 사회적 기여를 기준으로 어떤 연구를 지원할지 결정하는 방식 대신 필란트로피스트들은 자신들이 관심 있는 특정 분야의 연구 프로젝트에 자금을 지원하는 좀더 직접적인 경로를 택하고 있다. 필란트로피스트들이 지원한 연구 프로젝트들이 지적 가치가 있고 공공의 목적에 어느 정도 부합할 수도 있지만 이러한 연구가 공공의 목적을 공정하게 수행하는

지 혹은 심지어 최첨단 연구에 해당하는지는 불확실하다. 〈네이처 신경과학〉에 실린 한 사설은 특정 연구 분야에 거액이 기부되면 다른 분야의 연구가 설 자리를 잃게 될지도 모른다는 우려를 표한다. "특정 주제에 대한 자금 지원이 연구를 왜곡해 당장은 인기가 별로 없을지라도 중요한 분야에 해가 가는 일이 절대로 없어야 한다. …… 그들의 기부는 특정 프로젝트만을 겨냥하고 있기 때문에 상대적으로 '인기'가 덜한 다른 분야에서 자원이 빠져나오게 함으로써 제출 및 실행되는 연구 프로젝트의 분포를 왜곡할 가능성이 있다. …… 따라서 개인 기부자들이 중요하게 여기는 분야는 연구의 우선순위를 정하는 데 있어서 갈수록 중요성이 커진다"(〈네이처 신경과학〉 2008).

더 광범위하게는 민간 지원금이 정부 지원금을 대체하는 것으로 여겨진다는 우려가 있다. 〈사이언스〉의 편집장 마샤 맥넛(Marcia McNutt)은 이러한 우려와 이것이 과학적 의제에 미칠 영향을 다음과 같이 설명하고 있다.

가장 우려되는 것 중 하나는 민간의 과학 지원금이 연방 지원금의 대체물로 비춰질 수 있다는 점이다. 그러나 연방의 포트폴리오와 달리 민간 지원은 조정되지 않는다. 적절한 연방 지원 없이는 온갖 종류의 격차—탐사 연구, 기초 연구, 응용 연구, 중개 연구 간의 균형에서나 다양한 교육 수준별 과학 영재 지원에서, 그리고 다양한 연구기관 지원에서—가 생길 수 있다. 예를 들어 기초 연구에 매진하는 기관에 대한 민간 투자와 전 세계적으로 어떤 질병의 근절을 목표로 삼은 민간 투자 모두 가치 있는 시도이기는 하지만 과학에 미치는 장기적인 영향은 매우 다르다. 자금 지원의 장에 새로운 재단들이 들어오더라도 전체적으로 민간 부문은 작은 부분을 차지하는 데 그치고 상당한 연방 지원금 손실분을 메울 수 없다. 이러한 이유로 민간의 지원은 공적 연구 지원을 대신하지 않는다는 점을 과학자들과 필란트로피스트들이 정치 지도부에 피력하는 것이 중요하다(McNutt 2014).

맥넛은 많은 필란트로피스트가 자금 지원 활동을 할 때 취하는 구체적인 효과 중심의 접근법이 기초과학에 대한 지원을 약화시키지 않을까 우려하고 있다. 최근 과학 분야에서의 필란트로피 기부 실적을 살펴보면 과학 분야의 민간 기부는 과학계의 관심이 폭넓게 분포하는 것에는 거의 신경쓰지 않는 듯해 보인다. 이러한 기부는 결과를 바로 손에 넣을 수 없는 기초 연구를 희생시키고 문제 중심의 단기 프로젝트를 지원하려는 경우가 많다.

과학 연구 지원에서 국민이 낸 세금의 적절한 역할에 대해 현재 정부에서 열띤 논의가 이루어지고 있음을 감안하면 필란트로피성 자금 지원을 정부의 개입을 축소하려는 이들의 협상카드로 보고 싶은 생각이 들지도 모르겠다. 그러나 두 가지 이유에서 이것은 문제가 있는 협상카드일 수 있다. 첫째, 필란트로피의 과학 분야에 대한 기부금 규모는 정부의 역사적 지원금 수준에 비하면 무색할 정도이다. 하지만 민간자금이 정부자금을 보충하는 것이 아니라 대신할 수 있다고 주장하고 싶은 사람도 있을 것이다. 둘째, 민간자금 지원이 개인적으로 관심이 있는 프로젝트로 향하는 경향―해양 탐사, 공룡에 관한 고생물학적 연구, 계층별 분포를 보이는 질병 치료제―은 과학 담론을 필란트로피스트의 관심 방향으로 전환시킬 가능성이 있다. 과학이 국가적 우선순위를 정하는 데 중요하다면 과학공동체가 정보를 두루 갖출 가능성을 희생시키며 과학 연구 지원에서 필란트로피의 역할이 커진 것은 일종의 파괴가 된다. 분명한 것은 우리는 기초 연구나 응용 연구 지원에서 필란트로피가 아무런 역할을 하지 않는다고 이야기하려는 것이 아니라—실제로 필란트로피 자금 지원은 수많은 가치 있는 결과를 냈다—때로 편협하게 특수한 목적을 갖는 필란트로피 지원의 특성을 제대로 짚어보고, 이러한 지원이 공공과 과학계의 관심을 충분히 반영할 수 있도록 동료평가 절차의 구축을 강력히 촉구하고자 한다.

경쟁의 보상적 가치에 대한 믿음

파괴적 필란트로피의 두번째 주요 특징은 경쟁을 유발하면 사회적으로 최상의 결과에 이른다는 믿음이다. 이윤 동기 없이는 효율적으로 서비스를 제공할 수 있는 동력이 거의 생기지 않는다는 것이 이 주장의 핵심이다. 아닌 게 아니라 이 같은 태도는 정부의 관료주의에 대한 흔해빠진 비평뿐만 아니라 앞에서 살펴보았던 더 기빙 플레지 성명서에서도 찾아볼 수 있다.

여기서 우리는 이 믿음에 내재된 다음과 같은 세 가지 원칙을 살펴보고자 한다. 첫째, 시장은 가장 효율적으로 재화를 배분하며, 시장을 방해하는 요소를 줄여야 한다. 둘째, 제공 체계가 비효율적일 때마다 경쟁을 통해 어쩔 수 없이 더 새로운 모델에 적응하게 될 것이다. 셋째, 대안 모델을 만들어내려는 노력은 오늘날 신생기업들의 비즈니스 시대정신을 따르고, 체계적인 변화를 만들기 위해서는 간결한 접근방식을 택해야 한다. 기본적으로 사회서비스는 특정 주안점(예로는 아동서비스, 노인 돌봄, 노숙, 가정 폭력, 중독)과 상관없이 기업체처럼 운영될 수 있고 또 그렇게 운영되어야 한다는 신념이 바탕에 깔려 있다. 이러한 파괴의 특징을 하나하나 탐구하기 위해 최근 몇 년 동안 공교육 개혁에 광범위하게 개입한 필란트로피 사례를 다루어보자.

교육에 대한 필란트로피 분야의 관심은 결코 새로운 것이 아니다. 록펠러와 카네기는 지난 세기의 전환기에 미국의 대학원 교육에 엄청난 영향을 끼쳤다. 교육과 관련된 이러한 초기 필란트로피 활동은 대부분 공교육 활동과 더불어 공교육 활동을 지원하기 위해 행해졌다. 예를 들어 피에르 듀폰(Pierre du Pont)은 학교와 교사 급여 개선을 통해 델라웨어에 공교육을 구축하는 사업에 참여했다. 사실 오랫동안 많은 집단에서 공립학교 교육을 미국 사회가 의지할 수 있는 버팀목으로 생각했다. 이에 비해 현시대에 나타나는 필란트로피의 교육 개입은 확실히 다르며, 극도로 양극화를 초래하는 것으로 입증되었다. 주요 필란트로피스트들의 보조금 조성 활동을 분석한 최근의 연구에서 일부는 엄선된 소수의 학교 개혁 옹호 단체에 대해서만 지지를 확대하고, 다른 일부는 기존의 공공 부문 기관들과 직접적으로 경쟁함으로써 '관할권에 도전'하는 역할을 하는 것으로 나타났다(Reckhow & Snyder 2014). 이러한 변화는 경쟁을 촉진하고, 공교육제도에 도전하기 위한 노력의 일환으로 국영 시스템 못지않은 대안을 만들어내고, "빠르게 움직이고 낡은 것을 깨부수어라"라는 스타트업방식으로 작용하는 것에 대한 선호를 반영한다.

학교 선택   학교 선택이라는 개념은 확실한 시장 선호에 기반을 두고 있다. 학생들이 어떤 학교로 갈지 선택할 수 있다면 거리나 또래 친구들의 선택과 상관없이 자연히 더 우수한 학교에 끌릴 것이다. 그러므로 성적이 부진한 학교들은 개선을 하거나 그렇지 않으면 폐교할 수밖에 없게 된다. 이 구상의 핵심은 1955년 밀턴 프리드먼(Milton Friedman)이 개발한 것으로 잘 알려져 있듯이 당시 그는 정부의 교육 지원금을 학부모들이 선호하는 어떤 학교에든 지원할 수 있는 바우처 형태로 할당해야 한다고 제안했다. 학교가 공립이나 사립, 종교나 비종교의 여부와는 상관없었다. 프리드먼 교육 선택 재단도 이 사명을 이어가고 있기는 하지만 학교 선택과 바우처제도의 가장 열렬한 지지자는 아마도 월턴 가족 재단일 것이다. 이 재단의 K-12 교육개혁 중점 분야 책임자인 마크 스턴버그(Marc Sternberg)는 다음과 같이 이야기한다. "월턴 가족 재단은 변화 이론, 즉 각 가정에 질 높은 선택안을 제공해야 할 도덕적 의무가 우리에게 있다는 생각에 깊이 전념해왔다. …… 선택안을 제공함으로써 우리가 교육 생태계 내의 다른 학교들도 스스로 개선의 노력을 할 수 있게 만들고 있다고 믿는다"(Rich 2014). 학교 선택에 대한 이 재단의 지원이 선택에 대한 '도덕적 의무'로 표현되었다는 점에 주목할 만하다. 이는 파괴적 필란트로피가 시장을 사회적 재화의 선순환자로 바라본다는 우리의 생각과 완벽히 맞아떨어진다.

월턴 재단은 선택 이론에 몰두하고 있다. 이 이론은 이론상으로는 그럴듯해 보인다. 그러나 많은 사람들은 이 접근방식이 명시된 목적을 달성하는 데 비효율적이라고 비판한다. 한 가지 문제는 저소득층의 학생과 가족은 더 나은 학교를 선택하고 싶어도 아이를 먼 곳의 학교로 보내는 데 필요한 시간과 자원 또 어느 학교가 우수한지에 대한 정보 부족 등 여러 제약으로 인해 그렇게 할 수 없는 경우가 많다는 것이다. 또다른 문제는 특정 학교를 광범위하게 선택하다보면 수요 과잉으로 인해 교육의 질이 떨어질 수도 있다는 점이다. 이 접근방식은 민주주의에 대한 우려를 불러일으키기도 한다. 비판적인 측에서는 학교를 옮기는 데 따르는 장애물을 가장 잘 극복할 수 있는 사람들은 형편이 가장 나은 이들일 가능성이 크기 때문에 학교 선택이 불평등을 재생산할 수도 있다고 주장한다. 둘째, 바우처는 납세자들에게 책임을 질 필요가 없는 민간 조직에 공적 자금을 사용하도록 부추긴다. 공적 자금이 비공공기관으로 들어가는 것에 대한 반대와 우려에도 불구하고 이 선택 기반의 개혁 전략은 빠르게 확산되었다.

차터스쿨운동 교육개혁의 선택을 추진하는 과정에서 많은 필란트로피 재단은 차터스쿨(charter school)운동을 지원하는 데 열중했다. 차터스쿨은 1991년 미네소타에서 처음 등장한 뒤 2011년에는 전국적으로 5274개로 늘어나 미국 내 공립학교 중 5퍼센트가 넘는 비중을 차지했다(국립교육통계센터 2012). 이러한 추세는 교육계에서 가장 뜨거운 쟁점 중 하나였다. 차터스쿨 확대의 일부는 앞에서 이야기한 월턴 가족 재단뿐만 아니라 빌 앤드 멀린다 게이츠 재단과 일라이 앤드 이디스 브로드 재단의 필란트로피 활동을 통해 일어났다. 각 재단은 상당액의 자금 제공과 공개적 지지를 통해 성적이 저조한 학교는 폐교될 수 있고 수준 미달인 교사는 해직될 수 있으며, 시험 성적과 출석자 수를 표현할 수 있는 측정 가능한 언어가 항상 존재하는 반응적이고 시장지향적인 교육 모델을 추진했다. 이들은 이러한 활동을 촉진함으로써 전통적인 공립학교의 교육 모델을 파괴했다.

일부 필란트로피스트들이 차터운동에 나서게 된 동력은 국영학교들의 상태가 엉망이며, 더 효율적인 양질의 관리가 이루어지는 대안학교가 더 나은 결과를 낳을 것이라는 시각에서이다. 차터는 국가와 경쟁하고 경쟁의 결과로 국가의 보다 기민한 대응을 효과적으로 촉진하는 방법이다. 다른 사람들에게 있어 교육 문제의 해답은 아무런 방해 요소도 없이 더 나은 새로운 운영 시스템─어쩌면 차터 확대를 수반할 수도 있다─으로 새롭게 시작하는 것이다. 이는 2005년 전국 고등학교 교육 정상회의 연설에서 빌 게이츠가 발표한 다음의 발언에서 잘 드러난다. "미국의 고등학교는 폐물이 되었습니다. 폐물이라고 함은 고등학교의 붕괴, 결함, 재정난을 이야기하는 것이 아닙니다. 물론 이 세 가지도 하나하나 입증할 수 있겠죠. 하지만 무엇보다 현재의 우리 고등학교가 당초 설계한 대로 정확하게 기능할 때조차 우리 아이들에게 오늘날 알아야 할 것을 가르치지 못한다는 뜻으로 한 말입니다"(Gates 2005). 이 발언은 여러 면에서 파괴적 필란트로피의 원리를 분명히 보여준다. 기를 쓰는 교육기관들은 바로잡히지 않는다. 게이츠에 따르면 바로잡힐 수가 없다. 이전 시스템의 결점으로 인해 방해받지 않는 완전히 새로운 시스템이 마련되어야만 한다.

　게이츠 재단은 이 신념을 충실히 고수했다. 교육 필란트로피 분야로 진출한 초창기의 활동 중 하나는 성적이 부진한 대형 공립학교의 해산을 지원하고 작은 학교 여러 개로 대체하는 일이었다. 구체적인 예로 이 재단은 2007년까지 고등학교 3곳을 작은 학교 여러 개로 전환하고 5개교를 추가 신설하도록 오클랜드(캘리포니아주) 통합 학군에 950만 달러의 보조금을 지원했다. 뿐만 아니라 2000년부터 2008년 사이 전국적인 활동을 통해 약 40억 달러를 지출했으며, 그중 20억 달러는 "78만 1000명이 넘는 학생들에게 직접 도움을 주고 45개 주와 컬럼비아 특별구에 2602개의 학교를 신설하거나 개선하는" 데 사용했다고 재단측은 밝혔다(빌 앤드 멀린다 게이츠 재단 2008). 비록 이 작은 학교 사업의 결과에 대해서는 대대적인 비판이 일었고, 게이츠도 이 사업이 바라던 많은 결과를 달성하지 못했다고 인정했지만 게이츠 재단은 이후로도 다른 차터사업에 지속적으로 투자했다.

　좀더 일반적으로 이야기하면 교육에 변화를 가져오려는 게이츠 재단의 활동은 교육 전문가들이 수학과 독해 능력의 향상이라는 목표를 지지했을 때조차도 공립학교 사업은 피해가려는 시도로 여겨진다. 2014년 3월 미국교사연맹(AFT)은 그동안 깊어진 불신의 골을 주된 이유로 들어 더는 게이츠 재단으로부터 지원금을 받지 않기로 했다.

　게이츠 재단은 공립학교의 운영을 규제하는 정책 수립에서도 중요한 역할을 해왔다. 이러한 방식으로 재단의 교육적 필란트로피는 학교 개혁을 세상에 널리 전파하기 좋은 위치를 제공했으며—우리가 담론 전환이라 일컬은 특징—재단의 자원 및 역량과 결합해 공교육이 게이츠 재단이 구상한 형태로 탈바꿈할 수 있게 만들고자 시도했다. 이는 어떤 면에서 우리가 기여적 필란트로피의 일부로 보는 실험실에서 관찰되는 현상으로서의 필란트로피와 비슷하다. 그러나 재단이 정부의(더 나아가 민주주의적) 감독에서 거의 벗어나 있는 차터스쿨에 대한 지원 확대를 연방정부에 요구한 점에서는 뚜렷한 차이가 있다. 게이츠 재단은 200만 달러를 들여 안 덩컨 (Arne Duncan) 교육부장관이 학교 구조 개혁의 '바이블(bible)'이라고 일컬은 보고서에서 시작된 '턴어라운드 챌린지(Turnaround Challenge)'사업을 지원했다.[3] 해당 보고서는 차터의 활용을 크게 강조하고 있다. 게이츠 재단은 여러 주에서 채택된 커먼 코어 스탠더드(Common Core Standards, 연방 교육부의 공통 교과과정 기준-옮긴이)에 가장 큰 지지와 자금—2013년 기준 1억 5000만 달러 이상 기부—을 제공하기도 했다(Strauss 2013). 이러한 영향력으로 인해 교육학자이자 전 교육부차관보인 다이앤 래비치는 '미국의 비선출 교육감'이라며 게이츠를 비판했다. 흥미로운 부분은 그리고 어쩌면 공공재 제공에서 고액 필란트로피 역할의 정당성을 보여주는 부분은 교과 기준에 대한 대부분의 비판 여론이 국가 차원의 프로그램을 주정부에 강제하는 것에 비판적이었지 프로그램의 자본이 민간에서 나온 것에 대해서는 거의 언급이 없었다는 점이다.

게이츠 재단이 가장 큰 목소리를 내는 것은 사실이지만 차터스쿨을 지지하는 유일한 대형 필란트로피 재단은 결코 아니다. 일라이 앤드 이디스 브로드 재단을 비롯한 다른 재단들 역시 다른 방식으로 이 운동을 지원했다. 예를 들어 브로드 재단은 교육 지도자들—학교장, 교육감 및 기타 학교 관리 책임자—에게 공립학교 시스템 내에서 학교 개혁을 촉진하는 방법을 가르치는 연수 프로그램을 운영하고 있다. 브로드 레지던시(Broad Residency)와 브로드 아카데미(Broad Academy)는 전국의 교육 지도자들이 정부의 관리감독을 바꾸고 교원 노조의 권한을 제한하는 이니셔티브를 추진하는 한편 공립 차터스쿨의 발전을 지지하도록 교육시켰다. 이들의 웹 사이트에는 '관료주의가 미국 학생과 교사들의 걸림돌로 작용하는 75개 사례' 목록이 게재되어 있는데, 공교육 시스템의 실패를 정부의 무능과 한정된 자원, 규제와 결부시키고 있다.[4] 이런 점에서 브로드 재단의 교육개혁 활동은 파괴적 필란트로피의 경쟁지향적 특징을 분명히 보여주고 있다. 국가가 '확실한' 사회 변화를 만들어내려면 경쟁—파괴—에 직면할 수밖에 없다.

빠르게 움직이고 낡은 것을 깨부수어라: 스타트업에 대한 선호 국가가 엉터리라고 가정하고 이를 대체할 대안을 모색하기보다는 덜 노골적으로 국가와 경쟁하는 양상을 보이는 필란트로피스트들도 있다. 이러한 접근방식을 확실히 보인 예는 2010년 젊은 페이스북 창업자이자 억만장자인 마크 저커버그(Mark Zuckerberg)가 〈오프라 윈프리 쇼〉에 출연해 코리 부커(Corey Booker) 뉴어크(뉴저지주) 시장과 크리스 크리스티(Chris Christie) 뉴저지 주지사의 뉴어크 공립학교 개혁 계획을 지지하기 위해 5년 동안 1억 달러를 기부하겠다고 선언했을 때였다. 뉴어크의 학교 시스템은 오랫동안 제 기능을 발휘하지 못한 상황이었다. 두 사람의 개혁안은 개혁에 대한 보다 참여적인 접근방식을 노조와 지역 정치가 탈선시킬 것을 우려해 위로부터 개혁을 시행하도록 요구했다. 초기 개혁안에 명시된 내용은 다음과 같다. "진정한 변화에는 피해자들이 있게 마련이고, 기존의 질서 아래에서

흥한 이들은 소리 높여 맹렬하게 싸울 것이다"(Russakoff 2014). 더욱이 이 계획은 학생 성적 책임제를 통한 교원 성과급의 변화와 해당 지역 내 차터 스쿨 확대를 필란트로피로 지원하고자 했다. 필란트로피 자본은 그에 수반되는 관리감독이 거의 없었기 때문에 견고한 이해관계에 발목을 잡힐 위험이 없을 것이라는 게 그들의 주장이었다. 이 계획은 저커버그에게서 자금 제공처를 찾았다. 저커버그는 부커-크리스티의 개혁 비전과 뉴어크—그가 한 번도 가본 적 없는 도시—를 미국 교육개혁의 상징으로 만들겠다는 목표에 공감했던 것으로 보인다. 기부 선언을 할 당시 저커버그가 밝힌 견해는 다음과 같다.

> 이 조치로 그 지역의 학교에 다니는 4만 5000명의 학생들에게 도움이 되길 바랍니다. 하지만 장기적인 목표는 뉴어크를 여러분이 이런 일을 할 수 있다는 상징으로 만드는 것입니다. 그래서 많은 결과물이 다른 곳에서도 똑같이 재현될 수 있도록 말이지요. …… 그러나 첫해에 부디 많은 부분이 추진되길 바랍니다. 그들이 해야 할 많은 일은 일부 학교들을 폐쇄하고 좋은 학교들이 설립되어 합류할 수 있는 여지를 만들어주고 프로그램을 마련하는 것입니다. 그러고 나면 많은 일들이 진행될 것이고 오랜 시간에 걸쳐 변화할 것입니다(Arrington 2010).

저커버그는 1억 달러 기부를 선언함과 동시에 이 자금을 지급할 통로로 '스타트업: 에듀케이션(Startup: Education)'이라는 재단을 설립했다. 이 재단의 사명은 '모든 학생을 위해 교육을 개선하는 데 스타트업식 접근방식'을 취하는 것이다.[5] 이 계획에는 기존 조직이 받던 제도적 속박에서 자유롭고 교육제도를 '바로잡을' 새로운 조직—스타트업 같은 부류—의 구축이 요구되었다. 저커버그는 자신이 보는 관점에서 벤처 투자자가 스타트업에 투자하듯이 부커-크리스티 두 사람에게 투자하는 것이었다. 기부금의 사용 기간을 5년으로 정한 것을 보면 그는 페이스북에서 내세운 모토처럼 두 사람이 빠르게 움직이고 낡은 것을 깨부수기를 원했다. 부커와 크리스티의 계획이 필요로 한 것도 바로 그것이었다.

여러 학교가 문을 닫거나 통합되었고 교육감은 자리에서 밀려났으며 외부 자문위원들이 고용되어 변환 과정의 관리를 맡았다. 1억 달러가 지출되었음에도 불구하고 별다른 진척이 없는 것으로 알려졌다. 학교에서 취해진 외부 주도의 하향식 조치에 대해 뉴어크 지역 주민들은 비판의 목소리를 높였다. 그들은 학교 폐쇄와 정리 해고가 이루어진 파괴적인 방식에 의해 배제되고 무시당했다고 느꼈기 때문이다. 지역 주민들에게 〈오프라 윈프리 쇼〉에서의 깜짝 발표는 공개 토론과 거리가 멀었다. 시민들은 폐교 기준과 지역 내 다른 학교로 학생들을 전학시키기 위해 어떤 준비가 이루어지고 있는지 알고 싶어했다. 누가 차터스쿨을 이끌 인물로 선정될지, 개혁이 추진되면 차터 프로그램에서 제외된 학생들은 무엇을 얻을 수 있을지 궁금해했다. 낡은 시스템을 파괴하기 위해 단순히 스타트업방식을 도입한 결정은 그 과정에서 일반 국민이 의지해온 학교 시스템이 해체된 만큼 문제가 있는 것으로 드러났다. 뉴어크 학부모들이 변화를 바란 것만큼이나 진행 과정에서 그들에게 발언권이 없었던 점이나 그들의 의견 수렴 없이 단행된 인원 감축은 타협과 숙의를 기반으로 한 폭넓은 시스템 개혁의 가능성에 심각한 손상을 입혔을 것이다. 뉴어크 학교들이 학생들을 효과적으로 뒷받침해주지 못하고 있었다는 데는 의심의 여지가 없지만 이 경험은 분별없는 파괴가 얼마나 큰 손실을 가져오는지 여실히 보여주었다. 물론 교육의 제공과 교육개혁에서 필란트로피의 중요한 역할이 있지만 민주적 참여가 배제된 실험적 방식의 도입은 실패를 부르는 지름길임이 판명되었다. 부커 시장은 상원으로 자리를 옮기고 저커버그는 다른 프로젝트를 진행하게 되었지만 뉴어크 학교들은 여전히 심각한 문제를 안고 있다.

그럼에도 불구하고 파괴와 스타트업의 주문은 여전히 강세를 보이고 있다. 2014년 5월 저커버그의 스타트업: 에듀케이션 재단은 샌프란시스코 베이지역의 학교들에 1억 2000만 달러를 기부했다. 하지만 이번에는 저커버그가 뉴어크에서 어렵게 얻은 교훈을 염두에 두고 일을 진행하고 있다. 뉴어크 학교들은 여전히 혼란스러운 상태에 있지만 베이지역의 학교 개혁 계획은 교사와 학부모들을 더 나은 방향으로 참여시키고 학생들을 더 광범위하게 지원하고자 한다(Russakoff 2015). 이러한 교훈은 우리의 관점이 진전했음을 시사한다. 투자를 하고 '규모화'할 수 있는 스타트업을 설립하려는 노력은 저커버그와 첨단기술 분야의 시대정신 안에서 반향을 불러일으킨다. 만약 무엇이 효과가 있다고 증명된다면 그것은 투자와 '규모화'가 이루어질 수 있다. 저커버그와 그의 아내 프리실라 챈은 최근 샌프란시스코의 여러 병원에 많은 돈을 기부했고, 자신들이 보유하고 있는 페이스북 지분의 99퍼센트를 '인류의 잠재력 증진과 평등 구현'에 사용하겠다고 약속함으로써 각 언론에 대서특필되었다.[6] 그들의 접근방식은 '실험자' 역할을 하는 필란트로피스트 모델과 유사하다. 하지만 실험자 모델과 달리 저커버그와 같은 필란트로피스트가 바라보는 최종 단계가 반드시 광범위하게 확산되는 것은 아니다. 이 같은 실험 모델―시스템을 바꾸기 위해 시스템에 돈을 던져넣는―은 저커버그와 같은 후원자가 나타나지 않는 한 대부분의 지방자치단체가 쉽게 채택할 수 없다. 결국 필란트로피를 통한 실험은 기부자의 열정에 달려 있다.

정부자금 지원의 새로운 모델

교육개혁을 위한 필란트로피 활동을 관통하는 공통된 주제는 지방정부는 재정난에 처해 있으므로 새로운 사회 프로그램의 재정적 위험을 떠안을 수 없다는 것이다. 각 주의 프로그램들이 새로운 세입 없이 되는대로 굴러감에 따라 일부 지방정부는 이전에 자체적으로 제공했던 다수의 서비스를 지원할 민간 부문의 대체 자금원으로 눈을 돌리고 있다.

사회성과연계채권   사회성과연계채권(Social Impact Bond, SIB)은 아직 초기 단계에 있는 민간 사회 투자의 일종으로, 정부기관이 일정 수준의 위험과 연계된 프로그램의 비용을 지불하는 방법으로 영국에서 처음 시도되었다. 정부는 희망 목표―반드시 측정 가능해야 한다―를 정하고 그 결과를 달성하게 되면 외부기관에 보상을 지급하기로 약속한다. 그러면 이 외부기관은 민간 투자자들로부터 운영자금을 유치하는데, 이는 사회서비스 제공자와 제삼자 평가자를 고용하고 관리할 수 있게 해주는 자금이다. 사회적 목표가 지정 기한 내에 달성될 경우 정부는 외부기관에 보상을 지급하고, 그 기관은 다시 선행 투자 위험을 감수한 것에 대해 투자금 이자로 투자자들에게 보상한다.

2014년 2월 기준으로 뉴욕, 매사추세츠, 유타 등 3개 주에서 SIB를 시행했으며, 이들 SIB는 모두 골드만삭스의 투자를 통해 자금을 조달받았다. 뉴욕시에서 시행된 첫번째 SIB는 라이커스섬 교도소의 청소년 재소자들의 재범률 감소를 목표로 정했다. 유타주 솔트레이크시티의 SIB는 지역 학군을 통해 저소득층 미취학 아동들에게 조기교육을 제공하는 데 초점을 맞추고 있다. 매사추세츠주의 SIB는 위험한 환경에 처해 있는 청소년들의 수감률을 낮추고 고용을 늘려 결과를 개선하는 데 주력하고 있다.

뉴욕시 SIB의 일환으로 시 당국은 재범률을 10퍼센트 감소시키는 것을 목표로 비영리 사회정책연구기관인 MDRC와 라이커스섬의 청소년들에게 서비스를 제공하는 프로그램을 구축하기 위한 계약을 체결했다. '뉴욕시 선진화를 위한 시장기금'의 자금 지원을 받은 베라 사법연구소가 이 프로그램의 성공 여부를 결정하기 위한 평가를 실시하는 책임을 맡고 있다. 프로그램에 필요한 자금으로는 골드만삭스가 960만 달러를 투자했는데, 이중 720만 달러는 블룸버그 필란트로피스의 보조금으로 보장되어 있다. 이 프로그램이 2016년까지 목표를 달성할 경우 골드만삭스는 투자금에 이자를 더한 금액을 회수하게 된다. 간단히 말해서 골드만삭스는 증거 기반 재진입 프로그램의 유효성에 승부를 걸고 뉴욕 교정국의 선행 비용 부담을 떠안고 있으며, 교정국은 목표가 달성되면 골드만삭스에 보상을 지급할 것이다.

SIB 같은 이니셔티브는 지방정부들이 외부 자금원을 정당하게 여기며 그 필요성을 점점 더 크게 느끼고 있다는 징후이다. 더욱이 지방정부가 SIB를 이용하기로 결정한 것은 민간자본이 사회 문제를 해결하는 데 역할을 할 수 있고, 또 해야 한다는 것을 분명히 시사한다. 이 같은 민간자본에 대한 지지는 오바마 행정부가 2011년에 시작한 사회성과연계채권의 역할 확대를 모색하고자 하는 성과기반보상(PFS) 이니셔티브에서 더욱 확실하게 입증된다. 백악관 관리예산실에 따르면 "그 어느 때보다도 이제 연방 프로그램들은 눈에 띄는 효과를 내야 하고, 더 적은 자원으로 더 많은 일을 할 수 있도록 설계되어야" 하며, "필란트로피 관련 및 기타 민간 투자자들을 움직여 국민 세금을 현명하게 사용하면서도 개인의 삶을 상당 수준 향상시키는 표적 집단을 위한 서비스를 제공"할 필요가 있다(관리예산실 2011).

얼핏 보기에 정부 행위자와 민간 행위자 간의 이러한 상호작용—뉴욕시 SIB나 성과기반보상 이니셔티브에서와 같은—은 이전 시대의 기여적 방식의 필란트로피와 유사해 보인다. 국가는 모든 것을 할 수 있는 여유가 없으며, 필란트로피는 새로운 사회 프로그램을 시도함에 있어 어느 정도 위험부담을 감수한다. 그러나 이러한 최근의 활동들을 파괴적으로 만드는 것은 이 활동들이 자선자금이 투입되어 성공을 앞둔 상태에서 추후 정부에 의해 채택될 시범사업이 아니라는 데 있다. 그렇다고 해서 민간기업이 정부자금을 활용해 국가 과제를 수행하는 공공-민간 파트너십도 아니다. 여기서 필란트로피의 이익은 핵심적이면서 제도화되어 있다. 민간기업이 추후 국가에 넘길 사업을 지원하는 것이 아니라 국가가 민간기업의 도움을 얻고자 하는 것이다. 따라서 이는 공공-민간 파트너십이라기보다 민간-공공 파트너십에 가깝다. 그런 만큼 정부의 목표는 필란트로피적 감수성에 호소하는 매력—예를 들어 측정 가능한 결과나 잠재 수익에 대한 관심 또는 책임감 있는 관리감독과 법적 보호보다 시장 논리와 자유로운 선택을 더 중시하는 모델—이 있어야 한다.

재범률 감소와 같은 서비스에는 SIB 모델이 적절할 수 있다. 결과가 비교적 명확하고 결과가 실현되기까지 소요되는 시간도 비교적 짧기 때문이다. 하지만 이런 특성을 가지고 있지 않은 프로그램도 많다. 결과를 측정할 수 있는 명확한 지표를 먼저 구축하지 않고 공원이나 노인 돌봄과 같은 공공재에 자금을 지원하기는 쉽지 않을 것이다. 이 과정은 분명하고 가치중립적인 지표가 복잡하거나 불확실한 현실과 모순될 때 왜곡으로 이어질 수 있다. 외견상으로 명료해 보이는 재범률의 결과가 그 이유를 분명히 보여준다. 형사사법 연구 분야에서 흔히 있는 일이기는 하지만 무엇을 재범으로 간주할 수 있느냐에 관한(재복역? 체포? 가석방이나 집행유예 규정 위반?) 일부 논란이 있다. 더욱이 일반적인 재범 지표는 형사사법 시스템에서 발생할 수 있는 수많은 결과 중 하나만을 보여줄 뿐이다. 넓은 의미에서 정의는 시민권과 평등한 대우 또는 기회균등을 수반하는 것으로 생각할 수 있다. 그러나 이처럼 대안적인 정의관과 달리 재범률은 비교적 측정하기 쉽기 때문에 특정한 개입의 효과를 이해할 수 있고, 비용과 편익 면에서 여러 프로그램을 비교하기가 용이하다. 또한 최근 몇 년 동안 형사사법 분야는 정책 연구 및 집행 분야 대부분과 더불어 비용편익분석을 통해 개입의 결과를 상품화하는 쪽으로 변화했다. 금융화할 수 있는 결과인 재범률에 초점을 맞추는 과정은 모호하지만 중요한 공익의 영역이 어떻게 한정된 성과 지표로 축소될 수 있는지 구체적으로 보여주기 때문에 주목할 만하다. 어떤 면에서 이것은 형사사법 분야에 도움이 되었다. 그 덕분에 정책 연구자들은 '불량배를 껴안는' 자유주의적 개입을 조장하는 것으로 인식되는 오명을 극복하고 그들의 연구가 더 적은 비용으로 더 나은 서비스를 제공한다는 점을 근거로 보다 광범위한 정치적 청중에게 어필할 수 있게 되었다.

그러나 대개 중요하게 고려되지 않는 가치는 이와 같은 사회서비스에 대한 인식 변화가 사법에 어떤 의미를 갖는가 하는 점이다. 무엇이 자금을 지원받고, 무엇이 지원받지 못하는지에 대한 문제로 정부의 의제가 재편될 위험의 소지가 있다. 어쩌면 정부는 민간의 지원을 모색하기 위해 상대적으로 다루기 까다롭고 성과 측정이 어려운 문제는 포기하고 자금을 조달하기 위한 희망으로 사회 문제를 선별해 틀에 짜맞추어야 한다. 그렇게 해서 결국 공공서비스에 대해 허술한 지표를 만드는 일이 늘어나 새로운 소규모 상품화 산업이 탄생할 것이다. 이러한 과정에서 민간자금 제공자들이 관심을 가질 것으로 추정되거나 직접 관심을 표한 사안들이 쉽게 수익화되지 않는 사안들에 대한 관심을 밀어낼 수도 있다. SIB나 PFS 모델이 확산됨에 따라 사회재 제공에 대한 선택권을 국민이 아닌 투자자들이 결정하게 된다.

시장 필란트로피스트 블룸버그 마이클 블룸버그(Michael Bloomberg)는 자신의 재단을 통해 뉴욕시 SIB를 시행하는 데 핵심적인 역할을 했다. 그 결정이 내려질 당시 매우 후한 필란트로피스트인 블룸버그는 뉴욕 시장이기도 했다. 그는 민주적으로 선출된 뉴욕시의 대표자였을 뿐만 아니라 그곳 최고의 자금 제공자 중 한 명이기도 했다. 〈뉴욕타임스〉의 분석에 따르면 블룸버그는 2013년까지 개인 사비 약 6억 5000만 달러를 기부해 도시의 필요한 부분에 자금을 지원했다(Barbaro 2013).

블룸버그가 시장과 필란트로피스트라는 두 역할을 맡았기 때문에 자선과 시정에 대한 그의 관심은 따로 구분하기가 어렵다. 그는 2006년 블룸버그 필란트로피스를 설립해 공중보건, 환경, 교육, 정부 혁신, 예술 등 시장이라면 역점을 둘 만한 모든 분야에 기부했다. 95개가 넘는 국가에서 프로그램을 감독하는 사람이 불과 30여 명 남짓한 스타트업 모델에 기반을 둔 그의 재단은 엄청난 포부를 가지고 있다. 블룸버그의 시각에서 볼 때 한데 엮인 시장과 필란트로피스트 역할의 상호작용은 시 당국이 해결할 수 없을지도 모르는 공공 문제와 각종 사안을 해결하기 위한 도약의 시작이었다. 그는 〈포브스〉와의 인터뷰에서 자신의 신념을 간략히 밝힌 바 있다. "필란트로피와 정부가 힘을 모아 공익을 증진하는 것이 그 어느 때보다 중요해졌습니다. 저는 공공-민간 파트너십을 굳게 믿습니다. 이 파트너십은 뉴욕시에서 빈곤, 지속가능성, 교육 등을 비롯한 수많은 난제를 해결하는 과정에서 우리가 거둔 성공에 결정적인 역할을 했습니다. 특히 각 정부가 더 적은 자원으로 더 많은 일을 해내야 하는 지금의 경제 환경에서 필란트로피 자본은 시장이 아직 검증되지는 않았지만 우리가 공공에 봉사하는 방식을 크게 발전시킬 수 있는 여러 아이디어를 실험해볼 수 있게 해줍니다"(Kanani 2012).

그러나 블룸버그가 남긴 유산은 전통적 의미의 공공-민간 파트너십 활용이 아니다. 오히려 그는 민간자산이 공공 지출을 보충할 수 있음을 입증했다. 누군가는 그가 시장직에 아낌없이 돈을 썼다고 이야기할 수도 있을 것이다. 그는 어떤 직책에 입후보했다기보다 사비로 온갖 종류의 시정 프로그램을 지원하면서 자신의 직책에 자금을 공급했다.[7] 시장으로서 블룸버그의 행위에 가해진 비판은 그의 필란트로피 활동에는 빠져 있는데, 이는 그가 자신의 시장직을 뉴욕시에 기부한 필란트로피스트로 기억되리라는 것을 시사한다. 게다가 시 당국의 사회적 목적에 사용되는 민간자금은 같은 목적의 공공 지원과는 달리 점점 더 많은 후광 효과를 누리고 있다. 민간 필란트로피가 더욱 확장됨에 따라 조세 수입은 감소하고 의존의 순환 구조를 형성한다.

결과적으로 블룸버그의 이중 역할은 일종의 뉴 노멀(New Normal), 즉 부유한 개인이 자신의 사적인 이해관계와 맞물리는 공공 목적을 선별하고 이에 대해 대중으로부터 찬사와 감사를 받는 상황을 가져다준다. 이로 인한 결과는 집단이 민주적 절차를 통해 특정한 이익을 추구할 수 없을 때 사적 수단을 통해 자금을 지원하는 방법이 새로운 대안이 된다. 블룸버그는 연방세법 제501조(c)(3)에 해당되는 뉴욕시 선진화를 위한 시장기금을 감독하는 뉴욕시 전략파트너십국을 창설했는데, 이곳에서 뉴욕의 재범률 SIB에 대한 베라 연구소의 평가를 지원하고 있다. 현 시장인 빌 더블라지오(Bill de Blasio)는 자신의 아내를 전략파트너십국장으로 임명함으로써 시장기금을 통솔하게 했다. 시장기금이 존재하고 더 나아가 전략파트너십국을 통해 시정부에 편입된 것은 블룸버그가 동시에 맡았던 시장과 필란트로피스트 역할이 조직 속에 구현된 결과이다.

블룸버그의 활동과 SIB 활용은 공공의 필요와 이용 가능한 공적 자금의 결여가 동시에 맞물렸기 때문에 일어난 일이다. 어떤 점에서 이것은 부커와 크리스티가 정부와 국민의 반대를 피하기 위해 민간자금을 구함으로써 공공의 필요에 대응했던 뉴어크 학교 사례와 크게 다르지 않다. 필란트로피의 특권이 민주적 숙고 없이 국가 의제를 좌우할 수 있다는 생각은 시민 거버넌스를 사회재 제공의 장애물로 인식하는 것과 마찬가지로 이 두 사례의 공통 요소이다. 정치와 공공 관료제가 사회 변화에 자주 방해가 되고 정부들이 종종 비효율적으로 운영되는 것은 분명한 사실이다. 그러나 이러한 차선책은 기존의 민주적 참여 수준을 약화시킨다. 전국의 다른 많은 도시에서 뉴욕시의 시장기금과 같은 프로그램이 만들어진 것만 보아도 파괴적 사고방식이 점점 더 널리 수용되고 있음을 알 수 있다. 2009년 백악관에 사회혁신과 시민참여실이 신설되었다는 점이 무엇보다 의미심장하다. 오바마 대통령이 출범시킨 이 신설 부처는 연방정부 내에서 필란트로피와 재단의 이해관계를 확고히 확립했다. 사회혁신과 시민참여실은 "오래된 문제를 해결할 수 있는 새로운 방법을 찾기 위해 기업과 정부는 물론 개인, 비영리단체, 재단 등 사회 부문 전반"에 걸쳐 활동하도록 기획되었다.[8] 실제로 행정부에 이토록 막강한 자리가 존재한다는 사실은 눈에 보이는 필란트로피스트 대 정부의 구도보다 실제 이야기가 더 복잡하다는 것을 시사한다. 좀더 정확히 말하면 필란트로피는 스스로를 우선적인 공공재 제공자로 위치시킴으로써 정부의 구조를 바꾸고 있다. 이 같은 역할 확대는 정부 최고위층으로부터 점점 더 환영받고 정당성을 얻고 있다.[9]

많은 사람들이 정부서비스의 해체를 희망하고 어떠한 공공 목적도 추구하지 않는 민간자산을 찬양하는 시대의 흐름 속에서 분명 어떤 이들은 우리의 비판이 부적절하다고 느낄 수도 있을 것이다. 이 점은 확실히 짚고 넘어가기로 하자. 우리는 저커버그나 블룸버그에게 아무런 반감도 없다. 그러나 우리는 다음과 같은 질문을 던진다. 공공재를 제공하는 수단이 공공 시스템에서 민주적 혹은 정치적 의지처도 없고 공적 관리감독이나 일반 대중의 의견 수렴도 거의 없는 새로운 절차로 옮겨갔을 때 과연 민주주의에 어떤 영향을 미칠까? 파괴적 필란트로피스트들이 일반 대중이 많이 이용하는 학교와 같은 서비스에 자금을 지원하는 한 아마도 이것은 그렇게 심각한 문제는 아닐 것이다. 하지만 지금 상태에서 조금 더 나아가면 공공 서비스가 어떻게 운영되어야 할지를 민간기업이 좌우하는 지경에 이를지도 모른다. 게다가 지금의 필란트로피적 지원은 상수가 아닌 변수이다. 그렇다면 만약 민간의 자금 지원이 사라진다면 어떻게 될까? 그리고 골드만 삭스가 재범률 투자에서 충분한 수익을 내지 못하면 어떻게 될까? 블룸버그는 자신의 재산조차도 고정되어 있지 않다는 점을 인정하면서 종종 자신의 장의사에게 부도 수표를 발행하고 싶다는 농담을 하곤 한다. 민주주의 시스템에 비효율적인 요소가 가득하고 숙고와 타협이 수반될 수는 있지만 그렇다고 해도 민주주의의 파괴―'선택'이 합의를 대체하는 시스템―는 우리에게 위험한 해답처럼 보인다.

파괴적 필란트로피가 민주주의를 증진할 수 있는가?

파괴적 필란트로피에 대한 가장 큰 우려가 민주주의의 실천에 부정적인 영향을 미칠 수 있다는 점이라면 반대로 민주주의를 증진하는 경우의 필란트로피는 어떤 모습일까? 우리는 이 질문에 답하기 위해 필란트로피가 투표권을 제한하는 정부의 정책이나 기업의 영향력을 강화하는 사법 판결에 도전한 사례에 대해 살펴보고자 한다. 최근에 세간의 이목을 집중시킨 시민연합 대 연방선거관리위원회(2010),[10] 크로퍼드 대 매리언 카운티 선거관리위원회(2008), 셸비 카운티 대 홀더(2013)[11] 등과 같은 연방대법원의 판결은 일반 투표를 희생시켜 기업에 더 큰 권력을 부여하고 시민의 선거 참여 기회를 제한한다는 점에서 반민주적이라고 널리 비난받았다. 이에 대응해 맥아더 재단의 '미국 민주주의 강화' 프로그램과 같은 시도는 "정치체제가 국가가 직면한 주요 문제를 제대로 해결하지 못했다는 우리의 인식을 감안해 미국의 민주주의를 강화"하고자 한다.[12] 맥아더 프로그램은 투표 제한에 관한 연구에 자금을 지원하고 정치 양극화에 대한 민주적 해결책을 제시하는 연구를 지원하는 데 역점을 두고 있다. 또한 법관 선거와 투표 접근성을 개혁하는 활동에도 자금을 지원하고 있다. 마찬가지로 록펠러 형제 재단도 공공재원 조달방식을 채택하도록 지원함으로써 선거운동에서 민간재원의 영향력을 저지하고자 민주주의 실천 프로그램을 운영하고 있다. 이 재단은 규모가 점점 커지고 있는데도 여전히 언론에 노출되지 않고 일반 유권자는 접근할 수 없는 기업의 정치자금 지출에 대해서도 투명성과 책임성 제고를 위해 노력하고 있다. 선거 판도를 결정짓는 거대 정치자금을 밝히는 이 같은 노력은 현 정치 지형의 투명성을 높이려는 시도임에 분명하다.

맥아더 재단과 록펠러 형제 재단의 이 프로그램들은 우리의 파괴적 필란트로피 기준에 부합할까? 그들은 민주주의의 현상황에 대한 담론을 전환하려고 노력한다. 현재의 정치 과정에 대해 의구심을 불러일으킬 새로운 지식과 대안을 제안하고 새로운 아이디어를 제시한다. 또한 재단과 재단의 수혜자에게 민주주의와 정부 기능을 감시하는 역할을 부여한다. 결국 이러한 행위들은 두 재단의 주장에 의하면 국민보다 특수한 이익에 더 적극적으로 반응하는 지금의 정치 과정과 경쟁하기 때문에 파괴적이다.

본질적으로 민주주의와 갈등관계에 있는 분야에서 민주주의를 수용한다는 것은 허울 좋은 눈속임에 불과하다는 점을 근거로 필란트로피스트들이 민주적으로 파괴할 수 있다는 주장에 이의를 제기하는 사람도 있을 수 있다. 우리는 이 가능성을 부인하지 않는다. 그러나 거듭 이야기하지만 필란트로피스트와 재단은 대부분의 조직이 그렇듯이 여러 가지가 혼재되고 심지어 상충되는 동기를 지닌 경우가 많다. 파괴적 활동과 기여적 활동이 같은 출처에서 나오는 것은 결코 불가능하지 않다. 게다가 장기적으로 보면 초기의 파괴에 이어 기여가 뒤따르는 것도 충분히 있을 수 있는 일이다. 그러나 친민주주의 프로그램이 지금은 미약한 노력이라 할지라도 그런 프로그램들이 제도화되고 필란트로피적 사명에서 더욱 중심이 되었으면 하는 것이 우리의 바람이다.

파괴적 모델에는 적합하지 않지만 민주주의를 강화하는 방법을 제시하는 또다른 두 가지 유형의 필란트로피가 있다. 첫번째 유형은 필란트로피의 감사 기능이라고 표현할 수 있을 듯하다. 최근 몇 년 동안 탐사 보도에 대한 지원이 사라지고 신문사의 광고 기반 사업 모델이 붕괴되면서 뉴스 제작기구인 프로퍼블리카(ProPublica)가 그 빈 공간에 발을 들여놓았다. 상당 부분 필란트로피와 기타 민간자금으로 운영되는 프로퍼블리카는 특히 민주주의의 네번째 기둥으로서 중요한 역할을 수행한다. 건강한 민주주의는 여론 주도층에 의지해 정부와 기업의 권력 모두를 견제한다. 두번째 유형의 민주적 필란트로피는 정부의 역할을 대신하지 않는 대안적 자금 조달 모델이다. 캘리포니아 커뮤니티 칼리지(California Community College) 시스템이 2008년 5000만 달러의 예산 부족을 예상했을 때 캘리포니아에서 활동하던 기업가이자 필란트로피스트인 버나드 오셔(Bernard

Osher)가 2500만 달러의 수표를 써줌으로써 이 시스템의 장학 프로그램이 존속될 수 있게 해주었다. 또한 오서는 2011년 6월까지 해당 장학기금으로 수여되는 모든 금액을 지원하기로 약속했고, 최종적으로 총 5000만 달러를 제공했다. 그의 자선은 주의회 의원들이 이 장학기금이 지속되도록 지원하게 만드는 계기가 되었다. 이 필란트로피 행위는 아무 조건 없이 이루어졌으며 기부금에 대한 수익도 전혀 기대하지 않았다.

논의와 시사점: 사적 이해관계가 공적 의제를 정할 때

오래전부터 경제학과 정치철학 분야에서는 공적인 재화나 서비스 제공이 민간 부문의 참여를 밀어낼 수 있다는 우려가 제기되었다. 이러한 견해는 정부의 자금 지원이 개별 이니셔티브를 저해하는 버팀목이나 혜택이 된다고 주장한다. 비영리단체의 자금 조달에 관한 문헌 중에서도 제501조 (c)(3)에 해당하는 조직의 수익활동이 자선 기부를 억제하는지의 여부를 고찰한 문헌이 상대적으로 적기도 하다. 두 경우 모두에서 자원은 서로의 대체물이 된다는 것이 종래의 시각이다. 우리는 이 말을 거꾸로 뒤집어서 질문을 던져보겠다. 최상위 부자들의 광범위한 사적 필란트로피는 정부를 그리고 민주주의를 정말로 약화시킬까? 분명히 개인의 베푸는 행위 자체는 크게 우려할 일이 아니다. 우리가 주목하는 부분은 이러한 행위가 갖는 집단적·변혁적 영향이다.

이 같은 보다 광범위한 영향에 대해 논하기 전에 먼저 우리가 제기하는 주장의 몇 가지 한계점을 언급할 필요가 있다. 첫째, 앞에서 지적했듯이 우리가 제시한 역사적 비교는 불완전하다. 우리는 지난 10년 동안의 필란트로피 활동을 살펴보고 이를 수십 년에 걸쳐 전개되고 풍부한 역사적 데

이터를 보유한 시대와 비교한다. 게다가 우리는 현시대의 상세한 필란트로피 기록을 접하지 못하기 때문에 동시대 필란트로피스트들의 기부 중 파괴적이거나 기여적인 활동의 비중이 어느 정도인지 확언할 수 없다. 다만 이 개인들이 자신의 파괴적 기부에 대해 소리를 높이는 것만은 분명하다. 끝으로 우리는 도금시대 필란트로피스트들의 활동이 당대의 시공간적 맥락에서는 파괴적이라고 해석될 수도 있다는 점을 잘 알고 있다. 그들의 기부로 대학 교육의 모델이 바뀌었다. 그리고 이 기업가들은 언론과 비평가들로부터 공개적으로 대대적인 혹평을 받았다. 하지만 중요한 측면에서 바로 이것이 우리가 강조하고 싶은 핵심이다. 19세기 후반과 20세기 초반의 필란트로피는 참여하는 국민, 의심쩍은 정부, 정부의 활동과 목표를 비판적인 눈으로 바라보며 폭로하는 언론에 의해 형성되었다. 현대에도 이러한 감시의 눈길이 순간순간 번득이기는 하지만―뉴어크 학교를 해체하려는 하향식 시도가 지역사회의 참여를 촉발시킨 예처럼―이제 이 같은 환경은 더이상 존재하지 않는다. 오늘날의 필란트로피스트는 정치인들로부터 찬사를 받고 〈포브스〉, 〈타임〉, 〈배너티 페어〉, 〈타운 앤드 컨트리〉의 표지를 화려하게 장식하며 사회적 기업가 정신이라는 새로운 유행을 일으켰다. 이처럼 무비판적인 수용은 필란트로피 활동이 정부보다 더 효과적이라는 검증되지 않은 믿음을 낳았으며, 막대한 부의 소유자들이 공공 목적을 결정할 수 있고 또 해야 한다는 생각을 쉽게 받아들일 수 있게 했다.

우리는 정치학자, 역사학자, 법학자들과 더불어 저작에 참여하는 사회학자로서 우리의 견해를 실증적으로 검토하는 데 지침이 되어줄 기본 도식을 제공하고자 한다. 이에 우리의 역사적 대비를 명제 형식으로 정리해보았다([그림 4.3]).

우리는 필란트로피가 명시적 또는 결과적으로 어떤 사회 문제가 중요

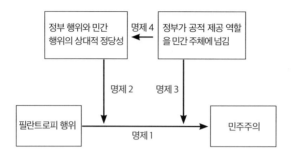

[그림 4.3] 파괴적 필란트로피가 민주주의에 끼치는 영향의 이론 모델

하느냐에 관한 공공 담론을 바꾸고, 그 문제들이 어떻게 중요한지에 관한 의제를 설정하고, 선호하는 서비스 제공자를 명시함으로써 시민사회의 숙의 과정에 전혀 참여하지 않고 이러한 문제를 해결하는 성향이 필란트로피의 파괴라고 정의한다. 정치이론가 로버트 달(Robert Dahl, 1989)의 정의를 빌리자면 민주주의는 시민이 자신의 선호를 찾아내어 표현하고 공공의제를 형성할 수 있는 기회가 적절하고 평등하며 당연하게 주어지느냐에 달려 있다. 이들 정의를 염두에 두고 우리는 다음과 같이 제안한다.

명제 1: 파괴적 필란트로피가 증가하면 민주주의 실천을 침해한다.

파괴적 필란트로피와 민주주의의 관계는 그것이 발생하는 맥락에 의해 조정된다. 특히 정부 행위와 민간 행위의 상대적인 정당성은 필란트로피가 어떻게 수용되는지를 결정한다. 사회학자 막스 베버의 견해에 따르면 우리는 정당성이 특정한 사회질서에 대한 신뢰, 특히 그 질서가 전체적으로 자연스럽거나 적절하게 느껴지는 정도를 나타낸다고 여긴다. 정부와 민간의 행위 주체들은 서로 반비례관계에 있는 것을 기준점으로 삼는다. 공익과 사익의 역학관계를 공식화하기 위해 다음과 같이 제안한다.

명제 2: 정부의 공공재 공급에 비해 민간 공급의 정당성이 증대되면 파괴적 필란트로피가 민주주의에 미치는 부정적 영향이 가중된다.

또한 정부가 영리 및 비영리를 막론하고 민간기업에 대한 직접적인 공급을 멈추면 파괴적 필란트로피가 민주주의에 미치는 영향이 완화될 것이다. 따라서 다음과 같은 제안이 나온다.

명제 3: 민간의 공공서비스 공급이 증가하면 시민들에 대한 직접적인 책임이 감소해 파괴적 필란트로피가 민주주의에 미치는 부정적인 영향이 확대될 것이다.

우리는 또한 공적 공급을 민간의 행위 주체에 아웃소싱하면 정부와 민간 행위 주체들의 상대적인 정당성에 영향을 미칠 것으로 예상한다. 민간에서 많은 서비스를 공급하게 되면—예를 들어 차터스쿨을 통한 민간의 공적 자금 집행—시민, 공익, 정부 간의 근본적인 관계에 혼란을 야기할 수 있다. 따라서 우리는 다음과 같이 주장한다.

명제 4: 국가가 공적 공급의 역할을 민간기업에 양도함에 따라 국가의 정당성이 감소된다.

이 공식화 시도는 우리가 현 필란트로피 세계를 피상적으로 개관한 결과이다. 최근 몇 년 동안 기술과 금융 분야에서 생성된 새로운 형태의 자산은 젊은 세대의 필란트로피스트들에 의해 새롭게 활용되었고, 그들의 노력은 파괴적인 모델을 선호하는 정도에서 기존의 기부 형태와 차별화된다. 조직 지형을 개조하려는 합치된 노력이 이루어졌는데, 주로 필란트로피스트 개인이 특별히 관심을 갖는 문제를 다루거나 기부자가 느끼기에 효과적으로 다루어지지 않는 관심사를 따라가는 방식을 취했다. 이 같은 파괴적 필란트로피의 증가는 정부의 역할에 대한 믿음이 약화되고 민간 해법에 대한 선호가 증가하던 시기에 나타났다. 많은 경우 민간활동은 관료주의에 대한 경멸이나 새로운 해결책을 제시하기에는 정부가 너무 복잡하고 느리다는 보다 포괄적인 인식과 함께 국가에 대한 암묵적인 비판을 내포하고 있다.

공적 관여에 대한 최신 비판에는 개인적 이니셔티브에 대한 칭송도 함께 따라온다. 이러한 기업가적 열의는 일부의 조직과 서비스 창출로 이어지는데, 그들은 교육이나 공중보건, 사회서비스 분야에서 이전까지 국가가 관할하던 권한을 맡게 된다. 이러한 활동을 통해 국가의 유효성에 대한 의문이 더욱 제기되고, 그 결과 시민과 정치인 모두 영리 및 비영리를 막론하고 민간기업에 더 많은 공공 업무를 위임하는 것을 지지하는 쪽으로 기울게 된다. 정부는 더 많은 역할을 민간 부문에 이양함으로써 스스로를 약화시키는 데 일조한다. 정부의 영향력에 대한 신뢰가 감소하게 되니 청년층이 정부에서 일하고 싶어하는 의욕도 줄어든다. 정부의 정당성이 약화됨에 따라 우리는 공공재를 공급할 새로운 조직을 만드는 필란트로피스트와 비영리단체의 사적 노력에 점점 더 높은 가치를 부여한다. 이 과정에서 이러한 새로운 정책 의제 설정자들의 권력이 감춰지는데, 이는 전체 지형을 바꿔놓는 그들의 영향력이 눈에 잘 띄지 않기 때문이다. 이러한 대다수의 이니셔티브가 가진 근본적인 문제는 그들이 범위와 규모를 확장할 때면 예외 없이 종류를 불문하고 대형 조직체의 온갖 특징을 띠는데다 정부에서 볼 수 있는 감시 및 감독과 개입이 일어난다는 점이다. 시민의 영향력과 공공재 공급 사이에 장애물과 더 먼 거리가 가로놓임에 따라 이러한 과정은 참여 민주주의의 실천을 위협한다. 더욱이 이러한 변화에 대해서는 거의 비판도 나오지 않았다는 데서 대중이 사적 이익은 대체로 묵인한다는 것을 알 수 있다.

끝으로 공공재 제공에서 민간이 지배하는 흐름을 저지하고 민주주의의 역할을 보전하기 위해 취할 수 있는 조치들에 관해 몇 가지 생각을 나누면서 글을 마무리하고자 한다. 파괴적 필란트로피 활동의 근원적인 문제는 그 활동이 공적인 숙의나 협의도 없이 시행된다는 점이다. 우리는 저커버그, 부커, 크리스티가 뉴어크 학교를 개혁하려고 했을 때 직면한 역풍에서 이러한 문제점을 가장 명백히 확인할 수 있었다. 더욱이 필란트로피가 자유시장 관점—모든 필란트로피스트가 자신의 이익을 추구하게 되면 모든 관련 이익이 대변될 것이라는 관점—에 의존하면 공평한 결과가 나오지 않는다. 이러한 영향을 완화하기 위해 어떤 형태로든 지역사회의 감독과 공적 심의 체계가 구축되어야 한다. 지금까지는 이러한 숙의가 어떤 형태를 취할지에 대해 거의 논의되지 않았고, 이 한정된 지면에서 그 이야기를 본격적으로 풀어내는 것은 불가능하다. 그러나 이러한 문제를 해결하기 위해 쉽게 용도를 변경할 수 있는 기존 모델들이 있다. 민간의 과학 자금 지원에서 가장 크게 결여된 부분은 동료평가의 부재이다. 재단과 대학들은 국립과학재단, 국립보건원 그리고 기존에 있던 여러 재단에서 사용하는 방침에 따라 함께 자문위원회를 설치할 수도 있을 것이다. 그동안 미국 전역에서 대도시의 범죄율이 현저하게 감소했다. 여기에는 인구 구조의 변화부터 새로운 치안 모델에 이르기까지 여러 가지 요인이 관련되어 있다. 그중 치안 모델의 한 가지 결정적인 요소는 공동체 심의위원회를 비롯해 근린 안전에 지역공동체를 참여시키는 다양한 조치였다. 공교육 혁신을 위한 필란트로피 활동에도 이와 비슷한 참여와 연대가 이루어진다면 매우 환영받을 것이다.

그러나 필란트로피스트들의 파괴적 활동만이 걱정할 유일한 이유는 아니다. 파괴적 필란트로피가 민주주의에 미치는 영향에서 전후 맥락상 핵심 조절 변수는 해당 활동이 정당하다고 여겨지는 정도이다. 이는 어떤 면에서는 더 우려스러운 문제이고, 이 문제에 대한 해법은 매우 불분명하다. 게다가 우리가 개탄하는 지점은 시민사회의 쇠퇴(Putnam 2000)보다 초부유층 필란트로피스트들이 아무런 과정 없이 무조건 시민사회를 끌어들인다는 데 있다. 토론, 논쟁, 숙의는 시끄럽고 답답하고 느리다. 하지만 이런 과정 끝에 합의와 수락에 이르면 성공적인 이행은 순조롭게 뒤따라온다.

필란트로피스트들이 자신의 기부가 사회에 지속적으로 기여하게 되기를 진심으로 원한다면 파괴를 용인하는 것에서 벗어나 자신의 활동으로 인해 삶에 영향을 받는 사람들의 참여에 대해 좀더 체계적으로 생각해볼 필요가 있다. 이러한 논의를 소홀히 한다면 더 큰 공익에 대한 손실뿐만 아니라 장기적으로는 필란트로피 자금이 가져올 이로움도 줄어들 수 있다.

5장

기업의 사회적 책임과 수익성의 조화: 성실한 경영자를 위한 지침

폴 브레스트(Paul Brest)

애플 CEO 팀 쿡 또한 애플의 사회적 책임 활동을 논의하는 데 많은 시간을 들였다. 거기에는 애플이 미국의 빈곤지역 교육구에 기술 장비를 보급하기 위한 커넥티드(ConnectEd) 교육 프로그램에 기부하기로 한 1억 달러와 프로젝트(RED)에 기부한 7000만 달러 등이 포함된다······.

쿡은 환경 문제에 대한 애플의 목표는 "우리가 발견한 것보다 더 좋은 세상을 남겨놓는 것"이라고 하면서, 비공익 민간기업이 개발하고 소유한 최대 규모의 태양광 설비 건설을 포함해 회사 전체에 100퍼센트 재생 가능 전력을 달성할 계획을 상세히 설명했다.

쿡은 애플의 환경 관련 노력이 경제적 관점에서도 타당하다고 이야기했다. 하지만 보수적인 주주 행동주의단체가 애플이 환경과 관련해서 확실한 이윤 동기를 따르지 않는 일은 하지 않겠다는 약속을 하라고 요구하자 쿡은 발끈하며 "우리는 이윤 동기 말고 다른 이유로도 많은 일을 한다"고 답한 뒤 이에 동의할 수 없는 사람은 "애플 주식을 팔고 나가라"고 했다.

또한 쿡은 인권 문제를 다룰 최선의 방안에 관해 특정한 주주 제안이나 외부 견해를 지지하지 않는다고 언급했지만, 그 회의에서 일부가 제시한 의견에 대해서는 개인적으로 이의를 제기하며 애플은 인권 문제에서 선도적 입장을 취해왔으며 변화를 가져오고 다른 첨단기술 회사들도 뒤를 따르도록 독려하기 위한 노력의 일환으로 어려운 문제를 떠안고 "그 문제들을 집중 조명"했다고 이야기했다.[1]

1. 서론

재정적·사회적 인간활동 영역의 교차 지점에 관한 질문은 꾸준히 되풀이된다. 일찍이 18세기에—아마도 최초의 자유기업 사상가일—애덤 스미스는 사회의 다른 구성원들에 대한 의무에 대해 저술하기도 하고 시장 시스템을 정당화하기도 했다.[2] 그는 『국부론(The Wealth of Nations)』에서 이 둘 사이의 연관성을 도출해냈다. "그러므로 모든 개인이 자신의 자본을 이용해 국내 산업을 지원하고 거기서 나온 제품이 가장 큰 가치를 가질 수 있도록 업계를 이끌기 위해 최대한 노력한다면, 모든 개인은 필연적으로 사회의 연간 수입이 증가하도록 최대한 애를 쓰는 셈이다. 사실 대부분의 경우 그 개인들은 공공의 이익을 증진하려고 의도하지도 않거니와 자신이 그것을 얼마나 증진하고 있는지 알지도 못한다."[3] 이 견해에 따르면 자유기업은 궁극적으로 일반 복지를 증진한다. 그러나 각 개인이 자신의 활동으로 다른 사람들에게 미친 영향과 상관없이 자기 노동의 산물을 소유한다는 철학적 입장에서의 시장 시스템이 정당화되는 경우도 있을 수 있다.[4]

자유기업과 일반 복지의 상관관계에 대한 논쟁은 월스트리트 점령 운동이나 프란치스코 교황의 고삐 풀린 자본주의의 폭압에 대한 비판 같은 시장 시스템의 근본적인 도전 과제의 형태로, 또 사회적·환경적 목표를 고

취하도록 비즈니스 관행을 개혁하려는 비교적 온건한 노력으로 최근 들어 다시 대두되었다.

이 장에서는 후자에 속하는 기업의 사회적 책임(Corporate Social Responsibility, CSR) 혹은 기업 진실성이나 기업시민정신으로 조금 다르게 표현되기도 하는 개념에 초점을 맞춰보고자 한다[5](양쪽 다 아우르는 표현으로 CSR를 주로 사용하겠지만 기업의 진실성이라는 개념은 무게 중심이 다소 다른데 이 부분은 추후 다시 다루기로 한다). 이 장은 기업의 경영자가 주주들을 위해 자사의 재정적 가치를 보호하면서 동시에 직원들과 회사가 사업을 영위하는 지역사회를 비롯한 여타 이해 당사자들에게 윤리적으로나 합목적적으로 득이 되도록 경영할 수 있을지, 그리고 그 방법은 무엇인지에 대해 질문을 던진다. CSR 옹호자들 사이에서는 윤리적인 기업 관행이 곧 수익성 있는 비즈니스 관행이라는 정서가 지배적이지만[6] 지나친 낙천주의자가 아니고서야 충돌이 일어날 수 있는 가능성을 부정할 수 없다.

이 주제를 다룬 글은 대부분 두 가지 한계를 가지고 있다. 첫째, 이러한 갈등의 범위를 명확히 규정하지 못하고 윤리적 관행의 채택이 회사의 장기적인 재정 이익으로 정당화되는 사례들로 분석을 끝맺는 경우가 많다. 둘째, 노벨상을 수상한 경제학자 밀턴 프리드먼의 주목할 만한 반론을 제외하면 대부분의 글이 수익과 사회적 가치의 충돌을 해결할 수 있는 지침을 거의 제공하지 못한다. 이번 장이 기여하는 바는 크게 두 가지이다. 첫째, 기업이 CSR에 참여하면서도 주주들을 위한 수익을 올릴 수 있는 환경의 분류 체계를 제공함으로써 이러한 충돌의 범위를 명확히 제시한다. 둘째, 이 장에서는 불가피하게 발생할 수밖에 없는 이 충돌을 해결하기 위한 몇 가지 체계적 접근법을 제안한다.

곧 명백히 드러나겠지만 몇 가지 이유로 인해 나는 주주 이익과 다른 이해관계자들의 이익을 절충하는 과정에서 경영진이 행사할 수 있는 재량권에 대한 법적 규제는 집중적으로 다루지 않을 것이다. 그보다는 성실한 경영자가 향유하는 규제적·사법적 감시로부터의 폭넓은 자유 안에서 어떻게 이 문제를 해결해야 하는지에 관심을 갖는다. 아마도 경영자들은 사실상 어떤 결정이든 결국은 최종 수익에 좋은 것처럼 가장할 수 있을 것이다. 그렇지만 흥미로운 질문은 그들이 무엇을 교묘히 모면할 수 있느냐가 아니라 성실하게 행동하는 경영자가 어떻게 실질적인 모순을 파악하고 그러한 모순이 발생했을 때 합리적이고 타당한 결정을 내릴 수 있느냐 하는 것이다.

이 장에서 경영자는 기업의 이사회, 최고경영자(CEO), 중역을 의미한다. 기업 가치, 주주 가치, 이윤은 모두 장기 수익성을 가리킨다. 회사의 장기적 가치가 반드시 (그리고 많은 경우 즉각적으로) 주가에 반영되지는 않으므로 적절한 측정 지표는 장기간에 걸쳐 이윤을 낼 수 있는 회사의 능력이다.[7]

주주의 재정적 이익과 다른 이해관계자들의 다양한 이익 간의 갈등에 대한 쉬운 해결책은 '계몽된 이기심'의 범주에 해당한다. 기업이 유능한 직원을 영입하고 보유하기 위해 최저임금 이상—주로 수백 배 이상—을 지급하거나 운동시설과 주간 탁아소 같은 편의시설을 제공한다고 해서 그 기업이 꼭 이타적이라고 생각하는 사람은 아무도 없을 것이다. 마찬가지로 사회적 의식이 있는 소비자와 투자자들로 이루어진 중요 그룹을 만족시키거나 법적 규제를 미연에 방지하기 위해 아니면 조직의 평판을 보호함으로써 수량화할 수 없는 이익을 장기적으로 얻기 위해 자체 공급망에 있는 공장에 안전한 작업 여건을 조성한다고 해서 그 기업이 반드시 이타적인 것도 아니다.

그러나 기업의 사회적 책임을 지지하는 이들에게 계몽된 이기심은 기업의 적절한 행동의 유일한 척도가 아니다. 이 구절이 암시하듯이 기업은 그 소유주 이외의 이해관계자들에게도 책임이 있다. 따라서 CSR라는 개념에는 일종의 의도에 대한 생각이 수반된다. 사실상 모든 회사는 당연히 다양한 이해관계자들에게 혜택을 주고 있다. 예를 들어 고객은 회사가 판매하는 상품과 서비스에서 가치를 얻고[8] 회사의 직원은 일자리를 얻는다. CSR는 그 이상을 필요로 하는데, 기업의 경영진은 이해관계자들의 이익을 단지 주주들을 위해 이윤을 창출하는 수단이 아니라 그 자체의 목적으로 취급할 것을 요구한다. 그렇다고 해서 무엇보다 장기적인 주주 가치를 극대화하고 싶은 열망에서 비롯된 활동은 CSR로 간주되지 않는다는 것이 아니라 경영진의 결정에 진심으로 다른 이해관계자들의 이익이 고려되어야 한다는 것이다. 사람들의 동기는 여러 가지가 혼재된 경우가 많은데다 다른 사람은 고사하고 자기 자신에게도 항상 명확히 보이지는 않는다. 이윤에 관심이 쏠려 있는 기업 경영자라면 양쪽 다 놓치지 않는 윈윈 해법을 계속 찾을 수도 있고, 재정적·사회적 예상 결과가 불확실한 사안에 대해 결정을 내릴 때는 이윤의 기회를 다소 희생시키기도 한다.

이 장은 서론 이후 크게 다섯 개의 부분으로 이루어져 있다. 두번째 부분은 기업 경영진의 주주에 대한 도덕적 의무와 경영진이 다른 이해관계자들에 대해 가질 것으로 추정되는 책무 간의 갈등관계에 주목한 밀턴 프리드먼의 소론을 중점적으로 다룬다. 또한 경영진의 법적 의무에 대해서도 간략히 논한다. 세번째 부분에서는 CSR의 세 가지 개념을 살펴본 뒤 CSR의 생태계에 영향을 미치는 다양한 주체에 대해 설명한다. 네번째 부분에서는 기업 가치의 극대화와 양립되는 CSR 활동의 특징을 체계적으로 기술한다. 다섯번째 부분에서 이윤과 사회적 가치 간의 균형을 요하는 상황을 고찰하기 시작해 이어지는 여섯번째 부분—이 장에서 가장 새롭고 아마도 도발적인 측면—에서는 이러한 목표들 간의 충돌을 중재하는 접근

방식을 제안한다.

여섯번째 부분에서 다루는 균형은 도덕철학이나 정치철학의 관점에서 가장 어려운 문제이지만 그렇다고 네번째와 다섯번째에 기술된 경영진이 직면한 결정이 반드시 쉽다고 이야기하고 싶지는 않다. 사실 쉬운 것과는 거리가 멀다. 경영자들은 장기 수익성이 유일한 지표일 때조차 다양한 이해관계자들 사이에서 그리고 비용과 안전처럼 서로 대립되는 가치들 사이에서 균형을 찾아야 하는 경우가 많다. 그들은 장기적 관점을 적용하면 이익과 위험에 대한 평가가 더더욱 어려워지는 불확실한 여건에서 결정을 내려야만 한다. 뿐만 아니라 경영진은 특정한 결정을 넘어 까다로운 문제를 확인하고 그에 맞게 대응할 수 있는 조직 구조와 문화를 마련하고 유지해야 한다. 예를 들어 점화 스위치 결함에 대해 대응하는 과정에서 제너럴 모터스가 보인 비열한 행태처럼 세간의 이목을 끄는 수많은 기업의 부정행위 사례는 조직의 역기능이나 병리에 그 뿌리를 두고 있다.[9]

어떻게 하면 경영진이 책임 있는 조직 문화를 조성할 수 있느냐 하는 문제는 상당히 많은 실증 연구에서 대단히 중요한 주제이다. 하지만 이 장에서는 조금 다른 부분에 역점을 두고 있다. 내가 이 글에서 이루고자 하는 목표는 장기적인 기업 이윤의 극대화라는 틀 안에서 내릴 수 있는 결정과 이윤을 어느 정도 희생시킬 가능성이 높은 결정을 분명히 구분짓고 후자의 경우에 균형점을 찾기 위한 접근 방법을 제시하는 것이다.

2. 발판을 제공한 밀턴 프리드먼

CSR에 대한 반대론의 상징적인 예는 밀턴 프리드먼이 1970년에 기고한 "기업의 사회적 책임은 이윤 증대(The Social Responsibility of Business Is to Increase Its Profits)"**10**라는 글로, 제목부터가 그의 논지를 간명하게 내포하고 있다. 프리드먼의 모델을 출발점으로 삼는 이유는 첫째로 CSR와 기업 진실성을 강력히 옹호하는 이들조차도 대다수 기업의 주요 목적은 주주들을 위한 이윤 창출이라는 점을 인정하기 때문이고, 둘째로는 사실상 CSR를 금지하는 프리드먼의 견해가 CSR 지지자들이 촉구하는 재정적·사회적 가치의 여러 가능한 균형과 비교할 수 있는 기준점을 제공해주기 때문이다.**11** 프리드먼의 전제가 조녀선 레비가 이야기한 초기 공화주의 법인의 소유주들에게는 실제로 매우 이상하게 다가왔을지도 모르지만 19세기 후반에 시작된 자유주의 일반법인의 발흥에서 비롯된 필연적이지는 않더라도 자연스러운 결과로 여겨졌을 것이라는 점은 언급해둘 가치가 있다.

프리드먼은 다음과 같이 적고 있다.

> 자유기업과 사유 재산 시스템에서 기업의 경영진은 기업 소유주에게 고용된 사람이다. 그는 고용주에 대해 직접적인 책임이 있다. 그 책임은 고용주가 원하는 뜻에 따라 사업을 운영하는 것인데, 고용주들은 대개 법과 윤리적 관습에 반영된 사회의 기본 규칙을 지키면서도 가능한 한 많은 돈을 벌기를 바랄 것이다……
>
> 기업의 경영진이 사업가라는 역할에서 '사회적 책임'을 갖는다는 말은 무슨 의미일까? 이 표현이 순수한 미사여구가 아니라면 이 말은 곧 경영진이 어떤 식으로든 그의 고용주 이익에 부합하지 않는 행동을 한다는 뜻이 된다. …… 예를 들어…… 사회의 환경 개선 목표에 기여하기 위해 회사에 가장 유리한 수준이나 법으로 정해진 수준 이상으로 오염물질 감축에 비용을 지출하려고 한다. 혹은 빈곤 퇴치라는 사회 목적에 기여하기 위해 회사의 수익을 희생하면서 더 좋은 자격을 갖춘 인력 대

신 '최하층'의 실업자를 고용하려고 한다.

이러한 경우 기업의 경영진은 사회 전반의 이익을 위해 다른 누군가의 돈을 지출하게 된다. '사회적 책임'에 부합하는 그의 행동으로 주주들에게 돌아갈 수익이 줄어드는 만큼 그는 주주들의 돈을 쓰고 있는 셈이다. 그의 행동으로 소비자가 부담할 가격이 오르는 만큼 그는 소비자의 돈을 쓰고 있는 셈이다. 그의 행동으로 일부 고용인의 급여가 줄어드는 만큼 그는 고용인의 돈을 쓰고 있는 셈이다. 주주, 소비자, 고용인도 만약 원했다면 각자 그 특정 행동에 자신의 돈을 쓸 수 있었을 텐데 말이다.

프리드먼은 CSR가 나쁜 관행인 이유로 세 가지를 꼽는다. 첫째, CSR는 대리인이 주주에게 지켜야 할 의무에 위배된다. 둘째, CSR는 기업 행동을 규제하는 정당한 정치적 과정을 침해한다. 셋째, 기업의 경영자에게는 이런 종류의 정책 결정을 내릴 권한이 없다.

[1] 기업의 경영진을 주주가 선출하도록 용인하는 타당한 이유는 경영진이 주주의 이익을 도모하는 대리인이라는 데 있다. 기업의 경영진이 세금을 부과하고 그 돈을 '사회적' 목적에 사용하는 순간 이 정당성은 사라진다. [2] 그는 명목상 민간기업의 고용인이지만 실제로는 공공의 종업원, 즉 공무원이 되어버린다. 정치 원리로 볼 때 이러한 공무원이—사회적 책임이라는 이름으로 그들이 하는 행동이 단지 눈속임이 아니라 진짜인 경우에 한해—지금처럼[즉 기업 이사회에 의해] 선출되는 것은 용납할 수 없다. 그들이 공무원이 되려면 정치적 과정을 통해 선출되어야 한다. 그들이 '사회적' 목적을 증진하기 위해 세금을 부과하고 지출을 하려면 정치기구를 설치해 세금을 평가하고 정치적 과정을 통해 기여할

목적을 결정해야 한다.

[3] 결과적 차원에서 기업의 경영진은 이른바 자신의 '사회적 책임'을 실제로 이행할 수 있을까? ······ 그가 주주나 소비자 또는 직원의 돈을 쓰고도 그냥 넘어갈 수 있다고 가정해보자. 그 돈을 어떤 식으로 써야 할지 그는 어떻게 알 수 있을까? 예를 들어 그가 인플레이션에 맞서 싸워야 한다고 들었다고 가정해보자.[12] 그는 자신의 어떤 행동이 그 목적에 기여할지 어떻게 알 수 있을까? 아마도 그는 제품 생산이나 판매 혹은 자금 조달 등 회사 운영에는 전문가일 것이다. 하지만 그가 인플레이션 문제를 선택했다고 해서 인플레이션 전문가가 되지는 않는다. 그가 제품 가격을 유지하면 인플레이션 압력이 줄어들까? 혹은 소비자의 손에 더 많은 구매력을 맡김으로써 그 압력을 다른 방향으로 돌리면 될까? 아니면 낮은 가격 때문에 어쩔 수 없이 생산량을 줄임으로써 그대로 공급 부족으로 이어질까? 그가 이 질문들에 답할 수 있다 하더라도 이 사회적 목적을 위해 주주와 소비자, 직원에게 부과하는 비용은 어디까지 정당화될까? 그가 부담해야 할 적절한 몫은 얼마이고 다른 사람의 적절한 몫은 얼마일까?

프리드먼의 처음 두 주장은 각각 기업의 경영자 의무와 정당한 권력 행사에 근거를 두고 있다.[13] 비판하는 쪽에서는 다른 여러 맥락에서 주주에 대한 대리인의 의무가 절대적이지 않다는 점을 지적함으로써 첫번째 주장을 논박할지도 모른다. 심지어 의사와 변호사도 다른 이익을 보호하기 위해 의뢰인에 대한 비밀 유지 의무를 위반할 수도 있고 때로는 그래야만 한다.[14] 뒤에서 살펴보겠지만 실제로 프리드먼은 기업의 경영자들이 "법과 윤리적 관습에 반영되어 있는 사회의 기본 규칙"을 따라야 한다고 이야기함으로써 이와 유사한 주장을 펼칠 수 있는 발판을 마련했다. 주주들이 경영자가 이러한 규칙을 고수하기를 바라지 않는다고 상정할 선험적 이유는 없다.

기업의 경영자는 필연적으로 정책 수립과 유사한 결정을 내릴 수밖에 없다—예를 들어 회사의 고용 관행을 정하거나 유리한 규제 체계를 위해 로비를 벌이는 과정에서—는 점을 들어 프리드먼의 두번째 주장을 반박할 수도 있다. 프리드먼의 세번째 주장은 기업 경영자의 능력 부족이나 수익 극대화로 국한되지 않은 결정을 내릴 수 있는 역량에 관한 실용적인 견해이다. 이것은 CSR 지지자들이 반드시 다루어야 할 실증적인 문제이다.

4장에서 에린 호바스와 월터 파월은 부유층의 필란트로피스트들이 공공정책에 끼치는 영향력이 비민주적일 수 있다고 주장하면서 기업의 정책 수립에 대한 밀턴 프리드먼의 비평과 맥을 같이한다. 프리드먼이 기업의 정책 수립으로 인해 시민이 받는 피해보다 주주가 받는 피해에 초점을 맞추었다면 호바스와 파월은 파괴적인 필란트로피가 정치체제에 가하는 악영향에 대해 주로 다루고 있다.

그러나 이러한 관행이 유해할지의 여부는 그 관행이 불법인지의 여부와는 다른 문제이다. 비과세단체의 로비활동이 제한되기는 하지만—기업에도 비슷한 제약이 있기를 바라는 이들도 일부 있을 것이다!—파괴적 필란트로피를 금하는 법은 없다. 또한 일반의 견해와는 달리 사회적 목적을 위해 이윤을 희생시킬 수 있는 기업 경영자의 역량에 영향을 줄 만한 법적 제약은 존재하지 않는다. 많은 주가 '이해관계자 법령'을 두어 경영진이 사업 결정을 내릴 때 주주 이외의 이해관계자들의 이익을 고려할 수 있는 권한을 확실히 부여하고 있다.[15] 좀더 일반적으로 미국법률협회의 '기업지배구조의 원칙(Principles of Corporate Governance)'은 보편적인 법의 기준을 반영해 다음과 같이 규정하고 있다.

> 그렇게 함으로써 기업 이윤과 주주 이익이 증대되지 않더라도 법인은
> 영업 행위에서 (1)자연인과 같은 정도로 법이 정한 테두리 안에서 행동
> 해야 하고, (2)책임 있는 영업 행위에 비교적 적절하다고 여겨지는 윤리
> 적 사안을 고려할 수 있으며, (3)공공복지, 인도주의, 교육, 필란트로피
> 관련 목적에 적정량의 자원을 투입할 수 있다.[16]

이 구절에는 이윤이 '증대되지 않는' 경우의 상황만 언급되었지만 미국
법률협회의 주석에는 "설령 해당 행위가 아무런 경제적 이득을 가져오지
못거나 경제적 순손실을 가져오더라도"의 조항이 적용되며,[17] "이윤 증대
와 모순된다 할지라도 명문화된 공공정책이나⋯⋯ 윤리적 사안⋯⋯ 또
는⋯⋯ 공공복지나 인도주의, 교육, 필란트로피와 관련된 목적으로 자발
적으로 경제적 이익을 포기하는—또는 경제적 손해를 감수하는—[행동]
은 기업에 가장 이득이 되고 [주의] 의무와 전적으로 부합하는 것으로 간
주되어야 한다고 명시되어 있다.[18] 기업의 지배 구조 원칙은 이윤을 희생하
는 사회적 지출에 두 가지 제한을 둔다. 그 지출은 '합리적'이어야 하고, '책
임 있는 영업 행위에 비교적 적절하다고 여겨져야' 한다.[19]

아이너 엘호지(Einer Elhauge)는 다른 이익을 위해 이윤을 희생하는 행
위에 대한 법적 제약을 가장 포괄적으로 다룬 글에서 한 세기에 걸친 성문
법과 사법적 원칙을 개괄한 뒤 기업의 경영자들에게는 그렇게 할 수 있는
폭넓은 재량권이 있다는 결론을 내린다.[20] 엘호지의 분석은 불만을 가진
주주들이 제기한 소송 비용을 포함해 막대하고 비생산적인 비용을 시스템
에 부과하지 않고서는 판사가 기업 경영자의 재량권 행사를 심사할 수 없

다는 점에 주로 근거하고 있다. 이 장에서는 기업 경영자의 의사결정에 대한 사법 심사에 초점을 맞추기보다 양심적인 기업의 경영자가 자신이 누리는 재량권을 어떻게 행사해야 하는지에 대해 묻는다.[21]

3. 기업의 사회적 책임(CSR)의 의미와 그 생태계

이 장의 주요 쟁점으로 들어가기에 앞서 CSR의 세 가지 개념을 기술하고 기업의 경영자들이 이윤과 함께 사회적 가치에도 관심을 기울이도록 영향력을 행사하는 세력을 간략히 소개하는 것이 유용할 듯하다.

CSR의 세 가지 개념

내가 전통적 관점이라고 일컬을 관점에서 볼 때 기업체는 주주 가치를 극대화함으로써—소비자들이 원하는 상품과 서비스를 효율적으로 제공할 경우에만 할 수 있는 일—사회적 가치를 극대화한다. 기업의 사회적 책임은 회사의 사회적 가치를 판단하는 척도에 주주 가치만 있는 것이 아니며, 실제로 이윤만을 추구하는 행위는 사회에 해를 끼칠 수 있다는 생각에 뿌리를 두고 있다.

20세기 중반에 현대적 개념이 구체화되기 시작한 이래로 수많은 CSR의 정의가 탄생했다.[22] 키스 데이비스(Keith Davis)는 1973년에 발표된 기념비적인 논문에서 CSR를 "회사의 한정된 경제적·기술적·법적 요건을 넘어서는 사안에 대한 경영진의 고려와 대응"이라고 정의했다.[23] 몇 년 뒤 아치 캐럴(Archie Carroll)은 "기업의 사회적 책임은 특정 시점에 사회가 조직에 대해 갖는 경제적·법적·윤리적·임의적 기대를 아우른다"고 했다.[24]

이후 CSR는 적어도 세 가지 기준으로—이해관계자, 기업의 진실성, 지속가능성 측면에서—더욱 명확하게 표현되었다.

이해관계자 오늘날 CSR에 관한 대부분의 논의는 회사의 소유주뿐 아니라 수많은 '이해관계자'에 집중된다. 이해관계자란 "조직의 목표 달성에 영향을 미치거나 목표 달성으로 인해 영향을 받을 수 있는 집단이나 개인"을 말한다.[25] 이 개념은 CSR 운동을 격렬하게 비판한 데이비드 헨더슨(David Henderson)에 의해 멋지게 포착되었는데, 헨더슨은 공격에 앞서 CSR의 바탕이 되는 이론을 다음과 같이 설명하고 있다.

> 기업에는 수많은 이해관계자—주주, 직원, 소비자, 공급업체, 지역공동체, 비정부기구, 정부, 사회 전체—가 있어서 기업은 그들의 감정과 의견, 반응을 참작해야 하고, 그들의 이익과 복지를 도덕과 신중함의 차원에서 고려해야 한다. 그러나 기업의 이윤은 주주에게만 축적된다. 따라서 어떤 기업이 지나치게 느슨하고 협소하게 단기 수익성에 집중한다면 이는 곧 다른 모든 이해관계자들을 등한시하고 사실상 주주의 이익에만 관심을 두고 있다는 뜻이 된다. 이런 태도는 더 광범위한 공공의 이익과 어긋날 뿐 아니라 요즘 시대에는 사회의 기대에 부응하지 못하는 결과까지 초래한다. 이 실패로 인해 평판에 손상이 갈 것이고, 더불어 실질적인 수익 손실을 초래하고 심지어 기업의 지속적인 존속까지 위협할 수도 있다. 그러므로 즉각적인 재정 수익보다 공익에, 주주뿐만 아니라 이해관계자 전체에 초점을 맞추는 편이 궁극적으로 수익성에도 사회 전체에도 이득이 된다. CSR를 수용하는 것은 '모두에게 이로운 상황'을 만드는 것이다. 기업시민정신은 매우 타당하다.[26]

CSR는 필연적으로 최종 수익에 이롭게 작용하며 따라서 기업의 계몽된 자기 이익에 부합한다는 이 장밋빛 서술은 CSR 운동에서 볼 수 있는 전형적인 미사여구이다.

기업 진실성 이해관계자와 지속가능성이라는 기준 틀은 기업의 행동에 영향을 받은 이들에 초점을 맞춘다. 이에 반해 기업의 진실성(integrity)은 기업 자체에 초점을 맞춘다. 덕 윤리가 개인의 성품[27]—용기, 명예, 분별 같은 자질—에 관심을 두는 것처럼 기업의 진실성은 도덕적인 기업의 특징에 중점을 둔다. 제너럴 일렉트릭의 전 법무실장 벤 하이네만(Ben Heineman)은 진실성의 측면에서 이러한 특징을 요약했다.

공식적인 재정·법 규칙의 정신과 내용을 충실히 고수.
기업과 직원들로 하여금 계몽된 자기 이익에 따라 행동하도록 구속하는 국제 윤리 규범을 자발적으로 채택.
정직, 성실, 공정성, 신뢰성, 신의성 등 핵심 가치에 매진하는 직원.
사익과 공익의 균형을 잘 맞추는 건전한 공공정책에 대한 자발적 이행 약속.[28]

하이네만은 기업 진실성의 동의어로 기업시민정신(citizenship)이라는 용어를 사용한다. '시민정신'은 기업의 공공에 대한 의무를 담고 있기에 매력적인 용어이다. 그럼에도 불구하고 나는 두 가지 이유에서 '진실성'을 사용하는 쪽을 선호한다. 첫째, 시민은 주로 국가에 대한 책임을 갖지만 지금 다루는 문제는 상업적 파트너, 직원, 소비자와 같은 이해관계자 개인에 대한 기업의 의무와 관련된다. 둘째, 시민연합 대 연방선거관리위원회 판결에서 나타난 대법원의 폭넓은 관점에도 불구하고 시민은 국가에 대해 기업이 누리지 못하는 권리도 가지고 있다.[29]

지속가능성 이해관계자와 기업 진실성의 강조에 대한 대안은 되지만 이와 모순되지는 않는 CSR는 '지속가능한 발전'과 '트리플 보텀 라인'의 측면에서 설명되는 경우가 많다. 예를 들어 세계지속가능발전기업협의회(WBCSD)는 다음과 같이 표현했다. "기업의 사회적 책임은 직원과 그들의 가족, 지역사회, 사회 전반과 함께 그들 삶의 질을 향상시키기 위해 협력하면서 지속가능한 발전에 기여하려는 기업의 약속이다. …… 지속가능한 발전은 미래의 필요와 요구에 부응할 수 있는 능력을 해치지 않으면서 현재의 필요와 요구에 부응하고자 한다." 트리플 보텀 라인은 기업의 경제적·환경적·사회적 영향을 포괄한다. WBCSD는 "기업들은…… 자사의 영업활동이 경제발전을 증진하고 환경보호를 보장하며 사회 평등을 도모한다는 점을 더 신속히, 더욱 세밀한 수준으로 입증할 필요가 있다"고 이야기한다.[30]

참여와 고지
CSR의 실천 혹은 적어도 CSR 활동을 펼치겠다는 선언은 다국적 기업들과 그보다는 규모가 작은 상당수의 선진국 기업들 사이에서 널리 전파되었다.[31] 이 운동을 통해 기업 내에서 일하거나 기업을 상대로 자문이나 모니터링을 제공하는 새로운 CSR 전문가 계층이 탄생했다. 또한 '주주 관여' 활동이 생겨났으며, 자사의 CSR 관련 노력과 성취를 홍보하는 기업의 광범위한 커뮤니케이션 전략으로 이어졌다. 이러한 현상은 부분적으로 일부 기업 경영자의 내재적 동기에 기인할 수도 있지만 크게는 다양한 이해관계자가 적극적으로 행동하고 투자자와 정부가 기업의 영업활동이 가져온 사회적·환경적 영향을 공개하도록 요구한 결과이다.

정보 공개 요구는 ESG(환경, 사회, 거버넌스) 기준을 중심으로 이루어졌다.[32] 환경 기준은 기업의 공급망 전체에 걸친 에너지, 오염, 천연자원 사용에 초점을 맞춘다. 사회 기준은 기업의 직원 처우, 공급망 내 직원들의 근무 환경, 기업이 영업활동을 영위하는 지역사회에 미치는 영향을 고려한다. 거버넌스 기준에는 통제, 투명성, 이해 충돌의 문제가 포함된다.

전 세계 4000개가 넘는 기업들이 자발적으로 자사의 ESG 수행 실적을 보고할 때 가장 널리 사용하는 수단은 아마도 글로벌 지속가능성 보고서 이니셔티브(Global Reporting Initiative, GRI)가 발표한 시스템일 것이다.[33] 비교적 최근에 나온 국제 통합 보고서 이니셔티브(International Integrated Reporting Initiative)는 "조직의 전략, 거버넌스, 성과, 전망이 외부 환경의 맥락에서 단기·중기·장기적 가치 창출로 이어지는 과정"에 관해 보고하는 또다른 기본 틀을 제공한다.[34] 새로운 비영리단체인 지속가능회계기준위원회(Sustainability Accounting Standards Board)는 미국 내 상장기업들이 투자자와 일반 대중을 위해 중대한 지속가능성 사안을 공시할 수 있도록 기준을 마련하며, 자체 기준을 통해 "자금 규모로는 16조 달러 수준을 넘어서는 1만 3000개 이상의 기업들이 우선순위가 가장 높은 환경, 사회, 거버넌스 문제에서 성과 향상을 기록할 것"이라고 믿고 있다.[35]

이와 더불어 임팩트 투자 분야에서도 기업의 사회적 또는 환경적 성과의 공통 지표를 측정하는 데 쓰이는 표준화된 평가 지표로 임팩트 보고 및 투자 표준(Impact Reporting and Investment Standards)과 글로벌 임팩트 투자 평가 시스템(Global Impact Investment Rating System)을 구축했다.[36]

이 보고 체계들은 모두 자발적인 것에 반해 주로 유럽을 중심으로 한 다수의 정부는 다양한 이해관계자들에게 불리한 영향을 줄 수 있는 활동을 공개하도록 의무화했다.[37] 예를 들어 (신시아 윌리엄스(Cynthia Williams)와 존 콘리(John Conley)의 표현에 따르면) 2001년에 제정된 프랑스의 신경제규제법(Nouvelles Régulations Economiques)은 "증권거래소에서 거래되는 프랑스의 모든 기업이 환경, 노동, 지역사회 참여, 보건, 안전에 관한 매우 상세한 정보를 주주 연례 보고서에 의무적으로 제공하도록 규정한다. 필수로 들어가야 할 환경 정보에는 물, 에너지, 원자재 등 자원 사용에 관한 세부 사항, 대기·수질 오염이나 소음·후각 공해를 야기할 수 있는 배출물 관련 세부 사항, 환경 영향을 줄이기 위한 기업의 환경 관리 시스템과 활동, 환경 위험에 대비한 회계 준비금, 환경 훼손으로 인해 지불한 과태료와 금전 보상 금액이 포함된다."[38]

영국 정부는 이후 곧 손을 떼기는 했지만 '계몽적 주주 가치' 이론—"'주주 이외의 이해관계자들의 권리와 필요를 유념'해 기업의 향후 사회적·환경적 위험을 줄이고 기업 평판을 높일 때 장기 주주 가치를 가장 잘 실현할 수 있다"는 생각—을 토대로 상장기업이 경영 재무 보고서(Operating and Financial Review)를 작성하도록 하는 요건을 마련하기 시작했다.[39]

정보 공개 요건은 기업의 장기적 재무 복지를 위협하는 요소에 대해 투자자들에게 알리는 방법으로 정당화되는 경우가 많다. 실제로 투자자들이 기업의 재정 가치를 나타내는 지표로 ESG 요소를 고려하는[40]—특히 이로 인해 기업의 소송 위험과 정부 규제, 소비 및 투자 보이콧이 줄어드는 정도에 있어—경향이 확대되고 있다. 그러나 주주 가치와 주주 이외의 다양한 이해관계자를 이롭게 하는 것 사이의 경계는 종종 모호해지곤 한다. 예를 들어 영국의 퍼트리샤 휴잇(Patricia Hewitt) 무역산업부 장관은 영국 계획안을 채택하면서 다음과 같이 이야기했다.

기업의 존재 이유가 무엇입니까? 가장 주된 목적은 분명 주주들을 위해 이윤을 창출하는 것입니다. 하지만 이것이 온전한 해답이던 시절은 오래전에 지났습니다. 현대 경제에서는 기업에 대한 우리 모두의 기대치가 높아졌습니다.

우리는 기업들이 단기적으로 좋은 성과를 올릴 뿐만 아니라 장기적으로 수익을 올릴 수 있는 효과적인 전략을 마련하기를 기대합니다. …… 우리는 향후 몇 달이 아니라 몇 년을 바라보고 저축을 하며, 우리가 투자하는 기업이 우리와 같은 시야를 공유하기를 바랍니다.

우리는 기업들이 양질의 공공서비스와 모두에게 적절한 삶의 수준을 제공하는 부를 창출하기를 기대합니다. 부의 창출에는 직원, 소비자, 공급업체, 채권자 등과의 정직하고 공정한 거래가 요구된다는 점을 끊임없이 인식해야 합니다. 좋은 근무 환경, 우수한 상품과 서비스, 다양한 다른 이해관계자들과의 원활한 관계는 중요한 자산으로서 안정적인 장기 성과와 주주 가치에 절대적으로 작용합니다.[41]

우리는 기업이 부를 창출하면서도 환경을 존중하고 사회와 영업활동의 기반이 되는 지역사회에 책임을 다하기를 기대합니다. …… 이런 이유로 저는 양질의 주주 관여 확대가 우리 모두가 바라는 현대 경제를 일구는 데 반드시 필요하다고 생각합니다.

같은 맥락에서 총 35조 달러의 운용 자산과 더불어 투자자들의 지지를 얻은 국제연합(UN)의 책임투자원칙(Principles for Responsible Investment, PRI)은 서문에서 다음과 같이 명시하고 있다. "우리는 기관투자가로서 수혜자의 장기적 이익을 위해 행동할 의무를 지닌다. 이러한 책임을 지닌 수탁자로서 우리는 환경, 사회, 기업 거버넌스(ESG) 관련 사안이 투자 포트폴리오의 실적에 영향을 미칠 수 있다고 믿는다. …… 또한 우리는 이 원칙을 적용함으로써 보다 광범위한 사회 목표와 투자자를 더 효과적으로 연결할 수 있음을 인지한다."[42]

앞에서 이야기한 정보 공개 기준은 주로 투자자의 이익을 위해 고안된 것이다. 소비자 또한 CSR 생태계에서 중요한 역할을 수행할 수 있다. 로하스(LOHAS)는 '건강과 지속가능성을 지향하는 생활양식(Lifestyles of Health and Sustainability)'에서 앞글자를 딴 약어로, "건강과 신체 단련, 환경, 자기계발, 지속가능한 생활, 사회정의에 관심이 높은" 소비자들을 가리킨다.[43] 이들은 상품의 지속가능성이나 생산 과정에서의 직원 처우와 지역사회, 환경을 다루는 방식에 따라 종종 가격 프리미엄을 지불하는 소비자이다. 로하스 시장의 특성과 규모, 그 소비자들이 사회적 가치를 위해 기꺼이 지불하고자 하는 금액, 소비자 선호의 안정성은 여전히 연구가 진행중인 주제이다.[44] 하지만 두 가지만 예를 들면 로하스 소비자들은 공정무역 커피 구매운동에 중요한 역할을 했으며, 의류 제조업체가 그들의 공급망에 연계된 공장들의 작업 환경을 모니터링하도록 압력을 가하는 주축으로 활약했다.

기업 행동 강령

앞에서 이야기한 대다수의 보고서 이니셔티브는 회원 기업들이 따라야 할 명확한 기업 행동 표준을 포함하고 있다. 행동 강령을 포괄적으로 다룬 한 실증 연구에서 린 페인(Lynn Paine)과 동료 연구자들은 국제 비즈니스 표준 코덱스를 고안하고 경영자와 직원이 준수해야 할 여덟 가지 핵심 원칙을 다음과 같이 제시했다.

1. 수탁자 원칙 기업과 투자자들의 수탁자로서 소임을 다한다. 신탁관

리자에게 기대되는 수준의 공정한 자세로 성실하고 근면하게 기업 업무를 수행한다.

2. 재산 원칙 재산과 재산 소유자들의 권리를 존중한다. 도용과 유용을 삼가고 낭비를 피하며 위임받은 재산을 보호한다.

3. 신뢰성 원칙 합의사항을 이행한다. 약속을 충실히 이행하고, 법적 구속력이 있는 계약서에 포함되어 있는지의 여부와 관계없이 약속, 합의를 비롯해 기타 자발적으로 맡은 일을 완수한다.

4. 투명성 원칙 진실되고 열린 자세로 업무를 수행한다. 기만적인 행동과 관행을 삼가고 정확한 기록을 남기며, 중요한 정보를 적시에 공개함과 동시에 비밀 유지 및 개인정보 보호 의무를 존중한다.

5. 품위 원칙 모든 개인의 품위를 존중한다. 타인의 건강과 안전, 프라이버시, 인권을 보호하고 강요하지 않으며 업무 현장과 시장, 지역사회에서 인간 발달을 증진하는 관행을 채택한다.

6. 공정성 원칙 자유롭고 공정하게 경쟁하고, 모든 당사자를 공정하고 공평하게 대우하며, 고용과 계약에서 차별하지 않는다.

7. 시민정신 원칙 공동체의 책임 있는 시민으로서 소임을 다한다. 법을 존중하고 공익을 보호하며 공공기관과 협력하고 정치나 정부에 부적절하게 관여하지 않으며 공동체 향상에 기여한다.

8. 대응성 원칙 기업의 활동에 관해 타당한 요구와 관심을 가진 이들과 관계하고, 공공의 필요에 빠르게 대응하는 한편 공익 보호에 있어 정부의 역할과 관할권을 제대로 인식한다.[45]

이들 원칙은 개별 기업 규약, 다양한 비즈니스 리더들이 동의한 코 원탁회의(Caux Round Table)의 비즈니스 원칙, 그리고 앞에서 이야기한 GRI

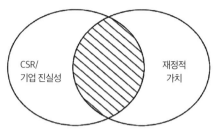

[그림 5.1] 린 페인의 벤다이어그램

나 경제협력개발기구(OECD) 지침, UN 글로벌 콤팩트(Global Compact), 기업 책임에 관한 범종교센터가 공표한 원칙을 비롯한 다양한 부문의 규약에서 정수를 뽑아낸 것이다.[46] 코덱스의 저자들은 기업에서 만든 규약과 다양한 부문의 규약은 역점을 두는 부분이 각기 다르며, 후자의 경우 직원과 일반 대중에 좀더 중점을 둔다는 점을 언급한다.

행동 강령은 아무리 보편적이더라도 이해관계자들의 서로 경합하는 이익을 조율하고자 하는 기업의 경영자에게 하나의 출발점을 제시해줄 수 있는 규준을 반영한다. 이러한 규준은 여섯번째 부분에서 다루는 논의의 중심이 된다.

이 장의 나머지 부분에서는 기업의 장기적 가치를 극대화하는 동시에 추가적인 사회 편익을 창출하는 활동부터 주주 가치를 다소 희생시키면서 이해관계자들에게 혜택을 주는 활동에 이르기까지 일련의 CSR 관행을 두루 고찰한다. 린 페인이 그린 유용한 벤다이어그램을 보면 재무 가치와 CSR 또는 기업의 진실성 영역이 일정 부분 겹쳐진 것을 확인할 수 있다 ([그림 5.1]).[47]

이후에서는 이렇게 겹쳐지는 행복한 영역을 다룬다. 그리고 바로 이어서 CSR와 기업의 진실성이 기업의 재무 가치 극대화와 갈등을 일으킬 수 있는 상황에 대해 살펴본다.

4. 기업 가치 극대화와 조화를 이루는 CSR 활동

CSR가 기업 가치 극대화와 양립할 수 있는 세 가지 다른 방법이 있다. 내가 경영 인식이라고 칭할 첫번째 방법은 중요한 이해관계자들이 기업에 대해 우호적인 태도를 형성하도록 유도하는 것이다. 두번째는 기업의 진실성이 회사의 장기적 가치에 이바지할 수 있는 방식과 관련이 있다. 세번째로 공유 가치를 형성하는 방법은 주주 이외의 특정 이해관계자들에게 혜택을 부여하면서 동시에 기업의 가치를 높이거나 적어도 낮추지는 않는 활동을 수반한다.

기업에 대한 인식 관리

기업은 채용하거나 고용을 유지하고자 하는 직원, 잠재 고객, 교류하거나 멀리하고 싶어하는 정부의 정책 입안자와 규제기관을 포함해 수많은 이해관계자로부터 영향을 받는다. 기업이 이러한 이해관계자들의 영향력을 활용할 수 있는지 여부는 그들이 기업과 기업의 활동에 대해 긍정적인 이미지를 가지고 있느냐에 좌우되는 경우가 많다. 또한 이를 위해서는 광고부터 연례 보고와 화려한 책자, 다양한 이해관계자와의 교류에 이르기까지 여러 형태의 소통이 필요하다.

일부 CSR 지지자들은 사회적·환경적 결과를 개선하기 위해 고안된 기업의 활동은 대개 홍보활동뿐이라고 주장한다.[48] 한편 반대자들은 기업이 CSR 옹호단체와 성실히 협상하는 것처럼 가장하기까지 하는 것에 대해 우려를 제기한다. 예를 들어 데이비드 헨더슨은 '유화정책'이나 '적과의 동침'이 해당 기업과 비즈니스 분야 전체에 장기적으로 손실을 초래한다고 단언한다.[49] 그는 기업 부문이 다양한 사회적 이익을 위해 주주 가치의 극대화라는 기본 목적을 타협하고자 하는 움직임에 직면해 있다고 주장한다. 기업의 경영자는 여기저기에서 자기 영역을 내주다가 급기야 미끄러운 비탈길로 굴러떨어질 것이고 그 밑바닥에는 비효율과 혼란이 놓여 있을 것이다.

나는 헨더슨의 우려가 거짓이라고 생각하지 않는다. 개인적으로 이와 비슷한 상황을 경험한 적이 있는데, 거기에는 미국의 군사 개입을 둘러싼 학생 시위와 학생들이 정치적 입장을 취하고 혐오 발언을 금지하라고 학교를 압박한 정체성 정치 문제에 직면한 대학 행정부의 행동이 연관되어 있다. 시위자들이 밝힌 불만 중에는 존중하며 대화를 나눠볼 만한 것도 꽤 많았지만, 일부 학교는 학생들을 달래는 과정에서 표현의 자유와 학문의 자유 원칙을 양보했다. 마찬가지로 이해관계자의 이익 집단은 기업의 경영진의 입장에서 무시하기에는 힘들지만 그대로 따르기에는 부적절할 수 있는 진정한 이익을 대변하는 경우가 많다. 내 생각에 이 문제의 핵심은 이해관계자와 관계하느냐의 여부가 아니라 어떻게 하면 그들과 솔직하고 건설적인 관계를 맺을 수 있느냐 하는 것이다.

기업 진실성

이 특정한 주장들을 다루지는 않지만 린 페인이 이야기하는 '진정성' 개념에 의하면 기업의 인식 관리는 기업이 진정으로 매진하는 일과 내부 문화와 일치한다. 페인은 경험적 데이터를 섬세하게 고찰하면서 기업의 도덕적인 행동은 종종─반드시 그런 것은 아니지만─위험을 감소시키고 조직의 내부 문화를 개선하며 시장 참여자, 지역사회, 정부의 감독기관이 기업을 우호적으로 바라보게 만듦으로써 수익 창출에 기여한다고 주장한다. 그녀는 일반적으로 "재계에서 공정성과 정직 같은 가치를 옹호하는 주장이 이타주의나 자선 옹호론보다 더 활발하다"는 점에 주목한다. 페인이 제시한 미덕에 대한 보상과 악행에 대한 처벌 사례에는 소비자가 받은 피해 공개, 부패 타파, 사업 관계에서의 정직한 거래, 감독기관에 솔직한 태도, 직원들에 대한 공정한 처우 등이 포함된다.[50]

공유 가치 창출

기업의 경영자가 주주에게 아무런 손실 없이 이해관계자들에게 혜택을 줄 수 있다면 보수주의 학자들도 그러한 외부 편익을 추구하는 것에 반대하지 않을 것이다. 이러한 맥락에서 마이클 포터(Michael Porter)와 마크 크레이머(Mark Kramer)는 2011년에 발표한 중요한 논문에서 공유 가치 창출(creating shared value, CSV)이라는 개념—기업이 자사는 물론 그 이상을 위한 가치까지 창출하는 '윈윈(win-win)' 활동에 관여할 수 있다는 생각—을 개괄했다.[51] 포터와 크레이머는 논문에서 공유 가치 창출은 필란트로피가 아니라 기업의 성과와 경쟁력을 향상시키는 동시에 소비자와 직원, 협력업체, 지역사회를 비롯한 기타 외부 이해관계자들에게 혜택을 부여하기 위한 전략이라고 기술하고 있다.[52]

페인이 윤리적 관행에 초점을 맞춘 것에 반해 포터와 크레이머는 특정한 비즈니스 및 마케팅 전략을 고찰한다. 그들은 공유 가치를 창출하는 세 가지 주요 방법을 제안했는데, 제품과 시장의 재설계, 가치 사슬의 생산성 증대, 지원 산업 클러스터 구축이 바로 그것이다.[53] 첫번째 범주에서 기업들은 사회적 필요에 부합하거나 주로 저소득층 또는 소외지역의 인구 중심으로 새로운 고객까지 아우르는 신제품을 개발한다. 기업은 가치 사슬을 점검함으로써 생산 주기를 최적화해 자체 비용도 낮추고 동시에 사회와 환경에 도움을 줄 수도 있다. 교육기관, 동업자단체, 표준기구와의 협력을 통해 생산성과 경쟁 우위를 높일 수도 있다. 다음의 예를 살펴보자.

- 노바티스(Novartis)는 병의원들이 신속한 유통망을 제공하는 인도의 주요 도시에서 정기적으로 자사 의약품을 판매하고 있다. 하지만 인도 인구의 70퍼센트는 훈련된 보건의료 인력과 진료소가 부족한 시골지역에 거주한다. 노바티스는 지역 마을 여성들을 보건 교육자로 훈련시키고, 의료서비스 제공자들에게 현대적 기술을 교육시키는 등 지역 진료소 수만 곳을 연결하는 유통 구조를 구축함으로써 이러한 제약을 극복하고자 했다. 노바티스는 일반적으로 정부의 책임인 필수적인 보건의료 인프라 구축을 통해 이전에는 접근이 어려웠던 1억 명 이상의 인도인에게 제품을 판매해 수익을 올릴 수 있게 되었다. 현재 노바티스는 베트남과 케냐 등 비슷한 제약이 있는 다른 국가들로 이 모델을 확장하고 있다.

- 인텔(Intel)은 자사의 가치 사슬 분석을 통해 환경 발자국을 줄이는 한편 에너지 비용도 절감했다. 2008년부터 이산화탄소 배출을 줄여 1억 1100만 달러의 에너지 비용을 절약했다. 인텔이 10억 달러의 자본을 투입한 호찌민시 중심가의 공장에는 물 소비를 최대 68퍼센트까지 줄여주는 중수도시설이 설치되어 있어 공장 가동 비용은 물론 외부 비용도 절감할 수 있다.[54]

- 세계 최대 무기질 비료 기업인 야라(Yara)는 정부, 농민, 아프리카 기업들과 함께 비료를 비롯한 농업 투입물에 대한 농민의 접근 기회를 확대해왔다.[55] 야라는 6000만 달러를 투자해 아프리카 연합위원회

(African Union Commission), 아프리카 성장계획(Grow Africa), 식량 안
보와 영양을 위한 신동맹(New Alliance for Food Security and Nutrition)
과의 협업하에 아프리카지역을 대상으로 비료 유통 전략을 수립했
다. 또한 노르웨이 정부와 현지 지자체들과 함께 도로와 항만시설 개
발을 지원하고 있으며, 이를 통해 아프리카 농민들이 좀더 쉽게 물자
를 얻을 수 있게 해주는 농업용 회랑지대를 만들어 야라의 매출과
내륙지역 농민들의 생산성을 높이고 있다.[56]

포터와 크레이머의 논문을 논평한 이들은 공유 가치 창출이 기업의 사
회적 책임(CSR)에 대한 대안이 아니라 수익을 늘리는 동시에 사회적·환경
적 편익을 제공하는 해법을 적극적으로 찾는 기업 전략에 대한 특정한 접
근법이라고 언급했는데, 이는 내가 보기에도 정확한 지적이다.[57] 공유 가치
를 창출할 수 있는 기회에 대한 경영진의 투자는 상대적으로 덜 확실한 장
기적 편익을 달성하기 위해 즉각적인 비용을 발생시키는 여느 결정—예를
들어 연구 개발에 투자한다는 결정—과 본질적으로 다르지 않다. 유일한
차이점은 기존의 기업 전략에서는 간과되기 쉬운 사회적·환경적 기회에
역점이 있다는 점이다.

5. 기업의 재무 가치를 줄일 수 있는 CSR

많은 CSR 지지자는 계몽된 자기 이익 이론에 따라 기업의 모범 관행이
반드시 최종 수익을 높일 것처럼 이야기한다. 이 생각은 타당해 보이지도
않을뿐더러 린 페인이 주장하듯이 "윤리는 수지타산이 맞는다'는 [공언
은] 주는 만큼 가져가는 빈정대는 칭찬이다. 윤리적 활동의 재무적 편익만

을 내세우며 호소하는 경영자는 사람들이 도덕적 고려사항을 진지하게 받아들이기 어렵게 만드는 추론과 정당화 양상을 강화하기만 할 뿐이다." 페인은 구호로 내세우기에 '윤리는 중요하다'가 더 낫다고 제안한다.[58] 이 말은 맞는 듯하다. CSR와 기업 진실성은 때로 기업 경영진이 기업의 경제적 가치를 어느 정도 희생시킬 것을 요구한다. 이를 실행하는 데 있어 가능한 이유 네 가지는 다음과 같다.

1. 법으로 규정되어 있다.
2. ESG 기준에서 함축적으로 규정되어 있다.
3. 주주들이 다른 이해관계자들의 편익을 위해 기꺼이 수익을 희생시키겠다는 의사를 표명한다.
4. 도덕 원칙에 따라 기업의 경영진은 다른 이해관계자들의 이익을 고려해야 한다.

이중 마지막 이유는 매우 중요하므로 여섯번째 부분에서 이 부분만 집중적으로 다뤄보고자 한다.

법률 준수

밀턴 프리드먼이 최고경영자는 주주에 대한 자신의 의무에 따라 "법에 포함된…… 사회의 기본 규칙에 따를" 수 있다고 했을 때 쉬운 사례라고 생각했던 건으로 이야기를 시작해보겠다. 데이비드 엥겔(David Engel)은 1979년에 쓴 논문에서 법을 지키는 것은 수익을 희생시킬 수도 있는 이타적 행동이며 그러므로 기업은 처벌받을 것 같지 않을 때는 형법이든 민법이든 법을 준수하지 말아야 한다고 주장했다.[59] 엥겔은 환경오염을 예로 들어 기업이 오염 방지법을 위반해도 처벌받지 않을 수 있는 이유는 크게 두 가지라고 설명했다. 즉 그런 행동을 들키지 않거나 집행에 따르는 거래 비용이 너무 높아서이다. 엥겔은 이런 상황에서의 자발적 준수에 대해 몇 가지 반론을 제시한다.

입법부가 법정형을 정할 때 과소 집행을 고려했을 수 있고, 그렇기 때문에 자발적인 법 준수는 최적에 미치지 못하는 오염 수준으로 이어져 입법부의 비용·편익분석에 어긋날 수 있다.[60] 더욱이 입법부가 법 위반이 전혀 없는 것을 지향한다고 해도 "실질적 범죄 하나하나가 모든 기업이 직원 어느 누구도 금지 행위를 하지 않도록 내부감사 시스템에 무한정 투자해야 한다는 입법부의 판단을 나타낸다는 주장은 이치에 맞지 않는다. 그런데 이 진술로 인해 논거가 약화되는 순간, 실질적 형법의 의미에 대한 도덕적 접근법은 기업이 하급 범죄를 줄이기 위해 돈을 얼마나 써야 하는지에 관해 아무런 지침도 제공하지 않는다."[61]

엥겔은 수사적으로 묻는다. "자발적인 법 준수가 언제 필요한지, 이윤을 극대화하는 투자를 넘어 내부감사 시스템에 얼마를 쏠지 경영진이 어떻게 알겠는가?"[62] 엥겔의 기본 논거는 민사 책임까지 포함하고 있는데, 그의 말에 의하면 이 점 때문에 기업은 자사가 끼친 피해 금액을 산정하기가 어려워진다.

엥겔의 주장을 고찰하는 출발점(이자 아마도 종착점)은 일반 시민과 기업의 단독 소유주는 자신의 법 준수 의무를 어떻게 보아야 할 것인지를 묻는 것이다.[63] 모든 법조문을 의무적으로 지켜야 한다고 생각하는 사람은 거의 없다. 예를 들어 나는 다른 대부분의 캘리포니아 주민들처럼 고속도로에서 운전할 때 자주 제한속도를 초과하는데 한편으로는 고속도로 순찰대가 제한속도를 관대하게 본다는 생각이 있어서이고, 또 한편으로는 내가 적발될 가능성이 별로 없기 때문이다.[64] 반면에 나는 아무도 없을 때도 정지신호를 무시하고 달리지 않으며, 쓰레기를 그냥 버리지 않고 재활용 쓰레기를 분류한다(기업의 오염 방지에 대응되는 개인적 행동).

이 글을 읽는 독자들도 분명 자신에 대한 어떤 행동의 가치, 다른 사람들에게 끼치는 피해, 그러한 법을 위반함으로써 발생하는 사회적 비용에 대한 판단을 토대로 어떤 경우에 지키지 않을지의 경계를 다르게 정할 것이다. 그러나 시민들이 발각되지 않을 것이라고 생각할 때마다 번거로운 법을 지킬 의무가 없다고 생각한다면 우리는 끔찍한—딱 맞는 표현으로 '무법'—사회에 살게 될 것이다.

엥겔은 이러한 결정이 공식처럼 나올 수 없고 판단을 요한다는 생각 자체가 체계적 위반의 손을 들어주는 결정적인 점이라고 본다. 확실히 법률 준수에 깊이 전념하는 기업의 경영자들조차도 내부 모니터링이나 다른 유형의 준수에 어떤 자원을 들일지 결정할 때는 판단력을 발휘해야 한다. 그러나 다른 리더나 관리자 못지않게 기업의 경영자들에게는 그들의 활동 영역 내에서 끊임없이 도덕적 판단을 내릴 것이 요구된다[65](실제로 민사 책임과 관련해 때로 기업 경영진은 다른 누구보다도 기업이 법을 어김으로써 초래되는 피해 규모를 산정하기 좋은 위치에 있다). 이런 유의 판단을 내리는 기준에 대해서는 여섯번째 부분에서 다시 이야기할 것이다.

ESG 기준

앞에서 이야기한 다양한 ESG 표준은 정보 공개만을 요구하지만 사실 기업의 영업활동과 영향에 대한 실질적인 기준을 내포하고 있는 경우가 많다. 의무적 공시와 표준은 앞에서 법 준수에 대한 분석으로 다루었다. 만약 기업의 경영자가 자발적 공시나 자발적 표준 고수를 통해—규제의 위험을 줄이거나 고객과 투자자를 유치하거나 기업의 대외 이미지를 개선함으로써—기업 가치가 향상될 것이라고 합리적으로 믿는다면 어떠한 갈등의 소지도 없다. 이것이 바로 마이클 젠슨(Michael Jensen)이 이야기하는 '계몽된 가치 극대화'이다. "중요한 고객층을 무시하거나 함부로 대하면 조직의 장기적 시장 가치를 극대화할 수 없다. 소비자, 직원, 재정적 후원자, 공급업체, 규제기관, 지역사회 등과 좋은 관계를 맺지 않고서는 가치를 창출할 수 없다."[66] 흥미로운 사례—ESG 표준과 관련한 자발적 공시나 자발적 준수가 수익을 희생시키는 경우—에 대한 논의는 여섯번째 부분으로 미루어두고자 한다.

수익을 기꺼이 희생시키려는 주주의 의사

기업의 경영자가 주주에게 불이익을 주면서 자기 개인의 도덕관이나 이타주의적 취향을 제대로 충족시키지 않을 것이라는 프리드먼의 주장은 옳다. 그러나 주주들은 수익을 어느 정도 희생시키더라도 기업이 다른 이해관계자들의 이익을 고려하기를 원할 수도 있다. 예를 들어 주주는 피투자기업이 사회적으로 가치 있는 행동을 할 때 심리적 편익을 누리고 기업이 주주의 규범에 반하는 방식으로 행동할 때 심리적 비용을 부담할 수 있다.[67]

프리드먼은 이타주의가 경영진의 주주에 대한 의무와 반드시 모순되지는 않으며 어떤 상황에서는 주주에게 경제적으로 이로울 수도 있다고 인정한다.[68] 내가 알고 있는 바로는 버크셔 해서웨이(Berkshire Hathaway)는 유일하게 주주들이 기업의 자선 기부금을 지정할 수 있도록 했다.[69] 하지만 투자자들은 이타적 관심에 대한 지지를 이유로 (그들이 생각하기에) 사회적 가치가 있는 기업의 주식을 매입할 수도 있다.

다른 이해관계자들의 편익을 위해 주주 가치를 다소 희생하려는 기업의 의도에 대해 충분한 사전 통지—즉 주식을 매입하기 전의 통지—를 받은 투자 예정자는 그 기업이 오로지 이윤에 집중하기를 바랄 수 있고, 심지어 투자를 한 뒤 이 방향으로 기업에 영향력을 행사하고자 할 수도 있다. 그러나 이 투자자에게는 해당 기업의 경영진이 자신에 대한 의무를 위반했다고 불평할 정당한 사유가 없다. 이것이 앞에서 인용한 팀 쿡의 발언이 나온 이후 애플에 투자한 사람의 입장이다. 이 발언으로 쿡은 애플이 사회적 목적을 위해 수익을 어느 정도 희생할 수도 있다고 통지했기 때문이다.[70]

이와 같은 맥락에서 혜택 법인(B Corp)의 인가서는 해당 기업들이 이해관계자들의 비재무적 이익을 고려할 의무를 명시적으로 표시한다. 예를 들어 어떤 기업이 비콥(B Corp) 인증을 받으려면 반드시 서명해야 하는 '상호의존 선언(Declaration of Interdependence)'은 다음과 같이 규정한다.

우리는 공익을 창출하는 민간기업의 힘을 활용하는 새로운 경제 부문을 마음속에 그린다. 이 부문은 새로운 유형의 기업—목표지향적이며 주주뿐 아니라 모든 이해관계자의 편익을 창출하는 혜택 법인—으로 구성된다.

이 신흥 부문의 구성원으로서 그리고 혜택 법인의 기업가이자 투자자로서 우리는 다음의 진실이 자명하다고 생각한다.

우리 스스로 우리가 세상에서 원하는 변화가 되어야 한다.

모든 사업은 흡사 사람과 장소가 중요한 것과 같이 수행되어야 한다.

기업은 제품과 관행, 이윤을 통해 어떠한 해도 끼치지 않고 모두를 이롭게 하기를 열망해야 한다.

그렇게 하기 위해서 우리는 우리 모두가 서로에게 의존하고 있으며, 따라서 서로에 대해서나 미래 세대에 대해 책임이 있다는 이해를 기반으로 행동해야 한다.

혜택 법인의 지위를 획득하려면 기업은 운영에 관한 문건을 수정할 때 이사회와 주주의 승인을 얻어야 하고, 명시된 이해관계자들에게 제공하는 ESG 편익에 대해 특정 등급을 받아야 한다.[71]

혜택 법인마다 추구하는 사회적·환경적 목표가 다르다. 예를 들어 비콥 인증사인 메소드 프로덕트(Method Products)의 CSR '핵심 내용(highlights)'은 다음과 같다.

직원: 직원에게는 생활 임금보다 40퍼센트 이상 높은 급여를 지급. 직원과 직원 가족의 건강보험료 대부분을 지불. 직원 만족도 80퍼센트 이상으로 보고됨.

지역사회: 공급업체가 탄소 배출량을 줄이도록 지원. 공정무역 공급업체 우대. 지역 봉사활동을 위한 유급휴가 20시간 이상 제공.

환경: 용기 제조에 100퍼센트 재활용 플라스틱을 사용. 대부분의 시설이 LEED 녹색 건물 인증을 받음. 배송의 35퍼센트 이상에 바이오디젤 차량 사용. 사용되는 에너지의 50퍼센트 이상을 재생 가능 자원에서 충당. C2C(요람에서 요람으로) 인증 기업.[72]

혜택 법인이 된다고 해서 기업의 장기적 가치를 양보해야 하는 것은 결코 아니다. 실제로 많은 혜택 법인은 다양한 이해관계자들에게 기민하게 대응함으로써 회사의 가치가 향상될 것이라고 믿는다. 그러나 혜택 법인의 투자자들은 회사가 특정한 사회적·환경적 이익을 도모하기 위해 기업 가치를 양보할 수도 있다는 통지를 받는다.

혜택 법인의 인가서는 CSR 책무를 명시적으로 규정한다. 하지만 행동 강령이나 경영진의 발표 혹은 그저 행동으로 책무를 표현한 전통적인 기업의 주식을 매입한 투자자는 어떻게 될까? 기업의 이윤을 체계적으로 감소시키는 모든 책무는 주가에 반영될 가능성이 크다. 그 실행에 대해 합당한 통지를 받은 투자자들은 그것에 암묵적으로 동의한 것으로 여겨질 수 있다. 그러나 이것으로 기업의 경영진은 무엇을 그러한 책무로 삼을지 어떻게 결정하느냐는 질문에 대한 답이 되지는 못한다. 그럼 지금부터 그 흥미로운 문제를 다루어보기로 하자.

6. 도덕 원칙의 요건

윤리는 자신이 무엇을 할 권리가 있는지와 어떻게 하는 것이 옳은지의 차이를 아는 것이다.

—포터 스튜어트 판사

주주가 어떤 형태든 CSR를 인가하거나 묵인했다고 말할 수 없다고 가정해보자. 쟁점을 더욱 분명히 하기 위해서 한 주주 집단이 애플 경영진이 다른 목적을 위해 주주 가치를 희생시키지 않겠다고 분명히 밝힌 시점에 애플 주식을 매입했다고 가정하자. 여기서 새로운 최고경영자 팀 쿡이 등장하고, 앞에서 인용한 성명을 통해 사실상 정책 변경을 선언한다.

쿡은 법 규정은 기본적인 규범을 포함하고는 있지만 필연적으로 불완전하며 더없이 다양한 유형의 기업 부정행위를 추적하지 못한다는, 아이너 엘호지가 설득력 있게 명확히 표현했던 견해를 가지고 있을 수도 있다. 게다가 입법은 느리고 비효율적인 과정이다. 법 규정에는 주주 입장에서 마땅히 기업이 준수할 것이라고 기대할 수 있는 모든 사회 규범이 담겨 있다고 주장할 이들에게 엘호지는 다음과 같은 글로 답한다.

> 우리는 완벽한 정보가 없고 바람직하지 않은 활동을 완벽히 정의하거나 판결할 수 없기 때문에 바람직하지 않은 모든 활동을 저지하거나 규탄할 수 있을 만큼 법적 제재는 엄밀할 수 없다. 이러한 정보와 판결의 결함을 없애려는 시도는 실행이 어렵고 비용이 많이 들 뿐만 아니라 완벽한 감시가 초래할 피해로 인해 원칙적으로 바람직하지도 않다.[73] ……최상의 행동 규제가 되려면 불완전하기 마련인 법적 제재를 사회적 제재와 내면화된 도덕규범으로 보완하는 것이 반드시 필요하다.[74]

엘호지는 더 근본적으로 "기업 구조는 단독 소유주가 느낄 수 있는 일상적인 사회적·도덕적 제재로부터 모든 주주를 크게 분리시킨다"고 언급하기도 한다.

> 주주는 기업의 불법 행위에 대해 사회적 제재를 가하고 싶을 수 있고, 기업과 조금이라도 관련이 있다고 보기 더 어려운 사람들과 접촉할 가능성이 희박하다. 도덕적 제재는 이러한 문제에 쉽게 영향을 받지 않지만 다른 우려를 제기한다. 도덕적 제재를 가하려면 기업이 무엇을 하고 있는지 알아야 하고, 일반적으로 주주는 마음 편하게도 업무상 결정의 세부 사항과 관련 법 규정에 대해 알지 못할 것이다. 설령 이러한 장

애물을 극복할 수 있다 하더라도 주주 개개인은 수많은 주주 중 한 명일 뿐이기 때문에 책임이 있다고 여겨지거나 책임을 느끼지 않을 가능성이 크다. 이처럼 분산된 책임은······ 주주들을 사회적·도덕적 제재로부터 한층 더 격리시킬 것이다.

엘호지는 다음과 같은 결론을 내렸다.

수익 극대화에 대한 강제적 의무는 사회적·도덕적 제재보다 우선하며 기업으로 하여금 자신의 행동이 사회에 초래하는 파장을 무시하는 비도 덕적인 개인과 똑같이 행동하게 만든다. 우리 사회의 사회·도덕규범이 집단적으로 행동을 개선한다고 가정한다면 이는 기업의 행동을 악화시 킬 것이다. 이에 반해 사회적·도덕적 제재에 대응하는 경영자의 재량은 기업의 행동을 올바른 방향으로 인도할 것이다. 이 또한 우리 사회의 사 회·도덕규범이 무엇이 옳은 방향인지 정확히 찾아낸다고 가정했을 때 의 이야기이다.[75]

따라서 CSR를 가장 격렬하게 반대하는 사람조차도 기업이 주주 이외 의 다른 사람들에 대해서 어느 정도 의무가 있다는 점은 인정한다. 영국의 CSR 비판론자 데이비드 헨더슨은 윤리적 관습에 따라야 하는 의무에 관해 언급한 밀턴 프리드먼의 말을 그대로 반복하면서 다음과 같이 적고 있다.

경영자 그리고 사실 주주들 역시 무엇이 합법적이면서 수익성도 있는 지, 뿐만 아니라 무엇이 옳은 행동인지 고려할 필요가 있는 상황이 많다. …… "실효성 있는 법률이 없다고 해서 화학회사가 대기를 오염시키는 변명이 될 수는 없다." 주주와 이사회 모두 설사 법률상 의무가 문제시되지 않는 경우라고 해도 제품의 안정성 보장이나 안전 위험 가능성 공개, 유해 오염물질 감축, 뇌물 수수 예방, 다른 이해관계자들과의 공정한 거래 같은 사례를 위해서는 기꺼이 약간의 수익을 잃을 각오를 하거나 포기할 수 있고, 어쩌면 기꺼이 그렇게 해야 한다. 이 같은 예외 상황 그리고 독자적인 판단력을 발휘할 수 있는 충분한 근거가 있는 경우는 사법제도와 정부가 제대로 기능하는 국가에서도 발생하기 쉽다.[76]

헨더슨은 '약간의' 수익을 포기한다고 적고 있다. 하지만 제품의 안정성 보장, 안전 위험 가능성 공개, 유해 오염물질 감축 등은 약간의 수익 손실 이상의 희생을 요구하는 경우가 많다.

법률이나 주주의 지시, 기업의 설립 인가서가 없는 상태에서 경영자는 다른 이해관계자들의 이익을 위해 주주 가치를 얼마나 양보해야 할지 어떻게 결정할 수 있을까? 논리적으로 생각하면 동시에 하나 이상의 변수를 극대화하는 것은 불가능하다. 그리고 마이클 젠슨이 이야기하듯이 잠재적인 교환은 단순히 주주와 단일 집단으로서의 기타 이해관계자들 사이의 문제가 아니라 '서로 경합하고 상충하는 다양한 이해관계'를 가진 사람들 사이의 문제이다.

소비자는 낮은 가격, 고품질, 저렴한 비용의 서비스 등을 원한다. 직원은 높은 급료, 우수한 근로 환경 및 휴가, 의료보험, 연금 등의 부가 혜택 등을 원한다. 자본 공급자는 낮은 위험과 높은 수익률을 원한다. 지역사회는 많은 자선 기부, 지역사회 전반에 혜택을 주기 위한 기업의 사회복

지 지출, 고용 안정, 투자 확대 등을 원한다.[77]

이에 따라 젠슨은 경영자에게는 기업의 장기적인 시장 가치를 극대화하는 것 외에는 이러한 여러 이익을 절충하는 기준이 없다—그는 이것을 '계몽된 이해관계자 이론'으로 간주한다—고 단언한다. 나는 문제가 이보다 더 복잡하다고 생각한다. 그렇지만 경영진이 이러한 절충을 할 수 있느냐는 질문을 다루기 전에 우리는 먼저 도덕적 의무의 원천을 이해해야 한다. 이에 세 가지를 생각할 수 있다.

기업의 도덕적 의무의 원천

주주의 도덕적 의무 개인은 사회 구성원으로서 도덕적 의무가 있으며, 대리인에게 자신을 대신해 행동할 권한을 위임하는 식으로 이 의무를 피할 수는 없다. 대리인이 물려받지 않으면 그 도덕적 책임은 신기하기보다는 비극적으로 자취를 감춰 사라져버릴 것이다. 많은 주주는 그들의 피투자기업이 도덕성을 상실하면서까지 이윤 극대화를 추구하기를 원하지 않을 공산이 크다. 그러나 주주가 무엇을 원하건 상관없이 만약 개인이 통제권을 다른 누군가에게 넘기는 것으로 자기 자산을 사용한 결과에 대한 개인의 도덕적 책임을 완전히 피할 수 있다면 이것은 심각하게 우려할 만한 일이다. 모든 점을 고려해볼 때 경영진은 주주가 시민으로 살아가는 개인의 삶에서도 그런 것처럼 기업이 도덕적 의무를 저버리는 것도 원치 않을 것이라 가정하고 행동하는 편이 타당할 수 있다.[78]

물론 대형 다국적 기업의 경우 특히 더 그렇겠지만 엄청나게 많은 주식은 개인이 아니라 기관투자가—연금기금, 보험회사, 영구기금, 재단, 국부펀드—의 수중에 있다. 그렇지만 기관투자가의 최종 수혜자는 개인들이다. 그러므로 이것이 또다른 차원의 대리인 관계를 만들어내기는 하지만 그 관계를 없애지는 않는다. 기관투자가가 대학이나 재단을 대행하는 경우라도 마찬가지이다. 거북이는 도처에 있고, 그게 아니라도 어쨌든 바닥에는 있다. 실제로—기본 논거에 필수적인 것은 아니지만—일부 저자들은 기업의 재무 수익률뿐 아니라 작업장의 안전, 오염 등과 관련이 있는 외부 비용과 편익에도 영향을 받는 기업활동 전체의 이해관계자들이 기금 수혜자인 '보편적 소유권' 현상에 주목하기도 했다.[79]

경영자의 도덕적 의무 기업의 경영자에게 위임한다고 해서 주주가 자신의 도덕적 의무와 분리되지는 않듯이 경영자도 수임으로 인해 자신의 의무에서 자유로워지는 것은 아니다. 일부 직종의 윤리 강령—아마도 법이 이 경우와 가장 유사할 것이다—은 그 종사자가 의뢰인을 대신해 개인적으로는 찬성하지 않는 행동을 취할 수 있게 허용하지만, 그 종사자가 의뢰인 대신 사기에 가담하거나 엄청난 해를 저질러야 하는 규정은 전혀 없다. 어쨌든 앞에서 언급한 기업 행동 강령의 취지는 윤리 강령이 변호사에게 부과하는 것보다 더 큰 책임을 기업의 경영자에게 지우는 쪽으로 치우쳐 있다.

도덕규범의 요건과 노골적으로 상반되는 주주의 지시가 충돌하는 상황에서 기업의 경영자가 어떻게 해야 하느냐는 내가 알고 있는 한 순전히 가상적인 질문이다. 실제로 이런 상황이 발생하면 경영자는 자신의 자리에서 사임할지도 모른다. 이는 아치볼드 콕스(Archibald Cox) 특검을 해임하라는 닉슨 대통령의 (합법적이라고 주장된) 명령을 거부하고 각각 법무장관과 법무차관 직을 사임한 엘리엇 리처드슨(Elliott Richardson)과 윌리엄 러클샤우스(William Ruckelshaus)를 떠올리며 하는 말이다.

기업의 진실성 기업체뿐만 아니라 대학, 재단, 비영리단체와 같은 기관도 우리가 사는 지구촌 사회에서 주된 역할을 하며 사람들—직원, 소비자, 지역사회 구성원—의 삶에 지대한 영향력을 행사한다.[80] 이러한 기관들이 다른 이들에 대한 도덕적 고려 없이 근시안적으로 자신들의 핵심 수혜자들에게만 봉사하는 세상은 피폐한 세상일 것이라는 점은 굳이 상상하지 않아도 쉽게 알 수 있다.

도덕적 의무를 지는 주체는 기관이 아니라 기관의 경영자뿐이라고 응수할 수도 있을 것이다. 밀턴 프리드먼도 "'기업'이 책임을 진다는 말이 무슨 뜻인가?"라고 물은 뒤 "사람만이 책임을 질 수 있다. 법인은 '인위적 인간'이고, 이런 의미에서 인위적 책임이 있을 수 있지만" 진짜 책임은 경영자에게 있다고 답할 때 이와 같은 견해를 내비쳤다.[81] 하지만 우리는 사회적·경제적 삶의 거의 모든 영역에서 이 기관들을 경영자, 소유주, 수탁자, 위탁자와 별개로 존재하는 실체로 취급한다. 법률과의 유사성을 과하게 해석하지 않으면 기본적인 법적 책임—본래적 범죄—은 인습적 도덕성에 뿌리를 두고 있으며, 어떤 기관의 법적 책임을 도덕적 책임과 분리하는 것은 대다수 사람들의 직관과 어긋날 것이다. 우리는 한 기업의 의무에 대해 생각하고 논할 때 일련의 경영자가 아니라 기업이라는 그 실체와 결부시킨다.[82]

형식적인 요소는 차치하고 기업에 도덕적 책임이 있는 것으로 취급하는 주된 이유는 기업의 경영자에게 자신의 행동을 평가할 수 있는 기준이 되는 관점을 제공하기 위해서이다. 경영자는 자신의 전문적 역할에 맞는 윤리 원칙에 따라 행동해야 한다면, 기업은 무엇을 해야 할까? 도덕적 책임의 원천이 무엇이건 경영자는 기업의 관점, 즉 기업의 진실성이라는 개념에 반영되어 있는 견해를 취하는 것이 유익하다.

규범과 여유 자원

기업에는 도덕적 책임이 있다고 주장하는 것이 그 책임이 무엇인지 혹은 만약 절대적인 것이 아니라면 그러한 책임이 이윤 극대화라는 목표와 어떻게 균형을 이루어야 하는지를 이야기하는 것은 아니다. 사실상 모든 윤리 이론에는 본질적으로 나쁜 행동—거짓말하기, 속이기, 훔치기 등—도 있기는 하지만 예를 들어 거짓말과 (법정에서 쓰는 표현으로) '단순 과장' 또는 행동 유도 기법의 사용을 구분하는 경계는 전혀 뚜렷하지 않다.

린 페인은 모든 피해가 부정행위는 아니라는 점을 인정하면서도 기업들이 '불상사 방지' 원칙을 고수해야 하며, "가해자가 재정적 이득을 얻을 것이라는 기대가 무고한 타인들에게 동의 없이 해를 가할 만큼의 정당한 사유로 간주된 적은 한 번도 없다"고 단언한다.[83] 그러나 이는 문제를 지나치게 단순화한다. 개인이나 조직에 의해 가해진 모든 피해가 도덕적 잘못은 아니며, 행위 주체가 자신이 가한 손실 모두를 내면화하도록 요구하는 윤리 원칙은 없다.[84] 예를 들어 이론상으로는 기업의 오염활동이 가져오는 사회적 편익이 그 오염으로 해를 입은 사람들에게 부과되는 외적 비용을 약간 넘는 최적의 수준이 존재한다. 하지만 밀턴 프리드먼이 정확히 지적하고 있듯이 이 같은 시장 실패를 바로잡는 것은 근본적으로 정부 규제기관이 해결해야 할 사안이다.

사회에 대한 기업의 가치를 최적화할 일반적 의무가 경영자에게 있지는 않지만 그렇다고 해도 기업은 커다란 해를 입힐 가능성을 지니고 있다. 이런 경우에 기업의 경영자는 자신의 책임을 어떻게 다루어야 할까? 페인은 기업의 경영자가 4P, 즉 목적(purpose), 원칙(principle), 사람(people), 권한(power)에 대해 질문해볼 것을 제안한다.[85]

- 목적 제안된 행동은 사업상 가치 있는 목적에 부합하는가? 제안된 행동 방침은 (비교적 덜 해로운 대안에 비해) 얼마나 효과적으로 그 목적을 달성할 것인가?
- 원칙 그 행동 방침은 전통적 관행, 산업 규약, 회사 지침 그리고 최근에 생겨나 널리 용인되는 비즈니스 윤리 원칙에서 찾아볼 수 있는 관련 원칙과 모순되지 않는가?
- 사람 그 행동은 그로 인해 영향받을 가능성이 높은 사람들의 정당한 주장을 존중하는가? 기업은 위해를 완화하거나 그것에 대해 보상하고 있는가?
- 권한 기업은 이 행동을 취할 권한을 가지고 있는가? 합법적인 권한과 필요한 허가나 동의를 확보한 것과 더불어 그 행동을 수행할 자원을 보유하고 있는가?

이 질문들은 경영자의 윤리적 문제 파악을 돕고 문제 해결을 위한 전반적인 틀을 제공할 수 있도록 고안되었다. 원칙에 관한 질문은 사회 규범이나 비즈니스 규범에 중점을 두며, 나머지 질문들도 궁극적으로 규범과 관련이 있다. 이어지는 글에서 나는 이러한 규범들이 재무 가치와 기타 가치의 충돌을 해결할 수 있는 지침의 핵심적인 원천이라고 제안하고자 한다. 그러나 먼저 이러한 충돌을 해결하는 데 있어 조직 여유 자원의 역할을 언급해두고 싶다.

슬랙(slack) 또는 여유 자원은 조직이 보유한 재정적·인적 자원을 충분히 활용하지 않고 있을 때 존재한다.[86] 슬랙은 문자 그대로 또한 비유적으로 기업의 영업활동에서 경영진에게 재량을 주는 은행에 있는 자금을 말한다. 이 자금은 자기 이익을 추구하거나 조직의 비효율적인 운영을 허용하는 식으로 부정적으로 사용될 수도 있고, 예를 들어 연구개발이나 수익 일부를 희생시키는 윤리적 행동을 위해 생산적으로 사용될 수도 있다. 팀 쿡이 이 장 첫머리에 인용된 발언을 했을 당시 애플에는 현금 준비금이나 막강한 기업 수익 면에서 상당한 슬랙이 있었다.

실제로 대부분의 다국적 기업은 선한 행동을 비롯해 여러 가지 일을 하기에 충분한 슬랙을 가지고 있다. 그러나 무자비한 경쟁 속에서 간신히 영업을 이어가는 기업에는 슬랙이 없다. 기업이 CSR 모범 사례나 기업 진실성을 일관되게 고수하다보면—특히 경쟁 기업들이 같은 관행을 충실히 지키지 않는 경우—파산에 이를 수도 있다. 바로 여기서 산업 규범이 작동하게 되는데, 경합하는 가치들 간의 균형을 찾을 수 있는 지침으로서뿐만 아니라 선한 행동을 가능하게 하는 데 있어서도 중요한 역할을 한다. 벤 하이네만은 『높은 진실성을 동반한 높은 성과(High Performance with High Integrity)』에서 본질적으로 이 점을 역설하고 있다.

[기업의] 시민정신에는…… 기업에 강제된 형식적 요건 이외에도 자발적으로 윤리적 책무를 수행하는 행위가 수반된다. 그러나 이러한 기준에는 비용이 딸려온다. ……

확실히 경쟁 사회에서는…… 단독 행동에 한계가 있다. 예를 들어…… 비슷한 처지에 있는 기업들이 모두 같이 움직이지 않는 한…… 어떤 기업이 역사상 중요한 환경 문제를 바로잡는 데 드는 엄청난 비용을 감수할 가능성은 거의 없다. 그렇기 때문에 '윤리적' 행동을 고려하는 과정에서 기업들은 특정한 '공익'이나 '사회적 이익'(예를 들어 환경보호)이 사회에 중요하다고 판단하면서도 단독 행동에 나서기에는 경쟁의 영향이 너무 크다는 결론을 내릴 수도 있다. 이런 경우 비용이 반드시 넓게 분배되어야 하는데 그 방식은 보통 둘 중 하나이다.

> 기준에 대한 산업 전반의 자발적인 합의를 통해(물론 경쟁법에 저촉되지 않는 방식으로 공표됨)
> 과세 기준을 적용하거나 특정 산업의 전 구성원에게 비용이나 책임을 부과하는 방법으로 비용을 분산시키는 공공정책을 통해[87]

특정 산업의 전 구성원들에게 비용이나 책임을 부과하는 통상적인 방법은 정부 규제를 통하는 것이다. 1977년 제정된 해외부패방지법(Foreign Corrupt Practices Act)은 외국 관료에 대한 뇌물 공여를 금지하는 법으로 비윤리적인 경쟁업체를 상대로 윤리적 태도를 견지하는 기업을 보호하는 규제의 대표적인 예이다.[88] 청정수법(Clean Water Act)에서 농업 폐기물을 면제해준 결정은 경쟁이 치열한 산업에서 슬랙이 거의 없을 때 서서히 나타나는 부정적 영향을 잘 보여준다. 2014년 여름 이리호 인근 농장에서 유출된 비료로 인해 녹조가 대대적으로 번식하면서 오하이오주 털리도의 상수도가 오염되었다. 비용을 거의 들이지 않고도 유출수의 양분 수준을 어느 정도 낮출 수는 있겠지만 대대적인 감축을 위해서는 계획과 교육에 많은 비용이 필요할 것이다.[89] 경쟁자들에게 요구조건이 부과되지 않는 한 개별 농가가 스스로 이 문제를 해결하기란 매우 어려울 것이다.

규범의 역할

비즈니스 규범이나 공공 사회 규범은 기업의 이해관계자들 사이의 절충을 고민하는 경영자에게 중요한 지침을 제공할 수 있다. 헌법의 개방적 조항—예를 들어 수정 헌법 제8조의 잔인하고 비정상적인 형벌에 관한 조항—에 따른 판결에 대한 연방대법원의 접근방식에 나타난 유사점을 소개하면서 지침 자료로서의 규범에 대한 논의를 시작해보겠다. 대법원은 이른바 "성숙해가는 사회의 진보를 보여주는 진화하는 품위 기준"[90]에 주목했으며 법률, 국민 인식, 판례, 양형 실태, 해외 사례를 참작해 형벌이 잔인하고 비정상적인지의 여부를 판단했다.[91] 예를 들어 1989년 대법원은 살인죄로 유죄판결을 받은 지적장애인의 사형에 반대하는 합의가 이루어지지 않았다고 판결했다.[92] 13년 뒤 대법원은 같은 사안을 재고하는 과정에서 그동안 18개 주가 정신장애가 있는 사람의 사형을 금지하는 법안을 통과시켰음을 들어 이러한 사형 집행이 위헌이라고 보았다.[93]

대법원이 앞선 판례에서 밝혔듯이 판결에 대한 이러한 접근법은 "우리의 한낱 개인적이고 사적인 생각에 의지"하기보다는 사회 규범이나 인습적 도덕성을 포괄하기 위한 것이다.[94] 헌법학자 해리 웰링턴(Harry Wellington)은 인습적 도덕성을 '특정 사회에서 널리 공유되는 행동 표준'으로 정의한다. 법원은 "자체의 도덕적 견해를 확고히 밝힐 권리나 의무가 [없다]. 도덕 철학자와 달리 법원은 우리의 도덕적 견해를 밝혀야 한다. …… 바로 이 때문에 우리는 인습적 도덕성에 관심을 가져야 한다. 사회의 도덕 원칙과 이상이 바로 그 안에 있기 때문이다."[95] 이 접근법에 의하면 의사결정 과정은 개인의 도덕적 판단이나 정책의 결정보다는 참여자이자 관찰자가 된 인류학자의 사회적 관행에 대한 이해에 가까워 보인다.

웰링턴은 한 사회의 인습적 도덕성을 파악하려면 그 사회에서 살아가면서 "사회에 민감해지고, 폭넓게 경험하고, 다독하고, 도덕적 의무를 동원하는 것 같은 상황을 반추, 숙고, 분석해보아야 한다"고 적고 있다.[96] 기업의 경영자들은 보통 사색적인 자질 때문에 선택되지 않지만 대법관보다는 그들이 현실 문제에 더 활발히 참여하고 아는 것도 많을 가능성이 크다.

헌법적 의사결정에 대한 '진화하는 기준'식 접근법은 판사들의 개인적·사적 생각이 작용할 수밖에 없다는 이유로 비판받았다. 예를 들어 고인이 된 헌법학자 존 하트 엘리(John Hart Ely)는 미국 사회가 인습적 도덕성을 공유하고 있는지 의심했으며, 설령 공유한다고 하더라도 그러한 합의를 "확실히 찾기 어렵고 적어도 법정에서 찾을 수는 없다. 우리는 자신의 관점을 통해 사회의 가치를 바라봄으로써…… 문명인이 옹호되면 좋겠다고 생각할 만한 거의 모든 입장에는 그것을 옹호하는 적용 가능한 합의가 있다는 점을 확신할 수 있다"고 주장했다.[97]

하지만 그 대안은 무엇인가? 헌법의 영역에서 선택할 수 있는 선택지는 원전주의(여기에는 더욱 까다로운 법리적 문제가 있다) 아니면 입법부의 결정에 대한 사법부의 존중을 요구받거나—즉 위헌으로 추정되는 관행에 대해 위헌 심사를 거의 또는 전혀 실시하지 않는—둘 중 하나이다. 기업의 경영자에게 있어 대안은 이윤 극대화를 의사결정의 유일한 기준으로 취급하는 것이다. 실제로 헌법의 '진화하는 기준' 원칙은 입법부의 판단을 대단히 존중하는 관점을 포함하며, 기업 경영진을 위한 유사한 접근법은 표면적으로 이윤 극대화에 높은 가치를 부여한다.

경영 규범은 항상 명확하지는 않으며 시간이 지나면서 바뀔 수 있다(실제로 CSR 운동의 한 가지 목표는 규범을 바꿈으로써 지금까지는 의무를 초월하는 것으로 여겨진 일부 행위가 도덕적 의무가 되게 하는 것이다). 그러나 때로는 규범이 상당히 괜찮은 지침을 제공하는 수준까지 발전했을 수 있다. 예를 들어 의류업계의 자발적 규약은 개발도상국에 있는 공장의 작업장 안전과 근로자 급료 및 근무시간의 용인되는 기준에 대한 합의가 발전하고 있음을 반영한다.[98] 이들 규약은 미국 기업이나 다국적 기업의 경영자들이 자사 공급망에 속한 제조업체들에 어떤 요건을 부과할지 고민할 때 유용한 참조

기준이 된다.

그러나 복잡한 문제도 있다. 첫째, 이 의류업계 규약은 주로 근로 여건에 신경쓰는 소비자들에 대한 브랜드 매력에 관심이 있는 기업들에 의해 개발되었다. 이런 기업들의 관점에서는 표준을 확실히 준수하는 행동이 주주 가치 극대화라는 목표와 상충되지 않고 실제로 그 목표에 도움이 될 수도 있다. 그렇다면 이들 사례는 공급업체의 근로 여건보다는 가격에 더 민감한 고객들을 보유한 기업에게 얼마나 도움이 될까?

이 대규모 업계에서 비록 인지도는 매우 높으나 작은 틈새 영역에서만 이러한 표준이 채택된다면 그것을 규범으로 여기기는 어려울 것이다. 이에 반해 업계에서 점점 더 크게 확대되는 영역이 이 표준을 지키려고 한다면 그리고 무엇보다 언론에 보도된 여론이 이 표준을 지지한다면 초기에 이 표준을 채택한 이들의 동기와는 별개로 도덕적 중심부를 개발할 수도 있을 것이다.

규범의 발달 과정을 개념화하기 위해 밖으로 팽창할 수 있는 잠재력을 지닌 작은 원이 있다고 가정해보자. 이 작은 원 안에는 소수의 기업이 있는데, 이 기업들은 독자적 의사결정과 합의된 의사결정을 통해 어떤 관행─예를 들어 공급망에 속한 공장들의 작업 환경 모니터링─을 구축하기 시작한다. 갓 생겨난 규범은 강화되고, 기업들은 앞에서 이야기한 것과 같은 각종 ESG 요건 등 다양한 이해관계자들의 압력에 영향을 받는다. 최대 크기에 이른 원은 유사한 모든 기업들─예를 들어 모든 다국적 의류회사 또는 컴퓨터 하드웨어회사─을 망라하게 될 것이다. 규범을 따르는 지지자가 늘어날수록 원은 점점 더 커진다. 어느 시점이 되면 경영자가 규범을 지키기 위해 수익을 희생시킬 수 있을 만큼 기업의 수가 충분히 늘어나거나 여론이 충분히 강해진다. 이때부터 시간이 흘러 어느 시점이 되면 원은 더욱더 커져서 규범 준수를 도덕적으로 요구할 수 있을 수준에까지 이를 수 있다.

이 이야기는 의류업계에서 실제로 일어난 규범의 발달 과정을 그대로 따라가고 있다. 이야기를 대폭 단순화해보자. 대학생과 노조의 시위에 대응해 그리고 빌 클린턴 대통령의 요청에 따라[99] '공급망 전체에 걸친 공정한 노동 관행과 안전하고 인간적인 근로 환경 확립에 매진하는' 소수의 유명 브랜드 기업에 의해 1999년 공정노동협회(Fair Labor Association, FLA)가 설립되었다.[100] 2014년 기준으로 약 40개 기업이 공정노동협회에 회원으로 가입되어 있었다. 2012년 방글라데시의 공장 건물 붕괴 사고로 100명이 넘는 의류 노동자가 사망하는 사건이 발생하면서 미국 의류 제조업체와 소매업체를 상대로 공급망에 안전 표준을 적용하라는 압력이 거세졌고, 그 결과로 인해 생겨난 방글라데시 근로자 안전연합(Alliance for Bangla-desh Worker Safety)[101]은 타깃(Target), 월마트(Walmart)와 같은 할인 유통업체 등을 회원으로 두고 있다. 방글라데시 근로자 안전연합이 성공적으로 활동을 이어나간다면 장차 도덕적인 의무가 될 수도 있는 규범을 확립할 수 있을 것이다.[102]

지금까지의 분석은 특정 업계의 공인된 원칙과 관행으로 규정되는 상당히 구체적인 규범에 초점을 맞추었다. 기업의 행동 강령에 명시된 원칙도 어느 정도 영향력을 갖지만 실제 관행과 뚜렷이 구분되는 규범은 성실한 기업의 경영자에게 훨씬 더 강력한 기준점을 제공해준다.[103] 그러나 규범을 넘어 기업 진실성이라는 개념은 경영자들이 식별 가능한 활용 형태를 통해 예시되건 그렇지 않건 몇몇 일반적인 윤리 원칙에 구애될 수도 있음을 시사한다. 일회성 사례를 다룰 때 기업의 경영자들은 공직자의 행동이 "문명화된 행동의 품위"를 훼손하고 "양심에 타격"을 주는 경우 그 행동은 위헌이라고 대법원에서—극히 드물기는 하지만—종종 판결한 또다른 계통의 헌법 판례를 고려해볼지도 모른다.[104](인용 표현은 1952년 판례에서 가져온 것으로, 해당 사건에서 경찰은 마약 소지 용의자의 몸을 수색하는 과정에서 매우 나쁜 행위를 저질렀다). 이 표준은 앞에서 논한 표준과 본질적으로 다르지 않다. 그러나 이 표준은 실천 규범을 보여주는 어느 정도 객관적인 지표를 보기보다는 (앞에서 해리 웰링턴이 기술한 이유로) 판사들이 보편적인 사회적·도덕적 표준을 내면화했다고 상정한다. 이 접근법은 특히 행동양식을 식별하기 어려운 행위 사례나 사건에 적용할 수 있다.

점화 스위치에 결함이 있으면 시동이 꺼지고 에어백이 작동하지 않아 인명 사고가 발생할 수 있다는 사실을 소비자들에게 알리지 않은 제너럴 모터스의 행동이 하나의 예이다.[105] 이 같은 위험을 공개하도록 강제하는 산업 규범이 있었다면 제너럴 모터스 경영진은 사전 분석에 따라 정보를 공개해야 했을 것이다.[106] 그러나 설령 규범이 없더라도 혹은 그 규범이 비공개라고 하더라도 성실한 경영자라면 비공개로 인해 생명을 위태롭게 하는 것이 '양심에 가책'을 받지 않는지 물어볼 것이다. 이 경우 여론도 길잡이 역할을 하므로 제너럴 모터스 경영자들은 기업이 유해 요인을 공개하지 않은 이전 사례에 대한 대중의 반응을 살펴볼 수도 있었을 것이다.[107] 다만 사후 확신 편향과 기타 인지 현상 때문에 비용/편익 측면에서 타당한 사전 위험으로 보이는 것이 그 위험이 결국 일어나 해를 끼칠 경우에는 격분을 살 수도 있다는 점은 미리 경고해둔다.[108]

누구의 규범인가?

의류업계 사례에서 제조업체와 유통업체, 소비자, 언론의 관점은 거의 동시에 같은 방향으로 전개되었다. 그리고 제너럴 모터스 경영진이 2014년 이전에 지배 규범에 대해 의구심을 품었을지 몰라도 그 의구심은 그들의 행동에 대해 도처에서 쏟아진 비난으로 인해 확실히 해소되었다. 하지만 실행과 의견이 이만큼 일치하지 않는 경우 성실한 경영자는 누구의 규범에 기대야 할까?

이 장의 전반부에서 나는 기업 행동에 대한 도덕적 책임의 세 가지 원천이 주주, 경영진, 기업임을 확인했다. 대형주에 투자한 다양한 개인 주주, 상장기업, 기관투자가가 보유한 방대한 주식이 합쳐진 조합은 주주의 규범과 일반 대중의 규범을 사실상 분간할 수 없게 만든다(주주 결의안은 규범을 이끌어내는 수단이라기보다는 공식적인 거버넌스 체계로 이해하는 것이 더 적절하다). 기업은 경영자를 통해 행동하므로 이 둘은 '산업' 규범의 출처로서 무시할 수 있다. 따라서 일반적으로 성실한 경영자가 가진 규범의 기본 출처는 다음 두 가지로, 첫째는 여론, 둘째는 동종 업계나 비즈니스 부문 전반에 속한 다른 기업들의—예를 들어 행동 강령과 실제 관행에 드러난—관점과 관례 등이다. 각 출처마다 장단점이 있다.

여론은 대개 전후 사정에 밝으며, 지속적일 수도 일시적일 수도 있다. 예를 들어 후쿠시마 원전의 노심용융처럼 확률은 낮지만 최악의 재앙적인 사건에 대한 반응은 관련된 비용과 위험, 편익을 참작할 수도 있고, 무지와 사후 확신 편향에 기인할 수도 있다. 대중의 관심은 재빨리 사라질 수도 있고, 원자력의 단계적 폐지를 추진중인 독일의 경우처럼 장기적으로 비즈니스 관행을 바꾸는 움직임에 기여할 수도 있다. 대중 규범으로 추정되는 대다수는 지나치게 모호하고 변화무쌍하며 정보가 부족해서 성실한 기업의 경영자에게 신뢰할 만한 지침의 출처가 될 수 없다.[109]

비즈니스 규범은 그것이 작용하는 경제적·조직적·기술적 맥락의 현실에 영향을 받는 경향이 있다. 그러나 이 규범에는 나름의 한계가 있다. 사형제 관련 규범과 공장의 작업 환경에 관한 표준 간의 주목할 만한 차이를 적어도 한 가지를 꼽자면 전자는 공익—그 개념이 아무리 모호하더라도—을 도모할 책임이 있는 정책 입안자가 내린 결정의 결과물인 것에 반해 후자는 보통 경쟁적 환경에서 자기 이익을 위해 내린 결정의 결과물이라는 점이다. 기업의 자기 이익은 많은 결정에서 매우 적절하므로 비즈니스 규범은 다른 이해관계자들의 이익을 대가로 주주 가치를 편드는 쪽으로 편향될 수 있다.

정지점 또는 출발점으로서의 규범

이 같은 난제들에도 불구하고 이 정도에서 분석을 끝내고 기업의 경영자는 널리 용인된 규범을 따르되 그 정도를 넘어서면 안 된다는 결론을 내릴 수도 있을 것이다. 어쨌든 경영자는 판사도 윤리학자도 아니고, 경영자의 의사결정 과정은 공정성으로 이끄는 제도적 제약에 구속되지 않는다. 판사들이 규범에 의지하다보면 자신의 개인적 관점에 영향을 받을 수밖에 없다는 비판은 기업의 경영자가 내리는 결정에도 최소한 같은 정도로 적용되며, 경영자에게 더 나아가라고 부추기는 행위는 개인적 편견의 영향을 자초하는 것이나 마찬가지이다. 그렇지만 기존의 태도와 관행에만 의지하게 되면 현상유지를 지나치게 중시해 규범의 발전을 가로막을 수 있다.[110] 몇 가지 가상의 사례를 통해 대안을 탐구해보자.

2014년 가을 대형 약국체인업체인 CVS 케어마크(CVS Caremark)가 담배 판매를 중단하기로 결정한 것에 대해 생각해보자.[111] CVS 약국은 대부분 병원 및 보험회사와 계약을 맺고 의료서비스를 제공하는 '미닛 클리닉(Minute-Clinics)'이라는 간이 진료소를 운영하고 있다. 비록 담배 판매 중단이 단기적으로는 연간 20억 달러의 매출 손실을 가져올 것으로 추산되었지만 경영진은 이 결정으로 이들 기관과 수익성이 더 높은 거래가 성사되고 건강에 민감한 소비자들에게 매력적으로 다가갈 수 있을 것이라고 판단했다.[112] 그런데 CVS 경영진이 회사가 결코 손실을 만회할 수 없을 것이라고 생각했다고 가정해보자. 흡연자들이 담배를 구입하기 더 어렵게 만듦으로써 CVS가 흡연에 따른 높은 개인적·사회적 비용을 줄이는 데 일조했다는 근거로 이 결정이 정당화될 수 있었을까? 이러한 상황에서 CVS가 내린 결정과 예를 들어 편의점 체인인 세븐일레븐이 내린 비슷한 결정에 차이가 있을까? 또한 상장된 약국 체인업체가 해당 제품이 낙태약이라거나 단순히 피임은 비도덕적이라는 경영진의 견해에 따라 자궁 내 피임기구나 사후 피임약 판매를 거부하는 것은 정당화될 수 있을까?[113]

규범만 참조했을 때 담배를 판매하지 않기로 한 CVS의 결정은 아마도 보건업계 기업의 규범 중 선두에 있다고 할 수 있다. 실제로 경쟁적인 자유주의 규범의 지배를 받고 있을 편의점에 대해 같은 이야기를 한다면 지나친 억지일 것이다. 약국의 특정 피임약 판매 거부는 전체 국민 중 소수만의 견해를 반영한다. 두 경우 모두 소비자들이 다른 가게를 찾아감으로써 해당 기업들은 장기적인 수익 손실을 초래할 가능성이 높다.

다른 대안으로 이들 사례의 경영자들이 비즈니스 규범이나 공공 사회 규범에 유효성 추정 원칙을 적용하면서도 자신만의 독립적인 분석을 계속 이어갈지도 모른다. 앞에서 이야기한 린 페인의 4P 체계를 참조할 수도 있고 그 밖의 다른 대안도 있는데,[114] 대부분 결과주의와 의무주의 윤리학이 혼재된 친숙한 내용을 포함하는 세속적인 특징을 가진 것들이다. 다시 슬랙의 개념으로 돌아가서 결과주의적 분석에는 수익 손실을 건강상의 이득과 자유주의적 가치와 비교해 저울질해보는 비용-편익 분석이 포함될 것이다. 우리가 다루는 가상의 약국 체인 경영자들은 피임약을 판매할지의 여부를 고려할 때 종교 교리를 참조할 가능성이 크다. 그들이 호비로비(Hobby Lobby) 소유주들과 같은 견해를 공유했다면[115] 실용주의적인 타협을 하지 않을 가능성이 클 것이다.

공공 규범이나 비즈니스 규범에 대해 유효성을 추정하는 것은 경영자의 결정을 제약하는 한 가지 방법이다. 또 한 가지는 결정을 내리기 전에 상의와 숙고를 거치며, 일부러 반대 입장을 이야기하는 '악마의 변호인'을 포함해 사안에 대해 다양한 시각을 가진 사람들의 의견을 구하는 방법이다.[116] 그럼에도 불구하고 특이한 판단이 나올 가능성을 고려해볼 때 기업의 경영자가 공공 또는 산업 규범에서 벗어나도록 허용해도 되는 것인지 질문하는 독자가 있을지도 모르겠다. 나는 몇 가지 이유에서 허용해도 좋다고 생각한다.

첫째, 의사결정 과정에서 규범이 어떤 역할을 한다면 규범의 발전에는 대개 기존의 규범이라는 안전지대 밖으로 한 발짝 내딛는 최초의 발기인이 필요하다. 둘째, 규범을 지킨다고 해서 기업과 그 경영자들의 도덕적 책임이 소진된다고 선험적으로 추정할 이유는 없다. 셋째, 대부분의 경영자가 전통적인 도덕관을 가지고 있고, 주주의 경제적 이익으로부터 과도하게 벗어나지 않을 자기 본위적인 유인의 경향이 있다는 이유만으로도 종교적으로 동기부여된 가상의 약국 경영진이 처한 상황은 실제 현실에서는 극히 드물 것이다. 넷째, 설사 경영자들이 노선에서 크게 벗어난다고 하더라도 불만을 가진 투자자들이 주주 결의를 통해 그 결정을 철회할 수 있다. 모든 점을 고려해볼 때 공유된 규범에 취소 가능한 유효성 추정을 적용하고 자신만의 도덕적 판단을 내리기 전에 다른 사람들의 견해를 구하고 숙고하도록 경영자에게 요청하는 편이 규범의 존재 유무를 결정 요인으로 만드는 것보다 더 공정한 상황으로 이끌 것이라고 생각된다.

마지막으로 이 절에서 집중적으로 다룬 도덕적 행동 규범은 이타주의와는 뚜렷이 구별된다는 점을 강조하고 싶다. 이타주의는 그 정의상 도덕적 의무가 아니라 의무 이상의 것이다.[117] 남을 위하는 행동이 기업이 그 선의에 의존하는 소비자나 직원, 지역사회의 호의적인 시각을 얻음으로써 수익을 증가시킬 것이라고 생각하면 이타주의는 곧바로 '쉬운 사례'의 범위에 속하게 된다.[118] 이런 이유로 많은 기업이 지역사회와 국제 자선단체에 상당한 금액을 기부한다. 그러나 경영자가 동의하지 않은 주주들을 위해 기업 가치를 희생시키는 순전히 이타적인 행동을 할 수 있다고 주장하는 것은 규범에 기반한 분석을 초월하는 일일 것이다.[119]

7. 결론

기업의 경영자가 이윤을 희생하지 않고도 다양한 이해관계자들에게 이익을 줄 수 있는 혹은 최소한 피해를 주는 것은 피할 수 있는 커다란 영역이 있다. CSR와 ESG, 기업 진실성 등의 운동은 재정적 이득과 사회적 가치를 절충할 수 있는 필요성을 증가시키거나 감소시킬 가능성을 가지고 있다. 기업활동에 따른 사회적·환경적 결과를 처리하는 데는 많은 비용이 들 수 있다. 선행이 항상 그 자체로 보상이 되는 것은 아니며, 이해관계자들 사이의 모든 갈등이 통합적이거나 서로 '윈윈'하는 방법으로 해결될 수 있는 것도 아니다. 반면에 기업의 선한 행동을 토대로 투자자가 투자 결정을 내리고 소비자가 구매 결정을 내리고 직원이 취업 결정을 내린다면 한 때는 희생이었을 수도 있는 결정은 단순히 주주 가치를 보호하는 측면에서 모범적인 경영 사례가 된다.

물론 기업의 경영자는 언제든 어느 이해관계자 집단의 눈을 속이려고

들 수도 있을 것이다. 하지만 대단히 부정적인 사람이 아니고서야 경영자들은 들키지만 않는다면 절대 옳은 일을 하고 싶어하지 않는다고 주장하지는 않을 것이다. 이들 사회운동의 미래가 어떻게 펼쳐지든 어려운 사례는 반드시 생길 것이다. 그런 사례를 찾아내어 해결의 틀을 제공하자는 것이 이 장의 목표였다.

6장

필란트로피는 언제 발생하는가?:
이 질문에 대한 세법의 해답이 어떻게 기부자
조언기금을 낳았으며, 그것이 왜 문제인가?

레이 D. 메이도프(Ray D. Madoff)

필란트로피는 흔히 '민간자금을 공적 용도에 투입하는' 행위로 표현된다. 이처럼 필란트로피는 한 형태(민간자금)에서 다른 형태(공적 사용)로의 전환 또는 변화의 과정을 수반한다. 아울러 많은 전환이 그렇듯이 전환이 일어난 시점을 결정하는 이론상의—그리고 때로는 실질적인—문제가 존재한다. 우리는 어느 시점에서 민간자금이 공적 용도에 투입된 것으로 간주할까?

이런 전환이 일어날 때 종료점은 비교적 쉽게 파악할 수 있다. 개인이 소유하고 전적으로 통제하는 재산의 경우는 명백히 민간자산의 영역에 속한다. 한편 해당 자금이 개인의 통제권에서 벗어나 무료급식소의 음식이나 미술관 작품 또는 오페라 가수의 월급에 사용되었다면 이 경우 해당 자산은 공적 용도로 사용되었고 필란트로피가 발생한 것이 된다.

하지만 그 중간 단계는 어떻게 되는 것일까? 특히 자선 용도로 자금을 따로 떼어놓았지만 아직 사용하지 않았다면? 우리는 어느 시점에 이를 필란트로피라고 칭할 수 있을까? 언제 그렇게 칭해야 할까?

필란트로피의 범위는 이 책에서 여러 형태로 논의된다. 1장에서 조녀선 레비는 근대 필란트로피 활동가들이 자선과 필란트로피를 구분하는 문제에 어떻게 관여했는지를 고찰한다. 5장에서 폴 브레스트는 이윤 추구와 공익 추구의 경계와 때로 이 둘 사이에서 발생하는 갈등에 대해 살펴본다. 이 장에서 나는 필란트로피의 기준을 시간적 맥락에서 분석해보고자 한다. 즉 민간자금이 자선 용도로 이전되는 과정의 어느 시점에서 필란트로피 행위가 발생했다고 보아야 하는가? 나는 학술적 관점이 아니라 조세정책의 측면에서 이 질문에 대해 집중적으로 살펴볼 것이다. 정부는 어느 시점에 어떤 행위에 대해 자선 공제를 받을 만하다고 간주하고 금전적·상징적 혜택을 주어야 하는가?

예를 들어 내가 '푸드뱅크용'이라고 적힌 통에 모금을 한다면 필란트로피가 발생한 것일까? 내가 친구에게 돈을 주면서 "이 돈 좀 맡아줘. 나중에 푸드뱅크에 기부하는 데 쓸 거야"라고 이야기한다면 필란트로피가 발생했다고 할 수 있을까? 내가 지역 푸드뱅크에 돈을 기부하고 해당 기관이 식료품을 구입하기 전에 그 돈을 계좌에 넣어둔다면 필란트로피가 발생한 것일까?

이 문제가 복잡해지기 시작하는 것은 중간지원조직이 등장하면서부터이다. 중간지원조직은 필란트로피 자금을 필란트로피 용도로 사용하기 전까지 맡아두기 위한 목적으로 설립된 조직체이다. 가장 흔히 볼 수 있는 중간지원조직의 형태는 민간재단이다. 하지만 지역사회의 재단 역시 중간지원조직이 되어 언젠가 배분할 시점까지 기금을 보유할 수 있다. 마지막으로 기부자 조언기금(Donor-Advised Fund, DAF)은 가장 급성장하고 있는 자선 중간지원조직으로, 별도의 조직이라기보다는 운영되는 자선단체에 기금을 최종 배분하기 위한 목적으로 운용기관이 보유하고 있는 계좌이다. 거래 은행에서 만든 특별 기관에 돈을 맡기면서 "제 예금을 맡아주세요. 나중에 푸드뱅크에 기부할 거예요"라고 이야기한다면 필란트로피가 발생한 것일까? 이러한 기관으로의 이전은 어떤 조건에서 필란트로피 행위로 간주되어야 할까?

세법은 이를 어떻게 규정하고 있는지 살펴보자. 일반적으로 기부자는 기부금이 자선단체에 조건 없이 이전되는 즉시 자선 기부금 전액에 대한 세제 혜택을 받을 자격을 얻는다. 앞의 예시들에 적용될 때 조세제도는 돈을 모금함에 넣거나 친구에게 줄 때는 아무런 금전적 혜택을 주지 않지만, 기부금이 푸드뱅크에 이전되는 순간 해당 기관이 언제 그 돈을 자선 용도로 사용하는지에 상관없이 모든 혜택을 줄 것이다. 푸드뱅크가 (자선단체로 취급되기 위한 요건에 따라) 자선 목적으로 조직되고 운영된다면 우리는 푸드뱅크가 자선사업에 그 자원을 사용할 것이라고 믿을 수 있다는 논리이다.

자선기금의 보관 목적으로 설립된 중간지원조직은 어떨까? 여기에서 세법이 포괄적으로 접근하지 못한 부분이 드러난다. 해당 기관이 '민간재단'이라면 자금이 자선단체로 확실히 넘어갈 수 있도록 고안된 추가 지출 규정의 적용을 받는다. 하지만 지출 규정은 상당히 미미한 수준이며 쉽게 회피할 수 있다. 더욱이 민간재단의 정의가 한정된 부문에 해당하는 중간지원조직에만 적용되도록 기술되어 있다. 무엇보다도 특히 급성장하고 있는 자선 기부 수단인 기부자 조언기금을 아우르지 못한다.

이 장에서 나는 현행 조세제도가 기부자 조언기금을 제대로 다루지 못하고 있다고 주장한다. 왜냐하면 자원이 자선 목적으로 사용될 것이라는 보장이나 인센티브 없이 자선 기부의 모든 혜택을 주고 있기 때문이다.

기부자 조언기금의 현 세제 혜택은 여러 면에서 문제가 있다. 무엇보다 중요한 것은 운영 자선단체가 자선 기부에 전적으로 의존하고 있다는 점이다. 정부는 기부금이 운영 자선단체에 이관될 때까지 일부나 전액 공제를 보류하는 대신 중간지원조직(민간재단과 기부자 조언기금 포함)으로 이관된 기금에 대해 전액 자선 공제를 허용함으로써 이미 운영 자선단체의 힘을 약화시킨다. 이 문제는 기부자 조언기금의 경우에 더욱 심해지는데, 기부자 조언기금으로 이전된 기부금에 대해 지급 기간에 대한 아무런 요건을 부과하지 않고 전액 자선 공제 혜택을 주기 때문이다. 정부는 기부자 조언기금에 기부한 금액에 대해 납세자들에게 전액 자선 공제를 적용하면서 그 자금을 적시에 운영 자선단체에 배부하도록 규정하지 않음으로써 정부가 적시 배분을 의무화했다면 자선단체가 받았을 혜택을 온전히 받지 못하게 하는 구조를 만들고 있는 것이다. 둘째로 세법은 대중에게 교육적인 영향을 미친다. 따로 떼어놓기만 한 자금에 혜택을 주는 만큼 정부는 납세자에게 잘못된 메시지—즉 돈을 따로 떼어놓는 것만으로 자선활동을 완수했다—를 보낸다. 이는 또한 기부금이 자선 용도로 사용되기 어렵게 만든다. 정부가 돈을 따로 떼어놓는 것만으로도 이미 전액 세제 혜택을 주면 기부자는 자선 용도로 할당된 기금을 실제로 배분하는 데 신경을 덜 쓰게 될 수도 있다. 마지막으로 기부자 조언기금의 역학 구조 자체가 문제를 야기한다. 기부자 조언기금이 세제 혜택을 제공하려면 기부자는 운용기관과 법적 협약을 체결해야 한다. 그런데 이 협약은 실제로 이 관계에 대한 일반적인 기부자의 이해를 대변하지 못한다. 기부자가 기부자 조언기금에 자금을 이전할 때는 본인이 자선단체를 지정해서 기금을 보낼 수 있다고 생각하며 전달한다. 그러나 이전 시점에 자선 공제의 세제 혜택을 받으려면 기부자는 사실상 기부한 금액에 대한 모든 법적 통제권을 포기해야 한다. 납세자가 당사자의 진정한 합의 사항을 반영하지 않는 법적 협약을 체결하도록 함으로써 정부는 납세자들이 사기와 오용에 노출될 여지를 만든다.

게다가 이러한 표리부동을 용인하는 조세 규정을 채택함으로써 조세제도의 정당성을 약화시키고 있다.

이 장은 기술적인 조세 규정이 우리의 필란트로피 세계 형성에 얼마나 지대한 영향을 미칠 수 있는지에 대한 일반적인 논의로 시작한다. 이어서 급성장하고 있는 자선 기부 수단인 기부자 조언기금 사례를 면밀히 검토하여 자선 공제와 관련된 조세 규정이 어떻게 이를 위한 비약적인 성장 토대를 만들었는지 살펴본다. 기부자 조언기금의 성장이 과연 문제인지를 분석한 뒤 문제라는 결론을 내리고, 의회의 대응 방안에 대한 다양한 선택지를 검토해본다. 마지막으로 비슷한 우려를 낳고 있는 다른 자선 기부 유형에 관한 간략한 논의와 함께 해결 방안을 제시한다.

필란트로피 세계의 형태를 결정짓는 조세 규정

조세 규정의 기술적 성격을 생각하면 연말에 우리의 경제활동을 표로 만들어 정부에 신고할 세금 고지서 작성을 담당하는 회계사의 영역으로 떠넘기고 싶은 유혹이 생길 것이다. 이런 이미지는 마치 죽음처럼 불가피하게 적용될 수밖에 없는 일부 조세 규정에는 적절할 수도 있다. 하지만 필란트로피는 계획된 활동이기 때문에 해당 조세 규정에 더 기민하게 반응하며 규정과 필란트로피 세계의 관계를 훨씬 더 복잡하게 만든다. 조세 규정은 활동을 중립적으로 기록하는 역할을 하기보다 자선 기부의 양상—과 그로 인한 필란트로피 세계의 양상—을 직접적으로 결정짓는다.[1]

첫째, 자선단체에 대한 세금 우대가 (원래의 취지대로) 자선 기부의 인센티브로 작용하는 한 세금 우대 자선 기부금을 받을 자격 요건을 갖춘 기관은 그렇지 못한 기관보다 더 많은 기부금을 받고 사회에서 더 큰 역할을 할 것이다.

그러나 자선 규정은 자격 요건이 되는 기관에 기금을 제공하고 직접 전달하는 것에 그치지 않는다. 기관이 '자선단체 혜택'으로 여겨지는 세제 혜택을 받을 수 있는 자격을 갖추는 방향으로 조직을 변화시키려고 함에 따라 기관의 행동 방침을 결정짓기도 한다. 인종차별적인 사립학교에 대한 과세 처리는 특정 자선 공제 규칙이 강력한 영향력을 발휘한다는 점을 보여주는 유용한 사례이다. 미국 국세청(IRS)이 인종차별을 자행한 학교에 대해 자선기관의 자격을 박탈하기로 결정하면서 밥존스대학을 비롯한 일부 학교는 자선기관 자격을 (그리고 짐작하건대 자선 기부금까지) 상실했고, 다른 학교들에서는 인종차별을 금지하기 위해 학교 규정을 바꾸는 방식으로 대응했다. 오늘날 모든 사립학교는 자선기관 자격을 인정받고 이에 따른 혜택을 누리기 위해서는 학생의 인종, 피부색, 국적, 민족과 상관없이 입학을 허가한다는 공개 선언을 반드시 포함해야 한다.

자선 공제를 규율하는 조세 규정은 기부 대상뿐만 아니라 기부 형태에도 영향을 줄 수 있다. 예를 들어 1969년 미국 의회가 특정 유형의 분할이자 자선신탁을 제한하기 위해 규정을 변경했을 때 미국의 납세자들은—주로 자산 관리사를 통해—공제를 받는 데 필요한 요건에 맞춰 자신들의 분할이자 신탁을 수정하는 방식으로 대응했다. 의회가 개인의 유형 자산을 원래의 자선 목적에 맞게 사용할 가능성이 높은 단체로 이관하는 경우로 세금 공제 대상을 제한하자(무료급식소에 미술품을 기증하는 것은 안 되지만 미술관에 기증하는 것은 가능하다), 기부자들은 개인 유형 자산의 기부처를 기부자에게 세제 혜택을 가장 많이 주는 단체로 변경했다. 만약 의회가 내일부터 당장 자선사업에 직접 참여하는 단체에 기부할 때만 자선 공제 혜택을 주는 것으로 규정을 바꾼다면 자선 기부금은 두말 할 것도 없이 그 방향으로 흘러갈 것이다.

세법은 돈의 흐름을 특정 방향으로 효과적으로 유도하기 위해서 특정 거래를 금지할 필요가 없다. 노련한 세무 전문가 집단이 부유한 개인에게 조언하는 경우가 많으므로 기부 형태는 주로 세법상의 사소한 차이(자극)에 민감하게 반응한다. 예를 들어 어떤 식의 자금 이전으로 세제 혜택이 조금이라도 늘어난다면 자금은 해당 형태로 이동하는 경우가 많다.

자선 공제에 관한 조세 규정은 자금의 방향을 전환하는 것과 더불어 자선 행위를 규정하는 사회적 기준을 제시하는 데도 중요한 역할을 한다. 법은 사람들이 스스로의 행동을 인식하는 방식을 결정하는 강력한 도구이다. 법인류학 전문가 샐리 엥글 메리(Sally Engle Merry)가 설명했듯이 "법은 세상을 해석할 일련의 범주와 기본 틀을 제공한다. 법률 용어와 관행은 법조계 전문가들이나 해당 용어를 일상적으로 사용하는 사업 거래를 관리하는 이들뿐 아니라 일반 사람들에게도 강력한 의미를 지니는 문화적 산물이다."[2]

자선 공제의 구성 개념은 미국인이 자선 기부에 관한 생각을 정립하는 데 중요한 역할을 한다. 특정 활동이 특별한 인정을 받을 만한 가치가 있다고 법으로 규정되는 순간 규범이 세워지게 되고, 이 규범은 필시 일반 대중에게 체득된다. 예를 들어 거리의 불우한 이웃에게 현금을 기부하는 행위가 관대하게 느껴질 수는 있어도 법에 따르면 사회의 더 큰―일반적으로 비인격화된―집단을 위해 제공되지 않는 한 공식적으로는 '자선' 행위가 아니다. '예술'을 지원하는 기부 행위는 자선활동이지만 집세를 내라고 예술가 개인에게 주는 돈은 자선활동이 아니다.

기부자 조언기금은 언뜻 기술적인 영역으로 보이는 조세 규정이 어떻게 우리 세계에 지대한 영향을 미칠 수 있는지를 단적으로 보여주는 예이다. 이 장에서 나는 자선 공제를 규율하는 세부 조세 규정이 어떤 방식으로 자선 기부금을 흡수하는 보이지 않는 진공청소기 역할을 해왔고, 기부자 조언기금으로 기부금의 방향을 바꾸게 했는지를 설명하고자 한다. 이런 현상은 기부자 조언기금이 전달자 역할을 하면서 기부금을 적시에 자선활동을 수행하는 단체로 전해준다면 문제가 되지 않을 수도 있다. 하지만 현행법은 기부자 조언기금에 어떤 지급 요건도 부여하지 않기 때문에 자선기금을 이 같은 '부의 창고'에 가두어두고 사실상 자원이 자선 목적을 수행하지 못하게 만들 수 있다. 게다가 기부자 조언기금의 성장은 국민 모두에게 더욱 미묘한 영향을 주고 있을지도 모른다. 다시 말해서 법은 아무런 지출 요건도 없이 기부하는 시점에 전액 공제 혜택을 줌으로써 자선 행위의 본질이 과연 무엇인지에 대한 사람들의 인식을 바꿔놓고 있다고 할 수 있다.

기부자 조언기금 사례

기부자 조언기금(DAF)은 비교적 잘 알려지지 않았다가 오늘날 자선 분야의 핵심 주자로 떠오른 자선 기부 형태이다.

기부자 조언기금은 납세자가 현금이나 재산을 기탁하는 즉시 자선 공제를 받게 해준다. 기부금은 별도로 지정된 계좌에 투자되고 비과세 대상이 된다. 이후 기부자는 계좌에서 이루어질 자선 배분에 대한 조언을 할 수 있고, 경우에 따라서 계좌 투자방식에 대한 조언도 할 수 있다.[3] 이런 식으로 기부자 조언기금은 어느 학자의 표현을 빌리면 민간재단의 "모습, 느낌, 맛"을 갖는다.[4] 하지만 연간 5퍼센트 지출 규정을 따라야 하는 일반적인 민간재단과 달리 기부자 조언기금에는 정부의 지출 규정이 적용되지 않는다. 기금은 이들 계좌에 수년, 수십 년, 수백 년까지도 예치해둘 수 있다. 게다가 민간재단이 기부자 조언기금에 출연함으로써 5퍼센트 지출 의무를 충족할 수 있으므로 이러한 계좌는 운영 자선단체를 희생시키면서 기부자가 통제권을 가질 수 있는 기회를 추가로 제공한다.

기부자 조언기금은 민간재단과 비슷한 유형이라고 설명했지만 엄밀히 말하면 기부자 조언기금은 조직체가 아니라 공공 자선단체('운용기관'이라고 칭함)가 운영하는 별도의 계좌이다. 운용기관은 지역사회의 재단이나 전통적인 자선단체일 수도 있고, 가장 흔하게는 은행이나 기타 영리기업이 자선 기부금 모집을 위해 설립한 자선단체일 수도 있다.

최초의 기부자 조언기금은 1930년대로 거슬러올라간다. 당시 일부 지역사회 재단은 모든 기부금을 해당 지역사회 재단의 무제한 일반 기금에 넣을 것을 요구하는 대신 상위 기부자들에게 자신이 내는 기부금에 대해 조언할 수 있는 특권을 유지하도록 허용하기 시작했다. 1930년대부터 1980년대 말까지 기부자 조언기금은 자선 분야의 극히 일부에 불과했다.

그러나 1991년 자선 분야에 대변동이 일어나는데, 자산운용사 피델리티 인베스트먼트가 기부자 조언기금을 제공하기 위해 피델리티 자선기금 (Fidelity Charitable)이라는 자사의 '자선단체'를 설립한 것이다. 이 단체는 비과세 자격 신청 내용에 따라 "투자 관리 및 행정 목적을 위해 기부자들로부터 기부금을 유치"하는 방식으로 "모든 유형의 비과세단체에 재정 지원을 제공하기 위해" 설립되었다.[5] 다시 말해서 피델리티 자선기금은 다른 자선기관에 최종적으로 지원할 자선기금을 예치하기 위해 만들어졌다.

사업적 측면에서 보면 피델리티 자선기금의 창설은 영리한 조치였다. 피델리티의 사업은 자금 관리이며, 피델리티가 관리하는 자금이 늘어날수록 회사 매출은 증가한다. 피델리티는 자사의 '자선단체'를 설립함으로써

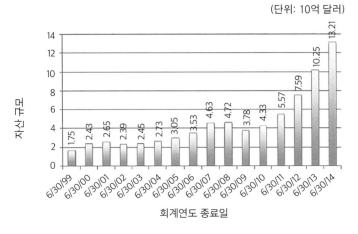

(단위: 10억 달러)

[그림 6.1] 1999~2014년 피델리티 자선기금의 자산 증가 추이

계좌 소유자에 의해 기부금이 '자선단체에 전달된' 이후와 세제 혜택을 받고 난 뒤에도 기금의 지속적인 관리가 가능했다. 피델리티 자선기금은 기존 고객들에게 혜택을 제공할 뿐 아니라 대부분의 자선 기부에 요구되는 기부 통제권을 포기하지 않으면서도 세제 혜택을 누리고자 하는 다른 기부자들까지 유치하는 데 성공했다.

피델리티 자선기금의 성장세는 거의 천문학적인 수준이었다. 지난 15년간 피델리티 자선기금은 자산 규모가 겨우 10억 달러를 상회하는 수준에서 130억 달러가 넘는 성장을 이루었다. 2013년 피델리티 자선기금은 구세군을 앞지르며 기부금 규모가 두번째로 큰 자선단체가 되었다. 이러한 가파른 성장세 덕분에 머지않아 피델리티 자선기금이 공동모금회(United Way)를 뛰어넘어 미국 최대의 '자선단체'가 될 것이라고 모두가 믿고 있다 ([그림 6.1] 참조).

다른 금융기관들도 곧 피델리티의 뒤를 이어 자사 운용기관을 설립해

마케팅에 나선 것은 당연한 수순이었으며, 그 결과 기부자 조언기금의 인기는 폭발적으로 치솟았다. 최근 보고서에 따르면 현재 기부자 조언기금의 수는 20만 개가 넘으며 민간재단의 수를 2배 이상 앞선다.[6] 기부자 조언기금에 기부되는 금액은 다른 형태의 자선 기부를 무색하게 만들고 있다. 2013년 기준 기부자 조언기금의 수는 민간재단, 자선잔여 단일형신탁, 자선잔여 연금신탁, 자선수익기여신탁, 공동소득기금을 모두 합친 것보다도 더 많았다.[7]

게다가 기부자 조언기금에 기부된 기금은 자선 기부의 전체 성장률보다 기하급수적으로 빠른 증가세를 보였다. 2012년 공공 자선단체의 기부금은 대체로 현상태를 유지하는 수준이었지만 기부자 조언기금의 기부액은 46퍼센트 증가했다.[8]

물론 이 모든 사태는 미국 국세청이 자선자금을 보유하고 기부자의 지시를 기다리기 위해 만들어진 기관에 자선단체의 지위를 부여하지 않았다면 불가능했을 것이다. 정부가 기금이 실제 자선기관에 전달될 때까지 어떠한 자선 기부도 발생하지 않은 것으로 간주한다는 입장을 견지했다면 자선업계는 오늘날 전혀 다른 모습이 되었을 것이다.

기부자 조언기금이 이례적인 인기를 구가하는 이유

기부자 조언기금의 인기 요인은 첫째로 기부자 모두에게 주어지는 행정 편의성도 있지만, 두번째 요인인 상위 납세자들에게 주어지는 예외적인 세제 혜택의 영향이 크다.

행정적 편익 기부자 조언기금의 한 가지 확실한 장점은 기부자에게 부여되는 행정 편의성이다. 현행 규정은 자선 공제를 요구하는 이들에게 엄격한 기록 보존 의무를 부과한다. 공공 자선단체에 간단하게 현금 기부만 하더라도 엄격한 기록 보존 의무를 따라야 한다. 예를 들어 자선 공제 자격을 갖추려면 기부자는 해당 자선단체로부터 기부 시점에 발급된 영수증을 수령해야 하는데, 여기에는 기부 금액뿐 아니라 기부의 대가로 다른 재화나 용역을 받지 않았다는 내용이 적시되어야 한다. 이러한 요건을 충족하지 못하면 극단적인 결과가 발생할 수 있다.

최근 한 기부자가 교회에 기부한 현금 2만 2000달러에 대한 공제를 신청했다가 거부당하는 일이 있었는데, 해당 교회가 영수증을 제대로 발급하지 않은 것이 원인이었다(교회는 기부 인정 증서를 발급했지만, 기부금의 대가로 어떠한 재화나 용역을 받지 않았다는 필수 문구가 포함되지 않았다). 해당 납세자는 새로 발급된 증서를 미국 국세청에 제출하며 상황을 바로잡으려고 했지만 국세청은 기부 시점에 발급한 영수증이 아니므로 여전히 요건을 충족하지 못한다고 판단했다.[9]

기부자가 기부자 조언기금을 이용하는 경우에는 개별 영수증을 계속 보관할 필요가 없다. 기부자 조언기금에 대한 첫번째 기부 내역만 입증되면 자선 공제 요청을 할 수 있기 때문이다. 게다가 기부자 조언기금의 운용 기관은 기부자의 세금 공제가 전문 분야이므로 모든 기술적 요건이 반드시 충족되도록 각별한 노력을 기울인다. 어떤 기부자들은 순전히 이 기록 보존 기능 때문에 기부자 조언기금을 이용한다는 말까지 나올 정도이다. 이런 기부자들은 연초에 연간 자선 기부용으로 일정 금액을 기금에 넣어 두고 연말에 완전히 배분하는 방식을 취한다.[10]

기부자 조언기금의 행정 편의성은 민간재단의 경우와 비교할 때 특히 두드러진다. 비과세 자격을 처음 신청하고 매년 연방과 주에 세금 신고를 의무적으로 해야 하는 민간재단은 설립 및 운영과 관련된 많은 행정적 번거로움이 수반된다.

세제 혜택　기부자 조언기금의 행정적 편익도 뛰어나지만 세제 혜택에는 비할 바가 못 된다. 기부자 조언기금은 자선 기부금에 대해 최대의 세제 혜택을 제공한다. 이러한 혜택으로 인해 기부자는 다음과 같이 할 수 있다. (1) 운영 자선단체에 기부금을 할당할 방법을 걱정할 필요 없이 최대한의 절세 효과를 누릴 수 있도록 자선 기부금 기탁 시기를 조율한다. (2) 해당 자산이 시장성이 있는 유가증권인지의 여부와 관계없이 기탁된 자산에 전액 공정시장가를 적용해 공제를 받는다. (3) 자선 기부에 대한 연간 제한이 더 관대하게 적용된다. (4) 민간재단에 부과되는 연간 소비세를 피한다. (5) 보통은 미국이 아닌 해외 자선단체에 기부할 때 자선 공제가 허용되지 않지만 해외 자선단체 지원에 사용되는 자선 기부금까지 공제한다.

타이밍　기부자 조언기금은 기부자가 세제 혜택을 극대화할 수 있도록 공제 시기를 조율해준다. 일반적으로 기부자 조언기금으로의 기부는 회사 매각이나 불이행시 상당한 조세 채무가 발생하게 되는 기타 거래처럼 자산 현금화가 이루어지는 때에 맞추어 발생할 것이다. 기부자는 기부자 조언기금에 기부함으로써 기탁한 해에 소득세 자선 공제를 청구할 수 있으며, 이는 향후 수년간 운영 자선단체로 궁극적인 기부가 이루어지지 않더라도 가능하다. 이러한 유연성으로 기부자는 자신에게 가장 유리한 시점에 공제를 받음으로써 기부자 조언기금을 이용해 세제 혜택을 극대화할 수 있다.

복합자산에 전액 공정시장가액 적용　기부자 조언기금에서 두번째로 중요한 혜택이자 폭발적인 성장이 가능했던 이유는 기부자가 '복합자산'이라고 하는 비현금 자산 기탁에 대해 전액 공정시장가 공제를 받을 수 있다는 점이다.

사람들은 자선 공제의 세제 혜택에 대해 생각할 때 대개 자선단체에 직접 기부되는 소득에 대한 소득세를 회피할 수 있다고 생각한다. 예를 들어 납세자가 10만 달러를 벌어 1만 달러를 자선단체에 기부한다면 1만 달러를 공제받아 사실상 납세자의 소득은 9만 달러로 처리된다. 납세자가 자신의 소득 중 1만 달러를 사실상 전용해 자선단체에 기부했기 때문에 타당한 논리이다.

하지만 현금 대신 재평가 자산을 자선 기부하는 경우 기부자는 다음과 같은 이유로 세제 혜택을 이중으로 누리게 된다. 첫째, 자산에 내재된 이익에 대한 세금을 피할 수 있다. 둘째, 다른 소득을 상쇄하는 데 이용될 수 있는 전액 공정시장가 공제를 받을 수 있다. 예를 들어 개인이 재산적 이익(아마도 비공개 유한회사나 파트너십)에 1000달러를 투자했는데 1만 달러로 가치가 상승했다고 가정해보자. 현금 대신 해당 재산적 이익을 자선단체에 기부함으로써 기부자는 이중 혜택을 받게 된다. 첫째, 9000달러의 이득은 기탁 시점에도(세법상 이는 자산이 실현된 경우가 아니므로), 자선단체가 매매하는 시점에도(자선단체는 비과세단체이기 때문에) 과세 대상이 아니다. 둘째, 기부자는 투자금의 전액 공정시장가(이 경우 1만 달러)에 대한 공제를 받으며 이 공제는 기부자의 기타 소득을 상쇄하는 데 사용될 수 있다. 이 경우에 자선 공제는 일종의 조세 피난처 역할을 한다.

세법은 일반적으로 민간재단 기탁에 대해 이러한 이중 혜택을 악용할 수 있는 여지를 제한한다. 재평가 자산이 민간재단에 기부될 때 상장 주식인 경우만 제외하고 기부자의 자선 공제는 기부자의 투자 금액으로 제한되며, 앞의 예에서는 1000달러가 해당된다. 남은 9000달러는 공제 대상이 아니다. 공제가 기부자의 수정기준가격으로 제한되면 자선 공제 혜택은 기부자가 자선단체에 현금을 기부할 때의 혜택과 더욱 비슷해질 것이다.[11]

자선단체 기부액 연간 한도 법은 납세자가 자선 기부활동을 통해 소득세를 상쇄할 수 있는 범위를 제한한다. 이 제약의 바탕에는 미국 국민이 대규모 자선 기부를 통해 (세금 공제를 받음으로써) 정부 예산 조성에 불참하는 것을 허용하면 안 된다는 믿음이 깔려 있다.

민간재단에 기부할 때는 공공 자선단체에 기부할 때보다 더 큰 제약을 받게 된다. 민간재단 기부자는 1년에 현금 기부의 경우 수입의 최대 30퍼센트, 주식 기부의 경우 수입의 최대 20퍼센트 공제 신청만 가능하다.[12] 적십자 등의 공공 자선단체에 기부할 때는 좀더 관대한 한도 제한을 적용한다. 기부자는 현금의 경우 소득의 50퍼센트까지, 재평가 자산은 소득의 30퍼센트까지 기부할 수 있다. 기부자 조언기금은 공공 자선단체이므로 이처럼 좀더 관대한 한도 제한이 적용된다.

소비세 민간재단은 매년 순투자소득의 2퍼센트를 소비세로 납부해야 한다. 기부자 조언기금은 공공 자선단체 요건을 충족한 운용기관의 일부이기 때문에 매년 소비세를 납부할 필요가 없다.

해외 자선단체 일반적으로 해외 자선단체에 기부하는 경우 대영박물관처럼 공적 지원을 받는 기관일지라도 자선 공제를 받을 수 없다.[13] 하지만 기부자가 해외 자선단체에 기부도 하고 세금 공제도 받기를 원한다면 기부자 조언기금에 세액 공제 기부를 한 다음 해당 해외 자선단체에 기부하도록 '조언'하면 된다.

기부자 조언기금의 급성장을 둘러싼 논란의 이해

기부자 조언기금의 성장에 대해서는 다수의 의견이 일치하는 데 반해 이러한 변화가 필란트로피에 어떤 의미를 갖는지에 대해서는 의견이 분분하다.

운용기관과 현상태를 지지하는 이들은 기부자 조언기금의 성장이 자선 분야에 이롭다고 주장한다. 기부자 조언기금이 자선 기부의 문턱을 낮추고 '필란트로피 민주화'를 가져와 기부할 마음이 생겼을 때 마우스만 클릭하면 적은 액수로도 누구나 기부 계좌를 개설할 수 있기 때문이다. 이 주장을 옹호하는 이들은 기부자 조언기금이 자선 기부를 전반적으로 확장했을 뿐만 아니라 민간재단보다 지급률이 높다고 강조한다.

한편 현재 기부자 조언기금을 다루는 방식에 반대하는 사람들의 주장은 다음과 같다. 첫째, 기부자 조언기금으로 자선 기부의 전체 규모가 증가했다는 증거가 없다. 둘째, 기부자 조언기금의 지급률은 계좌별이 아니라 운용기관 전체를 기준으로 산정되므로 오해의 소지가 있다. 셋째, 기부자 조언기금의 예외적인 세제 혜택을 고려할 때 민간재단의 적용 기준보다 더 엄격한 지급률을 따르게 해야 한다. 넷째, 기부자 조언기금의 효용성과 무관하게 '암묵적인 눈속임'이 바탕이 된 합의를 장려하는 조세정책은 나쁜 정책이다.

기부자 조언기금이 전체 필란트로피를 증가시켰는가? 운용기관과 기부자 조언기금 지지자들은 기부자 조언기금이 기부자로부터 자선 분야로 흘러들어가는 자금 총액을 늘렸다고 주장하고 싶어한다. 이런 생각은 피델리티 자선기금의 홍보 책자에도 표현되어 있다.

자선 기부가 경제 풍토에 영향을 받지 않는다고는 할 수 없지만 과거 20년 동안 미국의 기부업계는 빈번히 찾아오는 어려운 경제 여건에도 불구하고 인플레이션보다 훨씬 앞선 성장을 이루었습니다. 1991년 미국 내 기부금 총액은 1050억 달러였습니다. 2011년에는 그 액수가 2980억 달러 이상으로 늘어나 인플레이션을 감안하면 20년 사이 72퍼센트 증가했습니다. 이러한 성장 배경에는 여러 이유가 있지만 개인의 기부 계획에 도움을 주기 위해 특별히 고안된 상품이 점점 높은 인기를 얻으면서 일익을 담당했다고 할 수 있을 것입니다. 그중에서도 가장 급성장하고 있는 상품이 바로 기부자 조언기금입니다.

이 같은 성장이 인상적으로 들리기는 하지만 인플레이션을 적절한 비교 척도라고 생각할 근거가 전혀 없으므로 이는 불성실한 비교라고 할 수 있다. 기빙(Giving) USA의 통계에 따르면 지난 40년 동안 전체 자선 기부는 줄곧 국내총생산과 가처분 개인소득의 광범위한 경제적 요인을 따라왔다. 이 기간에 자선 기부는 국내총생산의 2퍼센트 언저리를 줄곧 맴돌았고, 개인 기부는 가처분 개인소득의 약 2퍼센트 수준에 머물렀다. 더욱이 2013년 기부자 조언기금 외 다른 자선단체 기부금의 무기력한 성장세를 고려하면 특히 역대급 성과를 보인 주식시장과 관련지어 생각해볼 때 기부자 조언기금의 부상은 실제 자선단체, 즉 기부자 조언기금 이외의 자선단체들에 독이 되었다고 판단할 만한 근거가 충분하다.

기부자 조언기금과 지출 현상태 유지에 찬성하는 측에서 가장 흔하게 내세우는 논거는 기부자 조언기금이 이미 민간재단보다 상당히 높은 지급률을 보이고 있기 때문에 지출 요건이 필요하지 않다는 것이다. 최신 통계에 따르면 기부자 조언기금 운용기관은 매년 평균 16퍼센트를 배분하고 있다. 이는 5퍼센트 규정을 종종 하한이자 상한으로 여기는 민간재단보다 훨씬 높은 수치이다.

얼핏 보면 이러한 수치가 지출 문제를 해결하는 것 같아 보이지만 실제로는 사람들을 오도할 소지가 다분하다. 이 계산법은 각각의 기부자 조언기금이 아니라 운용기관 전체로 산정했기 때문이다. 이러한 집계적 접근방식은 많은 병폐를 가릴 수 있다. 미국 의회조사국은 2015년 보고서에서 다수의 기부자 조언기금을 운용하는 기관은 관리 계좌의 20퍼센트가 평균 80퍼센트를 지출하고, 나머지 계좌는 지출이 전혀 없어도 지급률 16퍼센트를 달성할 수 있다고 지적했다. 설령 많은 소액의 기부자가 기부자 조언기금을 이용해 기록 보존을 간소화하고 매년 100퍼센트에 가깝게 지급하는 것이 사실이라고 해도 일부 계좌의 지급률이 이처럼 높으면 다른 계좌는 지급률이 낮거나 아예 지급하지 않더라도 그 사실을 쉽게 은폐할 수 있을 것이다.

그렇다면 실제 개별 기부자 조언기금 계좌의 지급률은 어떻게 될까? 유감스럽게도 운용기관들이 개별 계좌가 아닌 운용기관 전체에 대해 보고 요건을 부과해야 한다고 의회를 설득하는 데 성공했기 때문에 개별 계좌의 지급률은 확인할 길이 없다. 하지만 단일 기부자 조언기금 계좌만 관리하는 운용기관을 살펴보면 지급률에 대한 일부 증거를 확보할 수 있다. 의회조사국이 실시한 연구조사에 따르면 단일 기부자 조언기금 운용기관의 70퍼센트 이상이 5퍼센트 미만을 지출했으며, 지출이 전혀 없는 운용기관도 절반이 넘었다. 의회조사국에 의하면 "개별 기부자 조언기금 계좌의 지급률이 단일 계좌를 관리하는 운용기관이 신고한 지급률을 그대로 반영하는 것이라면, 개별 기부자 조언기금 계좌의 상당수는 주어진 한 해 동안 기부금을 전혀 지급하지 않고 대부분의 계좌는 지급률이 5퍼센트 미만일 확률이 높다."[14]

설령 기부자 조언기금이 실제 배분하는 금액이 5퍼센트 수준이거나 더 높다고 하더라도 민간재단에 적용되는 5퍼센트 기준은 적절하지 않을 수 있다. 이는 기부자 조언기금에 기부하면 민간재단에 기부했을 때보다 더 많은 세금 우대 혜택을 받고, 특히 부동산, 비시장성 파트너십 지분, 소수 주주 보유 주식과 같은 재평가 자산에 대해 전액 공정시장가 공제 혜택을 누리기 때문이다. 이처럼 후한 혜택을 고려하면 기부자 조언기금에는 민간재단에 적용된 5퍼센트 지출 규정보다 더 높은 지출 규정이 적용되어야 마땅하다.

기부자 조언기금과 기만 기부자 조언기금과 관련된 현 조세정책은 납세자와 운용기관이 '암묵적 눈속임'으로 움직이는 관계에 동참할 것을 장려한다. 설령 기부자 조언기금의 자선 성과가 뛰어나다고 하더라도 이는 조세정책의 관점에서 여전히 문제가 될 수밖에 없다.

첫째, '암묵적 눈속임'으로 운용되는 공제를 허용함으로써 정부는 조세제도의 정당성을 약화시킨다. 특히 우려되는 부분은 부자들의 경기 규칙은 다르다는 인식을 뒷받침하듯이 지나칠 정도로 부자들에게만 유리하게 적용되는 규정으로, 이는 기부자 조언기금에도 해당된다.

둘째, 피지의 친구들(Friends of Fiji) 재단 관련 사례가 잘 보여주듯이 이러한 기만은 기부자와의 '합의'가 아니라 기금에 대한 자신들의 권리를 행사하는 쪽을 선택하는 비양심적이고 부실한 운용기관들로부터 기부자를 무방비의 상태로 만든다. 이런 사건은 기부자에게만 해를 끼치는 것이 아니라 세금으로 이러한 자금 이전을 지원한 일반 국민과 자선 목적으로 예정되었던 기금에 대한 접근 기회를 상실하는 국가 전체에도 피해를 준다.

깊이 들여다보기: 기부자 조언기금이 많은 세제 혜택을 제공할 수 있었던 비결

기부자 조언기금이 민간재단에 대한 지속적인 통제권을 제공하는 동시에 기부자들에게 공공 자선단체에 기부하는 즉시 세제 혜택을 줄 수 있는 비결은 무엇일까? 이 질문을 이해하려면 자선 기부금을 규율하는 조세 규정이라는 장애물을 헤치고 나가야 한다. 그렇지만 이 세부 사항을 이해하는 것은 왜 기부자 조언기금에 적용되는 규칙이 현실과 상충되는 가정을 기반으로 하는지 이해하는 데 필수적이기 때문에 그 수고를 감수할 만한 가치가 있다.

기부자 조언기금이 세제 혜택을 제공할 수 있는 이유는 크게 두 가지로 나눌 수 있다. 첫째, 기부자는 법적 관계를 규율하는 계약상의 조건에 따라 기부금 배부처에 대한 사실상의 의사결정권자임에도 불구하고 기금에 대한 모든 법적 통제권을 운용기관에 양도한다. 둘째, 세법에 규정된 현행 분류 체계에서 기부자 조언기금은 민간재단이 아니라 공공 자선단체의 정의에 부합한다.

통제권 기부자가 기부한 기금에 대한 실질적 통제권이 아니라 법적 통제권을 유지한다면 해당 자산이 기금에서 자선단체로 배분될 때까지 세금 공제 자격을 얻을 수 없다. 그러나 기부자 조언기금의 실제 운영방식과 기부자와 운용기관의 관계를 규율하는 계약서 사이에 불일치가 존재하기 때문에 기부자 조언기금은 기부자에게 지속적인 통제권을 제공할 수 있다.

기부자와 운용기관 모두 마치 기부자가 기부자 조언기금을 통제하는 것처럼 행동하지만 세제 혜택 자격을 받으려면 기부자는 기금에 대한 법적 통제 능력이 없어야 하며, 운용기관이 기부금 전체를 소유하게 되는 것과 마찬가지로 기부자 조언기금 자산에 대한 법적 소유권과 통제권을 가져야 한다. 기부자와 운용기관이 계약상 동의한 내용에는 이러한 요건이 반영된다. 하지만 이러한 법률적 세부 사항에도 불구하고 운용기관이 계속 사업을 영위하려면 사실상 기부자의 '조언'을 따르게 될 것이라는 사실을 누구나 알고 있다.[15] 그러므로 기부자와 운용기관의 관계는 '암묵적 눈속임'을 토대로 운용된다고 하는 것이 가장 정확한 설명이다. 기부자는 통제권을 양도하는 데 서명하라는 말과 함께 기부자 조언기금에 대한 지속적인 통제권을 가질 수 있다는 말을 동시에 듣게 된다. 이러한 합의는 기부자 조언기금 관련 마케팅 자료에서도 교묘하게 드러나 있다. 피델리티 자선기금은 기부자 조언기금을 "가장 유리한 세제 혜택과 언제든지 가장 선호하는 자선단체를 후원할 수 있는 유연성을 결합한 일종의 자선 기부 프로그램"이라고 설명한다.[16] 많은 운용기관에서는 기부자 조언기금을 '자선 당좌예금 계좌'라고 칭하며 기부자 통제권의 개념을 더욱 일상적인 표현으로 사용하고 있다.

2006년 의회는 기부자 조언기금에 관한 세법을 제정했는데, 이 역시 법규제와 당사자들의 이해 사이의 불일치를 포착했다. 해당 법령의 정의에 따르면 기부자 조언기금은 기부자(들)의 기부금과 관련해 운용기관이 소유권과 통제권을 가지며 개별 식별이 가능한 기금이나 계좌로 정의하고, 이에 대해 기부자는 기금의 자산에 대한 배분이나 투자에 대한 자문 권한을 갖거나 가지고 있다고 합리적으로 기대한다.[17]

기부자는 양측의 관계에 대한 암묵적 합의가 반드시 지켜지도록 보장해주는 운용기관의 경제적 유인에 의존한다. 운용기관은 보통 암묵적 합의에서 벗어날 이유가 없으므로 이는 대체로 유용한 방식이다. 특히 영리 기부자 조언기금의 경우 해당 기관은 자선기금의 축적 이외의 자체적인 자선 목표가 부족하고 가장 중요한 원동력이 관리기금을 통해 수입을 창출하는 것이기 때문이다. 그러나 자체적인 자선 목표가 있는 비영리 지원 기관이라도 기부기금에 자신들의 목표를 강요하는 것이 재정적으로 이득이 되지 않는다는 점을 알고 있다(이러한 이유로 지역사회 재단의 기부자 조언기금이 지역사회 재단이 대상으로 설정한 지역사회 바깥에 있는 기관으로 흘러가는 경우를 흔히 볼 수 있다).[18]

기부자의 요청을 반영하는 운용기관이 대부분이기는 하지만 계약상의 불일치를 악용하는 비양심적인 운용기관 역시 존재한다. 라스베이거스의 슬롯머신에서 800만 달러를 딴 운이 좋은 또는 운이 나쁜 도박꾼의 사례를 살펴보자. 세무 변호사는 도박꾼에게 세금 부담을 줄이기 위해서 기부자 조언기금에 돈을 기탁하라고 조언했다. 이에 기부자는 쓰나미 피해자를 도울 생각으로 피지의 친구들 재단이 운용하는 기부자 조언기금에 250만 달러를 기탁했다. 하지만 운용기관 수탁자들은 기부자의 요청대로 기부금을 피해자들에게 보내는 대신 그 돈을 그들 자신의 많은 급여와 유명인 골프대회 후원금뿐 아니라 화가 난 기부자가 제기한 소송의 변호사 비용으로 50만 달러 이상을 사용했다. 네바다주 대법원은 발효된 법적 합의서에 따라 운용기관이 기부된 자금에 대한 전면적인 법적 통제권을 가지고 있다는 점을 근거로 기부자가 기부자 조언기금에 보낸 자금을 되돌려받을 수 없다고 판결했다.[19]

민간재단이 아닌 공공 자선단체의 자격을 가진 기부자 조언기금 기부자 조언기금은 민간재단이 아니라 공공 자선단체 자격으로 기부자에게 그같은 세금 우대 조치를 제공할 수 있다.

수년 동안 모든 자선기관은 똑같은 대우를 받았지만 1950년대 초 의회는 자선단체에 두 갈래의 접근법을 적용하기 시작했다. 민간재단은 공공 자선단체보다 세금 우대 규정이 덜 유리하고 감독 범위는 더 크게 적용되었다. 민간재단에 대한 의회의 우려에는 여러 가지 이유가 있었지만 자주 언급되는 우려 사항 중 하나는 민간재단은 일반적으로 자선활동에 직접 참여하지 않기 때문에 기부하는 시점과 세금 공제를 받은 시점(공제받지 않았다면 사회 문제를 해결하는 데 사용될 수 있었을 세금이 감소한다), 그리고 기부금이 실제 자선활동에 쓰이는 시점 사이에 상당한 시간차가 생길 수 있다는 점이다.[20] 이러한 우려 덕분에 의회는 민간재단의 세제 혜택을 줄이고 최소 지출 규정을 의무적으로 부과했다.

민간재단과 공공 자선단체를 구분하고, 의회가 이 둘의 차이를 상세히 기술함으로써 기부자 조언기금이 성장할 수 있는 발판이 마련되었다. 의회가 정의한 범주 구분으로 인해 운용기관은 공공 자선단체의 기술 요건을 어렵게 충족할 수 있었으며 동시에 기부자에게 민간재단의 지속적인 통제권을 제공할 수 있었다.

민간재단과 공공 자선단체를 구분하는 규칙에 따르면 일반적으로 모든 자선기관은 민간재단으로 분류하되 공공 자선단체로 인정되는 범주 하나를 충족하면 공공 자선단체로 대우한다. 공공 자선단체의 지위를 얻는 방법 중 하나는 특정 유형의 활동에 종사하는 것이다. 따라서 교회, 병원, 교육기관은 모두 공공 자선단체로 분류된다. 더불어 자선기관은 기금의 3분의 1 이상을 일반 대중으로부터 지원받을 때 공공 자선단체로 분류되며, 이때 대중이란 해당 기관 후원금의 2퍼센트 미만을 제공한 개인으로 정의된다.[21]

대중의 지원 여부로 공익성을 검증하는 것이 타당한 이유는 기관의 운영에 대중이 폭넓게 참여하는 것이 규제 감독을 대체할 수 있기 때문이다. 결국 그렇게 많은 사람이 기부하는 단체라면 선행을 실천하는 조직이라는 방증이 아닐까. 하지만 이런 타당성이 기부자 조언기금에는 적용되지 않는다. 6만 명의 기부자가 피델리티 자선기금에 '기부'를 하는 것이 해당 기관의 자선 관련 결정을 신임하기 때문은 아니다. 오히려 기부자들이 피델리티 자선기금의 진정한 미션이 기부자의 의도를 충족하고 어떤 특별한 자선 명분을 추구하지 않는 데 있다는 사실을 잘 알고 있기 때문이라고 보아야 한다. 이로 인해 기부자 조언기금의 기부자는 운용기관의 자선활동을 마음대로 무시할 수 있는데, 모든 기부자 계좌의 양도는 일반적으로 기부자의 통제하에 남게 될 것이라는 점을 잘 알고 있기 때문이다.

통제권 검증과 공익 검증은 왜 신뢰할 수 없는가 통제권 검증과 공익 검증은 다음과 같은 암묵적 가정을 바탕으로 한다. 첫째, 기부자와 공공 자선단체의 의사결정권자는 기관의 결과물에 가장 지대한 관심을 가지며 자선기금을 자선 사명을 위해 사용한다. 둘째, 기부금 모금에 신경을 쓰는 이유는 더 많은 돈을 지급할 수 있기 때문이다.

이것이 사실이라면 통제권 규칙과 공공 지원 규칙이 의미가 있을 수도 있다. 어떤 기관이 대의적인 자선 사명을 추구하는 방식으로 기금에 대한 통제권을 행사할 것이라고 믿을 수 있다. 어떤 기관이 기금에 대한 법적 통제권을 가지고 있다면 그 기금을 기관의 자선 사명을 달성하기 위해 사용할 것이라고 믿을 수 있다. 그러나 이 가정은 잘못된 것일 가능성이 크다. 영리 기부자 조언기금은 이 기금의 주요 관심사가 더 광범위한 자선 목적을 추구하는 것이 아니라 자선기금을 조성해 관리하는 데 있는 하나의 예이다. 조성된 기금을 지급하는 일은 기껏해야 이차적인 목표이며, 금융 혜택 때문에 지금까지 기금이 원치 않는 주목의 대상이 되지 않도록 하는 데 필요한 목표에 불과하다.

더욱이 기금을 유지하는 데 관심을 두는 기관은 영리 기부자 조언기금 운용기관에만 국한되지 않는다. 운용기관은 기금 관리에 대한 수수료(일반적으로 1퍼센트)를 받기 때문에 지역사회 재단 역시 더 많은 자금을 관리함으로써 혜택을 얻는다. 기금 관리 업무로 얻을 수 있는 혜택은 운용기관의 '영구기금 중독'의 동기를 부여하고, 기부자 조언기금의 지급을 저해

하는 요소로 작용한다.[22]

기부자 조언기금 문제의 해결

내가 주장한 것처럼 기부자 조언기금이 자선 분야와 이를 통해 지원하는 더 큰 미국 사회에 문제를 초래한다면 의회는 이 문제를 어떻게 해결해야 할까? 가능한 해법으로 세 가지를 들 수 있다. 첫째, 기부자 조언기금을 폐지한다. 둘째, 지원 기관이나 개별 기부자 조언기금에 민간재단에 적용되는 5퍼센트 지출 규정을 부여한다. 셋째, '자선 당좌예금 계좌'라는 범주를 신설해 기금을 받은 뒤 일정 기간 내에 전액 지급을 의무화하는 규칙을 적용한다.

기부자 조언기금 폐지　기부자 조언기금으로 제기된 정책적 우려를 고려하면 의회가 해당 기금에 대한 자선단체 지위의 폐지를 마땅히 요청할 수 있다. 이는 솔깃한 해법이기는 하지만 자선제도의 나머지 부분과 조율하기는 어렵다. 자선단체나 기관의 구성요소에 관한 미국법의 정의는 지나치게 광범위하다. 현재의 정의에 포함되는 단체는 기부금을 조성해 다른 자선단체에 전달하기 위해 운영되는 기관들로 지역사회 재단부터 지원 기관, 효과적인 필란트로피를 추진하는 기브웰(Givewell)과 같은 기관에 이르기까지 다양하다.

기부자 조언기금과 다른 중간지원조직은 기부자에게 조언을 제공하고 자선 기부에 행정적 번거로움을 제거함으로써 귀중한 공적 기능의 역할을 한다. 하지만 이들이 자선 목표를 달성하기 위해서는 기금이 중간지원조직 계좌에서 운영 자선단체로 전달된다는 확실성이 어느 정도 보장되어야 한다. 효과적인 지급 요건이 마련될 필요가 있다.

5퍼센트 지출 규정의 적용 　기부자 조언기금을 옹호하는 측에서는 변화의 분위기를 감지하고 있다. 대중이 이 기금에 대한 정보를 접하면서 어떠한 지출 규정도 적용되지 않는 돈에 대해 공제를 허용하고 있다는 생각에 대중의 불만이 쌓이고 있다. 지출 규정이 불가피하다고 인정하는 일부 기부자 조언기금 지지자들은 개인별 계좌가 아니라 운용기관 전체에 5퍼센트 지출 규정을 적용하는 정도까지는 허용할 수 있다는 대안을 제시한다. 하지만 이 '해법'은 불합리하며 오히려 현상유지보다 더 나쁜 상황을 만들 것이다.

첫째, 개별 기부자 계좌가 아니라 운용기관 기준으로 지급 요건을 부과하는 것은 생태적으로 불합리하다. 기부자는 세금 공제 혜택을 받는 쪽이고 법적 세부 사항은 차치하더라도 배분처에 대한 결정권도 기부자에게 있다는 사실을 모두가 알고 있다. 혜택과 통제권의 조합을 고려할 때 정책의 관점에서 타당한 유일한 조치는 각 계좌에 대해 지급 요건을 부과하는 것이다.

둘째, 지출 규정을 기부자 조언기금의 개별 계좌에 적용한다고 하더라도 5퍼센트 지출 규정은 논리적 일관성을 가진다고 볼 수 없다. 민간재단에 적용되는 5퍼센트 지출 규정은 민간재단이 재단 목적을 영구적으로 추구할 수 있게 허용해야 한다는 신념을 기반으로 선택된 규정이다. 하지만 같은 논리가 기부자 조언기금에는 적용되지 않는다. 기부자 조언기금은 자선 당좌예금 계좌이지만 어떤 특별한 자선 목적을 위해 직접 기부하는 것도 아니고 영구히 존재해야 할 확고한 자선 목적이 있는 것도 아니다.

게다가 5퍼센트 지출 규정은 기부자 조언기금 체제의 유연성마저 해칠 위험이 있다. 기부자 조언기금이 계속 유지해야 하는 장점 중 하나는 기부자가 상당 기간 동안 재산을 축적하게 하여 보다 더 사려 깊은 필란트로피 활동에 참여하게 만드는 것이다. 연간 5퍼센트 지출 규정을 강제하면 그 유연성을 약화시킬 것이다.

자체 범주 신설   기부자 조언기금은 자선 당좌예금 계좌라는 별도의 범주로 인정되어야 한다. 자선 당좌예금 계좌의 기부자가 자선 공제의 자격을 얻으려면 기부금이 해당 계좌로 최초 이관된 시점으로부터 7년 동안 지급된 적이 없는 기금을 받을 자선단체를 반드시 지정해야 한다. 이 방법이 기부자 조언기금에 대해 퍼센티지 지급방식보다 더 효과적이고 적절한 지급 시스템이 될 것이며, 기부자 조언기금의 장점을 유지하는 동시에 자선 공제가 허용되는 기금이 자선 관련 쟁점을 해결하는 데 사용되도록 보장할 것이다.

기간 확정 지급방식은 기부자의 유연성을 유지하게 해준다. 기부자가 해당 기간 동안 다른 자선기관에 자유롭게 기금을 배분할 수 있기 때문이다. 운용기관은 연간 기부금을 관리하기 위해 기부한 연도를 참고 항목으로 표기한 별도의 서브 계좌만 관리하면 될 것이다. 기부자가 기부금을 배분할 때 별도의 언급이 없는 한 시간 순서대로 계좌에서 출금되는 방식으로 이루어진다.

기간 확정 지급 요건은 기부자 조언기금으로 기탁된 자선 기부금에 주어진 귀중한 혜택을 직접적으로 인정하는 동시에 기부자 조언기금이 사람들에게 많은 인기를 얻고 선호되게 만드는 수많은 특징 중 낮은 행정 비용, 자산을 현금화할 수 있는 충분한 시간 허용, 상당 기간의 기금 축적을 허용하는 등의 장점은 그대로 보존할 것이다.

이러한 접근방식에는 다른 장점도 있다. 가장 중요한 장점은 기부자 조언기금을 실제 이용되는 방식대로 취급한다면 투명성과 조세제도의 타당성을 높인다는 것이다. 실제 지급을 의무화하면 기부자 조언기금으로 돈을 기탁하는 것만으로는 충분하지 않다는 메시지를 기부자에게 전달하는 효과가 있다. 게다가 기부자 조언기금을 별개의 수단으로 인정함으로써 기부자와 미국의 대중을 비양심적이고 부실한 운용기관으로부터 보호할 수 있는 규정을 제정할 수 있다. 마지막으로 의회는 기부자 조언기금을 진정한 공공 자선단체가 아닌 다른 조직으로 인정함으로써 민간재단이 기부자 조언기금에 기부하는 것으로는 5퍼센트 지급 요건을 충족할 수 없다고 명시하는 규칙을 제정할 수 있다.

의회는 기부자 조언기금에 관한 법에 명시된 정의를 채택함으로써 이미 중요한 첫발을 내디뎠다. 이제 의회와 재무부는 조세제도의 무결성과 자선 분야의 미래를 보호하는 운영 규칙을 채택해 일을 마무리지어야 한다.

결론과 시작: 기부자 조언기금이 제기한 중요한 질문과 이 문제를 해결함으로써 얻을 수 있는 자선 분야 전체를 위한 정책 개선

정부는 자선 기부를 장려할 때 무엇을 성취하기 위해 노력해야 하는가? 기부자가 기금을 특정 자선 목적에 사용할 것을 지정만 하면 되는가, 아니면 지정된 기금이 어느 정도 합당한 기간(지금은 이 '합당한 기간'이 얼마를 의미하는지는 넘어가도록 하자) 내에 반드시 사용되도록 해야 하는가?

전자라고 생각한다면 그리고 개인이 자신의 기부금이 기부 목적으로만 사용되도록 그 용도를 변경할 수 없게 지정하고 실제 집행되는 시점에 대해서는 상관하지 않는 것으로 충분하다면 현재 정책으로도 괜찮다. 하지만 그것이 거슬린다면 정부가 자선 기부를 장려하는 지금이 어쩌면 정부가 달성해야 하는 목표는 무엇인가라는 질문을 면밀히 살펴보아야 할 적기일지도 모른다. 자선 기부(소위 말하는 생명줄)를 장려하기 위해 애쓰고 있는 것이라면 현체제는 우리의 기대를 저버리고 있다. 이는 기부자 조언 기금과 관련된 것뿐만 아니라 아무런 지출 규정 없이 기금 축적을 허용하는 다른 유형의 자선 기부에 대해서도 마찬가지이다. 영구기금 중독은 기부자 조언기금 운용기관에만 국한되는 문제가 아니다. 이에 관한 연구가 필요한 두 분야는 지역사회 재단과 영구기금으로, 모두 아무런 지급 요건 없이 제한 없는 기금 축적이 허용되는 분야이다. 아울러 민간재단도 다시 한번 검토해볼 필요가 있다. 민간재단은 지출 규정이 적용된다고 알고 있지만 행정 비용으로도 지출 규정이 충족될 수 있기 때문에 단돈 1달러가 자선 기부금으로 사용되는지 확인하지 않고서도 지출 규정을 쉽게 만족시킬 수 있다. 더욱이 그렇게 많은 민간재단이 지급률을 5퍼센트로 제한한다는 자체가 영구기금 중독이 그런 맥락에서도 적용될 수 있음을 시사한다.

우리가 기부자 조언기금에 관한 연구를 통해 알게 된 한 가지 사실이 있다면 미국의 현 조세체제에서 자선기관은 기부자와 수혜자라는 2명의 주인을 섬기게 되어 있으며, 이들의 이해관계가 항상 일치하지는 않는다는 것이다. 둘 사이의 이해가 상충할 때 자선기관의 이른바 의도된 수혜자가 고통받는 일이 인센티브가 되는 경우가 지나치게 많다. 의회는 이제 이러한 현실을 고려해 공공의 이익에 진정으로 부합되는 제도를 만들어야 한다.

7장

디지털 시민사회 구축: 미국 디지털 공공도서관

루시 베른홀츠(Lucy Bernholz)

우리가 반드시 알아야 할 것은 도서관의 위치뿐이다.

―알베르트 아인슈타인

프린스턴대학의 역사학자 조녀선 레비가 필란트로피, 비즈니스, 기술에 대한 19세기의 사고방식을 잘 표현하고 있는 정치 풍자만화를 찾아 나섰을 때 그에게는 몇 가지 선택지가 있었다. 학자로서 레비는 프린스턴대학 캠퍼스의 중심에서 위용을 뽐내고 있는 고딕양식 건물인 파이어스톤도서관을 통해 방대한 소장 자료에 접근할 수 있었다. 또한 그는 학술지 데이터베이스 온라인 구독 서비스인 제이스토어(JSTOR)의 자료를 이용하기 위해 자신의 교직원 특권을 사용했을 수도 있다. 아마도 레비의 노트북은 미리 설정된 대학 인증서를 자동으로 인식하기 때문에 교내에서 로그인을 하든 멀리 떨어진 곳에서 로그인을 하든 상관없이 이 자료에 대한 공개 접근을 차단하는 수많은 방화벽과 승인 시스템이 그에게는 보이지 않을 것이다. 대학도서관의 정보제공 사서가 레비에게 시어도어 루스벨트센터가 있는 디킨슨주립대학을 알려주었을 수도 있다. 루스벨트 대통령의 수십 년 공직 활동은 〈퍽〉이라는 잡지의 풍자와 만화가들의 단골 소재였으며, 그의 기록 보관소에는 사본과 해설 자료가 가득하다. 어쩌면 레비는 남쪽으로 2시간

거리의 의회도서관으로 이동해 귀중한 사료인 미국의 고전 정치만화를 열람 요청한 뒤 흰 장갑을 낀 손으로 조심스레 원본을 만졌을지도 모른다.

아니면 레비는 구글을 검색하는 손쉬운 행동으로 인해 곧 수천 개의 섬네일 이미지를 자세히 살펴보아야 하는 난관에 직면했을 것이고, 그는 자신이 입력한 키워드가 업로드한 자료에 대한 권한이 있거나 또는 권한이 없는 전문가들과 아마추어들이 은연중에 사용한 키워드와 일치하기를 바랐을 것이다. 아무래도 레비는 이 책의 포문을 여는 풍자만화를 찾기 위해 앞에서 이야기한 방법들—온라인 검색, 다른 출처에서 나온 학술 자료, 사서와 기록 보관 담당자의 안내, 원본 조사 등—을 조합해 사용했을 가능성이 크다.

미국 디지털 공공도서관(Digital Public Library of America, DPLA)이 성공한다면 레비는(그리고 학문적 자격이나 인증된 노트북 소지 여부와 상관없이 다른 모두가) 새로운 자원을 하나 더 갖게 될 것이고, 이를 통해 지방의 기록 보관소와 지역사회의 귀중한 자료들도 접할 수 있게 될 것이다. 2010년에 출범한 DPLA는 미국 전역의 도서관과 박물관, 기록보관소의 소장 자료를 디지털화한 통합 서비스를 제공하기 위해 만들어진 비영리기구이다. DPLA는 웹사이트(dp.la)를 통해 이러한 자료에 바로 접근할 수 있는 서비스를 제공하는데, 이를 위해 위키피디아 검색 결과를 DPLA 컬렉션에서 수집한 이미지에 추가하고 전국의 지역사회들이 보유한 자료를 국내외에서 보존, 접근, 검색이 가능한 디지털 사본으로 제작하는 과정을 지원한다. DPLA는 기존 기관들이 소장하고 있는 자료를 확장해 디지털 자료로 만든 다음 이 자료를 온라인에서 검색할 수 있도록 지원한다. 이러한 작업은 자원봉사자 및 지역사회와의 협력을 통해 이루어지며, 수백 명의 인력이 지역사회 조직화, 소프트웨어 코딩, 문화적 기술 및 지식에 대한 애정을 이 파트너십에 여러 형태로 쏟아붓는다. DPLA가 성공하게 되면 아인슈타인의 경구는 수정해서 업데이트해야 할 것이다. 우리는 여전히 도서관이 필요하겠지만 굳이 그 위치를 알 필요는 없다.

DPLA를 직접 찾아가면 10명 남짓한 직원들이 보스턴 공공도서관 지하 사무실에서 일하는 모습을 볼 수 있을 것이다. 이들 직원은 전국 각지에서 지역 도서관이 소장하고 있는 자료의 디지털화 작업을 돕고 있는 수십 명의 지역사회 대표나 그들이 협업하는 주립 기록보관소 또는 국제도서관을 알려줄지도 모른다. 이들은 또 수많은 해커톤(hackathon) 이벤트 중 하나에 관해 정보를 줄 수도 있다. 해커톤에 모인 개발자와 소프트웨어 코딩 기술자들은 DPLA 코드를 향상시키고, 이를 이용해 정보를 보여주거나 DPLA 범주 밖에서 제삼자가 이 소프트웨어를 사용하는 새로운 방식을 구축한다. DPLA 직원들이 보여주고 안내해주지 않는 것은 책이나 사진 또는 서류 보관함일 것이다. DPLA에는 이런 물건들이 없기 때문이다. 하지만 DPLA가 소장하고 있는 소프트웨어 코드, 데이터정책, 컴퓨터 서버는 멀리 떨어진 곳에서도 접근이 가능하다. 자원봉사자들이 수년 동안 개발한 소프트웨어 코드는 개발자들이 공공연하게 사용하거나 수정할 수 있고, 이사회 회의록도 재무 기록 및 위원회 안건과 마찬가지로 다운로드가 가능하다. DPLA의 웹사이트(dp.la)에서 검색하다가 발견하는 책, 사진, 음성 녹음, 동영상, 지도, 일회성 자료(ephemera)에 대한 소유권은 모두 제휴 기관에 있다. DPLA는 서버에 디지털 사본을 저장하고 있어 온라인 검색을 더욱 빠르게 완료할 수 있다.

이렇게 보면 DPLA는 우리가 가보았던 그 어떤 도서관보다 소프트웨어 저장소와 더욱 유사하다. 그리고 이는 실제로 맞는 말이기도 하지만 DPLA는 영리를 추구하지 않고 모든 사람의 지식 접근성 향상을 위해 헌신하는 지역사회 구성원들에 의해 관리되는 엄연한 독립 기구이기도 하다. 이런 측면에서 DPLA는 전통적 도서관이다. 그러므로 DPLA는 필란트로피와 시민사회, 거버넌스, 참여 그리고 공공과 민간의 경계가 디지털시대에 어떻게 재구성되고 있는지 보여줄 수 있는 이상적인 사례 연구 대상이다.

디지털 시민사회 구축

지난 25년 동안 책이 있는 건물에서 글로벌 정보사회를 상징하는 건물로 진화한 도서관의 발전은 영향력 있는 연구 사례를 제공하는데, 이를 통해 도서관이 다른 시민사회제도에 미치는 디지털 네트워크의 영향력을 살펴볼 수 있다. 몇십 년 동안 도서관은 스스로를 재정의하고 물리적 공간을 재정비하는 동시에 인력을 재조정하고 사명과 책무를 수정했다. 그 과정에서 디지털시대가 도서관에 요구하는 것이 단순히 인터넷 접속이나 도서와 주요 일간지의 가상 복사본 제공에 그치지 않는다는 사실을 깨닫고 있다. 디지털시대는 소유와 공유의 기본 개념에 대해 다시 생각해보고 지역사회의 경계를 수정하며 소장 자료의 관리 지침만큼이나 거버넌스 모델과 책임 체계에 대해서도 여러 가지 실험을 시도해볼 것을 요구한다. 디지털 환경에서 사본은 저렴하고 편리하며 빠르고 완벽하며, 인프라는 공공 고속도로를 경유해 기업 회선과 서버를 통해 제공된다. 이러한 디지털 환경은 1장에서 레비가 소개한 바대로 공공과 민간 부문을 구별하기 위해 우리가 구분한 기업의 경계를 재고할 것을 요구한다. 이처럼 디지털화가 초래한 커다란 변화에서 시민사회의 기반이 되는 운영 및 거버넌스 구조를 재고할 필요성이 대두된다.

도서관은 디지털시대 시민사회의 결합성을 상징한다. 도서관은 물리적인 동시에 가상적이며, 지역사회 중심이면서 멀리 떨어져 있고, 지리적으로 식별되면서도 세계적이다. 21세기의 공공도서관은 공익을 위해 디지털 자산을 관리하는 방법을 개발하고 있다. 텍사스주 샌안토니오의 베어 카운티에 위치한 '비블리오테크(BiblioTech)'를 비롯한 일부 도서관은 종이책을 완전히 없애고 고급 전자제품 재판매업자를 모델로 삼아 지역사회에 고속 인터넷 접속 서비스를 제공한다.[1] 그 과정에서 공공도서관은 가상의 자료를 이용할 수 있는 물리적 공간이 됨으로써 지역사회에 정보를 제공하는 두 가지 임무를 수행한다. 여전히 카네기 재단이 지원하는 건물에 자랑스럽게 입주해 있고, 인기 문고본과 지역신문 등을 구비해두는 공공도서관조차도 인터넷 서비스를 제공하는 것으로 지역에서 높이 평가받는 경우가 많다. 법학자이자 통신업계 전문가인 수전 크로퍼드(Susan Crawford)는 미국 시골지역의 도서관 주차장에서 늦은 밤이면 흔히 볼 수 있는 현상을 기록했는데, 바로 부모가 자동차로 아이들을 데리고 와서 건물 밖으로 흘러나오는 와이파이 신호에 접속하게 해주는 것이다. 이렇게 하기 위해서는 사서들이 불을 끄고 문을 잠그고 나갈 때 무선 라우터를 계속 켜두어야 한다. 주차장에 와 있는 가족들에게는 도서관에서 흘러나오는 신호가 인터넷에 접속할 수 있는 유일한 방법이다.[2]

우리가 사는 디지털시대는 도서관이 스스로를 네트워크의 연결점으로 생각하게 한다. 디지털화가 이루어지면 물리적 접속 지점과 자원—책과 건물—은 어느 정도 뒷전으로 밀려나게 된다. 이는 도서관과 도서관을 후원하는 필란트로피스트의 입장에서는 놀라운 변화이다. 토머스 제퍼슨 전 대통령이 건립한 미국 의회도서관부터 앤드루 카네기의 여러 건물, 빌 게이츠의 컴퓨터 단말기에 이르기까지 도서관의 필란트로피 유산은 물리적이고 지역적이었기 때문이다.

사람과 기술의 네트워크는 디지털도서관의 선두에 자리한다. 이를 단적으로 보여주는 예가 바로 DPLA로, 이 도서관의 목적은 소장 자료를 늘리거나 지식의 보고 또는 자료보관소를 지으려는 것이 아니라 사람들이 정보를 저장하고 보관하며 찾고 기부할 수 있는 새로운 체계를 구축하는 데 있다. DPLA의 이야기는 아날로그 필란트로피와 디지털 필란트로피의 두 가지 결정적인 차이를 보여준다. 바로 기부 대상과 기부 방식이다.

첫째, DPLA는 책이나 지도 같은 실물 자료가 아니라 소프트웨어 코드, 응용프로그램 인터페이스(API), 검색 분류 체계, 사용자 인터페이스를 비롯한 디지털 자원을 만들고 관리한다. 이런 디지털 자원은 이전의 아날로그 자원과는 다른 경제 독립체로 운영된다. 예를 들어 소프트웨어 코드는 한번 구축하면 다수가 바로 사용할 수 있고 모든 사용자가 돈을 지불하지는 않는다(경제 용어로 표현하면 이는 전형적인 공공재로 비경합적·비배타적 속성을 지닌다). 디지털 소프트웨어와 소프트웨어가 필요로 하고 생성하는 데이터는 무한 복제와 자동 네트워크 연결이 가능하고 양이 방대하며 (앞으로 데이터 접속 방법은 끊임없이 바뀌겠지만) 영구 저장할 수 있다. 이처럼 디지털 자산은 근본적으로 디지털이 보완하는 물리적인 도서, 서가, 신문 아카이브와 큰 차이가 있다. DPLA는 디지털 자산을 구축하고 소중하게 여기며 배분하고 관리하기 위해 존재한다.

이러한 일차적 변화는 조직과 거버넌스의 변화라는 이차적 변화를 불러온다. DPLA는 디지털 자원을 대상으로 한 작업이 기존 조직과 거버넌스의 구조에 어느 정도까지 도전이 될 것인지에 대한 통찰을 제공한다. DPLA는 기존의 도서관뿐 아니라 여러 박물관, 미술관, 기록보관소, 지역사회 단체, 문화단체와 협력해 '소장 자료'를 구축한다. DPLA의 디지털화 과정과 소프트웨어 코드는 켄 번스(Ken Burns)의 미국 남북전쟁에 관한

PBS 다큐멘터리와 에이브러햄 링컨의 모든 전기를 디지털화하는 것처럼 손쉽게 미국 남북전쟁에 사용된 검의 디지털 이미지를 만들 수 있다. 모든 물품은 디지털화되면 '1과 0'으로 변환된다. 디지털 자원은 어디서나 저장, 연결, 검색, 발견이 가능하다. 원본 소유자를 결정하는 기관들(미국 전역에 흩어져 있는 박물관, 영화센터, 도서관)이 동일한 방식으로 디지털 사본 및 링크 소프트웨어를 관리할 필요는 없다. 다른 기관의 웹사이트에서 제공하도록 고안된 DPLA가 구축하는 소프트웨어처럼 DPLA가 끝나는 지점과 협력 기관이 시작하는 지점이 항상 명확하게 구분되지는 않는다.

마찬가지로 DPLA와 다른 디지털 시민사회의 기관들은 자신들이 관장한다고 생각하는 일부 기술 역량을 반영하는 새로운 거버넌스 체계를 만들기 위해 노력하고 있다. 이런 점에서 DPLA의 선행 주자에는 웹브라우저 파이어폭스의 제작사인 모질라 재단, 위키피디아를 운영하는 위키미디어 재단과 같은 익숙한 기관들이 포함된다. DPLA는 거버넌스 관행을 기술 역량에 맞추기 위해 공개 이사회 개최, 참여 우선순위 설정, 데이터 소유권 시행을 기관의 핵심 정책의 일환으로 포함하는 등의 노력을 기울이고 있다.[3] 이렇게 거버넌스를 분산시키려는 노력은 DPLA를 네트워크의 중심에 두기보다는 개방된 사용과 실험을 촉진해 DPLA를 다른 네트워크의 업무에 투입하기 위함이었다. 이는 가치 있는 목표이기는 하지만 기존의 비영리 거버넌스나 자금 조달 관행 및 규제의 원래 목적은 아니다.

자산의 디지털 속성은 어떤 점에서 제도적 거버넌스와 운영에 중요하게 작용할까? 저자와 독자, 음악가와 음악 애호가, 자동차 판매자와 구매자, 언론인과 뉴스 중독자 모두가 알고 있듯이 디지털 출판, 레코딩, 소매, 뉴스의 경제학은 이전 아날로그 형식의 경제학과 다르다. "종이 기반 정보 시대의 주요 특징인······ 배급, 게이트키핑을 가능하게 했던 것은 바로 정보 매체의 물질성이다."[4]

관련 비용이 다르고 고려해야 할 규모의 척도가 다르며 원본, 사본, 소유 가능한 대상에 대한 개념에 새로운 형식과 의미가 더해진다. 공유방식도 바뀐다. 도서관은 이런 변화를 살펴보기 적합한 장소이다.

디지털 경제학의 영향은 도서관으로서는 상당히 친숙한 개념이다. 2013년 편찬된 도서관의 미래에 관한 책에 수록된 총 23편의 소론 모두 디지털 자산을 '대여'하는 데 따르는 어려움을 언급하고 있다.[5] 어쩌면 텍스트는 디지털화가 너무 쉽게 되기 때문에 또는 사람들이 항상 정보를 불법으로 거래해왔기 때문에 도서관과 사서들은 줄곧 자산을 디지털화하는 최전선에 서 있었다. DPLA는 공유 저작물의 온라인 저장소와 가상현실 공간인 세컨드 라이프(Second Life)에 구축된 사우스다코타주 데드우드 공공도서관의 가상 버전을 포함해 디지털도서관이 20년 동안 거쳐온 치열한 변화의 흐름을 기반으로 삼는다.[6] 물론 이러한 급격한 변화는 두루마리부터 고문서 필사본까지, 이동식 활자부터 등사판과 복사기까지 아우르는 오랜 역사를 가진 출판 기술의 끝자락에 나온 것이다.[7]

과학기술에 의한 복제의 역사는 도서관의 전통 및 표준과 궤를 같이한다. 도서관들은 운영체제(듀이의 십진분류법)를 공유하고, 도서관 상호 대출을 통해 물리적 컬렉션과 아카이빙 및 마이크로필름 촬영(microfiching) 노력과 수고를 함께 공유했다.[8] 사서의 눈으로 보면 모든 시대는 혁명적으로 비춰질 수 있다. 시카고의 유명한 전문 도서관인 뉴베리도서관의 관장을 오랫동안 역임한 로런스 타우너(Lawrence Towner)는 다음과 같이 기술했다. "내가 도서관에서 일한 1962년부터 1986년까지 25년 동안 도서관 분야에는 엄청난 변화가 있었다. …… 생각해보면 컴퓨터와 보존 기술, 자금 지원 출처의 급격한 변화, 달러 가치와 재료비…… 저작권 문제까지, 이 시기는 정말이지 격변의 연속이었다."[9] 미래는 예단할 수 없지만 네트워크 컴퓨터, 분류 체계 공유, 리소스 대여, 보존 노력 공유라는 각각의 발명은 지금 돌이켜 생각해보면 도서관 리소스가 디지털 연결과 네트워크 결합으로 나아가는 기술적 단계라고 볼 수도 있다. 하지만 필수적인 제도적 변화나 거버넌스 변화에 대한 서사는 이 기술 타임라인에서 찾아볼 수 없다.

이러한 영향은 시민사회 전반에 중요하게 작용한다. 흥미로운 부분은 디지털 기술이 가져온 일차적 변화가 아니라 오히려 이러한 관행이 공공·민간 영역을 어떻게 재정의하는지와 더불어 조직 구조와 거버넌스에 미치는 이차적 영향이 중요하다는 점이다. 다시 말해서 디지털시대가 도서관에 미치는 영향은 모든 책이 전자책으로 변환될 뿐만 아니라[10] 도서관의 의미, 범위, 조직 구조, 거버넌스 역시 바뀐다는 것이다. DPLA가 시민사회에서 일어나는 변화의 상징이라면 동일한 변화가 다른 곳에서도 일어나 디지털 시민사회로 이어질 것이다.

인터넷학자들은 인터넷과 월드와이드웹이 본질적으로 공공 또는 사적 공간인지에 대해 수년째 토론중이다. 키에론 오하라(Kieron O'Hara)와 나이절 섀드볼트(Nigel Shadbolt)는 위르겐 하버마스(Jürgen Habermas)가 설명한 18세기 유럽의 사적 공간과 한나 아렌트(Hannah Arendt)가 이론화한 20세기의 공간이 오늘날의 인터넷 공간에 관한 가장 적합한 은유라고 주장한다. 사적인 집과 완전히 공적인 삶의 중간인 이러한 공간은 궁극적으로 정치적·사회적 변화를 일구는 새로운 발상과 실천주의 및 집단 형성을 야기하는 데 결정적인 도움을 준다.[11] 대학 캠퍼스 간 첫번째 이메일이 전송된 이후부터 디지털 네트워크 공간은 공공 공간과 사적 공간을 가르는 기존의 경계에 대한 실험을 해오고 있다. 소프트웨어 프로젝트는 분산 업무에 적합해 개인이 시간과 장소에 구애받지 않고 작업할 수 있게 해준다. 코드는 무료로 공유할 수 있는 리소스로 제공되었고, 지금은 친숙한 특허 모델이 자리를 잡기 훨씬 전부터 자원봉사자들에 의해 코드 개선이 이루어졌다. 한 모델에서 다른 모델로의 전환—자유 소프트웨어에서 수축 포장된 유료 제한 사용 라이선스 소프트웨어로—은 당연한 일도 필연적인 일도 아니었다.[12] 네트워크를 작동시키는 코드 사용을 위한 선택지를 고려하면 디지털 분야에서도 이 기본 리소스 생성 방법에 대한 실험을 시작했다는 사실이 놀랍지 않다. 소프트웨어 코딩과 디지털 인프라 관리는 지금은 오픈 소스라고 하는 자발적 협업을 불러왔으며, 유례없는 규모로 공개적 또는 좋든 나쁘든 비밀리에 작업하는 개인들의 분산 네트워크에서 이루어졌다.[13] 디지털 자산의 소유권과 재사용은 소프트웨어 자체뿐 아니라 아날로그 도서, 음악, 미술이나 사진의 디지털 버전에 대한 지식재산권의 혁명과 크리에이티브 커먼즈 라이선스(creative commons license)제도의 탄생을 불러왔다. 이제 디지털시대에 공공 사용과 사적 소유권의 개념에 대한 재고가 필요한 시점이며, 19세기에 기업 구조로 설명했던 일부 질문에 대한 답을 다시 한번 생각해보아야 한다. 공적 공간과 사적 공간의 경계가 다시 그려지고 있기 때문에 걸쳐 있는 시민 공간 역시 누구나 차지할 수 있다는 결론에 이르게 된다.

이 공간들이 당연하게 여겨질 수는 없다. 존 펠프리(John Palfrey)는 DPLA를 만든 원년 멤버로서 오늘날의 인터넷은 공적 공간의 가면을 쓴 사적 공간의 집합체이고, 우리는 공적 영역과 사적 영역을 재정의해야 할 필요가 있다고 경고한다.[14] 우리의 미래 필란트로피 활동들—그 안에서 우리는 사적 자원을 공익을 위해 사용한다—은 분명 이 두 영역이 디지털 공간에서 어떻게 정의되는지에 달려 있다. 역사학자 조너선 레비는 공적 영역과 사적 영역에 대한 정의가 바뀌면서 19세기 기업 규약(1장 참조)에 어떤 영향을 미쳤는지를 보여준다. 이 역동적인 변화가 반복되리라는 것은 쉽게 상상할 수 있다.

4년이라는 짧은 기간 동안 DPLA는 학술적 구상에서 수백 개의 도서관과 수천 명의 사람들 그리고 수백만 점의 소장 자료를 연결하는 국가적 자원으로 발전했다. DPLA는 아직 걸음마 단계에 불과하며, 여느 새로운 유기체와 마찬가지로 DPLA의 선조격 기관들의 흔적—ICANN(국제인터넷주소관리기구), 크리에이티브 커먼즈, 모질라 재단, 인터넷 아카이브 등—이 적잖게 발견되고 있다.[15] 디지털 자산과 리소스를 독점적으로 관리하는 작지만 성장하고 있는 비영리단체 부문을 통해 독점 관리의 어려움을 간단하게 살펴볼 수 있고, 미래의 동종 기관과 아날로그 및 디지털 자산을 모두 보유한 다른 비영리단체가 고려할 문제에 대한 아이디어도 얻을 수 있다.[16]

미국 역사 속 도서관과 필란트로피

도서관은 미국 필란트로피 역사에서 특별한 위치를 차지한다. 토머스 제퍼슨(Thomas Jefferson)이 자신의 장서를 미국 의회도서관에 헌납해 다시 문을 열도록 했다는 유명한 일화가 있기는 하지만 다른 사람들도 이미 더 많은 필란트로피적 접근방식을 취한 바 있다. 보스턴의 상인이었던 로버트 케인(Robert Keayne)은 지나치게 비싼 가격으로 물건을 판매한 죄목으로 유죄판결을 받았는데, 케인이 시에 낸 추징금은 1656년 도서관 건립에 사용되었다. 케인은 개인의 사유재산으로 도서관 건립 자금을 충당하는 방식을 미국 초기에 도입한 셈이었다.[17] 물론 사설도서관은 문자언어만큼이나 먼 과거로 거슬러올라간다. 도서관은 공공자원으로서 뿌리깊은 역사를 가지고 있으며 적어도 4세기 로마시대까지 거슬러올라간다.[18] 메디치

가문이 15세기의 '대중'이었던 학자, 성직자, 귀족들에게 산마르코도서관
을 개방하기로 한 결정은 개인 자본으로 공공도서관이 설립된 최초의 주
목할 만한 사례라고 할 수 있다.[19]

케인의 사례 이후 미국 내 다른 지역에서 온전히 세금으로만 도서관
을 지어 일반에게 공개되기까지는 150년이 넘는 세월이 걸렸다. 1906년 뉴
햄프셔주 피터버러는 세금으로 도서관을 건립한 뒤 미국 최초의 진정한
공공도서관임을 천명했다. 그 이후로 미국의 도서관들이 건립될 때 전체적
으로 필란트로피와 공공 융자를 일부 혼합한 방식으로 자금이 조달되었
다. 민간자금이 공공 목표에 야기할 수 있는 긴장과 더불어 민간 필란트로
피가 제공할 수 있는 뛰어난 업적의 전형으로 도서관보다 더 좋은 예는 없
을 것이다.

각각 20세기의 양 끝단에서 활동한 앤드류 카네기는 도서관 건축비를
지원했고, 빌 게이츠는 그 건물에 인터넷을 연결해주었다. 두 사람 모두 공
공장소로서 누구나 이용할 수 있으면서 활짝 열린 지식으로의 진입로를
제공한다는 도서관의 비전을 실천했다. 아울러 두 사람은 중요한 공적 지
원이 필요한 독자적인 필란트로피 프로그램을 만들었다. 카네기는 처음 몇
차례는 아무 조건 없이 기부했지만 이후에는 도서관 건축 비용의 일부와
각 도서관의 지속적인 운영비는 지역사회가 충당할 것을 요구하기 시작했
다. 게이츠의 수십억 달러는 궁극적으로 미국 전체 도서관의 99퍼센트에
지원되었고, 이 역시 지역에서 모금된 매칭 펀드 여하에 달려 있었다. 공공
자원과 민간자원을 조합한 이들 전략은 도서관 역사에서만 중요한 것이
아니라 호바스와 파월이 제시한 사례에서 볼 수 있듯이(4장 참조) 미국 필
란트로피 역사의 중요한 특징으로 자리매김했다.

이 두 가지 필란트로피 유산 덕분에 수많은 미국인들은 출판 및 전자

지식을 이용할 수 있게 되었다. 2010년 한 설문조사에 따르면 공공도서관의 이용자 수는 미국 인구의 96퍼센트가 넘었다.[20] 3년 뒤 시행된 또다른 설문조사에서는 16세 이상의 미국인 72퍼센트가 지난 12개월 동안 공공도서관을 이용한 적이 있는 것으로 나타났다.[21] 웹사이트와 이메일 서비스는 도서관 이용자가 먼 곳에서도 도서관 서비스를 이용할 수 있게 해주지만 물리적 시설은 여전히 중요하다. 1인당 도서관 방문 횟수는 1992년과 2009년 사이에 증가했고 이후에도 꾸준히 유지되었다.[22] 도서관은 이용자에게 즉각적으로 그리고 집에서도 다운로드할 수 있는 온라인 자료와 원거리 접속, 디지털 도서를 제공하고 있지만 여전히 지역사회 공간으로서 필수적인 역할을 한다.

미국 디지털 공공도서관의 탄생

DPLA를 이해하기 위해서는 도서관, 지식재산권법, 인터넷 상거래, 학술 출판의 분리되어 있지만 서로 얽혀 있는 역사의 맥락에서 살펴보아야 한다. DPLA가 진화해온 세부적인 부분들은 많은 경우 특정한 사건들과 주요 인물들의 노력의 산물이었다. 하지만 DPLA는 인간 지식에 대한 보편적이고 무료 접근을 제공하는 최초 또는 유일한 시도는 아니었으며 마지막 시도 또한 아닐 것이다. 이전까지 있었던 투쟁의 결과인 동시에 아직 다가오지 않은 변화의 조짐 모두에 해당한다. DPLA를 지식재산권의 역사, 학술 출판사업의 지형도, 민간 광대역 접속 범위, 정부 감사나 기업 비즈니스 모델에 대한 대중의 인식과 민감성까지 연결해주는 특징들은 DPLA의 이야기를 특별하게 만드는 동시에 디지털 시민사회를 만드는 데 영향을 주는 많은 변수에 대한 사례 연구로서 DPLA의 유용성을 시사한다.

하버드대학의 버크만센터가 조직한 일련의 회의, 연구 및 지역사회 참여활동을 통해 2010년 공식적으로 탄생한 DPLA는 부분적으로 디지털 도서에 대한 통제권을 기업의 손에서 빼앗아 공공 영역으로 돌려주기 위한 의식적인 노력이기도 했다. 미국의 지성들이 이처럼 포퓰리즘적인 조치에 헌신적이었던 이유도 도서관 커뮤니티 자체의 속성과 출판사, 도서관, 작가, 인터넷 기업 사이에서 전개된 5년 동안의 끈질긴 협상, 그리고 이 프로젝트에 참여한 지식인 리더들의 개성 덕분이다. 사서들은 전문 교육을 받은 인력으로 정보를 검색하고 유용하게 사용할 수 있는 환경을 만들기 위해 노력한다. 이들은 검열 없는 접속과 사고의 자유를 주창해온 오랜 역사를 가지고 있다. 전 세계 위대한 도서관의 장서들을 디지털화하기 위한 구글의 노력은 시장의 가치와 전제조건에 매몰되지 않는 대안을 만들기 위한 강력한 동기부여가 되었다. 저자와 출판사, 도서관 사이의 법적 혼란은 아이디어의 소유와 보호에 대한 19세기 개념인 지식재산권으로 거슬러올라간다.[23] 지식재산권의 개념과 법률에 대한 디지털 문제는 DPLA 이야기에서 많은 부분을 차지한다.

DPLA는 특정 사건뿐만 아니라 그 창립자들의 특징도 반영한다. 하버드대학의 칼 H. 포르차이머 교수이자 하버드대학의 도서관장인 로버트 단턴(Robert Darnton)은 전형적인 학자로 키가 크고 백발인 그에게 파란색 블레이저와 레지멘탈 넥타이는 제2의 피부처럼 잘 어울린다. 단턴의 이력서는 최초의 백과사전 출판에 관한 학술 논문으로 시작되며 프랑스어, 독일어, 영어로 쓴 글들이 이어진다. 그의 글은 검색 엔진의 역할과 디지털도서관의 미래에 대한 블로그와 일반적인 관심사를 다루는 잡지 기사에서도 찾아볼 수 있다. 단턴이 전형적인 학자와 다른 점은 그의 행동주의에서 찾을 수 있다. 단턴은 계몽주의시대에서 현재에 이르기까지 책과 출판의 역사를 이해하고 설명하는 데 만족하지 않고 지식 정보에 대한 공개 접근의 미래를 모든 매체 형태로 상상하고 구축하는 데 자신의 경력 중 마지막 몇 년을 바치고 있다.

단턴은 정보의 사용과 저장, 배포 및 중요한 기술 유형에 대한 추세를 상세히 관찰했다. 단턴이 이끄는 DPLA의 오리지널 기획팀에 합류한 인물은 전문 변호사 존 팰프리였다. 2010년 팰프리는 버크만센터의 인터넷 부문 주요 학자이자 '디지털 네이티브'에 관한 책을 쓴 저자로, 그는 이 책에서 디지털 네트워크와 접근이 디지털 도구들을 보유한 세상에 태어난 세대들의 세계관을 형성하는 다양한 방식을 보여주었다. 오리지널 기획팀의 세번째 주요 팀원은 모라 막스(Maura Marx)로 당시 보스턴 공공도서관에 있는 열린 지식 공동체(Open Knowledge Commons)를 이끌고 있었다.

단턴, 팰프리, 막스는 각자 오랫동안 쌓아온 전문성을 이 독립된 분야에 적용했다. 이들은 DPLA를 위해 의회도서관을 비롯한 공공 파트너를 찾기 위해 애썼고, 결국 정부 주도로 프로젝트를 진행하는 데에는 실패했지만 노력을 멈추지는 않았다. 애초에 DPLA는 태생적으로 공적 자원이었지만 반드시 정부에 기반을 두지는 않았다.

DPLA 출범 전에 5년에 걸친 상업적 혁신과 법적 대응이 먼저 일어났다. 2004년 구글의 공동 창업자인 래리 페이지(Larry Page)와 세르게이 브린(Sergey Brin)은 프랑크푸르트 국제도서전에 참가해 '구글 프린트(Google Print)'의 출범을 발표했다. 이 사건이 상징하는 바는 분명했다. 구텐베르크가 이동식 활자를 도입한 이후 도서 출판으로 유명한 도시에서 실리콘밸리의 출세한 기술 전문가 2명이 차세대 정보혁명에 대한 자신들의 비전을 세상에 소개했다. 두 달 뒤 구글 프린트는 하버드대학을 비롯한 5개 주요 대학 도서관과의 협력사업인 구글 프린트 도서관 프로젝트(Google Print

Library Project)를 발표했다.

그 당시 단턴은 프린스턴대학에서 40여 년 동안 유럽 역사를 가르치며 도서미디어연구센터장을 역임하고 있었다.[24] 단턴은 기업의 합류를 두려워했던 일부 동료 교수나 도서관 직원들과 달리 초기에는 구글 프로젝트에 열의를 보였다. 심지어 책에 다음과 같이 쓰기도 했다. "정보는 안정적이었던 적이 없다. 최대 규모의 도서 검색사업인 구글 북서치 서비스는 연구도서관을 쓸모없는 존재로 만들지 않을 것이다. 오히려 그 반대로 구글 덕분에 어느 때보다 연구도서관의 중요성은 커질 것이다."[25]

매사추세츠주 케임브리지에서 자라고 훗날 하버드대학의 도서관장을 역임한 정치학 교수 시드니 버바(Sidney Verba)는 구글과 하버드대학의 협상 업무에 관한 총괄 담당자였다. 버바는 하버드대학의 도서관 카탈로그를 구글의 검색 엔진과 연결하고 구글이 하버드대학의 방대한 도서관 소장 목록에 있는 수백만 장서에 접근하는 것을 허용하는 협약을 작성했다. 버바는 자신의 학식에 근거해 해당 프로젝트가 평등을 촉진하는 데 이바지한다는 점을 강조했다.

모든 대학이 평등하지는 않다. 가치가 과대평가된 면이 있기는 하지만 대학마다 명망에 차이가 있다. 게다가 대학마다 학생의 교육을 위해 활용할 수 있는 자원에도 차이가 있다. 이는 고등교육 또한 불평등의 동력이 되게 한다. …… 우리가 저작권이 없는 책을 디지털화하게 되면 학술 자료의 평등화에 이바지하게 될 것이다(저작권이 있는 책이라면 효과는 더 클 것이다). 이로 인해 교육의 격차는 줄어들 것이다.[26]

버바는 단턴과 마찬가지로 대규모 디지털화의 도래가 대학도서관에 위협이 아니라 도움이 될 것이라고 여겼다. 버바 교수는 한발 더 나아가 구글 프로젝트가 다른 격차를 좁혀주기를 바랐다. "격차가 하나 더 줄어들 것이다. 바로 도서관과 인터넷 간의 격차이다."[27] 버바의 언급은 디지털화를 시도하는 과정에서 가장 많은 논쟁이 발생하는 요소 중 하나인 저작권법과 소유권의 격차를 가리킨다.

이후 몇 년 동안 대규모 도서 디지털화를 시도하기 위한 몇 가지 노력들이 등장했다. 2005년 인터넷 아카이브(Internet Archive)가 주도하는 비영리연합인 오픈 콘텐츠 연맹(Open Content Alliance)이 인터넷 기록보관소 사본을 만들기 위한 노력의 일환으로 책을 스캔하기 시작했다. 2008년 연구도서관 컨소시엄은 소장 도서를 디지털 자료로 만들고 보존 및 공유하기 위해 러디어드 키플링(Rudyard Kipling)의 『정글북』에 등장하는 코끼리('절대 잊지 않는' 것으로 유명하다)의 이름을 딴 하티트러스트(HathiTrust)를 출범시켰다.

도서 디지털화 노력보다 인터넷 사용의 변화 속도는 더 빠르게 진행되었다. 단턴이 하버드대학의 도서관장을 역임하고 하티트러스트와 오픈 콘텐츠 연맹, 구글 북스가 본격적으로 진행되고 있던 2006년 하버드대학 2학년이었던 마크 저커버그가 소셜 네트워킹 사이트인 페이스북을 설립했다. 2010년경 저커버그의 기숙사 방에서 탄생한 페이스북은 구글에 매우 위협적인 경쟁 상대가 되었는데, 이 두 공룡 기업은 디지털상의 주의지속시간(digital attention spans)을 차지하기 위해 (그래서 기업의 생명줄인 광고 수입을 창출하기 위해) 치열한 경쟁을 펼쳤다.

또한 페이스북은 구글의 도서 프로그램에 참여한 기득권층의 지형을 바꾸어놓았다. 페이스북의 급성장과 개인정보 보안 및 사용 관행에서 나타난 위기로 인해 사람들이 기업의 권한 범위와 기업의 소유권이라는 두 가지 우려 사항을 빠른 속도로 인식하기 시작했다. 페이스북만큼 개인정보 소유권 문제에 일반 대중이 큰 관심을 가지게 만든 회사는 적어도 2013년 에드워드 스노든(Edward Snowden) 사건이 발생하기 전까지는 없었다. 수명은 비교적 짧았지만 페이스북은 개인 사생활을 자유롭게 공개적으로 공유하는 대표적인 회사가 되었고, 저커버그는 이를 상징하는 인물이 되었다.[28] 역설적으로 페이스북의 성공은 개인 사생활을 공공연히 공유함으로써 의도치 않게 저작권법과 디지털 소유권을 소수만의 문제에서 훨씬 많은 사람이 공감하는 문제로 확대시키는 계기가 되었다.

소셜 네트워크 안에서 개인은 기술 도구에 자유롭게 접근하기 위해 자신이 가진 콘텐츠를 교환한다. 정보 기술 전문가와 법학자들은 소셜 네트워크 세계의 장단점에 대해 오랫동안 논쟁을 벌여왔다. 이 같은 법적·경제적·정책적 주장은 수억 명의 사용자들이 페이스북을 이용하면서 자신들이 이런 디지털 경제 교류의 늪에 빠져들었다는 사실을 깨닫지 못한다면 학자들과 일부 전문가들의 난해한 집착으로 남을 확률이 높다.

전 세계가 기술로 하나가 되고, 지리적으로 얽매여 있는 출판물 소장 목록들이 강력하게 서로 연결되기를 바랐던 버바 교수의 희망은 실제로 이루어졌다. 그러나 10년에 걸친 법적 분쟁과 판결이 필요했던 긴 여정이었다. 또한 버바가 은퇴한 뒤 그 자리를 단턴이 이어받은 직후에 벌어진 일이었다. 단턴은 한때 구글 북스를 옹호했지만 하버드대학의 도서관장으로 종신 재임하는 동안 적대적으로 돌아섰다. 구글과 협상하는 과정에서 단턴이 맡았던 역할과 기업의 디지털화 시도에 대한 소송을 모두 지켜보았던 경험은 DPLA를 구글 북스의 비영리 대안으로 만들려는 단턴의 노력에 영향을 미쳤다.

2005년부터 2013년까지의 구글 북스 소송

　도서관은 수십 년 동안 소장 도서의 디지털 사본을 만들어 자료를 보존하고 (값비싼) 물리적 저장 공간의 의존도를 줄이기 위해 노력해왔다. 이런 작업의 상당 부분은 한 번에 한 기관씩, 컬렉션별로 진행되었다. 막강한 자금력뿐만 아니라 분산 저장 체계와 빠르고 광범위한 접근을 기반으로 한 비즈니스 모델로 무장한 인터넷 기업의 출현으로 도서관은 새로운 기회와 함께 도전에 직면하게 되었다. 2004년 구글이 도서 디지털화사업에 뛰어들자 지지하는 측과 법적으로 문제를 제기하는 측 모두 활발하게 움직였고, 새로운 파트너십이 촉진되는 한편 기업의 상업적 제안에 대한 비영리적 대안을 찾으려는 노력에 박차를 가하게 되었다.

　사유재산권을 열렬히 옹호하는 사람을 머릿속에 그려볼 때 가장 먼저 떠오르는 사람이 계관시인, 대통령 전기작가, 은퇴한 스포츠 스타는 아닐 것이다. 그럼에도 불구하고 2005년 9월 뉴욕 지방법원에 구글을 상대로 소송을 제기한 사람들은 시인 대니얼 호프먼(Daniel Hoffman), 에이브러햄 링컨의 전기작가 허버트 미트강(Herbert Mitgang), 전직 투수 출신 작가 짐 보튼(Jim Bouton)이었다.[29] 이 '미국작가조합 외 대 구글' 사건은 해당 비영리협회와 8000명의 회원이 검색엔진회사인 구글을 상대로 제기한 소송으로, 구글의 북서치 서비스가 모든 출판 저자의 저작권을 침해했다고 주장했다. 작가들이 소송을 제기한 직후 미국출판사협회 역시 구글에 소송을 제기했다. 이 두 소송은 나중에 하나로 병합되었다.

　구글은 출판 저작물을 디지털화하고 개인이 도서명이나 저자를 검색했을 때 요청에 따라 그 저작물의 '코드 조각(snippet)'을 제공하는 것은 세계 최대 규모이자 가장 포괄적인 카드식 목록을 이용하는 것과 마찬가지라고 주장했다. 이러한 리소스야말로 이용자들이 검색 결과를 그 어느 때보다 빠르고 쉽게 찾을 수 있게 한다는 것이다. 하지만 이런 방식의 검색 기능의 기반이 되는 기술적 현실이 중요하다. 책의 '코드 조각'을 제공하기 위해서는 먼저 책 전체를 복제해야 한다. 검색 결과를 빠르게 제공하기 위해서는 구글이나 다른 공급업체가 원작의 디지털 사본을 만들어 서버에 저장해야 한다. 이는 인터넷을 검색해서 출판 저작물의 한두 문장을 찾는다고 하더라도 원문 전체가 디지털 사본으로 인터넷 서버에 저장되어 있어야 한다는 뜻이다. 저작물 사본은 구글에게 소유권과 통제권이 있기 때문에 법적 분쟁의 대상이 된다.

이 같은 소송에는 도서관이 복사기 같은 이전의 기술을 사용하면서 발생한 선례가 존재한다. 수십 년 동안 도서관과 출판사 간의 '신사협정'은 도서관 소장 도서의 사본에 대한 '공정 이용'을 규정하는 지침이었다.[30] 구속력이 없는 이 양자 협정은 1960년대까지 저작권 자료를 재생산할 때 효과적인 지침 역할을 했다. 하지만 초안을 작성할 때 주요 협상자 중 일부는 신사협정이 "도서관의 과거 행위는 보호해주지만 미래 행위는 보호하지 못할 수도 있다"고 우려한 바 있다.[31]

역시나 1960년대 후반 무렵 도서관과 출판사는 공정 이용에 관한 법률적 지침 때문에 분쟁을 벌였고, 1968년에 제기된 소송은 결국 대법원까지 갔다. 입법 및 사법 절차는 10년 동안 더디게 발전했지만 기술 역량은 빠르게 발전해나갔다. 법원은 1973년 윌리엄스 윌킨스 사건[32]에서 공정 이용의 손을 들어주었고, 1976년 저작권 법안이 통과되자 저작권법의 초점은 출판에서 텔레비전으로 그 매체가 완전히 바뀌었다.[33]

구글 북스 소송이 진행될 무렵 출판 저작물을 디지털로 제공하는 문제는 이미 법정을 거쳐간 뒤였다. 문화적 자료에 대한 디지털 액세스를 유지하고 온라인 공공 도메인(자유 이용 저작물)을 보호하려는 노력이 여기에 해당된다. 래리 레시그(Larry Lessig)의 크리에이티브 커먼즈는 창작물에 접근을 허락하는 디지털 법적 장치로, 저작권을 확장하는 것에 대한 법제화를 반대해 제기한 소송에서 패소한 것에 일부 영향을 받아 탄생했다. 아마도 가장 쓰라린 경험은 레시그가 미국 대법원에서 공공 도메인 운동가들을 변호했으나 패소했던 2003년 엘드리드 대 애시크로프트 사건으로, 공공 접근 옹호자들에게 상업적 이익에 지식재산권을 엄격하게 적용하는 일이 얼마나 중요한지를 상기시키는 계기가 되었다.

구글은 미국작가조합을 상대로 자기변호를 하면서 구글 북서치가 새로운 기술 역량에 발맞추어 공정 이용의 범위를 확장하고 있을 뿐이라고 주장했다.[34] 구글은 스스로를 도서관과 동일시한 덕분에 작가와 출판사와의 분쟁에서 법학적 선례와 소중한 비영리단체의 지지자를 확보할 수 있었다. 검색과 대중의 접근이 가능하도록 사본을 만들 수 있는 권리는 법적으로 중요하며 이는 단지 구글뿐 아니라 개별 도서관과 DPLA에게도 해당된다.

8년 동안 이어진 구글과 미국작가조합, 미국출판사협회, 기타 기관과의 분쟁은 법정 공방과 협상 타결, 다시 법정으로 이어졌다. 시민권 단체는 참고인 변론 취지서를 제출했고, 도서관은 디지털시대에 특별히 저작권 이슈에 집중하기 위한 새로운 동맹을 형성했으며, 수백만 달러의 지급 계획은 협상과 합의, 이의 제기가 반복되다가 기각되었다.[35]

2013년 11월 뉴욕 지방법원은 사건을 기각하며 구글에 유리한 판결을 내림으로써 도서의 캐시 사본을 생성하고 저장하는 것이 기존 저작권법의 공정 이용 보호에 해당한다는 구글의 주장에 사실상 동의했다.[36] 데니 친(Denny Chin) 판사는 판결에서 새로운 학문적 형태에 구글 북스의 기여도와 '전통적 취약 계층'을 위한 자료 접근 확대, 보존 노력의 지원, 작가와

출판사의 매출 신장 등 구글 북스의 수많은 장점을 인용했다.[37]

다수의 도서관과 사서를 비롯한 구글 북스의 초기 지지자와 파트너는 판결에 환호했다. 미국도서관협회(American Library Association), 전자 프런티어 재단(Electronic Frontier Foundation), 미국 도서관저작권연맹(Library Copyright Alliance), 시각장애인과 장애인 관련 기관 등은 친 판사의 판결이 나온 날 그의 판결에 '찬사'를 보내며 '공정 이용과 공익의 대대적인 승리'를 기념하는 공식 성명을 발표했다.[38] 주요 뉴스는 해당 판결을 보도했고, 미국작가조합은 이번 분쟁은 '1라운드'에 불과하다고 주장하며 판결에 항소 의사를 밝혔다.[39]

판결은 환영을 받았지만 구글 북스 프로젝트의 초기 파트너 일부는 이미 디지털 자료를 관리하는 그들만의 내셔널 트러스트를 조직하기 위해 떠났다. 그들은 DPLA를 만들고자 했다.

결정 요인으로서의 공공 거버넌스

구글이 디지털 사본을 만들고 공유할 수 있는 권리를 가질 수 있도록 도서관이 구글과 같은 편에서 싸우는 동안에도 대중이 구글의 디지털화된 정보를 어떻게 사용할 수 있을지에 대한 도서관의 우려는 점점 커져만 갔다. 미국작가조합 사건은 소유권에 초점을 두었고 DPLA의 창립자들은 접근, 통제, 개인정보 보호 문제에 집중하기 시작했다. 거버넌스 이슈는 이제 DPLA 창립자들의 추동력이 되었다.

2010년 로버트 단턴은 〈뉴욕 리뷰 오브 북스〉에 기고한 기사 '벽이 없는 도서관'에서 크고 작은 많은 나라에서 국가 디지털도서관 설립이라는 과업을 추진하고 있다고 언급했다.

하티트러스트, 인터넷 아카이브, 지식 공동체 운동, 캘리포니아 디지털 도서관, 디지털도서관연맹, 국가 디지털 정보 인프라 및 보존 프로그램과 기타 비영리기업을 생각해보자.

……우리는 다른 나라의 경험을 통해 배울 수 있다. 사실상 거의 모든 선진국에서는 국가 디지털도서관을 발족하고 있고, 많은 개발도상국 또한 마찬가지이다. ……

하버드대학에서는 다른 나라에서 시행중인 여러 프로젝트에 대한 예비 조사를 실시했다. 우리는 이제 초기 단계인 몽골의 국가 디지털도서관(NDL)을 찾아내기도 했다. 네덜란드는 1470년부터 지금까지 출간된 모든 네덜란드 도서, 팸플릿, 신문 등을 디지털화하고 있다. 프랑스의 사르코지 대통령은 지난 11월 7억 5000만 유로를 프랑스 문화'유산' 디지털사업에 지원한다는 계획을 발표했다. 또한 일본 의회는 일본의 모든 도서관을 디지털화하기 위해 2년 동안 126억 엔을 책정하는 긴급 계획을 의결했다. 네덜란드, 프랑스, 일본이 할 수 있다면 미국이 하지 못할 이유는 무엇인가?[40]

단턴의 예시 목록은 국민적 자긍심을 자극하는 데 그치지 않고 공공부문 리더십을 획득할 수 있는 기회이며, 도서관에게 공유와 연결은 자연스러운 특성이라는 점을 강조하고 있다. 19세기에 시작된 도서관 상호 대출 서비스는 디지털도서관이 탄생하는 데 중요한 영감을 주었다. 도서관이 배달 트럭과 우체국을 기반으로 네트워크를 구축해 국고 지원 도서관을 연결하고 자료를 공유했던 것에 착안하여 DPLA 창립자와 전 세계 도서관 관계자들은 디지털 현실이 공유 네트워크와 함께 시작된 뒤 개별 도서관의 역할에 의지한다는 사실을 인식했다.

2010년 10월 1일 앨프리드 P. 슬론 재단으로부터 지원받은 보조금 3만 6000달러로 단턴, 펠프리 외 24명은 래드클리프대학원 세미나실에 모여 '국가 디지털도서관' 설립 가능성을 논의했다.[41] 단턴은 첫 회의의 개회사와 디지털도서관에 관한 기사를 〈뉴욕 리뷰 오브 북스〉에 게재해 대중—적어도 해당 잡지를 읽는 일부 독자—이 읽고 검토할 수 있게 했다.[42] 〈뉴욕 리뷰 오브 북스〉는 결코 많은 사람들이 읽는 잡지는 아니었지만 이날 회의와 디지털도서관에 관한 단턴의 기사로 인해 해당 잡지의 온라인 블로그에 2개월 동안 수십 개의 댓글이 달리고 독자들로부터 편지를 받기도 했다.[43]

2008년과 2013년 사이에 단턴이 디지털도서관이 가진 영향력에 대해 쓴 글은 기술 구축도 중요하지만 정말 중요한 것은 올바른 거버넌스의 구조를 수립하는 것임을 강조했다. 2011년 구글과 미국작가조합 간의 합의 제안서를 기각한 순회재판소 판결에서는 사용자의 개인정보 보호에 대한 구체적인 우려를 표명했다. 도서관은 오랫동안 독자의 권리 보호에 힘써왔지만 디지털기업은 이와 상충하는 동기를 가지고 있다. 판사의 말처럼 "도서 디지털화는 구글이 엄청난 정보 컬렉션을 구축할 수 있게 만든다. 여기에는 식별 가능한 사용자의 개인정보가 포함되며, 이러한 민감한 정보를 사용하는 것에 대한 적절한 보호장치를 제공하지 않는다."[44] 이러한 모든 요인들—구글의 규모, 소유권과 라이선싱에 대한 법적 분쟁, 개인정보에 관한 우려—로 인해 단턴은 다음 두 가지를 확신하게 된 것처럼 보인다. 도서관 디지털화 작업은 실행 가능했고, 이로 인한 자원을 관리하기 위한 거버넌스 장치는 기업체가 제공하는 것보다 공적 감독이 더 필요했다.[45]

우리는 민간과 공공이 교차하는 지점에 시민사회를 위치시킨다. 도서관은 정보 접근과 사용에 있어서 공공의 이익을 가장 우선시한다. 도서관은 정보를 구조화하기 위해 열린 공개 절차를 따르는데 이는 다른 자료에는 없는 특권을 특정 자료에 주지 않으려는 조치이다. 도서관은 모든 유형의 검열을 단호하게 반대한다. 대중이 원하는 정보를 편안하게 요청할 수 있도록 도서관은 사용자 접속 기록의 개인정보를 보호한다. 이는 수백 년 동안 도서관원의 직무에 내재된 규범과 관행으로, 공공의 이익을 위해 존재하는 기관으로 스스로를 인식하고 있다는 것을 전제하며 거버넌스 구조에도 반영되어 있다.

이에 비해 구글과 같은 기업은 법인법에 따라 주주의 이익을 최우선으로 삼아야 한다. 기업의 경우 공공 보호나 사생활권에 대한 규범이 규정되어 있지 않으며, 모든 정보에 대해 공정하고 동등한 접근을 제공할 의무도 없다. 오히려 기업은 이와 반대로 행동할 많은 동기를 가지고 있다. 배치나 속도를 통해 정보에 차등을 두며 여기에는 어떤 금전적 이해관계가 존재한다.[46] 5장에서 폴 브레스트는 많은 기업이 선택하고 있는 수탁자의 책임 한도를 넘어서는 선택권을 논하고 있다. 물론 구글이 앞에서 이야기한 공익에 관심을 가질 수도 있다. 그러나 여전히 한 국가의 문화적·문학적 역사의 총체를 영리기업 한 곳에 넘겨준다는 것은 DPLA 창립자들이 생각하기에는 잘못된 거래였다. 이들은 상업적 규모의 혜택을 누리면서도 동시에 공공 거버넌스의 보호를 받을 수 있는 방법이 있으며, 또한 그렇게 하는 것이 국익을 위해서도 최선이라고 확신했다. 단턴은 다음과 같이 기술했다.

> 제퍼슨과 프랭클린—의회도서관의 주창자와 인쇄업자 출신의 철학자 겸 정치인—은 공화국의 안녕은 자유로운 발상의 흐름에 달려 있다는 심오한 믿음을 공유했다. …… 인터넷 그리고 불완전할지는 몰라도 광범위한 교육 시스템 덕분에 우리는 이제 제퍼슨과 프랭클린의 꿈을 실

현할 수 있게 되었다. 우리가 보유한 기술적·경제적 자원을 바탕으로 우리 도서관의 장서를 비롯한 모든 소장품들을 시민 모두가 이용할 수 있고, 나아가 월드와이드웹에 접속하면 어느 곳에 있는 누구라도 이용할 수 있다.[47]

이렇게 하기 위해서는 비영리단체를 설립하고 디지털 형식으로 변환된 미국의 유물과 미국 문화 및 문학작품을 수집, 연결, 관리하는 기관으로 인가를 받으면 가능하다.

20세기를 지나면서 비영리단체는 사실상 민간자원을 공익 목적으로 사용하도록 지정하기 위한 구조적인 선택지가 되었다. 여기에는 비영리법인 지정과 관련된 거버넌스와 책임 요건에 관한 법적 근거가 있다. 이러한 요건은 주 및 국가 차원에서 모두 설정된다. 주의 법인법에는 수행할 수 있는 활동의 유형과 거버넌스 요건이 규정되어 있다. 국가 차원의 규정은 미국 연방세법 제501조(c)에 명시되어 있으며 29개 세부 조항은 활동들을 세분화해 자선활동, 상호활동, 사회복지를 추구하는 활동이나 참전용사와 같은 특정 단체에 혜택을 주는 활동 등으로 분류된다. 주의 법인법과 연방세법을 결합해 이 기관들이 금융자원을 어떻게 신청하고 구성할 것인지, 기업들이 어떻게 기업활동에 대한 보고를 할 것인지, 어떤 활동이 적합한지를 결정한다.[48] 동시에 주 법인법과 연방세법에 따라 비영리 자선단체로 분류되면 민간자원을 공익 목적으로 사용할 수 있는 자격을 얻은 것과 다름없다.

또한 이러한 기관들은 수반되는 문화적 '신뢰'를 누리는데, 이 같은 신뢰는 시간이 흐르면서 쌓인다. 비영리 부문에도 스캔들과 악용이 존재하지만 언론, 정부 또는 기업과 같은 다른 영역에 대한 평가는 낮아지는 상황에서도 일반적으로 이들 비영리단체에 대한 대중의 평가는 여전히 높게 나타난다.[49] 비영리단체에게 신뢰라는 개념이 얼마나 중요한지 보여주는 확실한 한 가지 징후는 개인이나 기관이 사익을 위해 법인의 형태를 악용한 사실이 밝혀지면 많은 이들이 개탄을 표한다는 것이다.[50]

따라서 비영리단체―정확히는 제501조(c)(3)에 규정된 비영리 자선단체―는 국가의 지식을 디지털화하고 모든 사람이 자유롭게 이용할 수 있게 만드는 일에 전념하기로 한 단턴과 그의 동료들에게 합리적인 조직 형태였다. 그들은 미국에서 가장 유서 깊은 기관 중 하나인 하버드대학의 비영리단체 버크만센터의 후원을 받아 디지털도서관을 실현화할 수 있는 기술과 거버넌스 설계에 집중하기 위한 작업에 착수했다.[51]

시민사회의 거버넌스와 디지털시대 적응

하지만 처음부터 DPLA 프로젝트 기획자들과 운영위원들의 관심은 단순히 기존의 법률 요건을 충족시키는 것이 아니라 DPLA 프로젝트의 디지털 기원을 모방하는 방식으로 이 프로젝트를 관리하는 데 있었다. 이러한 선택은 디지털 자산, 오픈 소스 소프트웨어, 도서관 규범을 통해 확인된 가능성에 영향을 받았다. 이들은 DPLA가 관리하도록 설계된 기술의 특징 일부를 공유하는 거버넌스의 구조를 구축하고 싶어했다. 모든 DPLA의 기반이 되는 기술들은 공개되고 전 세계에 보급될 예정이므로 DPLA 창립자들은 이러한 특징을 모방할 수 있는 거버넌스의 구조를 만들 수 있기를 바랐다.

계획 수립 과정 자체를 문서로 기록하고 진행중인 중간 과정도 가능한 공개적으로 공유했다.[52] 조직팀은 홍보와 기록 관리를 위해 초창기부터 웹페이지, 위키, 커뮤니티와 개발자 웹 포털, 전자 토론 목록을 활용했다. 첫번째 계획 수립 회의가 거의 끝난 직후부터 관심을 나타낸 일반 대중들은 "현재와 미래 세대 모두에게 교육과 정보를 제공하고 권한을 부여하기 위해 도서관, 대학 기록보관소, 박물관으로부터 미국의 살아 있는 모든 유산을 포함하는 포괄적인 온라인 자원의 개방형 분산 네트워크"라는 초기 개념에 '참여'하도록 초대되었다.[53]

버크만센터팀에서 수행한 초기 연구 과제 중 하나는 유사한 이니셔티브에서 운영위원회가 고려할 수 있는 조직 모델을 찾는 것이었다. 다른 나라의 모델, 커먼즈에 관한 연구에서 도출된 거버넌스 장치, 심지어 '거버넌스 생략'과 '위키피디아를 기관으로 간주'하는 옵션도 고려되었다.[54] DPLA의 기획자는 한정된 보조금으로 시간 제약이 있는 계획 수립 단계에서 분명히 목표—분산된 대중을 위한 분산형 디지털 자원의 분산형 디지털 거버넌스—에 부합하는 조직 모델을 찾고 있었다. 이러한 열망은 상대적으로 신속한 의사결정의 필요성과 DPLA의 주관 기관과 펀딩 파트너에게 제출할 보고 요건을 포함한 몇 가지 현실에 부딪히며 완화되었다.

2011년부터 2012년까지 작업한 실무팀은 DPLA 기획자들이 '디지털 비영리단체'의 특징과 함께 도서관 자원들을 연결하는 기술적 난관을 어느 정도까지 의도적으로 고려하고 있었는지를 보여준다. 실무팀은 지역사회 참여, 거버넌스, 법적 문제, 재정 및 비즈니스 모델, 기술적으로 고려해야 할 사항들에 집중했다. 모든 작업은 공개적으로—온라인에서 직접적으로 그리고 전국적으로—이루어졌다. 전담 부서를 두어 소프트웨어 개발자들이 코드를 작성하고 기존 디지털화 프로젝트의 상호운용성 문제를 처리하며 다양한 사용자 인터페이스 실험을 수행했다. 변호사와 사서, 소프트웨어 개발자와 교수, 오픈 소스와 저작권 운동가, 링크 데이터 전문가, 역사학자, 도서 애호가, 서점 주인, 박물관 큐레이터 등이 DPLA의 기획과 설

계에 참여했다.[55]

매사추세츠주 케임브리지에서 첫 계획 수립 회의가 열린 지 2년이 지난 2012년 10월까지 DPLA 운영위원회와 업무 파트너들은 충분한 의견을 수렴하는 동시에 '베타 스프린트'와 충분한 공개 총회를 진행하고, 다양한 거버넌스 선택지, 재정 모델, 기업을 정식 이사회를 갖춘 독립 비영리단체로 전환할 때 발생하는 기술적 문제들에 대해 고려했다.[56] DPLA 명칭에 공공이라는 단어를 포함시키는 것과 관련해서도 오랜 논쟁이 있었으나 해당 단어가 공공도서관의 '브랜드'에 미치는 영향과 도서관이 기대하는 재정적 지원, 제도적 거버넌스, 목표로 삼은 수혜자를 생각했을 때 해당 단어가 내포하는 바를 충분히 고려해 결정했다. DPLA에서 공공이라는 단어는 디지털시대를 살고 있는 누구에게나 열려 있고 쉽게 접근할 수 있으며 이용이 가능한 자료라는 의미를 가진다. 아울러 영리가 아닌 공익을 제공하는 비영리단체라는 의미도 가지고 있다. 이 두 가지 의미를 결합―소프트웨어가 허락하는 내에서 개방적이고 동시에 비영리단체의 법적 요건을 충족하는―하는 것이 바로 DPLA 초기 관리자들의 주요 임무가 될 것이다.

DPLA 프로젝트에 필란트로피 지원이 추가되기 시작했다. 앨프리드 P. 슬론 재단은 2010년부터 보조금을 몇 차례 지원했고, 2011년부터 다른 재단도 지원하기 시작했다. 2012년 DPLA는 처음으로 미국 국립인문재단에서 지원을 받았고,[57] 뒤이어 미국 박물관·도서관서비스연구원으로부터 공적 자금을 지원받았다.[58] 이 공적 자금의 투입으로 작업이 무사히 실현되었으며, 이에 따라 DPLA는 전문 인력, 이사회, 법적으로 인정되는 보고 체계와 같은 승인된 책임 장치를 마련할 의무를 갖게 되었다.

2013년 3월 DPLA는 댄 코언(Dan Cohen)이 도서관의 초대 대표를 역임한다고 발표했다. 코언은 역사학자이자 조지메이슨대학의 교수로 디지털

인문학 분야에서 사용되는 인용 시스템인 조테로(Zotero)와 911 디지털 아카이브와 같은 프로젝트로 여러 차례 내셔널 어워드를 수상한 바 있다. 코언의 DPLA 대표 취임일은 2013년 4월 18일로 예정되어 있었고, 이날은 독립적으로 운영되는 DPLA의 공식 출범일이기도 했다.

DPLA는 핵심 인력이 자리를 잡기도 전에 출범 축하 파티 준비를 시작했다. 2년에 걸친 지역사회 회의와 공개 온라인 조직 과정을 통해 세간의 관심은 공식 출범 파티인 DPLA 축제(DPLAFest)에 집중되었다. 전국에서 수백 명이 보스턴을 방문해 세션 주제와 해커톤 아이디어를 제출하고 연사 신청을 할 계획을 세웠다. 보스턴 공공도서관의 매킴 빌딩은 한때 '대중을 위한 궁전'이라는 찬사를 받은 바 있으며, DPLA의 출범 행사에서 주역을 담당할 준비가 되어 있었다.

하지만 2013년 4월 15일 비극이 찾아왔다. 화창했던 월요일 이른 오후 폭탄 테러범들은 보스턴 마라톤의 결승점에 폭탄을 터뜨렸는데 정확히 도서관의 중앙 건물 앞이었다. 도시는 봉쇄되었고 미국 전역이 애도의 물결에 휩싸였다. 이튿날 댄 코언은 DPLA 웹사이트에서 예정대로 행사가 생중계된다고 발표했지만 결국 축하 파티는 연기되었다.[59]

2013년 4월부터 10월 사이에 DPLA는 소장 자료를 늘리고 파트너십도 확대했다. 소프트웨어 코드를 통해 연결된 자료의 수는 2배 이상 증가했고, 개발자들은 수많은 신규 검색 및 분류방식을 구축했다. 자원봉사자와 직원들은 계속해서 DPLA 자원을 위키피디아와 같은 웹사이트에 연결하는 기술을 개발하고 지역사회 대표를 모집하는 한편 전국의 지역 도서관 사서에게 교육을 실시했다.[60] 이 모든 노력들은 DPLA의 구조와 활동을 기술과 미션의 수평적이고 분산적인 특성에 충실하게 유지하기 위한 시도이다.[61]

DPLA의 업무는 수많은 비영리단체와 마찬가지로 변호사, 과학기술 전문가, 사서를 비롯한 자원봉사자가 수행한다. 전문가로 구성된 광범위한 자원봉사자 네트워크 관리는 직원들의 핵심 업무이다. 계획 단계에 참여했던 실무팀은 몇몇 자원봉사자 상임위원회로 옮겨갔으며, 공개 전화 회의를 통해 계속해서 회의를 진행하고 있다.

DPLA의 여러 상임위원회 중에는 법적 문제를 전담으로 처리하는 상임위원회도 있다. 캘리포니아대학 버클리의 법학 교수인 패멀라 새뮤얼슨(Pamela Samuelson)이 의장으로 있는 상임위원회는 DPLA 이사회와 직원들에게 저작권, 공정 이용, 메타데이터 사용 및 기타 법적 활동이 활발한 분야의 법률 사항을 숙지하게 해준다.[62] 또한 해당 상임위원회는 'DPLA, 디지털도서관, 디지털 액세스와 관련된 광범위한 법적 문제에 대해 법조계의 참여를 촉진할' 권한을 가지고 있다.[63] 디지털 자원을 공유하기 위해 동일한 법적 상황을 유지하게 하는 것이 여전히 DPLA의 핵심 업무 중 하나이다.

2014년 1월 기준으로 DPLA는 710만 건의 자료를 보유하고 있었으며, 9개월 전 출범했을 때보다 소장 자료의 규모가 2배 이상 증가했다.[64] DPLA는 설립된 지 2년이 채 안 되는 기간 동안 미국에서 가장 많은 장서를 보유한 상위 20개 도서관 중 하나가 되었다. 확실히 실물 도서를 보유한 도서관과는 비교할 수 없는 성장 속도를 확인할 수 있다.[65] 각 레코드는 실질적으로 DPLA의 파트너 기관이 소장한 도서, 그림, 데이터 집합, 음성 녹음, 그림, 동영상 또는 기타 디지털 항목에 대한 메타데이터로 가득한 링크이다. 또한 DPLA는 위키피디아와 통합된 인터넷 위젯을 제공하며, 이 위젯은 온라인 백과사전인 위키피디아를 검색한 이용자들이 연결된 DPLA 작품을 가져올 수 있게 해준다.

DPLA는 전 세계적 도서관인 동시에 지역 도서관으로 설계되었다. 또한 기존의 하티트러스트나 아트스토어(ArtStor) 같은 대규모 소장 자료와 소규모의 지역사회 파트너를 구분하는 두 가지 다른 유형의 파트너십을 관리한다.[66] 파트너십의 이원화 관리는 DPLA가 기존의 디지털 소장 목록의 글로벌 네트워크에 통합되는 동시에 지역사회가 소장 자료를 디지털화하고 이를 네트워크에 추가할 수 있도록 지원한다.[67]

디지털 시민사회는 무엇이 다른가?

간단히 이야기하면 디지털 자산—동시 공유가 가능하고 똑같이 복제할 수 있으며 쉽게 편집하고 용도를 수정할 수 있는—은 우리가 이제까지 기관에 구축해놓은 아날로그적 전제에 이의를 제기한다. DPLA는 구조적인 측면에서 서가가 있는 분관 도서관보다는 분산 커뮤니티가 지원하는 개방형 소프트웨어의 가상 저장소와 더 많은 공통점이 있다. 특히 도서관의 경우 우리의 새로운 디지털 역량은 자료의 출처가 어디인지, 소유자가 누구이고 누가 도서관의 자료를 이용하는지, 어떤 형태의 자료가 포함되어 있는지 등을 재고해야 한다. 따라서 DPLA뿐 아니라 잠재적으로 모든 디지털 비영리단체에게 필요한 것은 다음과 같다.

- 디지털 자원을 위한 새로운 소유권 모델로 사용자가 많고 공동 소유이며 여러 곳에 저장할 수 있어야 한다.
- 네트워크 모델로 다양한 부문의 여러 기관 파트너와 개별 행위자 집단을 전제로 한다.
- 새로운 형태의 거버넌스로 지리적으로 분산된 의사결정과 새로운 형태의 책임성이 있어야 한다.

소유권의 새로운 경계

단턴은 디지털 자원과 관련된 거버넌스의 어려움을 깨닫고 구글 북스에 대한 열정에 한계를 느끼면서 공적 대안에 매진하기로 한 것처럼 보인다. 2009년 단턴은 구글과 미국작가조합 간의 합의 결정을 검토하고 제시한 선택권을 재검토하면서 두 가지 선택권을 확인했다. 단턴이 '과격한' 접근방식이라고 일컬은 첫번째 방식은 의회가 구글의 '디지털 데이터베이스'를 진정한 공공도서관으로 변환시키는 법안을 발의하는 것'이다. 이는 선례가 거의 없는 입법활동에 해당하며 사안을 법정 밖으로 끌고 나가게 될 터였다. 단턴은 기업의 이익을 역사적으로 어떻게 다루었는지를 고려하면 이례적인 법안이라고 평하며 "구글이 어떻게 나올지 확실하지 않다"고 언급했다.[68]

그는 두번째 선택권을 '최소주의적' 접근 방법이라고 설명하면서 의회의 법안 발의는 미국적 정서를 거스르기 때문에 그 가능성이 희박해 이 두번째 안을 고려해볼 필요가 있다고 주장했다. 두번째 선택권은 필란트로피 기금을 비영리단체에 사용해 공유 저작물 데이터베이스를 만드는 것이다. 이 데이터베이스는 구글 데이터베이스만큼 포괄적이지는 않겠지만 광범위하게 구축될 것이다. 시간이 지나 저작권이 만료되면 데이터베이스는 확장될 것이고 빠르게 늘어나기 시작할 것이며, 적어도 연간 100만 권의 속도로 증가할 것이다.[69] 사서와 컴퓨터 엔지니어는 이 방안을 관리하고 기업이 아닌 대중에게 봉사할 수 있을 것이다. 단턴은 이러한 제안을 통해 처음으로 미래 DPLA로 태어날 방안을 제시했다.

DPLA에 대한 초기 설명에도 소유권 문제에 주목한 사실이 포함되어 있다(저작권은 주요 우려 대상이며 특히 고아 저작물이라고 하는 저작권자가 불명확한 저작물의 경우 더욱 그렇다). 하지만 DPLA에게 소유권이 문제가 되는 것은 저작권뿐만이 아니다. DPLA 법률 전담팀의 초기 회의에서도 전담팀은 데이터와 메타데이터의 소유권, 라이선싱 구조 문제로 고심했으며, 심지어 "DPLA가 굳이 저작권법을 지켜야 하는가?"라는 의문을 제기하기도 했다.[70] DPLA는 디지털 자산을 가장 잘 관리할 수 있는 형태가 대중에 봉사하는 비영리단체임이 확인되기 이전에 이미 실제로 소유권 문제로 씨름하며 법적 해결책과 거버넌스 구조를 찾기 위해 고심했다.

디지털 환경에서 생기는 거버넌스 질문들은 책임 관행, 소유권의 새로운 경계, 변화에 대한 네트워크 접근방식에 대해 여러 가지 실험을 하게 만든다. 비영리 거버넌스의 현재 상태는 디지털 자산의 가능성을 생각하면 아직 갈 길이 멀다. 디지털의 도달 범위와 법적 제한 간의 균형을 어떻게 맞출 것인가? 어떻게 폭넓게 아우를 것인가? 소유권이 없는 저작물을 어떻게 대여해줄 수 있는가? 상대적으로 시급성은 떨어지지만 그렇다고 무시할 수 없는 문제가 바로 디지털 영역에서의 영속성과 보존의 문제이다. 이 문제들은 디지털 자산과 디지털 기관 양쪽 모두에서 관리되어야 한다.

네트워크에서의 작업

영화, 도서, 미술, 조각, 동영상은 모두 동일한 비트와 바이트로 디지털화될 수 있으므로 해당 작품의 아날로그 원본을 소장하고 있는 여러 유형의 전문 기관은 쉽사리 디지털 세계로 이동하지 않는다. 박물관, 역사학회, 도서관, 미술관의 소장품들은 디지털 공간에서 모두 같이 혼재될 수 있으며 사용자의 고유한 관심사에 따라 검색, 군집화(clustering), 큐레이팅, 연구가 가능하다. 따라서 문학, 역사, 문화, 과학, 예술 유산을 관리하는 기관은 디지털시대에 어떤 모습이어야 할까? 어떤 전문성과 시설, 소장품 구성이 박물관과 도서관을 구분짓고, 과학연구소와 미술관을 구분짓는가? 누가 무엇을 소장해야 하는지, 그런 자원을 어떻게 관리해야 하는지가 명확하지 않다. 세계 최대의 바이오게놈 연구소를 다룬 최근의 기사에서 기자가 연구소 대표에게 질문을 던졌다. "당신의 회사는 비영리단체인가, 정부기관인가, 아니면 민간기업인가? 대표의 대답은 '그렇다'였다."[71]

DPLA의 경우 제도적 경계는 아날로그 거버넌스(이사회, 직원, 재정 자원)의 조합에 의해 정해지는데, 자료가 어디에 있든지 상관없이 디지털화된 자료를 모두 연결하는 신중하게 분산된 소프트웨어 코드의 집합을 만들고 관리한다. 실제 링크된 자료는 미국의 작은 도시나 다른 나라 국립도서관의 가상 서가에 있을 수도 있다. 2014년 6월 DPLA는 전 세계 디지털도서관의 권리를 '합당하게 만들어줄' 사용권 시스템을 융화시키기 위한 새로운 이니셔티브를 발표했다.[72] 디지털도서관과 그 파트너들—전 세계, 지역사회, 사회 각 부문에 흩어져 있는—을 위한 네트워크를 제대로 가동하게 만드는 것이 DPLA의 성공을 결정하는 중요한 부분이다.

하지만 이것은 보기보다 간단한 일이 아니다. 기존 조직은 바뀌기 힘들다. 소유권을 새로 정의하거나 새로운 라이선싱 권한에 대해서는 여전히 한 번에 한 기관씩 협상을 해야 한다. 기존의 아날로그 소장 자료는 디지털화가 필요하고 그중 일부는 여전히 소장 기관의 적극적인 참여가 있어야만 가능하다. 분산화되고 다양한 소장 자료를 연결하는 하나의 시스템이 이전 시스템보다 더 탄탄하고 지속가능하며 대표적일 것이라는 보장은 어디에도 없다. 요약하면 범세계적이고 연결된 자원이 제공하는 가능성은 유혹적이지만 쉽게 혹은 공짜로 얻을 수는 없는 법이다.

분산 거버넌스

거버넌스는 조직이 결정을 내리고 실행하는 기준 체계를 포괄한다. 여기에는 다양한 정책과 보고 체계, 책임관계 등의 포함된다. 미국의 비영리단체들에게 거버넌스는 기관의 법적 및 신뢰 관계를 맺고 관리자를 고용 또는 감독하며, 기관의 법인 지위를 인가한 합의서를 준수하는 이사회이다.

디지털 자산은 자동적으로 전 세계 고객층을 보유하게 된다. 예를 들어 DPLA의 기회는 다른 나라의 디지털도서관에서 제공하는 소프트웨어로 작업(기술용어로 상호운용)할 수 있고, 수만 명의 잠재적 미국 기관 파트너와 작업할 수 있는 코드를 만드는 것이었다. 디지털 소프트웨어에 관한 결정과 운영, 저장 및 공유 방식은 DPLA와 같은 비영리단체를 위한 새로운 영역의 거버넌스를 나타낸다. 이런 것들은 단순한 '관리 쟁점'이 아니라 해당 기관의 목적과 성격을 내포한다. DPLA가 조직 구조에 적용한 많은 거버넌스 규범—공유, 접근, 파트너십, 지역사회에 대한 정의—은 소프트웨어 코드의 아이디어에 영향을 받아 비영리 거버넌스 관행에 적용되는 실질적인 법적 체계화이다.

이러한 관행은 공식적인 비영리 거버넌스 메커니즘—이사회 회의, 회의록 작성, 연간 보고—을 넘어 지역사회를 구축하고 구성요소 사이의 책임관계를 형성하는 방식으로 확장된다. 이러한 관행이 언제나 쉽게 '복사'되는 것은 아니다. 예를 들어 오픈 소스 소프트웨어 공유는 비영리 수탁 책임 문제에 대해 쉬운 해법을 제공하지는 않는다. 오늘날의 디지털 비영리단체는 기껏해야 하이브리드 형태를 띠고 있다. 미국의 비영리단체에 대한 법적 책임과 수탁 책임은 변하지 않았다. 따라서 DPLA는 이사회 내규, 기금 모금, 보고 활동을 연방 조세 당국과 주 법인법의 위계적 타임라인에

알맞게 조율해야 하며, 심지어 폭넓은 대중 참여와 온라인 노트 공유를 효율적으로 사용하더라도 예외일 수는 없다. DPLA는 다행히 1년 이상의 계획 수립 기간을 두고 거버넌스와 열린 가상세계에서의 소프트웨어 공유, 미국 세법과 법인법의 공식 요건을 어떻게 조합할 것인지를 고민할 수 있었다. 현재 DPLA는 여전히 대부분을 내부적으로 실험하고 있으며, 더 넓은 차원에서는 거버넌스 변화에 영향을 미치지 않고 있다.

DPLA와 다른 디지털 기관들이 전통적 관리 요건과 분산 디지털 참여를 혼용할 수 있는 방법을 찾는 동안 우리는 비영리단체 및 시민사회의 새로운 거버넌스 규범이 등장하는 것을 보게 될지도 모른다. 우리는 자원이 디지털일 경우에 사회적 요구를 보다 충실히 반영하고 지원할 수 있게 조직 구조를 재정비할 필요가 있다는 사실도 깨닫게 될 것이다. 또한 개인 용도로만 사용이 허락된 디지털 자료에 접근할 수 있게 되면서 기존의 공공이라는 개념에 대한 새로운 이해가 필요해질 수도 있다. 다른 경우에는 기존의 규범을 디지털 자료에 다르게 적용해야 한다는 사실을 알게 될 것이다. 우리는 계속해서 디지털 자산으로 인해 야기된 새로운 도전—기부자 동의(와 취지) 문제부터 기부 자료의 영속과 폐기에 이르는 —에 직면하게 될 것이다. 우리는 새로운 관행과 궁극적으로는 새로운 거버넌스 절차 및 규정의 등장을 예측해야 한다.

하지만 리더 개개인이 이런 기관의 부흥에 어떤 역할을 하게 될지, 아니면 비영리단체가 한 부문이나 시민사회 전체로서 어떻게 바뀔지는 예측할 수 없다. DPLA는 하나의 사례일 뿐이다. 박물관, 공원, 학교, 시민단체 등은 모두 디지털화된 자원과 구조에 맞춰 실험을 하고 있다. 하지만 공익 목적의 디지털 자원을 개인 용도로 사용하는 문제가 여전히 남아 있다. 디지털 자원의 속성과 새로운 형태의 조직 관리, 거버넌스 관행, 공공 참여에 미치는 이들 자원의 영향은 현상태를 뒤흔들고 있다. 이 모두가 디지털 시민사회가 부상하고 있다는 초기 신호이다.

3부

도덕적 근거와
한계

이 책의 1부와 2부에서는 필란트로피의 역사와 제도적 형태가 오랜 시간 동안 공공과 민간 행동 간의 갈등과 공적 가치 및 사적 가치의 관계에 대한 인식 변화를 거치며 발전해왔음을 보여주었다. 3부에서는 다른 질문으로 주의를 돌려보고자 한다. 필란트로피가 무엇을 해야 하는지—민주사회에서 매우 기대되거나 허용되는 타당한 역할—에 제한이 있는가? 특히 민주사회에서 필란트로피가 제공할 것이라 기대되는 종류의 재화와 관련해 공적 가치와 정의의 요건이 민간 기부의 역할을 제약해야 하는가? 또한 이러한 가치가 기부자들에게 주어진 개인 재량도 제한해야 하는가? 예를 들어 기부자가 자신의 개인적 선호와 감정, 삶의 이력에 따라 누구에게 얼마를 기부할지 결정하는 것이 맞을까, 아니면 모든 시민이 개인적 선호와 감정, 삶의 이력과 상관없이 마땅히 옹호해야 할 공적 가치와 원칙에 따라 기부 결정을 내리는 것이 맞을까?

정치철학자들은 오랫동안 국가권력의 행사와 국가 권한의 타당한 범위를 제한해야 한다는 도덕적 한계에 대해 논의를 거듭해왔다. 최근 들어 도덕철학자들과 정치철학자들은 시장 거래의 도덕적 한계—어떤 상품이 판매 대상이 되거나 되어서는 안 되는지, 교환 체계로서 시장의 타당한 범위는 무엇인지—에도 주목했다. 그러나 사적 권력의 한 형태이자 공공서비스를 위한 자금 지원 체계로서 필란트로피가 가진 도덕적 한계에 대해서는 여전히 탐구해야 할 부분이 많다. 3부에서 우리는 이러한 한계를 이해하기 위해서는 다양한 가치들 간의 복잡한 관계를 고찰하고 명확히 밝히는 과정이 반드시 선행되어야 함을 보여줄 것이다. 첫째로는 행위자와 의무의 관계—어떤 행위자가 어떤 사회적 의무를 이행하기에 가장 적합한가—를 고찰해보아야 한다. 둘째로는 정의—민주국가 시민들은 서로에게 어떤 의무를 지고 있으며, 그들에게 강제적으로 부과될 수 있는 상호 의무는 어떤 것들인가—와 사적 소유권 및 필란트로피의 관계를 이해할 필요가 있다.

먼저 '공정사회에서 필란트로피의 역할은 무엇이어야 하는가?'라는 질문으로 출발해본다. 3부의 참여 저자들은 공정사회에 대해 각자 다소 다른 견해를 취하지만(무엇보다 시민들이 동등하게 관계를 맺을 수 있는 사회를 공정사회라고 규정하는 이들이 있는가 하면, 정의의 분배적 개념에 좀더 치중해 경제적 자원과 기회 및 기타 물질 재화가 시민들 사이에 공정하게 분배되는 사회가 공정사회라고 보는 이들도 있다), 어떤 사회가 공정하지 않은가에 대해서는 대체로 의견이 일치한다. 시민들이 자주적 삶을 영위하고 타인의 착취와 지배를 받지 않기 위해 자원과 기본 재화, 서비스 측면에서 필요한 여건을 갖추지 못한 사회는 공정한 사회라고 할 수 없다. 따라서 공정사회라면 적어도 시민들이 자립을 유지하고 자신의 계획대로 삶을 영위하는 데 필수적인 기본 재화와 서비스를 그 정확한 내용이 무엇이든 간에 적절히 공급할 수 있도록 보장해야 한다. 우리는 이러한 재화를 정의 필수재라고 일컫는다.

우리의 논의 목적상 중요한 질문은 정의에 필수적인 재화와 서비스의 공급에 있어 필란트로피가 국가 행동의 적절한 대체물이 될 수 있느냐 하는 것이다. 국가가 됐든 민간재단이나 일군의 필란트로피스트가 됐든 어느 불특정 행위자가 한 사회에서 정의의 조건을 확보하는 것이 중요할까, 아니면 반대로 정의의 요구는 단 하나의 특정한 행위자에 의해서만 충족시킬 수 있는 것일까? 8장에서 에릭 비어봄은 민주시민들은 아무리 열의나 의지가 있더라도 민간 주체에게 정의의 책임을 위탁할 수 없다고 주장한다. 이러한 집단의 의무를 제공하고자 하는 필란트로피는 항상 기준에 미치지 못할 것이다. 민간의 공급이 공공의 공급 못지않게 효과적이고 효율적일 수 있다고 해도 이는 마찬가지라는 점이 중요하다. 정의의 요구를 충족한다는 것은 단지 일정한 결과를 달성하는 것뿐만 아니라 집단의 승인을 거친 공동의 제도를 통해 행동함으로써 시민들 간의 평등한 관계를 확보하는 것까지 의미한다. 필란트로피스트들은 우리를 대표해서 이야기하고 행동할 자격을 갖추고 있지 않다고 비어봄은 이야기한다. 그들은 우리가 시민으로서 축적하는 도덕적 부채를 갚을 수 없기 때문이다. 비어봄의 논의가 공정한 사회에서 필란트로피가 제공할 수 없는 재화를 가리킨다면 9장에서 라이언 페브닉은 필란트로피가 어떤 재화를 제공하는 것에 특화되어 있는지에 관해 논한다. 필란트로피의 주된 목적이 빈민층을 돌보거나 결핍된 사람들의 필요를 채워주는 데 있다고 보는 일반적인 견해와는 달리 페브닉은—적어도 국가가 정의에 필요한 재화를 제공하는 민주국가에서는—필란트로피가 실제뿐 아니라 원칙상으로도 특히 문화적 재화를 제공하기 좋은 위치에 있다고 시사한다. 정부는 사회에서 문화적 재화의 생산과 공급을 독려해야 마땅하지만 이 과제를 직접 수행할 필요는 없다는 것이 페브닉의 주장이다.

그렇지만 국가가 정의에 필요한 재화를 충분히 제공하지 못하는 사회에서 필란트로피의 역할과 그 도덕적 한계는 어떻게 이해해야 할까? 10장에서 키아라 코델리는 이러한 사회에서는 필란트로피를 일종의 사적 행동—타인의 편익이나 문화적 재화 공급을 위해 개인의 자원을 재량껏 쓰는 행위—으로 간주해서는 안 된다고 주장한다. 이보다는 공적 행동—정의의 관점에서 볼 때 다른 사람들이 부당하게 빼앗겼던 것을 그들에게 돌려주는 방법—으로 이해해야 한다는 것이다. 그렇다면 필란트로피는 공적 부채의 상환과 동등한 것이 된다. 채무자가 빚진 돈은 당연히 그의 돈이 아니므로 채무자는 자신이 진 빚 중에서 얼마를 갚을지 또는 누구에게 갚을지 결정할 때 개인적인 감정이나 삶의 이력에 호소할 수 없다. 마찬가지로 시민들이 공동으로 정의를 확보하지 못한 사회에서 개인 기부자들도 자신의 개인적 선호에 따라 기부의 방향과 금액을 정하는 데 있어 폭넓은 재량권을 누릴 수 없다. 그들이 기부하는 돈은 혹은 적어도 그중 일부는 원래 그들의 것이 아니기 때문이다.

이어지는 3개의 장은 필란트로피의 사회적 역할과 도덕적 한계에서 각기 다른 측면을 다루고 있지만 필란트로피가 자리잡고 있는 사회 시스템에 대한 설명 없이는 이러한 역할과 한계를 정할 수 없다는 데 동의한다. 민주주의의 친구인지 적인지 혹은 선의의 행동인지 정의의 의무인지 필란트로피가 실제로 무엇이 되는지는 그것이 광범위한 사회 구조 안에서 다른 기관들과 어떻게 관련되느냐에 따라 달라진다. 또한 해당 사회에서 이미 부와 권력의 공정한 분배가 이루어졌는지의 여부도 필란트로피의 성격을 좌우한다.

8장

무상제공자 문제 :
민간이 제공하는 공공의 책임

에릭 비어봄(Eric Beerbohm)

민간에 의한 자발적 제공은 정부의 과세를 통한 재분배보다 우월할까? 흔히 필란트로피를 다룬 저작은 강제되지 않은 사적 행동에 높은 가치를 부여하고 강제는 피해야 할 것으로 간주한다. 그러므로 만약 자발적 단체가 효과적으로 재화를 전달할 수 있다면 우리는 그것을 선호할 것이다. 이와 같은 결론은 반박하기 어렵다. 자유로운 개인의 선택이 재분배의 목표를 촉진한다면 두말 할 것도 없이 국가의 과세보다 이 방법을 선호해야 마땅하다. 수단은 덜 강제적일수록 더 좋은 법이다.[1] 이 말이 사실이라면 우리에게는 현재 국가가 수행하고 있는 소득재분배 업무를 비정부기구가 이어받도록 독려할 이유가 충분하다. 이 장에서 나는 이 가정에 이의를 제기하려고 한다. 그렇지만 국가가 비국가 행위자들에게 재분배의 활동을 넘겨서는 안 된다는 상투적인 반대에 의존하지는 않을 것이다.

이 상투적인 반대의 근거는 무임승차자의 문제이다. 만약 다른 사람들 (비국가 행위자)이 내 도움 없이 집합재를 제공할 수 있다면 내가 왜 군이 나서겠는가? 여기서 정치제도가 등장한다. 정치제도는 어느 누구도 자기 몫의 책임을 회피하지 못하도록 만들어놓은 것이다. 그러므로 이 주장에 의존하는 것은 당연하다. 국가가 나서야 무임승차를 영구적으로 막을 수 있기 때문에 국가가 재화를 제공해야 한다는 말은 꽤 일리 있는 주장이다. 하지만 무임승차자의 문제를 해소한다고 해도 완전한 해결책이 나오는 것은 아니다. 이것은 사적 행동이 공적 책임을 대신하는 데 대한 우리의 의구심을 해소하지 못한다. 또한 나는 이것이 행위자와 관련된 도덕적 이유—민주시민을 유일하게 만족스러운 재화 제공자라고 명명할 수 있는 것—를 모호하게 한다고 주장할 것이다. 이는 일반적으로 이해되는 무임승차자의 문제에서 도외시되는 측면을 가리킨다. 무임승차자는 재분배가 일어나기를 바라지만 이 바람에서 그들은 스스로를 행위자로 생각하지 않는다. 무임승차자가 보기에 이 노력에서 자신이 어떤 역할을 하는지의 여부는 별 상관이 없다. 무임승차자는 오로지 행위자 중립적인 측면에서 생각한다. 그들이 외우는 불온한 주문—"왜 나여야 하는데?"—은 재화 제공자의 정체에 대한 무관심을 시사한다. 그들로서는 자신이 선호하는 목적을 다른 행위자들이 성취해주는 것으로 족하다.

무상제공자 문제는 무임승차자 문제의 구조를 뒤집는다. 예를 들어 당신이 공공의 책임, 즉 당신과 다른 시민들이 이행해야만 하는 일로 여기는 프로젝트에 기여하고자 한다고 가정해보자. 당신이 이 책임을 어떻게 표현하느냐는 필히 당신의 정체성을 나타낸다. 이것은 행위자와 관련된 의무이다. 그런데 사적 활동이 이 활동을 먼저 대신한다고 가정해보자. 그렇다면 무상제공자 문제는 비공공 행위자들이 민주시민들에게서 당연히 그들의 것이라 여겨지는 일을 빼앗아갈 때 발생한다. 민간 필란트로피가 분배 정의의 공공성을 저해할 가능성이 있다는 우려는 전혀 새롭지 않다.[2] 그러나 내가 여기서 밝히고자 하는 도덕적 이유는 새로운 것이다. 공적제도가 분배의 의무를 이행하는 데 체계적으로 실패하면 우리가 무상제공자들을 환영할 만한 이유는 분명해진다. 이처럼 정의롭지 못한 조건이 무상제공자를 문제될 것이 없게 만든다. 그러나 자발적 부문이 말을 안 듣는 정치제도의 고삐를 쥘 수 있는 경우에도 무상제공자 문제는 도덕적으로 남은 것이 있다고 느끼는 우리의 상태를 설명할 수 있다. 심지어 공공의 책임을 수행하겠다고 나서는 민간의 공급에 우리가 부과하는 조건과도 연결될 수 있다. 나는 이 설명이 필란트로피 기부와 연관되는 '따듯한 만족감(warm glow)'에 호소하는 일반적인 설명보다는 훨씬 덜 어설프다고 주장한다.[3] 이러한 호소는 정의의 원칙이 누가 재분배 작업을 하고 있는지에 무관심하지 않다는 사실을 보여주지 못한다. 정의에 관한 주요 프로젝트가 떠넘겨지는 사회에서는 시민들 간의 관계가 제 기능을 발휘하지 못하는 채로 남게 될 것이다. 물질적 불평등은 완화될 수도 있지만 제삼자의 재분배활동으로 시민 한 명이 도움이 필요한 다른 시민을 이해하고 공감하는 방식을 교정할 수는 없다. 그렇다면 정부 제공은 차선책이 아니다.

내가 펼칠 논증은 다섯 부분으로 나뉜다. 이 장의 처음 세 부분에서는 공공재를 민간에서 제공하는 것에 대한 반대 의견을 각각 제시한다. 나는 이 세 가지 반론―무임승차자, 지배, 공동체 반대―이 공동의 책임을 공유한다고 주장한다. 이 세 가지 반론이 행위자와 관련된 반대처럼 보일 수도 있지만 겉으로 보이는 모습으로 판단해서는 안 된다. 형식이 갖춰지고 나면 이것 중 어느 것도 재화 제공자의 정체성을 본질적으로 시사하지 않는다. 각각은 국가를 어떤 공공재나 규제된 재화의 불확실한 제공자로만 명명할 수 있다. 이는 지금까지 간과되어온 분배 정의 원칙의 구조적 특징을 조명한다. '윤리 이론의 핵심 질문'으로 불린 문제는 정의이론가들 사이에서 거의 주목받지 못했다.[4]

네번째 부분에서는 특정 재화의 집합적·민주적 제공에 대한 찬성론을 펼친다. 이러한 제공은 분배의 책임을 충족시키기 위한 민간의 활동에 대해 우리가 갖는 직관적 불만을 해소해준다. 내가 수행한 분석은 그동안 간과된 분배적 정의의 속성을 보여준다. 즉 평등주의는 불가피하게 행위자와 관련된다는 것이다. 우리는 공통의 정치제도를 통해 분배적 정의의 요건을 함께 충족시켜야 한다. 내 주장의 도덕적 뿌리는 민주주의적 성격을 띠고 있다. 나는 공적 행동만이 모든 시민의 이름으로 이야기할 수 있다고 주장한다. 아무리 믿음직스럽고 진실하다고 해도 제삼자는 진정한 대리인이 될 수 없다.

마지막 부분에서는 자발적 부문과 공공 부문 간의 관계에 관한 제도적 논쟁에 대해 다루어본다. 공공 부문의 공급이 어떻게 민간 기부를 '밀어낼' 수 있는지에 관한 광범위한 연구는 반대편의 우려에서 벗어나 주의를 끌었다.[5] 자발적 결사체는 분배적 정의의 행위 주체로 나설 때 불평등에서 비롯된 시민들 간의 손상된 관계를 해결할 수 있는 역량이 없다. 사적 행동은 우리의 자원이나 복지의 분배를 바꿔놓을 수 있다. 억만장자는 공립 학구(學區)에 자금을 지원할 수도 있고 재단은 노숙자의 수를 줄일 수도 있으며, 소액 기부금이 모인 자선단체는 수백만 명에게 의료서비스를 제공할 수도 있다. 그러나 결론적으로 이야기해서 분배의 책임을 충족시키기 위한 민간의 노력은 언제나 불완전하다. 크건 작건 필란트로피 기부는 시민들을 도움이 필요한 다른 시민들과 평등한 관계에 놓지 않는다. 정의는 민주시민들을 위해 외주화할 수 없는 일자리 프로그램을 만들어낸다.

1. 무임승차자 반대론

강제적 체계를 통해 의무를 이행하는 것이 왜 특별할까? 가장 명백한 답은 국가의 특별한 능력에 의해 결정된다. 우리는 집단행동의 문제를 극복하기 위해 정치제도를 수립한다. 정치제도의 강제력과 권위 있는 명령으로 인해 오직 국가만이 분배 원칙이 요구하는 확실성을 제공할 수 있다. 조직화된 집합적 선행은 구조적으로 취약하다. 첫째, 개인은 다른 사람들의 집합적 노력에 무임승차하고 싶은 유혹을 느낄 것이다. 이런 현상은 개인이 자신의 작은 기여가 결정적인 역할을 하지 않을 것이라는 사실을 의식하는 순간 심해진다. 개인에게는 다른 사람들의 조직적 행동에 좌우되지 않는 다른 행동으로 자신의 기여를 돌릴 만한 이유가 있다. 둘째, 선을 행하고 싶은 개인들이 얼마나 기여할지는 충분한 수의 다른 사람들이 합류해 그들의 대규모 프로젝트를 성취할 것이라는 확신에 달려 있을 수 있다. 더없이 순수한 이타주의자들조차 공적 보장을 확신할 수 없는 프로젝트에는 자신의 자선 예산을 투자하지 않을 수 있다. 그들은 무임승차를 바라지는 않더라도 다른 사람들이 무임승차하고 있다고 인식하는 경우에는 일정 조건에서만 책임을 질 수 있을 것이다.[6]

무임승차자 반대론의 기저 구조를 이해하기 위해 이 논증을 가장 단순한 형태로 배치해보면 다음과 같다.

무임승차자 반대론

전제 1: 정의의 원칙은 재화 X가 제공될 것을 요구한다.

전제 2: 국가의 조치가 없으면 일부 시민들은 무임승차할 것이고, 재화는 불충분하게 제공될 것이다.

결론: 그러므로 국가가 X를 제공해야 한다.

이 논증 공식은 문제가 되는 재화의 종류에는 여지를 남겨두고 있다. 무임승차자 반대론은 재화 X가 공공재의 두 가지 공식 기준인 비배타성과 비경합성을 충족하는 재화이어야 한다고 규정하지 않는다. 재화에 대한 접근성이 분배적 정의의 요건인 것으로도 충분하다. 먼저 첫번째 전제부터 살펴보자. 이것은 논증의 행위자 중립적 특성을 분명히 나타내고 있다. 정의의 원칙은 일정한 분배 양상이 충족되어야 하지만 어느 특정 행위자를 지목하지는 않는다. 국가기관들을 기본 행위자로 만드는 것은 두번째, 실증적 전제이다. 이 전제는 행위자의 유형을 선정한다. 그리고 무임승차 문제를 해소할 수 있는 일련의 규정된 권한을 가진 기관 행위자만이 분배 원칙을 확실하게 충족시킬 수 있다고 이야기한다. 이 전제는 이 같은 기능주의적 검증을 통과하지 못하는 행위자들—당신과 나 그리고 우리가 자발적으로 합류하기도 하고 떠나기도 하는 결사체들은 고질적으로 공급 부족을 초래할 것이다—을 배제한다.[7] 이러한 제거 과정을 거치고 난 뒤의 논증은 재화를 제공할 역량이 있는 행위자는 단 하나, 국가라고 결론을 내린다. 그래서 마이클 왈저(Michael Walzer)는 공동체 제공의 고유한 지속가능성에 대해 찬성론을 주장할 때 이 유형의 논증을 적용하고 있다. 왈저는 집단 공동으로 재화를 공급할 때만 "그 공급을 지속시킬 수 있을 만한 유형의 지역사회를 건설"할 수 있다고 주장한다.[8]

이러한 전제는 비국가 행위자들이 정의를 충분히 실현시키지 않을 것이라는 고질적인 우려를 불러일으킨다. 존 스튜어트 밀은 필란트로피스트들이 오류 이론에 빠져 있다고 생각했다. 필란트로피스트들은 효과적으로 조율되기만 한다면 그들의 사적 노력이 더욱 공정한 사회를 만들 수 있을 것이라고 생각한다는 것이었다. "개혁가와 필란트로피스트의" 실수는 "부당함 그 자체를 바로잡는 대신 부당한 권력의 결과에서 흠을 찾는 것"이다.[9] 밀의 주장은 강제적인 공동 확약의 지속성에 대한 일련의 실증적 전제에 힘입은 바가 크다. 바로 이 같은 주장으로 인해 현대의 정치철학자들은 (충족성, 평등, 우선순위의 수많은 변형 형태 중에서) 분배적 정의에 대한 정확한 이론이 무엇이건 분배 원칙을 충족시키는 것은 당연히 민주주의국가가 직접 해야만 하는 일이라고 믿기에 이르렀다. 예를 들어 G. A. 코언은 "당연히 국가가 정의의 원칙을 충족시키는 것이 낫다"면서 여기에 의문의 여지가 없다고 생각한다.[10] 그는 분배 원칙에 부응하는 사적 행동을 신뢰할 수 없거나 심지어 불가능하게 만들 수 있는 '엄청난 정보/조정의 문제'를 내세운다. 코언은 정부가 '사적인 시민의 행동으로 대체하는 것에 찬성해 기존에 해왔던 차등의 원칙에 대한 고수'를 포기할 경우 결코 좋은 결과가 나올 것이라는 생각을 할 수 없다고 이야기한다.[11] 그는 사적 제공에 대한 자신의 반론을 중단할 정도로 무임승차자 문제가 갖는 영향력에 대해 확신한다. 그러나 이것은 그의 실증이 틀릴 수 있다는 가능성을 열어둔다. 민간이 어떤 재화와 서비스를 제공해 정의 이론과 일치하는 분배를 가져올 수 있었다고 가정해보자. 이런 경우 우리는 사적 제공을 채택하면 미불 채무는 없을 것이라는—민주시민들이 국가를 통해 여전히 지고 있을 빚은 없다—견해를 정식으로 따라야 할 것이다.

2. 지배 반대론

우리 중에 무임승차자는 언제나 있을 것이다. 내가 이야기하려는 요지는 이 반론이 대개 실패한다는 것이 아니다. 오히려 무임승차자 반대론은 지나치게 성공적이었다. 이 반론이 지닌 매력으로 인해 분배 원칙이 본질적으로 우리를 지명하는 것으로 생각하게 할 만한 보다 근본적인 도덕적 이유가 감춰졌다. 그동안 우리는 무임승차자 논증이 국가의 능력에 대한 경험적 주장에 좌우되는 것을 목격해왔다. 이 같은 국가에 대한 경험적 주장이 논파된 뒤에도 비국가 행위자의 재화 공급에 대한 직관적인 우려는 살아남는다고 가정해보자. 이것은 명백히 앞에 있지만 눈에 띄지 않는 또 다른 반론이 있다는 증거일 것이다. 이것을 찾아내기 위해 우리는 분배 원칙을 충족시키려는 민간의 시도가 가진 한계를 진단할 수 있도록 구성된 사례를 상상해볼 수 있다. 재분배에 관한 법률이 전혀 없는 국가가 있다고 상상해보자. 이 사회의 정당한 분배양식을 X라 하고, 가능성 있는 몇몇 비국가 행위자 중 한 명에 의해 X가 충족되었다고 가정해보자.

먼저 가상의 인물인 '후원자'를 생각해보자. 그는 특정 재화에 대해 분배적 정의(양식 X)를 성공적으로 달성할 수 있는 매우 부유한 사람이다. 무임승차자 문제가 없어도 직관적 불만이 지속될 수 있는 여러 이유가 있지만, 이 경우는 다른 사람의 기분에 좌우되는 상황이 극명해진다. 시민에 대한 보호조치가 없다면 이 상호작용에 부과된 조건으로 인해 어려운 처지의 개인들은 애원하는 입장에 처하게 된다. 이 조건은 개인 한 사람이 기본적인 재화의 수령자들에게 막대한 권력을 행사할 수 있도록 하기도 한다. 필립 페팃(Philip Pettit)의 말처럼 "그냥 부유하고 영향력 있는 사람들이 궁핍한 사람들을 도울 수 있도록 유도할 수 있는 인센티브—예를 들어 세금 감면—를 주면 안 될까? 아니면 타인의 필요에 부응하려는 사람들의 자연스러운 필란트로피에 의존하지 않는 이유는 무엇일까? 어쩌면 물질적인 도움이 필요한 사람들은 민간자금으로 운영되는 무료급식소와 쉼터를 이용할 수 있다면 더 좋을 것이고, 의료나 법률적인 도움이 필요한 사람들은 필란트로피 전문가들의 무료 서비스를 누릴 수 있다면 더 좋을 것이다."[12]

공화주의적 전통은 무임승차자 반대론을 넘어서는 공적 제공에 대한 하나의 이유가 된다. 설령 경험상 국가만큼 믿음이 가는 행위자―말하자면 민간재단이나 '후원자' 같은 개인―를 찾았다고 하더라도 우리의 걱정은 계속될 것이다. 가장 기초적인 재화가 필요한 사람들은 민간 행위자들의 선의에 의지해야 할 것이기 때문이다. 이 논증에서는 공화주의 원칙을 활용해볼 수 있다.

지배 반대론

전제 1: 정의의 원칙은 지배하지 않으면서 재화 X가 제공될 것을 요구한다.

전제 2: 국가는 지배하지 않으면서 그 재화를 제공할 수 있는 유일한 행위 주체이다.

결론: 그러므로 국가가 X를 제공해야 한다.

이 논증은 민간이 제공하는 재화를 받는 수혜자의 관점을 표현하고 있다. 여기서는 어려운 처지에 놓여 있는 사람들의 베푸는 이들에 대한 취약성을 중요하게 생각한다. 민주시민들은 개인이 다른 개인이나 민간기업의 변덕에 휘둘리는 것을 용납할 수 없다. 무임승차자 반대론과 마찬가지로 지배 반대론 역시 행위자 중립적이다. 제공자의 행동방식에 확실히 제약을 가하며, 국가는 유일하게 이 제약을 피할 수 있는 위치에 있다고 주장한다. 하지만 어떻게 이 논증이 전제 2의 도덕적 주장의 정당성을 입증할 수 있는지는 확실하지 않다. 우리는 사례를 바꿈으로써 이 전제의 타당성을 약화시킬 수 있다.

수정 방법은 간단하다. 피와 살을 가진 살아 있는 후원자를 소거한 다음 우리의 반응을 시험해보는 것이다. 특정 재화에 대한 분배적 정의(양상 X)를 성공적으로 달성하는 '법적으로 변경할 수 없는 대규모 독립체로 신탁기금'을 상상해보자. 예를 들어 우리가 국가의 회계장부를 본다고 할 때 천부의 자유권을 주장하는 자유주의 체계와 양립되는 법체계가 보이지만, 그 체계의 분배 양상에는 극도로 빈곤한 상황에 처한 개인들이 포함되어 있지 않다. 그러나 신탁은 빈곤한 이들을 위한 활동을 잘 수행하고 있을 뿐만 아니라 이 신탁의 기본 재산은 가장 안전한 기금에 투자되고 나무랄 데 없이 전문적인 방식으로 관리된다. 만약 이 기금에만 하나라도 조직 실패 지점이 포함되어 있다고 우려된다면, 신탁을 수많은 분배 지점으로 쪼개는 방법으로 양상을 다시 바꿀 수 있다. 제각기 투자된 기부금으로 가득찬 사회를 상상해보자. 따라서 지배 반대론은 지나치게 강력한 전제에 맞서는 것일 수 있다. 지배 반대론은 소거 과정을 통해 정의를 달성하기에 적합한 행위자로 국가를 선택하려고 한다. 그러나 '신탁기금' 사례가 보여주듯이 다른 후보 행위자 모두가 실제로 소거될 수 있는지는 불분명하다.

3. 공동체 반대론

세번째 반론은 재화의 사회적 의미로 우리의 관심을 돌린다. 이 반론은 해당 재화의 가치에 대한 우리의 인식을 변질시킨다는 이유로 민간의 특정 재화 공급에 이의를 제기한다. 이 관점에서 보면 교육이나 보건의료가 또 하나의 시장 재화가 되어야 할지, 공공 부문이 제공하는 공공재가 되어야 할지는 중요한 선택이다. 이 반론은 민간 부문이나 자발적 부문에 의한 재화 공급은 해당 재화가 갖는 공동체적 의미를 훼손하지 않는 경우에 한해서 이루어져야 한다는 입장을 취한다. 이러한 결정을 내리기 위해서는 어떤 재화가 공동체생활에서 담당하는 역할에 대한 검토가 필요하다. 우리는 먼저 어떤 재화가 우리의 이익을 증진시켜주는지 또는 우리가 원할 만한 것이 되게 해주는 요소가 무엇인지를 질문한다.[13] 그런 다음 그 재화—대학 학위증이든 투표용지든—가 사회적 의미에 맞게 분배되고 있는지 판단할 수 있다. 시장이나 자발적 부문에 맡겨서 재화의 의미가 변질되는 경우 국가는 직접 그 재화를 제공할 이유가 있다.[14] 이 논증을 이제는 익숙한 형태로 정리해보자.

공동체 반대론

전제 1: 정의의 원칙은 재화 X가 그것이 공동체에서 갖는 의미 Y와 일치하는 방식으로 제공될 것을 요구한다.

전제 2: 비국가 행위자가 재화 X를 제공하면 그것은 Y가 아니게 되며, 따라서 X에 대한 공적 지원은 지속가능하지 않을 것이다.

결론: 그러므로 국가가 재화 X를 제공해야 한다.

이 논증 뒤에 자리한 공동체주의적 태도는 간단하다. 우리의 집단행동은 그것이 우리가 재화를 평가하는 방식에 끼치는 영향에 의해 특징지어지고 견제된다. 정치제도가 아무리 신뢰할 수 있고 시민을 지배하지 않을 능력이 있다고 해도, 재화의 공급을 위해 정치제도에 의지하는 것이 재화의 공동체적 의미를 바꾼다면 그 방법은 정당화될 수 없다. 이 주장의 호소력은 앞에서 살펴본 논증들이 제시한 것보다 집합적 공급을 조금 더 직접적으로 옹호하는 데 있다고 생각된다. 국가는 그저 우연히 무임승차자들을 저지하거나 지배자들을 미연에 차단할 수 있는 위치에 있는 것이 아니다. 우리가 논하고 있는 집합적 공급에서 국가가 차지하는 주된 역할은 전혀 우연이 아니다. 이 논증은 국가의 부정적 특성을 언급하는 대신 건설적인 방향을 취한다. 면밀히 들여다보면 공동체 공급과 분배적 정의 원칙 간의 내적 연결성을 볼 수 있다. 이는 왜 특정 재화―예를 들어 공공 치안, 식비 지원, 보건의료―가 필연적으로 시민의 프로젝트일 수밖에 없는지 도덕적으로 보다 근본적인 이유를 설명해준다. 예를 들어 우리는 부유한 공동체가 사비를 들여 경찰의 치안유지를 '보강'할 수 있도록 허용하는 것에 강력히 반대한다. 여기서 공동체의 반대는 상당한 영향력이 있는 것처럼 보이는데, 이런 유형의 사적 제공은 우리가 생각하는 법 집행의 의미와 핵심을 폭력단의 갈취 행위와 같은 개념으로 바꿔놓기 때문이다.

이 논증의 어려움은 결코 놀라운 일이 아니다. 우리는 두번째 전제의 경험적 가정이 설득력 있다고 여기지 않을지도 모른다. 첫째로 그 가정은 사회연대를 약화시킨다는 이유로 사적 제공에 이의를 제기한다. 마이클 왈저는 분배의 정의가 집합적 제공과 개념적으로 긴밀하게 연결되어 있다고 주장한다. "상호공급은 상호관계를 낳는다. 따라서 공동생활은 공급의 필요조건인 동시에 공급의 산물이다."[15] 이 주장이 어떻게 작동하는지 알아보기 위해 공교육을 예로 들어보자. 교육의 의미가 포괄적으로 이야기하는 '소비재'의 범주로 흡수되는 순간, 교육을 시민으로서 우리가 제공해야 할 책임으로 여길 가능성은 희박해진다. 공동체 반대론은 특정 재화의 구입과 판매가 평등하다는 이상과 배치되는 경우에 가장 효과적이다. 교육

제공과 관련된 바우처제도가 교육의 공유된 의미를 약화시킬 수 있다는 것은 타당해 보인다. 우리는 공동체 공급이 간접적인 형태가 되면 교육제도를 유지하는 데 충분하지 않을 것이라고 우려할 수 있다.

공동체 반대론은 공공서비스 지원을 지지하는 필란트로피 기부에서 무엇이 문제가 되는지 설명하는 데 더 많은 어려움이 있다. 따라서 억만장자 필란트로피스트가 뉴저지주 뉴어크의 연간 9억 9800만 달러의 학교 예산 중 81퍼센트를 감당할 때, 공동체 반대론자들은 교육이 공공재로서 갖는 의미를 약화시킬 것이라고 우려한다. 그러나 공립학교에 대한 대규모 민간 기부가 이런 영향을 가져오는지는—더군다나 자식이 없는 후원자가 직접적인 혜택을 받지도 않는데—불확실하다.[16] 이런 유형의 엄청난 기부에는 우리가 우선은 논외로 둬야 할 다른 측면도 있다. 무상제공자들은 기부를 할 때 대개 조건을 제시한다. 그들은 국세청에 백지수표를 쓰는 것이 아니라 시의회나 학교 이사회, 입법부가 주로 행하는 방식으로 자금이 직접 흘러가게 한다. 따라서 무상제공자에 대한 우려는 자원의 방향을 정하는 그의 재량권에 달려 있다고 할 수 있다. 이때 '어떻게 주느냐'에 관한 우려는 사실상 '누가 좌우하느냐'에 관한 우려이다.

한편으로는 개념적이고 다른 한편으로는 실증적인 공동체의 의미에 관한 질문을 차치하더라도 이 반대론이 과연 뉴어크 사례와 접점이 있는지는 확실하지 않다. 이 필란트로피스트는 교육을 돈으로 사고팖으로써 교육이라는 재화를 변질시키고 있는 것일까?[17] 공공이 제공하는 재화에 거액의 민간자본이 투입되는 일이 공공재의 의미에 역효과를 초래해서—설사 민간이 자금을 지원하더라도—공공 부문에서 제공해야 한다는 대중의 견해를 강화시킬 수도 있다. 공동체 반대론이 꾸준히 영향력을 가질 수 있는 한 가지 방법이 있다. 이와 같은 후한 기부 행위가 교육을 시민의 우선순위에 대한 선택이 아니라 정의의 권리로 보는 대중의 시각을 훼손한다면, 공동체 논증은 사적 기부가 공적 자금의 역할을 대신하는 것이 어떤 면에서 문제인지 설명할 수 있을 것이다.

공동체 논증이 매력적인 이유는 공동체가 재화와 연결짓는 공유된 의미의 보존에 의지하기 때문은 아닐 것이다. 이 논증은 재화의 핵심 제공자들, 즉 공동체를 밝히기 위해 시도하는 부분에서 두드러진다. 하지만 이러한 기준에서 보면 이 논증은 부족하다는 점에 주목해야 한다. 논증의 첫번째 전제에는 특정 재화의 필수적인 제공자로 국가를 지목하는 부분이 포함되어 있지 않다. 만약 어떤 공동체가 후원자를 통한 분배의 경우에는 재화 A에 적절한 가치가 붙고, 신탁기금을 통한 분배의 경우에는 재화 B에 적절한 가치가 붙는다고 생각한다면 이 논증은 더이상 논할 것이 없다. 그렇다면 우리는 민주주의적 계보가 없는 분배 체계를 가정함으로써 두번째 전제를 더욱 주장할 수 있다. 이 분배 체계가 어떤 재화의 올바른 사회적 의미를 결정할 수 있는 인식론적 힘을 보유하고 있다고 가정해보자. 예를 들어 사회적 의미 Y에 따라 분배양식 X를 성공적으로 달성하기 위한 자원 분배에 적합한 행위자를 결정할 수 있는 부유한 해석주의자들로 구성된 전문가 패널인 '의미위원회'가 있다면 어떨까?

이 논증으로 민주시민들이 식별되는지의 여부는 우리의 재화 공급이 공유된 의미를 보존하는지의 여부에 달려 있다. 하지만 이렇게 되면 논증의 방향이 완전히 어긋난다. 앞에서 우리는 특정 재화는 행위자와 관련된다는 직관에서 출발했다. 그러나 공동체 반대론은 공동체가 수용하는 경우에 한해서만 이 주장을 진지하게 제기할 수 있다. 어느 공동체의 주관적인 선호에 좌우되지 않는 것 같은 판단을 상대화하는 것이다. 우리 중 대부분은 공동체 논증의 두번째 전제가 특정 공동체가 생각하는 재화의 유의미한 요소에 좌우되도록 허용하고 싶어하지 않는다. 어떤 정치공동체가 그중 가장 부유한 공동체들이 더욱 강력한 보호를 받은 뒤에도 법 집행의 공유된 의미를 바꾸지 않았다고 해도 우리가 이러한 관행을 덜 불쾌하게 여기지는 않을 것이다.

지금까지 우리가 제시한 논증을 검토해보자. 내가 상대적으로 빈약하게 주장한 바는 이 각각의 세 가지 반대론이 상당한 영향력을 가진 주장을 숨겼다는 것이다. 이 과정에서 나는 이 반대론들이 공공의 책임을 민간이 대체하는 것이 왜 우려스러운지 설명하는 데 문제가 있다고도 주장했다. 이 책임을 다하기 위해 나는 민간의 공공재 공급에 대한 이 같은 일반적인 이의는 압박을 받았을 때 행위자 중립적이라고 주장했다. 물론 각각의 주장은 정의가 내포된 재화의 정당한 제공자를 국가라고 결론을 내린다. 그러나 각 주장의 공통된 구조는 이들 주장이 국가가 분배적 정의의 주된 원동력임을 입증하지 못한다는 비판에 취약하게 만든다. 이는 내가 반론으로 제안한 행위자 상대성을 보다 직접적으로 소개하기 위해 시도하는 무상제공자 반대론과 대조를 이룬다.

4. 무상제공자 반대론

무상제공자는 아무 대가 없이 무언가를 제공한다. 우리는 분배적 정의의 의무를 나눠짐으로써 약간의 안도감을 얻게 되고, 제공자는 따뜻한 만족감을 경험한다. 잠시 앞에서 논한 세 가지 반대론의 영향력을 무시하면 달리 남아 있는 문제가 또 있을까? 나는 있다고 주장한다. 우리가 무상제공으로 느끼는 안도감은 환상에 불과할 수 있다. 분배의 의무가 행위자와 관련된 것이라면 또다른 행위자가 그것을 만족시킬 수 있을지는 그야말로 미지수이다. 필란트로피스트들은 정의의 대리인이 될 수 없다. 필란트로피스트들이 자신들의 기부로 사회의 일부를 정의롭게 만들 수 있을 것이라고 생각한다면 그들은 절대 결승선에 도달할 수 없는 제논의 달리기 주자 (고대 그리스의 철학자 제논이 제시한 4가지 역설 중 하나를 가리킴 - 옮긴이)와 다르지 않은 역설에 직면해 있는 것과 같다.

정의의 원칙이 민주시민들을 지명한다면 그들은 지나치게 '실전형'으로 보일 수 있다. 따지고 보면 복지국가에서 실제로 이루어지는 대부분의 일들은 우리가 시민의 역할로 수행하는 것이 아니다. 우리는 다른 이들에게 권한을 부여해 이 임무를 수행하게 한다. 그렇다면 필란트로피스트에게 우리 대신 재화를 공급하도록 권한을 부여할 수도 있지 않을까? 이를 배상적 정의에 비유해 생각해보자. 예를 들어 내가 당신에게 잘못을 저질러서 물질적 피해 보상을 해야 하는 상황에 처했을 때 어느 익명의 후원자가 내가 빚진 금액만큼 당신에게 수표를 써준다고 해서 내가 이 의무에서 벗어나는 것은 아니다. 익명의 후원자가 수표와 함께 다음과 같은 카드를 동봉했다고 가정해보자. "에릭 비어봄이 과거에 저지른 잘못을 보상하기 위해 그의 이름으로 이 수표를 보냅니다." 이러한 시도는 필시 역효과를 불러올 것이다. 후원자는 나와 아무 관계도 없다. 나는 그에게 나를 대신해 어떤 행동이나 말을 할 수 있는 권한을 부여한 적이 없다. 나의 잘못으로 피해를 입은 사람은 물질적 자원은 더 풍족해졌을지 몰라도 나에 대한 도덕적 불만은 여전히 남아 있다. 설사 내가 후원자에게 내 이름으로 익명의 기부를 해달라고 요청했다고 하더라도 이러한 대리 제공으로 도덕적 회계장부의 잔고가 맞아떨어질 리는 없을 것이다. 배상책임 청구는 앞에 나설 의지나 능력이 있는 제삼자가 그것을 충족시키도록 허용하지 않는 통제적 특징이 있다.

왜 정의의 원칙도 이와 같은 식으로 행위자 상대적이라고 생각할까? 우선 행위자 상대성은 앞에서 이야기한 직관적인 잔재를 설명할 수 있다. 만약 이것만으로 민간 공급이 무임승차, 지배, 사회적 의미를 훼손하게 만드는 것을 막기에 충분하지 않다면—정의의 권리인 재화의 민간 공급에 계속해서 어려움을 겪는다면—우리에게는 이를 설명할 의무가 있다. 어쩌면 무상제공의 문제는 그것이 우리가 연대—우리 자신보다 더 큰 의미가 있는 프로젝트에 참여하는—를 경험하지 못하게 하는 것일 수도 있다. 로버트 노직(Robert Nozick)은 다음과 같은 연대 논증을 제시한다. "우리가 인간적 연대를 엄숙하게 보여주는 표시로서 정부를 통해 함께하기로 선택하는 일들이 있는데, 이처럼 공식적으로 그것을 함께한다는 사실이 때로는 그 행동 자체의 내용에 따라서도 도움이 된다."[18]

우리는 공통의 강제적인 조건에서 개인들이 궁핍해지지 않도록 보장하는 집합적 제공을 통해 무언가를 표현—그 위에 우리의 '엄숙한 표식'을 남긴다—한다. 민주시민으로 함께 행동함으로써 심각한 궁핍을 막으려고 하지 않을 때 우리는 이 보장의 의미를 훼손시키게 된다. 공동의 국가 행동이 어떤 특색이 있는지에 관한 이 기술은 시장 공급과 공공 공급이 같은 기능—상호이익이 되는 형태의 협력을 가능하게 한다—을 하고 있다고 보는 복지국가의 경제적 관점과 배치된다.[19] 이 관점에서 본 국가는 군대가 있는 비영리단체와 다를 바 없다. 그러나 공적 행동에 대한 이 같은 묘사는 공동 행동을 하는 시민들이라는 특징을 놓치고 있다. 이 관점이 집단행동의 표현적 가치를 지나치게 중시한다며 일축해버리기 쉽다.[20] 하지만 나는 이 관점을 이런 식으로 이해해야 한다고 생각하지 않는다. 공식적인 공동 행동의 가치가 그 행동이 내세우는 말에 있을 필요는 없다. 우리가 시민으로서 하는 행동에 그 가치가 있을 수도 있다.

우리는 연대 논증을 수용하지 않고도 공식적인 공동 행동의 도덕적인 특징을 수용할 수 있다. 노직에게 있어 공동 행동은 시민들이 바라는 목표—우리가 경험하기를 열망하는 일종의 민주적 재화—이다. 내가 제시한 논증에서 공식적인 공동 행동은 우리의 의무를 충족시키기 위해 필요한 수단으로 작용한다. 이는 일반적으로 모든 시민을 위한 행위자의 역할을 수행할 수 있는 유일한 행위자는 국가이기 때문이다.[21] 이제 무상제공자 반대론을 다음과 같이 표현할 수 있다.

무상제공자 반대론

전제 1: 정의의 원칙은 민주시민의 이름으로 재화 X가 제공될 것을 요구한다.

전제 2: 기관이 민주시민의 이름으로 행동하기 위해서는 보편적 성원권과 민주적 자격 증명을 갖추어야 한다.

결론: 그러므로 명명 권한이 있는 비국가 행위자가 없다면 국가가 X를 제공해야 한다.

이 논증은 정의의 원칙을 시종일관 행위자와 관련지어 다루고 있다. 전제 1은 시민 개인을 의무 부담자로 본다. 하지만 이 논증에서는 우리가 정의의 원칙을 만족시키는 데 필요한 유일한 공동 체계가 국가라고 상정하지 않는다는 점에 주목할 필요가 있다.[22] 이론상으로는 전제 2의 조건에 부합하는 비강제적인 기관을 만들 수도 있을 것이다. 따라서 만약 당신과 나만 충족시킬 수 있는 의무가 있다면 우리는 대리로 이 의무를 이행할 수 있는 조직을 찾아야 한다. 이 주장은 무상제공자들이 이 역할을 수행할 수 없다는 우려를 설명해준다. 그러나 이론상으로는 국가가 적어도 우리의 대리 행위자 역할을 할 수 있는 유일한 기관이라는 결론이 나오지는 않는다. 그러므로 강제성 없이 이 기준을 충족하는 비국가기관에 대해서도 설명할 가치가 있다.

사회 구성원 모두가 자발적으로 합류하는 '조합'이라는 조직이 있다고 가정해보자. 그들은 이 조직을 통해 민주적으로 운영되며 분배양식 X를 달성하는 민간 결사체에 기부를 한다. 조합의 구성원들은 정의의 원칙이 개인으로서뿐만 아니라 같은 활동을 하는 참여자로서도 자신들에게 적용된다고 확신한다. 그들은 강압 없이 함께 모여서 자신들이 선호하는 분배 형태가 지속되게 해줄 믿을 만한 시스템을 구축한다. 그들은 이 공동사업을 권리로 여긴다. 비강압적인 조직 구조를 통해 이 권리를 제공한다는 사실에 자긍심까지 느낀다. "우리는 동료 시민들을 총구로 위협하지 않고도 분배양식 X를 달성할 수 있다." 국가의 무력 없이 분배 원칙을 충족시키는 것만큼 좋은 일이 어디 있을까? '조합'은 "사유재산의 전달 체계를 법적으로 구체화함으로써 정의를 확보하는 것이 이상적이다"라는 토머스 네이글(Thomas Nagel)의 가설에 이의를 제기한다.[23]

현실 상황에서라면 세금을 거둬서 재분배하는 정책을 실용적인 이상이라고 볼 수도 있다. 하지만 실증적인 조건을 완화한다면 '조합'이 민주주의와 평등이라는 두 가지의 가치를 구현한다는 생각에 저항하기는 어렵다.[24] 사실상 '조합'은 무상제공자 반대론을 피할 수 있는 좋은 위치에 있다. 조합은 정의의 의무가 개인이 사적 행위자로서 충족시킬 수 있는 종류의 것이 아니라는 지나치게 단순한 개념에 도전하는 역할을 한다. 우리는 이 조직의 회원 가입이 순전히 자발적으로 이루어진다는 사실을 하찮게 여겨서는 안 된다. 나는 보편적 성원권과 민주적 특징을 갖춘 '조합'은 그 구성원들의 이름으로 행동할 수 있다고 생각한다. 평범한 결사체들은 이 역할을 수행할 수 없다. 평범한 결사체의 성원권은 보편적이지 않으며, 따라서 해당 결사체는 모든 시민의 대리인이라고 주장할 자격이 없다. 또한 결사체는 모든 사안에 대해 그 회원들의 대리인이라고 주장할 수도 없다. 예를 들어 나는 당신과 같이 생일 축하 카드에 서명하면서 음모론을 적지 말라고 정중하게 부탁할 수 있다.[25] 이때 우리의 결사체는 생일 분위기를 표현하는 데 국한되고, 당신에게 자신의 지론을 내 탓으로 돌릴 권한을 부여하지는 않는다.

앞에서 나는 국가의 이미지를 상비군을 보유한 비영리단체로 이야기한 바 있다. '조합'은 이 이미지를 활용한다. 민간 결사체도 공적 활동에 필요한 모든 조건—민주적 조직과 결합된 완전한 성원권—을 충족할 수 있음을 보여준다. 남을 이용하려는 자들을 저지하기 위해 강제적인 요소를 필요로 하지도 않는다. '조합'은 정의의 원칙이 도덕적인 개인 한 사람 또는 기관 전체에 적용된다는 평등주의자들의 신념에 이의를 제기한다. 지금까지 정의를 실현하기 위한 공공이나 민간의 시도에 대한 논쟁은 철저히 1인칭적인 성격을 띠었다. 나에게 닥친 이 임금 선택에서 정의를 증진하려면 나 혼자서 어떻게 해야 할까? 임금 인상에 대한 협상을 해야 할까?

1인칭 복수라고 덜 정치적이지는 않다. 우리는 정의의 원칙이 공적인 정치적 선택에만 영향을 미쳐서는 안 된다는 점을 인정해야 한다.[26] 하지만 우리는 사적 행동이 재화의 분배를 덜 공평하게 만드는 데 처참히 실패할 것이라고 상정하는 경향이 있었다. 개인의 정의심이 수행하는 역할은 비교적 미미하게 그려졌고, 기본 구조의 공적 요소들이 침투하지 못하는 틈새를 메우는 정도에 그쳤다. G. A. 코언은 "사적 행동은…… 공적 행동의 효과를 보완하고…… 강화한다"고 평했다.[27] 시장 참여자이자 가족 구성원으로서 개인의 많은 선택이 강제할 수 없는 것이라는 가정에서 출발하면 평등주의 정신은 국가권력의 한계를 만회하기 위한 것이었다. 공적 기부 대 사적 기부의 문제는 개인 각자의 태도에 달려 있으며, 이로부터 '실질적 미덕 이론'을 다루는 연구 프로그램이 생성되었다.[28] 이 논의를 통해 정리된 선택권은 조직에 따르지 않고 노동 관련 결정에 정의의 원칙을 포함시키는 개인으로 행동하는 것과 정치제도의 공통 조건에 맞춰 행동하는 것으로 나뉘었다. 정치적인 것은 매우 사적인 것이 되었다.

그렇지만 만약 당신과 내가 각자의 일상생활에서 정의의 원칙을 위반할 수 있다면 정반대의 가능성이 열린다. 즉 개인들이 힘을 합쳐 어떠한 강제도 없이 정의의 이론이 규정한 개요에―부분적으로든 전체적으로든―부합하는 분배를 창출할 수 있게 된다. 비국가 행위자들이 올바른 분배를 성공적으로 달성한다면 그 정의의 주체가 국가인지 비국가 행위자인지 굳이 신경써야 할까? 이런 식으로 문제를 제기하면 분배적 정의의 적합한 위치를 둘러싼 오랜 논쟁은 더욱 복잡해진다. 당신과 내가 평등주의 정신을 내면화해 이 정신을 중심으로 공동의 실천을 조직하기 시작한다면 우리는 서서히 분배를 올바른 형태에 더 가깝게 이동시킬 수 있을지도 모른다. 그러나 우리가 다루는 논의의 범위에서 '조합'은 그저 생각할 수 있으면 될 뿐 실증적인 가능성은 불필요하다.

강압적인 구조가 없는 자생적 개혁의 예로 A. J. 줄리어스(Julius)가 다음과 같이 묘사한 '운동'이라는 행위를 생각해보자. "남자와 여자가 기존의 습관에서 벗어나 가정과 임금 노동에서 평소 맡고 있던 역할을 바꿔 행동함으로써 [남녀 간 권력의] 차이를 지울 수 있다고 가정해보자. …… 다른 많은 남녀가 이러한 역할 바꾸기를 하고 있으며, 그렇기에 내가 그들의 선례를 따름으로써 전반적인 성역할 재편에 동참할 수 있다고 가정해보자."[29] 줄리어스는 당신이 역할 바꾸기를 실천해야 하며 그 의무는 일종의 복합적인 요건이라고 결론짓는다. 여기서 불확실한 부분은 왜 역할 바꾸기를 할 준비가 된 '사람들이 많이' 있다는 사실이 당신의 결정에 영향을 미치느냐는 것이다. 가장 설득력 있는 설명은 불평등한 관행을 개혁하려는 공동의 의사가 상대적으로 더 효과적이라는 점을 강조할 것이다. 공동 행동은 개혁에 참여하는 데 있어 타당한 시도를 제공하는 반면, 단독 행동은 하나의 표현에 그칠 공산이 크다. 당신이 '운동'의 일환으로 동등한 위치에 서기 위해 결혼과 연봉 협상 조건을 변경할 때 당신은 단지 자신의 영역 내에서 행동하는 데 그치지 않고 광범위한 성적 종속 관행을 바꾸고 있다고 인식하게 된다. 당신에게는 자신의 행동을 이런 식으로 볼 자격이 있는데, 그 행동은 확실히 공유된 행동으로 특징지을 수 있기 때문이다. 즉 당신은 다른 이들의 '선례를 따름으로써' 이미 이 공동 행동의 성공 가능성이 적지 않다는 약간의 자신감이 생긴 상태이다. 만약 당신이 이 복잡한 공동 발기에서 성공을 거둔다면 이와 같은 비국가 행동은 국가가 이 개혁을 실행한 경우와 어떻게 비교될 수 있을까? 당신은 마치 '조합'의 자랑스러운 구성원처럼 당신이 참여한 성역할 재편이 의도적이지만 '유기적인' 방식으로 이루어졌다고 강조할지도 모른다. 이 운동을 이끈 행위자들은 분배의 원칙—결혼생활에서 남녀 각각의 권력이 동등해야 한다는—을 충족시키기 위해 힘을 합친 개인들이었다. 민주주의제도도 강제성 없이 이 분배의 원칙을 충족시킬 수 있다고 해도 강제의 위협은 항상 어딘가에 도사리고 있을 것이다.

이 절에서 나온 주장들을 정리해보자. 이제 우리는 분배 정의에서 행위자와 관련된 고려 사항을 대체로 도외시하는 이유를 두 가지로 설명할 수 있다. 첫째, 민주국가의 실증적 주장은 기본 동인, 즉 분배의 의무를 이행할 자연스러운 수단처럼 보일 수 있다. 그 이면에 또다른 가치가 있는지 알아보기 위해 우리는 오직 국가만이 분배의 원칙이 규정한 양식을 산출할 수 있다는 실증적 주장을 제쳐놓았다. 이것은 특정한 정의의 원칙이 당신과 나에게 적용된다고 생각할 만한 별개의 도덕적 직관에 초점을 맞추었다. 우리는 민주시민으로서 우리에게 공동으로 강제된 제도를 통해 이러한 의무를 이행할 책임이 있다고 인식하게 되었다. 이것이 맞다면 행위자와 관련된 고려 사항은 정의에 대한 관계 중심의 설명에 가장 잘 맞을 수도 있다(10장에서 관계 평등주의에 대한 코델리의 논의 참조).

둘째, 우리는 분배적 정의에 관한 논의의 틀을 만든 강력한 이분 구도에 주목했다. 정의의 '위치'를 나타내는 좌표를 찾기 위해 오랫동안 시도한 끝에 이 문제는 개인들이 비국가 체계를 통해 수행한 조직적 개혁으로부터 우리의 관심을 돌려놓았다. 대신 1인칭 시점으로— 수백만 명 중 한 명으로— 우리 자신을 바라보도록 부추긴다. 이 위치에서 바라보면 혼자서 분배 원칙을 만족시키는 것은 상상할 수가 없다. 어쩌면 당신은 시장에서 당연히 받을 수 있는 것보다 낮은 급여를 요구하는 식으로 '당신의 몫을 다하려'고 하겠지만, 너무나 익숙한 무임승차자 문제가 당신이 평등주의 정신을 실천해 큰 변화를 이끌어낼 가능성을 차단해버릴 것이다. 앞에서 나는 우리가 가정한 사례들을 가능하게 한 것이 1인칭 복수 시점이라고 이야기했다. 분배 원칙이 제시한 의무를 이행하는 것은 중요할 수 있으며, 우리가 그려본 '조합'과 '운동'은 각각 우리를 대신해 발언하고 행동할 수 있는 것처럼 보인다. 이것들은 강제가 없는 국가의 표상을 제공한다.

'조합'과 '운동'은 단지 생각의 수단이다. 이것들은 무임승차자 문제와 무상제공자 문제를 동시에 해결할 수 있는 방법을 보여주기 위해 고안된 것이다. 그러나 실제 현실에서는 각각의 구성원을 '명명'할 수 있는 자격을 가진 조직은 국가 하나뿐이다. 민간 결사체가 우리 사회의 분배 양상을 개선할 때 그들이 개인의 복지를 향상시킨다는 데는 의심의 여지가 없다. 하지만 그렇다고 해서 당신과 내가 이러한 개인들과 맺고 있던 관계가 회복되는 것은 아니다. 그들이 당신과 나에게 요구한 배상 청구에 대해 아직 대응이 없었기 때문에 우리는 여전히 그들과 동등한 관계로 잘 지내지 못할수도 있다. 제삼자가 그들에게 어느 정도 도움을 주었지만 그렇다고 해서시민들 사이의 불평등한 관계를 바꾸어놓지는 못한다. 우리는 겉으로 드러난 재화 분배양식에서 벗어나 다른 곳으로 주의를 돌릴 경우에만 이러한 실체를 볼 수 있다. 무상제공자 문제의 영향은 시민들 간의 사회적 관계에 주의를 기울이는 것에 따라 달라진다. 정의의 분배적 측면만을 다루는설명에서는 이러한 나머지 문제를 보여줄 수 없다. 그러한 설명은 분배하는 행위 주체들에 대해서는 고려하지 않고 최종 상태에 초점을 맞춘다.

마지막으로 무상제공 철회 반대론을 살펴보면서 이 절을 마무리하고자 한다. 필란트로피스트들이 무상제공자 반대론을 피하고 싶다면 신중한노선을 택해 기존의 과시적인 소비 형태에 돈을 쓰면 되지 않을까? 무상제공자 반대론은 '그들의 돈과 그들의 엄청난 경솔함 뒤로 다시 숨어버리는'『위대한 개츠비』의 톰과 데이지처럼 부자들에게 무상제공을 피할 수 있는유인을 제공하지 않을까?[30] 그러나 무상제공자 반대론에 대한 이 같은 반응은 개인들은 정의 원칙의 요구에 따라 개별적으로 이행할 책임이 있다고 스스로 인식한다는 우리의 근본적인 전제를 오해한 데서 비롯된 것이다. 무상제공자 주장은 이런 방식으로—다시 말해서 정의에 종속되어 있다고—스스로를 보는 개인들에게만 전달된다. 그들에게 있어 기부를 저버리는 것은 있을 수 없는 일이다. 그렇지만 우리가 여기서 검토해본 다른 반대론들을 피하는 방향으로 재화를 돌릴 수 있는 방법에 대한 지침은 필요하다. 불공정한 사회에서 무상제공자 문제는 필란트로피스트는 풀 수 없는 문제라는 인식이 있다. 필란트로피스트는 정의의 원칙의 요구를 충족시키는 방향으로 자금을 운용할 의무가 있지만 무임승차자 문제로 인해 자신의 행동이 항상 부족할 것이라는 점을 끊임없이 의식한다. 이러한 자세는 제논이 느낀 것과 같은 좌절감을 초래할 수 있다. 그러나 필란트로피스트가 동료 시민들의 도움 없이도 자신의 행동으로 정의를 완전히 충족시킬 수 있다고 여긴다면 그것이야말로 훨씬 더 골치 아픈 일일 것이다.

5. 정치적 불의와 필란트로피 원칙

필란트로피 기부로는 우리의 집단적 부담을 덜어줄 수 없다. 민간 제공자가 공적 제공의 부족한 부분을 메우며 정의의 원칙에 부응할 때도 그들의 행동은 무임승차자들로 인해 충분하지 않을 것이다. 대규모 필란트로피의 경제학적 관점에 따르면 무상제공자는 우리에게 기부라는 따뜻한 만족감을 느끼지 못하게 한다.[31] 스스로를 후원자로 여기며 느끼는 자기만족은 우리가 누릴 수 있는 것이 아닌 소수의 개인들에 의해 전유되고 있다. 그러나 어떤 개인이 당신이나 나에게 배상을 청구한 경우, 우리가 빚진 돈을 제공하는 것을 따뜻한 만족감을 선호한 결과로 보고 우리가 기여 행동을 하는 것만으로 긍정적 효용을 이끌어낸다고 이야기하는 것은 상당한 무리수이다.[32] 이처럼 원시적인 선호를 우리가 정의의 원칙을 충족시키고자 하는 유일한 동기로 취급하는 것은 몰인정하다고 생각된다. 개인들을 명예와 신망을 찾아다니는 제멋대로인 사람으로 분류할 필요는 없다. 이런 성격 묘사를 피하면서도 똑같이 인색한 설명이 있으니 말이다.

그 나머지는 심리적이라기보다 도덕적이라고 생각된다. 정의의 원칙은 행위자를 식별한다. 민간 제공자가 매우 성공적으로 사회 내에서 공정한 분배 양상을 달성한다고 하더라도 시민들 간의 평등한 관계를 회복시킬 능력은 그들에게 없다. 그렇다고 해서 필란트로피가 정의의 원칙에 호응하지 말아야 한다는 뜻은 아니다. 내가 주장하는 요지는 필란트로피에서 물러나라는 것이 아니다. 하지만 무상제공자 문제는 민간의 공적 책임 이행의 지침이 될 수 있는 제도 및 규범 중심의 원칙을 시사하는 것이 분명하다. 이 절에서는 미래의 기부자와 민주시민에게 무상제공자 문제가 초래하는 영향에 대해 고찰해본다. 이 문제가 고질적인 제도적 부정행위에 대응하는 필란트로피 기부에 시사하는 바는 무엇일까?

공공 제공을 위한 오디션 무상제공자들이 스스로를 정치제도가 바로잡지 못하고 있는 불의에 대응하는 것으로 여긴다고 가정해보자. 그들은 자신들이 집단적 실패에 따른 뒷수습을 하고 있다고 인식하므로 자신의 기부를 특정한 방식으로 조직화할 이유가 있다. 그들은 본질적으로 공공의 책임이며 공동체 전체에 의해 성공적으로 제공되고 전달될 수 있으며 또 그렇게 되어야 하는 어느 재화에 대해 오디션을 받고 있다고 생각할지도 모른다. 이 목표는 그들 조직의 사명 선언에 영향을 미칠 수도 있다. 이 조직은 영구 신탁보다 자산 축소 모델을 선호할 수 있는데, 영구 신탁은 충분히 겸손한 느낌을 주지 않기 때문이다. 시간제한 없이 공공의 책임에 응하는 필란트로피 기부는 시민들에게 그 노력을 민간의 관리에 영구히 맡기라고 요구한다. 이런 종류의 기부가 성공하기 위한 필수조건은 최종적으로 국가가 책임을 지는 것이다. 오디션의 딜레마는 국가의 인수를 촉진하기 위해 필요한 자금 지원을 중단할 것인지의 여부이다. 이런 정신에 입각해보면 필란트로피는 사업에서 철수하려고 할 때 진정으로 오디션 원칙을 존중한다. 이러한 기부 유형은 롭 라이히가 이야기한 발견의 논거에 해당한다. 어떤 조직이 창의적인 공급방식을 선보이는 것과 해당 재화의 공급이 자체 조직의 책임임을 대중에게 납득시키는 방식으로 공급하는 것은 완전히 다른 문제이다. 여기서의 목표는 민주정체가 재화 공급의 책임을 맡는 이유를 '발견'하는 것—스스로를 재화나 서비스의 전달 수단으로 보는 것—이다.

엘리트 대 대중 필란트로피 무상제공자 문제는 첫째, 소액 자금으로 지탱되는 필란트로피 단체와 둘째, 소수의 부유한 개인 간의 도덕적 차이를 조명할 수 있다. 자선 기부의 표준 모델은 논쟁의 여지없이 수혜자들이 제공자의 신원을 알지 못한다고 상정한다. 또한 수혜자들이 크고 작은 필란트로피에 무관심할 것이라고 예측한다. 그러나 이는 기부금 수혜자의 선호에 대한 지나치게 좁은 개념에 의지한 것이다. 앞에서 우리는 '조합'이 일종의 이상적인 형태의 대중 기부단체로서의 역할을 하는지 살펴보았다. 조직의 규모가 크고 내부 규정이 더 민주적일수록 조직이 확실하게 '명명'할 수 있는 개인의 수도 더 많아진다. 대중 필란트로피는 현실에서 폭넓은 대표성을 갖지 못할 것이 거의 확실하지만, 같은 양의 재화를 공급한 억만장자와 비교해 수혜자들에게 완전히 다른 메시지를 전달할 수 있는 잠재력을 가지고 있다. 이는 재화나 서비스는 우리 모두 개인적으로 지켜야 할 의무가 있는 정의의 요건이라는 인식이 확대되고 있다는 사실을 전달할 수 있다. 매우 불완전한 여건에서 우리가 할 수 있는 최선은 이 재화를 사적으로 제공하는 것이다. 그러나 부유한 제공자 한 명이 보내는 메시지는 얼마나 다를지 생각해보아야 한다.

밀어내기 일반적으로 제기되는 우려는 공적 자금이 민간 기부금을 밀어낼 수 있다는 것이다. 미국 정부가 비영리단체인 '미국을 위한 교육(Teach for America)'에 1억 달러를 지원할 때 이러한 조치는 공적 자금이 민간 기부를 위축시킬 것이라는 우려를 불러일으킨다. 여기서 우리는 이 우려를 거꾸로 뒤집어보았다.[33] 무상제공자 문제는 민간 기부가 공적 공급을 밀어내는 논리를 설명한다. 공공의 책임이 민간 행위자에 의해 제공되고 있다면 민주시민들은 어떻게 (민간의 공급을 금하는 것 외에) 이 재화를 공동으로 제공할 책임을 되찾을 수 있을까? 공공-민간 파트너십은 재화 공급을 서서히 공공의 관리로 전환할 수 있는 가능성을 가지고 있다. 물론 애초의 집단행동 문제에서도 부분적인 이유를 찾을 수 있을 것이다. 공공재 게임에서 게임 참가자들은 그들의 사적 자금에서 공공 기금으로 얼마를 투입할지 선택한다. 참가자들은 합리적인 모델의 예측보다 훨씬 후한 것으로 유명하다. 그러나 최근 들어 공공재 게임은 참가자들 사이에서 부의 불균형이 큰 상태로 게임을 시작하도록 설계되었다.[34] 이 게임의 단순한 버전에서 재산이 거의 없는 개인들은 더 평등한 환경일 때에 비해 돈을 훨씬 적게 내는 방식으로 극심한 불평등에 대처했다.

부정의 재화를 위한 필란트로피 앞에서 나는 정의의 원칙을 충족시키는 것을 목표로 하는 필란트로피가 제논의 달리기 주자가 겪은 것과 유사한 역설에 직면한다고 주장했다. 공식적인 공동 행동이 부재한 상황에서는 언제나 상당한 공급 부족이 존재할 것이다. 그러나 무상제공자 문제는 재화가 자유재량으로 또는 필요 이상으로 제공되는 경우에 직접적으로 적용되지 않는다는 점에 주목해야 한다. 우리가 내리는 사회적 결정 중에는 정의에 의해 매우 충분하지 않게 결정되는 경우가 많다. 국가 기념 건조물을 예로 들어보자. 이것들은 엄격한 의미에서 공공재 역할을 한다. 민간재단이나 억만장자가 기념 건조물의 유지 및 관리 비용을 부담하겠다고 제안한다면 이 경우에도 무상제공자 문제가 있을까? 답은 아니다이다. 이런 종류의 이른바 애국적인 필란트로피는 정의의 원칙을 이행하려고 하지 않는다.[35] 이 의견이 일부 독자들에게는 놀랍게 여겨질 수도 있을 듯하다. 민주적 연대에 어떤 힘이 있다면 그것은 분명 민주시민들이 함께 뭉쳐서 민주주의 원칙을 기리는 이런 기념물들의 비용 부담을 요구한다. 공동체 반대론은 아마 애국적 필란트로피를 겨냥해 기념물의 의미를 훼손한다고 비판할 것이다. 그러나 무상제공자 반대론은 강력한 연대 중심에 의지하지 않는다. 이것은 무임승차자 반대론이 공동 행동의 독립적인 가치를 국가를 통해 몰래 들여오지 않는다는 나의 주장을 뒷받침한다. 이는 좀더 공정한 환경에서의 필란트로피 로드맵을 가리킨다. 공정한 환경에서 공공 부문과 자원봉사 부문은 다음과 같이 분업을 통해 문제를 해결할 것이다. 즉 공공 부문의 전달 경로들은 '분배적 정의와 공정한 기회 평등'에 집중하고, '개인 자선은 특수하고 선택적인 재화에 주력할 수 있을 것'이다.[36]

　　정치적 필란트로피　무상제공자 문제는 민주주의와 관련된 문제의 전제 중 일부를 공유한다. 부유한 개인들은 전통적인 입법 경로를 우회함으로써 전면적인 정책 변화를 가져올 수 있다. 게이츠 재단은 2억 달러를 투자해 공통 핵심 표준(Common Core)을 제정했다. 이 노력의 결과로 "선출된 의회 의원이 던진 표 하나 없이도 많은 주에서 교육개혁이 도입"되었다.[37] 논의의 편의를 위해 이 입법 결과로 공교육제도가 덜 불공평해졌다고 가정해보자. 문제는 정치적 필란트로피가 선거제도를 우회하고 개인 한 사람의 마음에 따라 정책을 만들어낸다는 것이다. 이런 식의 사적 자금 사용은 시민과 그들의 대표자에게서 입법 행위를 '점유'할 수 있는 기회를 빼앗아간다. 이 자금 사용으로 인해 법과 정책에 생겨난 변화는 시민이나 그들 대표자들의 합작이라고 할 수 없게 된다. 이처럼 국민의 투표로 선출되지 않은 엘리트 계층의 입법 문제는 무상제공자 문제로 완벽히 포착되지는 않지만 민주시민을 제대로 '명명'하는 과정이 빠졌다는 우려는 양쪽 모두에 공통된 부분이다. 민간자금은 시민의 의무를 이행하거나 시민 공동의 승인 책임인 법률을 제정하는 데 사용되고 있다.

결론

우리는 상대적으로 덜 친숙한 집단행동 문제로 논의를 시작했다. 무상제공자 문제는 필란트로피 기부의 경우에 가장 두드러지게 나타난다. 우리는 행위자 중립적인 측면에서만 세상을 바라보는 무임승차자와는 다르다. 우리는 정의를 행하는 주체의 정체에 대해 알고 있다. 일부 의무는 공통의 정치제도를 통해서만 충족될 수 있다. 우리 대부분은 직관적으로 이 확신을 가지고 있다. 우리가 가진 분배적 정의의 원칙은 보편적 의료 보장, 교육, 식비 지원 등을 누군가가—누구든—보장해야 한다고 주장하는 것에서 그치지 않는다. 함께 행동하는 시민 모두가 제공자가 되어야 한다.

그렇다면 우리의 분배 원칙은 당신과 나를 명명하는 것으로 보인다. 이 원칙은 제공자의 정체를 모르지 않는다. 분배 원칙은—정치제도를 통해—민주시민들에게 인과적인 중요한 역할을 배정한다. 분배적 정의의 이론가들은 우리가 국가를 이 역할에 공짜로 기용할 수 있다고 상정해왔다. 이 관점에서 보면 '사회정의의 현대적 개념을 수용'하는 순간 '사회제도가 반드시 정의의 원칙을 달성하도록 하는 것이 우리의 첫번째 의무'라는 생각에 동의한 것이다.[38] 나는 이 결론이 일반적인 집단적 제공 찬성론에서 나오는 것이 아니라고 주장했다.

그렇다고 필란트로피 노력이 제도적 불평등에 대응하는 일을 외면해야 한다는 뜻은 아니다. 그러나 문제에 대한 인식은 기부가 이루어지는 체계와 민주사회가 기부금 제공에 대응하는 방식에 영향을 줄 수 있다. 로버트 노직은 만약 빈민들에게 하늘에서 만나(이스라엘 민족에게 여호와가 내려준 음식)가 쏟아져 그들의 필요를 계속 채워준다면 우리는 그들과의 연대를 표현할 다른 방법을 찾아야 할 것이라고 이야기한 바 있다.[39] 이 장의 내용 중 어디에도 이 같은 후한 기부가 그 수혜자들에게 이르지 못하게 해야 한다는 말은 없다. 그렇지만 이제 우리는 민주시민으로서 우리의 과제가 완수되지 않으리라는 것을 알 만한 위치에 있다. 무상제공자 문제는 세상에 공짜란 없듯이 민간의 공공 책임 이행도 공짜로 이루어지지 않는다는 사실을 잘 보여준다.

9장

필란트로피와 민주주의적 이상
라이언 페브닉(Ryan Pevnick)

민주주의자들이 필란트로피스트 활동을 칭찬하고 감사하며 존중하는 이유는 분명하다. 필란트로피스트들은 개인적 소비에 사용할 수도 있는 사적 자원을 더 광범위한 목적과 더 큰 선을 추구하는 프로젝트에 기부한다. 중요한 예를 몇 가지만 들어보자.

- 현대의 독립된 대학이 지금의 위치를 갖게 된 데는 개인 기부자들의 역할이 컸다. 실제로 시카고대학, 카네기멜런대학과 수천 개의 공공 도서관을 포함한 중요 기관들은 카네기와 록펠러의 영구적인 기부의 일환이다.
- 필란트로피는 시민권운동에서 중요한 일익을 담당했다. 예를 들어 줄리어스 로젠월드(Julius Rosenwald)는 미국 남부지역에 5000개가 넘는 학교 건물을 세웠으며, 그 결과 1930년대 초반 아프리카계 미국인 학생의 무려 40퍼센트가 로젠월드의 기금으로 지어진 건물에서 공부했다(Zunz 2012, 39).

- 2011년 게이츠 재단은 미국의 여러 교육 프로젝트에 5억 달러에 가까운 돈을 투자했다. 이 자금은 특히 저소득층 대학생을 대상으로 한 수천 개의 장학제도, 요보호아동을 위한 조기 학습 프로그램 개선, 효과적인 교육에 관한 연구, 교사 확충 등에 지원된다.

그러나 이들 필란트로피스트가 다른 시민들을 위해서 행한 엄청난 선에도 불구하고 그들의 기여는 때로 민주정부에 대한 책무와 불협화음을 초래하기도 한다. 이런 현상이 나타나는 이유는 몇 가지가 있다. 첫째, 이 같은 기부는 소득과 재산의 배경 분포에 달려 있는데, 이는 민주주의의 이상과 모순된다고 할 수 있다. 둘째, 이러한 기부에 의존하다보면 일부 시민들은 타인의 우연적인 선의에 심하게 휘둘리게 된다. 셋째, 이러한 기부는 민주적인 책임 체계의 제약을 받지 않는다. 넷째, 기부자들이 공공정책에 지나친 영향력을 행사하려고 하거나 실제로 행사하는 경우가 많다(예를 들어 Barkan 2011 참조). 상황이 이렇기에 많은 필란트로피스트가 막대한 선을 행했음에도 민주주의의 기반을 이루는 평등의 이상과 필란트로피 사이에는 갈등이 존재한다.

필란트로피 활동과 민주주의적 평등 추구 사이의 갈등을 언급했지만 그렇다고 개인들이 자유롭게 그러한 기부를 할 수 있어서는 안 된다거나 우리가 개인적 소비를 선호해야 한다는 뜻은 아니다. 내가 말하고 싶은 것은 필란트로피가 종종 민주주의체제에 잘 어울리지 못하는 것처럼 보인다는 사실이다. 적어도 어떤 의미에서 필란트로피는 귀족주의적인 노블레스 오블리주의 개념을 민주사회로 옮겨놓는다. 이 장에서 나의 목표는 개념적이다. 다시 말해서 나는 제대로 작동하는 민주사회에서 필란트로피가 타당하게 요구할 수 있을 만한 역할에 대해 신중하게 논함으로써 필란트로피와 민주주의 사이의 초기 갈등을 초월하고자 한다.

필란트로피와 민주주의의 관계를 명확히 설명하는 것이 유용한 이유는 우리가 살고 있는 시민사회의 형태가 대개 해당 부문의 거버넌스와 관련해 내려진 공공정책에 의한 결정의 산물이기 때문이다. 이러한 결정은 민주사회에서 필란트로피의 적절한 위치에 대한 원칙에 입각한 설명에 의해 이루어져야 한다. 나는 민주주의의 유력한 이상 두 가지, 즉 시장민주주의와 민주주의적 평등에서 필란트로피가 차지하는 위치를 고찰함으로써 그 목표 달성에 기여하고자 한다. 분명히 밝혀두건대 나는 ―이 장에서― 이들 두 이상 중 어느 쪽도 옹호할 생각이 없다. 그보다는 이처럼 경합하는 민주주의의 개념이 필란트로피에 부여하는 역할을 서술함으로써 필란트로피의 적절한 역할에 대한 의견 불일치가 민주주의 이론 내에 존재하는 뿌리깊은 논쟁에 기생하고 있음을 보여주고 싶다.

시장민주주의와 필란트로피

먼저 시장민주주의부터 살펴보자. 시장민주주의는 연결된 세 가지 개념에 전적으로 좌우된다. 그중 첫번째는 시민을 책임감 있는 행위자로 보고 특히 경제적 삶과 관련해 무엇을 추구할지 시민 스스로 결정할 수 있게 허용되어야 한다는 개념이다. 두번째는 (시장이 가동될 수 있게 해주는 공공재를 포함해) 인간활동을 조직화할 수 있는 기본 틀을 제공하는 최소의 정부 개념이다. 이러한 정부는 개별 프로젝트들을 촉진하는 기본 틀을 제공하는 반면, 그 외에는 시민 개인들로부터 떨어져 있다. 세번째는 정의의 개념―종종 고전적 자유주의로 불리는―으로 대체로는 시장의 결과물을 존중하는 것이 이롭고 효율적이라고 보는 입장이다. 시장민주주의의 이 세

가지 측면—시민, 정부, 정의의 개념—은 상호보완적이다. 시민의 개념은 경제적 자유의 중요성을 강조하고, 이상적인 정부는 시장의 상호작용을 촉진하며, 고전적 자유주의는 시장의 결과물을 존중한다. 시장민주주의자들은 정부 프로그램에 대해 회의적이고 시민사회에 열광하기 때문에 예로부터 필란트로피를 옹호해온 이들이다.

	시민 개인	거버넌스	정의
시장민주주의	책임감 있는 개인	최소 정부	고전적 자유주의

이 같은 민주주의자들에게는 필란트로피를 칭송할 세 가지 중요한 이유가 있다. 첫째, 그들은 빈곤층에 대한 민간 부문의 지원을 정부 프로그램을 통해 전달되는 지원보다 더 타당하게 여긴다. 이는 시민 개인의 재산권 존중에 역점을 두는 고전적 자유주의의 정의 개념에서 비롯된 것이다. 빈곤층을 돌보는 방편으로 일부 시민들로부터 다른 시민들에게로 자원을 재분배하려는 정부 프로그램은 시민의 경제적 자유를 존중하지 않고 시민의 재산권을 침해한다. 이와 반대로 서로를 돕는 시민 개인들의 노력은 경제성장과 창의성을 촉진하는 사회에서 나올 수 있는 사업으로 칭송받는다.

둘째, 시장민주주의자들은 대개 민간 부문의 빈곤층에 대한 지원이 비슷한 목적의 정부 프로그램보다 효과적이고 효율적일 가능성이 더 높다고 생각한다. 예를 들어 한 옹호자는 다음과 같이 주장한다. "지출 규모는 상대적으로 작지만 민간 필란트로피는 지역 여건에 잘 맞출 수 있고, 기부자에게 반드시 결과를 보여주는 지역 지지자들이 주도할 수 있다. 이처럼 다양한 접근방식은 천편일률적인 연방정부의 프로그램이라면 저지할 만한 것이다"(Husock 2012). 정리하자면 필란트로피가 정부 프로그램보다 더 선호되는 이유는 필란트로피가 기업가 정신에 더 부합하고 지역 사정에 밝으며 좋은 정부의 이면에 자리할 법한 시민관계를 강화시켜주기 때문이라는 것이다. 실제로 밀턴 프리드먼은 빈곤 문제를 논하는 과정에서 "한가지 의지처이자 여러모로 가장 바람직한 것은 민간 자선이다"라고 이야기하기도 했다(Friedman 1962, 190).

셋째, 시장민주주의는 청자 중심의 정치적 발언 개념을 수용해 시민들을 슘페터의 청중 역할에 배정한다. 이 관점에서 정치적 발언의 목적은 다양한 입장의 표현을 장려하고 시민들에게 권력 남용으로부터 스스로를 보호할 수 있는 힘을 실어주는 것이다. 예를 들어 시민연합 사건에서 케네디 판사는 "정부는…… 국민으로부터 어떤 발언과 발언자가 고려할 가치가 있는지 스스로 판단할 수 있는 권리와 특권을 박탈하지 않을 것"이므로 기업의 발언이 보호받아야 한다고 주장한다(Citizens, 24). 이 관점에서 보면 정치 논쟁을 제한하려는 정부의 모든 시도는 두 가지 면에서 의심스럽다. 첫째, 공직자가 (자신에게 이익이 되는 방향과는 반대로) 공익을 증진하는 방향으로 이러한 조치를 취한다고 신뢰할 수 없다. 둘째, 발언을 제한하는 것은 일반 시민들이 증거와 주장을 제대로 가늠하지 못할 것이라는 불신을 나타낸다. 시장민주주의는 많은 양의 정치적 정보를 독려하는 데 역점을 두기 때문에 민간자금이 대중의 정치 논의에 포함되는 것을 환영한다. 시장민주주의자들은 이로 인해 발생하는 불평등한 발언 역할에 대해 우려하기보다 민간자금의 유입으로 효과적인 비판이 활성화되고 공권력의 권력 남용을 방지하는 효과가 있기를 희망한다.

시장민주주의는 개인의 책임과 경제적 자유를 중요시하고 시장의 상호작용 촉진에 전념하는 정부를 추구하며 고전적 자유주의의 정의 개념을 지지한다(예를 들어 Friedman 1962; Tomasi 2012). 시장민주주의 지지자들은 필란트로피와 민주주의적 평등 사이의 갈등에 대해 우려할 필요가 없는데, 그들이 보는 관점에서는 제대로 작동하는 민주사회에서 필란트로피 사업이 중요한 위치를 차지하고 있기 때문이다. 이렇게 보는 이유는 필란트로피가 첫째는 빈곤층 지원을 위한 비강제적이고 시장 중심적인 전략을 약속하고, 둘째는 공직자들에 대한 비판을 촉진함으로써 자치 기반 마련을 돕기 때문이다. 이러한 민주주의 개념 아래에서 필란트로피는 공공의 삶으로 널리 받아들여져야 하고, 기존에 국가가 담당했던 역할을 민간 행위자들이 맡도록 독려하는 데 주저함이 없어야 할 것이다. 따라서 필란트로피(그리고 더 넓게는 시민사회)가 수행할 것으로 기대되는 역할에 대한 이해는 시장민주주의자들이 이 같은 비영리 부문의 탄생을 지원할 수 있는 공공정책(예를 들어 비제한적인 선거자금 조달 규정, 강력한 결사의 자유 개념)을 고안하는 과정에서 지침이 되어준다.

민주주의적 평등과 필란트로피

필란트로피의 적절한 위치는 민주주의적 평등을 옹호하는 이들에게 좀더 복잡한 질문이다. 왜냐하면 그들은 나름의 추구하는 바로 인해 시장민주주의자들이 이야기하는 전통적인 근거로 필란트로피를 칭송할 수 없기 때문이다. 이러한 이유로 나는 민주주의적 평등의 이상 안에서 필란트로피가 맡을 적절한 역할을 규명하는 데 이 장의 대부분을 할애하고자 한다.

민주주의적 평등의 구성요소

민주주의적 평등 역시 시장민주주의와 마찬가지로 세 가지 이상적 요소를 중심으로 이해할 수 있다. 첫째, 민주주의적 평등은 시민을 상호이익을 위한 협력 계획의 동등한 참여자로 보는 개념에 달려 있다. 둘째, 민주주의적 평등은 시민 모두에게 그들의 상호작용을 관장하는 규칙을 만드는 숙의 및 입법 과정에 참여할 수 있는 동등한 기회의 제공을 목표로 한다 (예를 들어 J. Cohen 2009, 270–79; Knight and Johnson 1997; Rawls 1993, 358). 셋째, 민주주의적 평등의 이상에는 평등주의적인 분배적 정의의 개념, 즉 사회적 협력의 이득이 반드시 널리 공유되도록 한다는 개념이 포함된다. 이를 통해 시민들은 공공의 삶에서 동등한 위치를 차지할 수 있게 된다. 시장민주주의의 경우와 마찬가지로 이러한 구성요소들은 상호보완적으로 작용한다. 정의의 개념은 시민들이 민주주의적 평등에 따른 역할을 수행할 수 있는 역량과 준비를 갖출 수 있도록 보장함으로써 선호되는 거버넌스 개념의 촉진을 도모한다.

	시민 개인	거버넌스	정의
민주주의적 평등	협력 계획의 동등한 참여자	숙의 민주주의	자유주의적 평등주의

앞에서 지적했듯이 필란트로피와 시장민주주의는 서로 자연스럽게 조화를 이룬다. 시장민주주의는 정부가 운영하는 지원 프로그램의 공정성과 효율성을 의심하는 동시에 시장 중심의 숙의 개념을 중시하기 때문이다. 그러나 민주주의적 평등을 옹호하는 이들은 필시 시장민주주의자들이 필란트로피에 열광하는 근본적인 세 가지 이유 모두에 대해 의구심을 가질 것이다.

첫째, 시장민주주의자들은 민간 부문의 빈곤층에 대한 지원이 시민 개인의 응분(desert)의 요구와 전제도적(preinstitutional) 재산권을 더 존중하기 때문에 정부의 프로그램보다 더 정당하다고 여긴다. 이에 반해 민주주의적 평등을 옹호하는 이들은 시장의 결과물을 평등주의적 정의 개념으로 정립된 분배 규범의 지배를 받는 정치적 결정의 산물로 여긴다(Rawls 1971; Murphy and Nagel 2002). 이러한 이유로 그들은 정부가 빈곤층 지원을 목표로 시장의 결과에 간섭하는 것을 선험적으로 반대할 근거는 없다고 부정한다. 오히려 사회적 협력의 이득이 공정하게 분배되도록 하기 위해 그러한 개입이 필요하다고 생각한다.

둘째, 시장민주주의자들은 필란트로피 프로그램이 정부 프로그램보다 더 효과적일 수 있다고 보는 반면, 민주주의적 평등을 옹호하는 이들은 빈곤층 지원을 시민 개인들에게 맡기게 되면 시민들의 불평등한 지위가 확실해진다는 점에서 민주주의 이상의 관계적 요소를 해칠 것이라고 우려한다. 이러한 이상은 시민들의 동일한 수준의 자원 통제를 필수조건으로 여기지는 않지만 시민들이 타인의 우연적인 선의에 의존하지 않도록 인간다운 삶의 물질적인 전제조건은 보장되어야 한다고 주장한다. 시민 간의 불평등은 공공 영역에서 시민들이 서로 동등하게 관계할 수 있는 능력을 저해할 위험이 있다.

윌리엄 샴브라(William Schambra)는 민주주의적 평등이 내포하고 있는 포부 중 이 부분은 국가는 "시민사회의 매우 중대한 공동체 구축 역할을 시민사회보다 더 잘 수행할 수 있으며, 따라서 시민사회 기관들의 권한과 역할을 흡수할 자격이 있다고 생각한다"고 시사함으로써 시민사회를 향한 "진보적 엘리트층의 끊임없는 반감"을 드러낸다고 이야기한다. "국가는 훨씬 우수한 형태의 공동체—더는 비루한 민족적·종교적 벽지에 갇혀 있지 않고 이제는 자격을 갖춘 사회과학 전문가들에 의해 일관성 있게 조율되는 웅대한 국가적 무대로 퍼져나가는 공동체—를 제공하겠다고 약속한다"(Schambra 2000, 336). 민주주의적 평등이 요구하는 국영 프로그램이 시민사회를 몰아내고 약화시킨다는 샴브라의 주장은 흔히 제기되는 비난이다. 또한 실제로 샴브라의 말에도 일리가 있다. 가난한 사람들에 대한 책임 이행에서 국가가 특별한 역할을 담당한다는 민주주의적 평등의 주장은 필란트로피에 적합한 매우 광범위한 역할에 관한 시장민주주의적 견해와 도무지 아귀가 맞지 않는다. 다시 이야기하지만 내가 제안하는 바는 시민사회의 적절한 역할에 대한 이러한 의견 충돌은 민주적 거버넌스 추구의 의미에 관한 더 심층적인 의견 충돌과 깊이 결부되어 있다는 것이다.

셋째, 시장민주주의는 정부가 특정 유형의 발언에 특권을 주는 것을 막고, 시민들에게 다양한 정보에 접근할 수 있는 통로를 열어준다는 전제 하에 민간의 제한 없는 정치 발언을 중요하게 여긴다. 반면 민주주의적 평등을 옹호하는 이들은 이 같은 청자 중심의 정치 발언이라는 개념을 위협으로 바라본다. 이는 그러한 정치 발언이 숙의 과정의 동등한 참여자 역할에서 시민들을 보호하지 못하기 때문이다. 이 개념은 정치적 영향력을 행사할 수 있는 동등한 기회를 약속하지 않는다. 민주주의적 평등을 옹호하는 이들이 청자 중심의 민주주의 개념을 이상적인 사회의 참여적 요소를 저해하는 것뿐만 아니라 위협적인 것으로 보는 이유는 그것이 첫째는 불평등이 정치적 의제에 영향을 미친다는 점을 크게 고려하지 않고, 둘째는 정치운동을 그 입장이 가진 매력뿐 아니라 부유한 후원자를 모집하는 능력에도 의존하게 만들기 때문이다.

예를 들어 워싱턴주에서 동성 결혼에 관한 찬반 국민투표를 실시하기에 앞서 아마존닷컴 창업자이자 억만장자인 제프 베이조스(Jeff Bezos)는 혼인 규정 완화를 지지하는 캠페인에 250만 달러를 기부했다. 이 기부는 지금은 이 운동의 활동가로 일하고 있는 전(前) 직원의 도움 요청에 대한 응답이었다고 전해진다. 재정 지원을 요청할 당시 해당 전 직원이 쓴 글은 다음과 같다. "우리는 이성애자들의 도움이 필요합니다. 정말로 솔직하게 이야기하면 우리에게 마음을 쓰고 우리가 이길 수 있도록 돕고 싶어하는 부유한 이성애자들의 도움이 필요합니다"(Shear 2012). 다양한 부의 출처로부터 이처럼 지원을 요청할 수 있는 기회를 시장민주주의자들은 크게 반긴다. 예를 들어 밀턴 프리드먼은 다음과 같이 서술했다. "[급진적인 계획은] 대개—프레더릭 밴더빌트 필드, 애니타 매코믹 블레인, 콜리스 러몬트…… 같은 사람들로부터—설득된 소수의 부유한 개인의 지원을 받았다. 이는 좀처럼 언급되지 않는 정치적 자유를 지키는 데 있어 부의 불평등이 하는 역할, 즉 후원자의 역할이다. 자본주의사회에서는 아무리 이상한 것이라도 어떤 아이디어를 출범시킬 수 있는 자금을 얻으려면 부자 몇 명만 이해시키면 된다. 그리고 그럴 만한 사람들, 독자적인 지원의 중심이 될 사람은 많다"(Friedman 2009, 17). 그렇기에 이 시장민주주의자는 시장이 다양한 개인을 부유하게 만듦으로써 정치적 자유를 촉진한다고 주장한다.

한편 민주주의적 평등을 옹호하는 이들은 후원자에게 호소해야 하는 상황은 평등한 사람들이 관장하는 정치공동체라는 구상을 약화시킨다고 주장한다. 예를 들어 로널드 드워킨(Ronald Dworkin)의 주장은 다음과 같다. "일부 시민 집단이 부유하고 영향력 있는 기부자들과 경쟁할 자금이 없어서 자신들의 신념을 호소할 기회가 아예 없거나 대폭 축소될 경우 민주주의는 위축된다. 누구라도 터무니없이 높은 입장료를 감당할 형편이 안 된다는 이유로 정치적 공론장으로의 입장을 사실상 차단당한다면 스스로를 자치사업의 파트너로 여기기 어렵다"(Dworkin 2000, 364; J. Cohen 2009, chap. 8도 참조). 부유한 기부자들에게 호소해야 할 필요는 드워킨의 말처럼 시민이 자치사업의 동등한 파트너가 되어야 한다는 인식을 저해한다.

요약하면 민주주의적 평등을 옹호하는 이들은 필란트로피를 환영하는 전통적인 이유들—정부가 제공하는 지원의 불합리성, 민간 부문 지원의 뛰어난 효율성, 정치 발언에 대한 시장의 개념—각각에 대해 틀림없이 의구심을 표할 것이다. 그러므로 민주주의적 평등을 지지하는 사람들은 기존의 익숙한 시장민주주의적인 필란트로피 지지 근거 중 어느 것 하나도 수용할 수가 없다. 이는 민주사회에서 필란트로피의 적절한 역할을 두고 두 사상적 입장을 옹호하는 이들 간의 의견 충돌을 야기한다.

민주주의적 평등과 문화적 재화

그럼에도 불구하고 나는 민주주의적 평등의 이상 안에 필란트로피가 추구할 중요한 공간—집단적 의사결정이나 통상적인 시장 공급으로 대체되어서는 안 될 공간—이 있다고 주장할 것이다. 특히 민주주의적 평등을 옹호하는 이들은 문화적 재화에 대한 필란트로피적 지원의 실질적인 역할을 지지해야 마땅하다.[1] 이 주장에 대한 찬성 논거는 풍부한 문화 체계를 건설하고 유지하는 데 투자할 만한 이유가 있기는 하지만 정부가 직접 이를 시도하게 되면—특정 문화사업을 선정해야 하는 만큼—다른 전통이나 삶의 방식에 전념하는 시민들을 존중하지 못할 위험이 있다는 점이다. 문화적 체계 지원에 따르는 중요한 공익은 정부의 직접적인 실행과 연관된 위험과 더불어 필란트로피 활동이 담당할 중요한 역할을 만들어낸다.[2]

이 논거를 제대로 판단하기 위해서는 먼저 왜 민주주의적 평등을 옹호하는 이들이 공적 자금을 사용해 문화적 재화의 공급을 지원하는 것에 종종 반대하는지 그 이유를 살펴볼 필요가 있다. 예를 들어 존 롤스는 다음과 같이 주장한다. "인간의 완전성은 자유로운 결사 원칙의 범위 안에서 추구되어야 한다. 사람들은 종교공동체를 구성할 때와 같은 방식으로 함께 모여 자신들의 문화적·예술적 관심을 발전시킨다. 그들은 자신들의 활동에 내재된 가치가 더 크다는 이유로 더 큰 자유나 분배의 몫을 얻기 위해 강제적인 국가기구를 사용하지 않는다"(Rawls 1971, 328-29). 롤스의 관점에서 보면 시민들이 자신의 예술적·문화적·종교적 선호를 추구하기 위해 국가권력을 이용하는 것은 부적절하다. 이러한 행동은 다른 유형의 문화적 선호나 의지를 가진 시민들을 존중하지 않는 것이기 때문이다.

국가가 종교, 예술, 문화의 문제와 관련해 서로 다른 전통의 상대적 가치를 판단하는 행위를 삼가는 것이 특히 중요하다고 생각하는 이유는 두 가지이다. 첫째, 이러한 사안은 개인들이 자신의 삶을 꾸리는 과정에서 갖는 중요한 관심사와 연결된다. 이는 안전벨트를 맬 것인지 혹은 초대형 음료수를 마실 것인지 여부와는 달리 이와 관련해 올바른 결과를 정하는 것뿐 아니라 스스로 결정을 내리는 것 자체도 중요한 일이다. 이러한 결정은 우리의 정체성을 확립하는 데 일조하기 때문이다. 둘째, 이러한 사안에 관한 판단은 매우 복잡해서 특히 그 중요성을 감안할 때 필시 국가의 판단이 시민 개인의 판단보다 더 정확하거나 적절할 것이라고 추정하는 것이 불합리해질 정도이다. 그래서 정부는 시민들에게 어떤 종류의 문화사업을 즐길 것인지 정해주거나 자체적으로 채택한 사업을 공적 자금으로 지원할 때 시민들의 판단과 능력, 자유를 존중하지 않게 될 위험을 감수한다.

그러나 정부가 경합하는 문화사업들의 가치에 대해 어떤 입장을 취하는 것이 부적절하다고 해도 이러한 사업에 대한 대중의 지지를 포기하는 것은 해당 사업의 가치를 충분히 진지하게 여기지 않는다는 것이 다수의 생각이었다. 이와 관련해 로널드 드워킨은 "우리는 풍부한 문화 체계, 가치 있는 다양한 가능성이나 기회를 크게 배가시키는 문화 체계를 규정하기 위해 노력해야 하고, 스스로를 우리 이후에 그 안에서 살게 될 이들을 위해 풍부한 문화를 보호하는 재산 관리인으로 간주해야 한다"라고 주장한다(Dworkin 1985, 229). 드워킨은 미술이나 문학을 비롯한 기타 문화제도를 충분히 즐길 수 있게 해주는 광범위한 문화 체계와 개별 예술작품들을 구별짓는다. 우리가 공유한 언어가 이야기, 서사, 반어법을 담지 못할 정도로 미발달된 수준일 경우 우리의 삶이 더 나빠지듯이 드워킨은 문화 체계가 미술이나 연극 등의 감상을 장려하지 못할 경우에도 우리의 삶은 더 나빠질 것이라고 주장한다. 마찬가지로 에이미 거트먼(Amy Gutmann) 또한 텔레비전은 '어떤 삶이 살 만한 가치가 있는지'에 관한 메시지를 두루 전달함으로써 시민들의 관심사와 선호를 제공하는 데 일조하므로 어떤 유형의 텔레비전 프로그램이 제공되느냐에 중요한 공익이 달려 있다고 이야기한다(Gutmann 1999, 245). 두 사례 모두 일련의 풍부하고 다양한 문화적 기회의 존재 여부에 중요한 공익이 달려 있다는 것이 주장의 요지이다. 이러한 환경은 폭넓은 선택권을 제시함으로써 개인이 자신의 삶에 대해 갖는 통제권을 더욱 확실하게 만들어주기 때문에 시민들에게 값진 역할을 한다.

우리가 접할 수 있는 문화 자료에 담긴 공익은 민주주의적 시각에서 볼 때 특히 중요하다. 예술 및 문화 재화는 타인들의 입장과 관심사, 관점에 대한 인식의 확장을 촉진함으로써 오늘날의 대중민주주의의 체제에서 대면 기반 숙의의 제한적인 가능성을 극복하는 데 도움을 줄 수 있다(Goodin 2000). 연극, 문학, 영화는 우리로 하여금 다른 사람들의 관점과 관심사에 더욱 관심을 기울이게 함으로써 민주주의의 이상에 대한 평등주의적 설명에 매우 중요한 숙의적 관점을 촉발할 수 있다. 따라서 문화 체계는 민주적 논의와 대화를 훌륭하게 보완해주는 일종의 공익이다. 그러므로 국가가 논란이 있는 삶의 방식을 선택하고 지지하는 것을 피해야 할 만한 중요한 이유가 있다고 해도 시민들에게 일련의 왕성한 문화적 기회를 제공하는 데는 상당한 공익이 있다.

드워킨이 시사하는 바는 특정한 문화사업을 지원하는 경우와 달리 대중의 예술 지원이 이러한 문화 체계의 향상을 목표로 할 때는 다른 삶의 방식을 추구하는 시민들에게 무례가 되지 않는다는 것이다. 국가가 선호하는 특정한 삶의 방식에 유리하도록 국가의 권력을 이용하는 것은 빈축을 살 만한 일이겠지만 보편적인 문화 체계에 대한 지원은 첫째는 사람들에게 감상하고 선택할 선택지를 더욱 풍부하게 제공함으로써 자신의 삶을 더욱 자율적으로 통제할 수 있게 해주고, 둘째는 민주적 논의의 질을 높이는 것을 목표로 삼는다. 이러한 지원은 특정한 선호나 이상을 내세우려고 시도하지 않기 때문에 시민들이나 그들의 결정에 무례가 되지 않는다.

그러나 정부의 문화 지원의 목표가 우리 모두가 문화를 이해하고 판단하는 기준이 되는 광범위한 체계를 향상시키는 것이라고 해도 이러한 지원은 특정한 사업을 거칠 수밖에 없다. 그 결과 여전히 국가 보조금 혜택을 균등하게 누리지 못하는 사람이 생길 것이다. 혜택에서 밀려난 사람들로서는 정부가 선호하는 집단이나 관점, 사업, 기호를 밀어주기 위해 특정 유형의 문화사업을 부적절하게 지원하고 있다는 결론을 뿌리치기 힘들 것이다(Brighouse 1995, 56). 다시 말해서 정부가 일부 시민을 무시하거나 무시하는 것처럼 보이지 않으면서 문화 체계를 지원하기란 쉽지 않다. 이러한 두 가지 사실—문화 체계에 대한 투자의 중요성과 이러한 정부 지원에 수반되기 십상인 존중 결여에 대한 타당한 우려—은 정부가 선호하는 집단이나 사업을 직접 선별하지 않는 공급 체계의 중요성을 가리킨다.

대개 정부의 직접 공급에 대한 대안은 시장 공급이고, 실제로 매우 다양한 문화 재화가 이 방식으로 잘 제공되고 있다. 예를 들어 슈퍼히어로 영화나 탐정소설, 다양한 요가 체험은 통상적인 시장의 상호작용을 통해 충분히 제공된다. 하지만 문화 재화 중에는 시민들에게 더 귀중한 선택의 틀을 제공한다는 측면에서 가치가 있지만 시장에서는 충분히 공급되지 않는 것들이 많다. 교육적 형태의 텔레비전, 실험 예술 프로젝트, 특히 저소득층 시민을 대상으로 하는 문화서비스 등이 이러한 예에 속한다. 더 일반적으로 이야기하면 정부 공급에 대한 유일한 대안이 시장 공급인 경우—아마도 기업 후원의 요구에 맞춰야 해서—시민들에게 제공되는 대안을 일원화하는 경향이 있는 일종의 '소비지상주의적 단일 문화'로 향해 간다는 우려도 충분히 나올 수 있다(Brewer 2014). 마지막으로 만약 풍부한 문화 체계가 존재한다는 사실이 민주적 절차의 질을 향상시킬 수 있다는 이유로 유용한 외부 효과를 갖는다면 그것이 시장에서는 충분히 제공되지 않을 것이라고 생각할 만한 이유가 있다. 그러므로 문화 재화에 대한 정부의 직접적인 지원은 시민들을 제대로 존중하지 못할 것이고, 시장이 그러한 재화를 공급하는 것이 차선이 될 것이라는 우려가 충분히 나올 법하다.

민주주의적 평등 체제에서의 필란트로피에 대한 공적 지원

앞에서 다룬 우려는 사회가 시민들에게 마련해준 문화 체계를 공적으로 지원할 만한 이유는 상당하지만 문화사업에 대한 정부의 직접적인 지원은 그 과정에서 일부 집단의 활동이나 사업에 상대적으로 더 큰 가치를 두게 되는 만큼 일부 시민들을 무시하는 것처럼 비칠 수 있다는 것이었다. 캐스 선스타인(Cass Sunstein)이 설명했듯이 문제는 "미학적 또는 질적 평가가 대체로 허용"되는 반면, 이러한 평가는 "근본적으로 정치적이거나 이념적인 요소를 내재한 견해에 좌우되는 경우가 많다"는 데 있다(Sunstein 1995, 229). 다시 말해서 국가가 문화 체계를 지원하는 과정에서 좋은 삶에 관한 특정 견해에 대한 편향에 어느 정도 기대어 어떤 사업에 자금을 지원할지 결정함으로써 관점 중립성의 책무를 위반하고 있다는 타당한 우려를 제기하지 않기란 대단히 어려울 것이다.

선스타인은 국가는 결코 이런 곤란한 상태를 피할 수 없다고 시사하면서 다음과 같이 서술하고 있다. "유일한 합리적인 해결책은…… 눈에 띄거나 겉으로 드러나게 편파적인 지향에 근거하지 않는 한 미학적이거나 질적인 평가를 허용하는 것이다. 물론 이러한 접근방식을 수용하는 사람은 누구라도 이 방식이 '개념적으로 불확실한 근거'에 기초하고 있음을 눈치챌 것이다"(Sunstein 1995, 230). 이 접근방식이 '개념적으로 불확실한 근거'에 기초하는 까닭은 그것이 특정한 문화활동의 가치에 대한 판단이 종종 자금 지원과 관련된 결정에 직접 관여하는 것이 허락될 경우 관점 중립성 의무의 명백한 위반에 해당될 이면의 도덕적 편향에 좌우되는 경우가 많을 것이라는 사실을 무시하느냐의 여부에 달려 있기 때문이다. 문화 재화에 대한 국가의 직접적인 자금 지원 결정은 어느 정도 필요하며, 이것이 그러한 결정에 대한 적절한 접근방식이라는 선스타인의 주장이 옳을 수도 있다. 그러나 선스타인도 지적하고 있듯이 이는 불완전한 해법이다. 자금 지원 결정에서 혜택을 받지 못하는 사람들은 국가의 미학적 판단이 국가의 관점 중립성 책무를 위반하는 것이 되는 이면의 편향에 좌우된다고 당연히 의심할 것이기 때문이다.

세액 공제를 활용하는 방법이 특히 유용한 경우가 바로 이 같은 딜레마에 대응할 때이다. 세액 공제는 국가가 사회의 문화 체계에 지원을 제공하는 한편 다양한 문화활동의 상대적 질이나 가치에 대한 판단을 외부에 위탁할 수 있게 해주기 때문이다. 이러한 결정을 시민 개인들에게 위탁하는 것은 문화사업을 지원하기 위한 국가의 의사결정 규칙이 특정 관점을 가진 집단을 선호하지 않게 설계되도록 하는 이점이 있다. 따라서 문화적 필란트로피 노력을 공적으로 지원하는 방법을 통해 국가는 사회의 문화 체계를 간접적으로 보조하는 동시에 관점 중립성을 위반할 우려를 최소화할 수 있게 된다.[3]

문화적 필란트로피에 대한 국가의 보조금 지급은 국가가 문화적 활동에 대한 직접적인 지원을 가로막은 완벽주의에 대한 우려를 모면하는 동시에 풍부하고 다양한 문화 체계를 지원하고 보호해야 할 이유를 진지하게 생각할 수 있는 여지를 준다. 한편 필란트로피스트들은 좋은 삶이 무엇이냐에 관한 경합하는 개념들 사이에서 중립을 유지할 책임이 없기 때문에 사회의 문화적 체계에 대한 그들의 기여는 완벽주의와 관련된 우려를 초래하지 않는다. 그러므로 질서정연한 민주주의적 평등체제에서 필란트로피스트들이 맡을 중요한 역할에는 시민들에게 폭넓은 문화적 기회—특히 시장 체계를 통해서는 적절히 제공될 가능성이 낮은 재화—를 제공하는 데 기여하는 것이 포함된다.

하지만 이 전략과 관련된 위험 요소가 있다. 정부는 혜택을 받는 조직들의 활동을 충분히 조사하지 않고 비영리단체의 지위를 부여한다. 롭 라이히에 의하면 2008년 미국에서 비영리단체 지위를 신청한 5만 6000개가 넘는 조직 중 약 98퍼센트가 해당 지위를 획득했으며, 이처럼 거의 천편일률적인 신청 수락이 일반적인 관행이다(Reich, Dorn, and Sutton 2009). 그렇다면 공적 지원을 간접적으로 전달하는 것이 국가의 문화단체 지원에서 새로운 문제를 낳는다는 생각이 들 수도 있다. 즉 개별 기부에 수반되는 세액 공제를 통해 공적 지원이 제공되고 나면 비영리 부문에 대한 정부 지원에 효과적인 책임성 기제가 없어 보인다. 정부가 비영리단체의 지위를 엄격하게 제한하지 않는다는 불만을 검토하기 위해서는 정부가 지나치게 관대하게 시행하고 있다고 여겨질 수 있는 두 가지 측면을 구분하는 것이 중요하다.

첫번째 측면은 정부가 비영리단체의 지위를 가진 집단에 허용되는 목표와 허용되지 않는 목표를 식별하는 것이다. 비영리단체의 지위를 요청하는 집단은 종종 비슷한 목표를 추구하는 영리단체와 크게 달라 보이지 않는 경우가 있다. 가장 흔한 예는 영리 병원과 비영리 병원의 비교에서 찾을 수 있다. 만약 비영리 병원이 영리 병원과 별반 다르지 않은 행태를 보인다면 해당 비영리 병원이 특혜를 받을 정당한 근거가 없다. 국가가 통상적인 시장 메커니즘을 통해서는 효과적으로 제공될 수 없는 목표를 추구하고 있는 집단과 그렇지 않은 집단을 제대로 구분하기 위해 노력하는 것은 타당한 동시에 실제로 매우 중요한 일이다. 문제의 재화가 통상적인 시장 메커니즘을 통해 효과적으로 제공된다면 애초에 정부 보조금을 지급할 이유가 없다.

어떤 집단이 비영리단체가 될 수 있는 자격을 부여하는 목표를 추구하고 있는지의 여부를 고려하는 방법으로 다음의 도식을 적용할 수 있다. 질문 네 가지에 대한 답이 모두 긍정인 경우에만 비영리단체의 지위를 부여할 충분한 근거가 있다고 간주해야 한다.

1. 해당 집단은 타당한 공익을 가진 재화를 공급하고 있는가?
2. 해당 집단은 시장에서 충분히 공급되지 않는 재화를 공급하고 있는가?
3. 해당 집단은 민주사회의 광범위한 책무와 양립하는 재화를 공급하고 있는가?
4. 해당 재화를 정부가 직접 공급하는 것에 대해 우려할 이유가 있는가?

물론 이것은 대략적인 지침일 뿐이다. 이 도식을 적용하면 논란이 생길 여지가 있는데, 질문들에 대한 답과 관련해 합당한 의견 불일치가 있을 것이라는 부분적인 이유 때문이다. 앞의 질문들은 하나같이 까다로운 해석의 문제('공익'에 해당되는 것이 무엇인지, 어떤 재화가 시장에서 '충분히' 공급되는지의 여부 등)를 야기한다. 여기서의 목표는 유효한 법체계를 세우는 것이 아니다. 비영리단체에 유리한 지위를 부여할 이유와 실제로 관련성이 있는 재화를 공급하고 있는 경우에 한해서만 해당 집단이 특혜를 얻을 수 있게 하는 일련의 규정을 마련하기 위해 국가가 노력하는 것은 당연하다는 점을 지적하려는 것뿐이다. 신청 단체들에 이러한 자격을 부여하는 비율이 지나치게 높다는 사실은 현행 시스템이 이 측면에서 과하게 관대하다는 것을 시사한다.

비영리단체의 지위 부여와 관련한 두번째 측면에서는 국가가 매우 관대하게 시행하는 것이 옳다. 특히 이러한 지위를 부여함에 있어 국가는 앞에서 제시한 네 가지 질문 검증을 충족하는 집단들을 그 유형에 따라 차별해서는 안 된다. 예를 들어 고대 미술에 대한 인식을 제고하려는 집단에는 비영리단체의 지위를 부여하면서 현대 미술에 대한 인식 제고를 지향하는 집단에는 비영리단체의 지위를 부여하지 않는 것은 안 될 일이다. 마찬가지로 개신교도들이 운영하는 푸드뱅크에 비영리단체의 지위를 부여한다면 유대인들이 운영하는 푸드뱅크에도 똑같이 부여해야 한다. 이 측면에서 차별한다는 것은 국가가 좋은 삶의 본질에 관해 특정한 판단을 한다는 것을 의미하는데, 애초에 문화 재화의 공급에서 비영리 부문에 중요한 역할을 부여할 타당한 근거의 중대한 부분으로 작용한 것은 이러한 판단을 피하려는 목적이었다. 이 실례들은 비교적 단순하고 분명 이보다 더 까다로운 사례들이 나타나겠지만 여기서의 핵심은 국가가 어떤 유형의 관대함을 수용하는 것이 적절한지를 보여주는 것이다.

우리의 논의 중 어떤 부분도 영리기업들에 의해 효과적으로 복제될 수 있는 역할을 맡은 집단들에 비영리단체의 지위를 관대하게 부여하는 결정을 뒷받침하지 않지만, 비영리단체를 통해 제공하는 것이 타당한 재화를 공급하는 다양한 방법을 관대하게 수용하는 것은 합리적일 뿐만 아니라 상당히 중요하다. 이러한 관대함은 책임을 유기하는 것과는 다르다. 어쨌든 이 집단들은 시민 개개인을 효과적으로 설득하는 방법 외에는 대중의 지지를 얻을 길이 없다. 이 점이 중요한 이유는 세액 공제를 통해 문화사업을 공적으로 지원하는 타당한 근거가 어떤 사업이 자금을 지원할 가치가 있는지에 대한 결정을 시민 개인들의 개별 결정에 맡기는 것의 가치에 달려 있기 때문이다. 이는 분명 불완전한 책임 체계이지만 주된 대안을 제공하는 법적 절차도 이 점에서 다를 바가 없다.

민주주의적 평등과 비이상적 여건

민주주의적 평등의 이상이 문화적 필란트로피를 독려할 이유를 제공하는 것이 사실이지만 그렇다고 해도 불의로 얼룩진 사회에서 이 같은 독려를 하는 것은 부적절할 수 있다. 실제로 정부가 빈민층을 위해 주로 봉사하지 않는 자선단체(예를 들어 "Charity and Taxation" 2012; Reich 2006)의 활동을 지원하는 것이 적절한지의 여부를 둘러싸고 상당한 논란이 있었다. 민주주의적 평등을 옹호하는 이들 중 일부는 자원이 자유주의적 평등주의의 사회정의 개념에 따라 공평하게 분배되기 전까지는 필란트로피를 문화 재화 쪽으로 끌어들이는 것이 부적절하다는 입장을 취한다. 비록 이 반대론이 제기한 정치 이론의 복잡하고 중대한 문제들에 대해 확정적으로 답할 수는 없지만 미국과 같은 국가들에 존재하는 이상적이지 않은 여건이 문화사업에 대한 모든 필란트로피적 지원을(이러한 활동에 대한 공적 지원도 포함해) 비판할 근거를 제공한다는 데 대해 왜 회의적인지에 관해 잠시 이야기하고자 한다.

필란트로피와 사회정의

민주주의적 평등은 우리가 염원할 만한 사회적 이상이다. 우리가 살고 있는—편견이 넘쳐나고 불의의 역사로 얼룩진—사회는 필연적으로 이러한 이상에 미치지 못한다. 자원과 정치권력에 대한 접근권은 도덕적으로 자의적인 기준(인종, 성별 등)에 따라 계층화되어 있으며, 정치적 절차에서는 수많은 시민이 사실상 침묵을 강요당하고 그 절차는 바로 막대한 재원을 가진 이들이 장악하고 있다. 이 같은 결함은 특히 기존의 사회적 협력 체계로부터 가장 큰 혜택을 받은 이들 사이에서 행동에 나설 중요한 이유를 제공한다. 따라서 이러한 환경에서는 필란트로피가 빈민층을 위해 봉사하거나 우리 사회가 사회정의의 이상을 잘 따르도록 지원하는 것이 바람직하다. 필란트로피는 두 가지 주요 방법 중 어느 쪽으로든 이에 기여할 수 있다.

첫째, 필란트로피스트들은 명백히 정치적인 전략을 통해 사회의 결함에 대응할 수 있다. 정부가 민주주의적 평등의 이상을 실현하지 못했을 때 시민들이 나서서 정부가 관련된 책임을 지도록 압력을 가할 수 있다. 전통적인 정치 참여 방법—투표, 후보자 지지운동, 공직자 로비, 다른 시민들의 생각 전환 등—은 모두 시민들이 정부로 하여금 민주주의적 평등이 추구하는 이상을 보다 심각하게 받아들이도록 촉구할 수 있는 방법이다. 필란트로피는 종종 이러한 전략의 중요한 요소로 작용한다. 예를 들어 민간재단들은 미국 남부지역에서 흑인에 대한 인종차별을 극복하는 데 일익을 담당했다. 올리비에 준즈는 필란트로피스트들이 "시민의 투표권 행사를 저지하기 위해 인종차별주의자들이 만들어놓은 읽기와 쓰기 시험에 통과하는 방법을 시민들에게 가르치는 것을 목표로" 유권자 교육을 장려했다고 밝히고 있다(Zunz 2012, 208). 타코닉 재단과 포드 재단은 인종평등회의(Congress of Racial Equality)와 흑인 인권단체 법적지원기금(NAACP Legal Defense Fund) 등의 단체들에 상당한 자원을 투자해 남부지역 흑인들의 선거인 등록을 지원했다(Zunz 2012, 223). 이 같은 필란트로피는 정치적 절차를 활용해 사회가 민주주의적 평등의 이상에 좀더 부합하게 만드는 것이 목표이다.[4]

그러나 민주주의적 평등의 실질적인 이상에 부합하지 못하는 정부에 불만을 느끼는 시민들은 정치적 전략에만 국한될 필요는 없다. 필란트로피스트들이 쓰는 좀더 친숙한 전술은 사회정의의 목표를 직접적으로 달성하기 위한 개입이다. 예를 들어 푸드뱅크에 자금을 지원하거나 저소득층 가정의 아이들에게 대학 장학금 지원사업을 마련하거나 실업자들에게 직업훈련의 기회를 제공하는 필란트로피 활동은 모두 사회가 민주주의적 평등의 이상에 좀더 부합할 수 있도록 직접적으로 개입하는 방법들이다.[5] 이러한 직접적인 개입은 빈곤층을 위해 봉사하고 불의를 바로잡는 것이 목표인 자선사업과 관련될 경우에 한해 때로 필란트로피스트들의 전통적인 역할로 간주되기도 한다.

국가가 정의의 요구를 충족시키지 못했을 때 민주주의적 평등을 옹호하는 이들은 빈민을 위해 봉사하고 사회정의를 촉진하는 것을 필란트로피스트들의 중요하고도 적절한 목표로 보아야 한다. 더욱이―키아라 코넬리가 10장에서 주장하듯이―일부 부유한 개인들에게는 배상적 정의의 의무가 있는 것이 맞을 수도 있다(그들은 다른 경우라면 자신이 선택한 명분에 기부할 수도 있었겠지만 배상적 정의의 의무는 이러한 재량권을 약화시킨다). 그렇다면 민주주의적 평등을 옹호하는 이들의 관점에서 볼 때 불의의 늪에 빠진 사회에서 필란트로피스트가 사회정의의 문제를 처리할 이유는 상당하다. 실제로 불의가 대단히 심각할 경우 시민들이 다른 목표를 추구한다는 것은 있을 수 없는 일일지도 모른다.

비이상적 여건에서의 문화적 필란트로피

이처럼 민주주의적 평등을 옹호하는 이들은 이상적이지 않은 여건에서는 빈민을 위해 봉사하고 사회정의를 촉진하는 것이 필란트로피스트들의 중요하고도 적절한 목표가 된다는 사실을 받아들여야 한다. 하지만 이 목표가 중요하다고 해서 문화적 필란트로피나 이를 통한 공적 지원 부유한 민주주의국가에서 용인할 수 없게 만드는 것은 아니라고 생각할 만한 네 가지 이유를 거론하고 싶다.

첫째, 문화 재화의 공급보다 사회정의 문제를 우선시해야 한다는 논거에서 문화 재화 공급이 단순히 사치품을 추구하는 것과 관련된다는 은연중에 깔려 있는 생각은 오해의 소지가 있다는 점을 언급할 필요가 있다. 문화 재화의 공급이 시민들의 필요에 부응한다는 점을 이해하려면 오로지 시민들의 경제적 필요를 충족시키는 데 급급한 사회가 제공하는 기회가 얼마나 불충분한지 되새겨보면 된다. 이처럼 가장 기본적인 필요(예를 들어 음식과 주거)는 돌보지만 예술적 표현이나 종교적 결사, 운동경기, 요리 문화 등에 대한 폭넓은 접근 수단을 제공하지 않는 사회는 그 구성원들에게 그들이 인간다운 삶을 위해 필요로 하는 것을 제공해주지 못한다(예를 들어 Mill 1985, 138-39; Munoz-Darde 2013). 각각의 특정한 문화적 재화나 활동은 사소해 보일지라도 이러한 가능성에 폭넓게 접근할 수 있는 기회는 인간의 삶을 고유한 것으로, 인간의 결사를 가치 있는 것으로 만드는 데 기여한다.

둘째, 기부자들이 문화단체를 지원하는 이유는 그 자체로 힘을 가진 의무에 뿌리를 둔 경우가 많다. 다시 말해서 이러한 의무의 힘은 문제의 재화가 지닌 중요성에서만 비롯되지 않는다. 예를 들어 내가 열정적인 암벽등반가이고, 다른 등반가들이 뜻을 모아 어떤 땅을 구입하고 보호한다는 이유만으로 정기적으로 그 땅을 이용하고 있다고 가정해보자. 이 경우 그 땅을 구입하고 보호하는 노력에 기여하지 않았다면 나는 무임승차자가 될 것이다. 따라서 나에게는 그 집단 구성원들에 대해 페어플레이의 의무가 있다. 여기서의 핵심은 문화적 기부를 하는 이유가 단지 대상이 되는 재화의 중요성에만 기반하지는 않는다는 점이다. 오히려 이러한 행동의 근본적인 이유는 기부자가 져야 할 의무 때문에 좀더 구속적인 성격을 가질 수도 있다.[6] 페어플레이의 의무는 평소에는 엄중하게 적용되지만 절실한 도움이 필요한 사람들에 대해 가진 인도주의적 의무보다는 필시 덜 중요할 것이다.[7] 그렇기 때문에 문화적 필란트로피의 허용 여부는 우리가 효과적으로 해결할 수 있는 위치에 있는 가장 기본적인 필요가 어느 정도로 충족되지 않았는지에 달려 있다.

셋째, 사회정의를 공고히 하는 데 있어 개인이 국가를 대신할 수 있는 능력에는 중요한 한계가 있다(이 문제에 관한 추가적인 논의는 8장 참조). 무엇보다 중요한 점은 시민들의 동등한 지위를 보장하는 것이 사회정의의 필수 요건이기 때문에 부유한 시민들의 우연적인 선의에 기댈 수 없다는 것이다. 만약 누군가의 자원에 대한 접근권이 후원자의 선의에 달려 있다면 그 사람의 동등한 지위는 이로 인해 약화된다. 또한 자유주의적 평등주의는 사적 상호작용의 누적된 결과가 "자유롭고 공정한 합의에 필요한 환경 조건을 약화"하지 않도록 "기본 구조가 오랜 시간에 걸쳐 규제"될 것을 요구하지만(Rawls 2001, 53), 사적 행위자들에게는 필요한 조정을 수행할 지식도 권한도 없다. 그러므로 필란트로피스트가 사회정의 면에서 달성할 수 있는 것에는 (그의 관용의 크기와 상관없이) 뚜렷한 한계가 있다. 하지만 또 사회가 사회정의의 이상에 미치지 못하는 정도가 클수록 이러한 고려 사항의 중요성도 감소한다. 어쨌든 다른 시민들의 절실한 필요에 부응하는 데에 특별한 인식론적 통찰 따위는 필요하지 않으며, 이러한 필요를 동료 시민들의 우연적인 선의를 통해 충족시키는 것이 아무 도움도 받지 못하는 것보다는 낫다.

넷째, 앞에서 이야기했듯이 시민들의 다양한 활동과 이상을 존중하는 것이 중요한 만큼 국가가 문화적 목표 면에서 시민들을 무시하지 않으면서 직접적으로 성취할 수 있는 것에는 중요한 한계가 있다. 이를 요약하면 다음과 같다.

1. 문화적 재화는 매우 중요할 수 있다.
2. 기부자에게는 문화적 재화를 공급하는 조직을 지원할 상당한 이유가 있을 수 있다.
3. 개인 기부자가 사회정의와 관련해 달성할 수 있는 것에는 한계가 있다.
4. 풍부한 문화적 기회를 보장하는 것이 중요하지만 국가가 문화적 재화를 직접 공급하는 방식은 시민들을 존중하지 않게 될 위험이 있다.

이 고찰은 민주주의적 평등을 옹호하는 이들이 자유주의적 평등주의의 이상을 완벽히 예시하지 못하는 사회에서 문화적 필란트로피와 이를 통한 공적 지원이 부적절하지 않다고 생각할 만한 이유를 적어도 부분적으로는 제공한다. 그러나 동시에 사회가 사회정의를 제대로 보장하지 못할수록 시민들의 기본적인 필요가 더 긴급해지고, 이에 따라 문화적 필란트로피와 이를 통한 공적 지원을 옹호할 근거는 약해진다는 점도 시사한다. 실제로 이 글에서 논한 이유들은 분배 수준은 평등주의적인 분배적 정의의 개념이 추가로 요구하는 기준에 미치지 못할지라도 모든 시민이 마땅히 충분하다고 여길 만한 수준의 자원을 보유하고 있는 사회의 경우에 가장 유력하게 적용된다.

결론

이 장에서는 필란트로피와 민주주의의 두 가지 이상, 즉 시장민주주의와 민주주의적 평등 사이의 적절한 관계에 대해 고찰해보았다. 시장민주주의자들은 필란트로피를 옹호하는 세력의 대표격으로 그들이 필란트로피에 가치를 두는 이유는 민간 기부가 국가 프로그램보다 더 효과적이고 고전적 자유주의의 정의 개념에 더 부합할 가능성이 크며, 공직자들에 대한 효과적인 비판을 촉진하는 데 중요하다고 보기 때문이다. 그렇지만 나는 시장민주주의자들이 전통적으로 필란트로피를 옹호하는 이들이고, 평등주의적 민주주의자들은 찬성할 수 없는 필란트로피를 칭송하는 일련의 이유를 제시하기는 했지만 그럼에도 평등주의적 민주주의의 입장이 필란트로피에 중요한 역할을 부여할 수 있다는 점을 보여주고자 했다. 첫째, 사회가 자유주의적 평등주의의 정의 개념이 제시한 목표 달성에 미치지 못하는 한 필란트로피는 이러한 목표에 다가갈 수 있게 도와주는 중요한 수단이 된다. 둘째, 필란트로피스트는 문화적 재화를 지원함으로써 민주주의적 평등의 이상을 실현하는 데 일조할 수 있다. 따라서 서두에서 언급한 갈등에도 불구하고 민주주의의 이상에 대한 평등주의적 개념 안에 필란트로피가 차지하는 중요하고도 독특한 자리가 있다. 끝으로 이 자리가 시장민주주의자들이 묘사한 것과 크게 다르다는 점에서 필란트로피의 적절한 위치에 관한 논쟁이 민주주의 이론의 더 심층적인 의견 불일치에 뿌리를 두고 있으며, 협소한 근거에서 효과적으로 판결이 날 개연성이 낮음을 알 수 있다.

| 10장 |

배상적 정의와 재량적 필란트로피의 도덕적 한계

키아라 코델리(Chiara Cordelli)

최근 몇 년 동안 많은 부유한 민주주의국가에서는 초등교육, 보건, 심지어 치안과 같은 중요한 재화 및 서비스에 대한 공적 자금 지원이 점점 더 축소되고 있다.[1] 이처럼 재화에 대한 직접적인 공적 자금을 축소하는 경우에는 흔히 재화의 생산에 자금을 제공할 대안적인 방법으로 민간 기부를 장려하려는 정부의 노력이 수반된다. 예를 들어 미국에서 공직자들은 필란트로피 재단에 "우리의 학교를 변화시키고 미국인의 건강을 증진하며 더 많은 국민을 고용하기 위해 그 어느 때보다 부문 간 협력이 절실히 요구된다"고 호소하기도 한다(White House 2009). 연간 민간 기부액 규모가 이미 무려 3300억 달러에 달하는 나라에서 벌어지고 있는 일이다(Giving Institute 2012). 비슷한 예로 영국 정부는 "시간과 돈을 나누는 더 단단한 기부 문화"(HM Government 2011)를 재차 요청하고 있으며, "자선 기부와 필란트로피를 장려할 광범위한 조치를 취하겠다"(Cabinet Office 2010)고 분명한 의사를 표명하기도 했다. 국가의 자금 지원이 감소함에 따라 민간 기부의 중요성도 그에 비례해 증대되고 있는 것이다(National Council for Voluntary

Organisations 2012).

　현대 민주주의국가에서 정부는 민간 기부가 중대한 역할을 수행할 것이라고 기대하지만, 국내에서 민간 기부를 둘러싼 규범적 문제들은 그동안 거의 관심을 받지 못했다.[2] 이 책에 실린 여러 글은 필란트로피와 민주적 가치의 양립 가능성에 의문을 제기하거나(비어봄의 8장, 페브닉의 9장, 파월과 호바스의 4장, 라이히의 3장), 기업 필란트로피 행위자의 사회적 책무 및 책임을 다룸으로써(브레스트의 5장, 라이히의 3장) 이 공백을 메우지만 나의 목표는 실천적·정치적 차원에서 큰 중요성을 지닌다고 믿는 두 가지 추가적인 윤리적 질문을 다루는 것이다. 첫번째 질문은 기부의 도덕적 요건의 본질에 관한 것이다. 부유한 민주주의국가의 시민이 국내에서 기부를 할 때 지켜야 할 의무가 있다면 그것은 어떤 종류의 의무일까? 이것을 종류 문제라고 부르자. 두번째 질문은 개인(또는 재단)이 이러한 기부를 어떻게 해야 하는지에 관한 것이다. 기부의 금액과 대상을 결정할 때 기부 행위가 이루어지는 사회정치적 맥락에 따라 기부자가 개인적 재량권을 행사하는 것이 도덕적으로 허용되어야 할까? 이것을 재량권 문제라고 부르자.

　여기서 '개인적 재량권'이란 결정을 내릴 때 행위자와 관련된 근거에 기댈 수 있는 도덕적 특권을 의미한다. 행위자와 관련된 근거는 특정 행위자의 정체성이나 삶의 이력, 개인적 목표를 참조하므로 근본적으로 비공유적이다. 따라서 재량권 문제는 기부자가 기부의 금액과 대상을 이러한 비공공적 근거에 기반해 스스로 선택할 수 있도록 허용해야 하는지의 여부를 묻는다.

　상식적 도덕과 정치적 담론 모두 시민들이 자선적 기부 방법을 결정할 때 폭넓은 재량권을 누려야 한다고 상정한다. 예를 들어 영국 정부(HM Government 2011)는 정부 역할의 축소 시대를 맞아 자발적인 조직들의 중

대한 역할을 지원할 수 있는 필란트로피 시스템의 제도화를 옹호하면서 이 시스템은 '국민의 생활방식과 관심사에 적합'해야 하며, '기부자 개인들이 관심' 있는 '자기 주변의 명분에 기부할 수 있도록 자유로운 선택권을 주어 그 결과로' 기부가 이루어질 수 있도록 설계되어야 한다고 주장해왔다. 나는 이것을 재량적 관점이라고 부른다.

　정치인들뿐만 아니라 철학자들도 재량적 관점을 제한적으로나마 지지하는 경향을 보인다. 예를 들어 리처드 밀러(2004)는 기부의 의무를 이행할 수 있는 방법을 '개인적 방침'에 따라 정하는 것은 어느 정도 그 개인에게 달려 있다는 관점을 견지한다. 밀러는 예를 들어 기부자 자신의 '시력이나 삶의 이력' 때문에 기부자가 시각장애를 자신에게 특히 중요한 최우선순위의 곤경으로 생각한다면—감염병 퇴치가 가장 심각한 위험에 처한 이들을 더 효과적으로 돕는다는 사실에도 불구하고—감염병 퇴치가 아닌 시각장애인을 돕는 데 기부하기로 결정하는 것이 허용된다고 주장한다(374).

　이와 대조적으로 재량적 관점에 반대하는 철학자들이 제시하는 논거를 보더라도 국제 기부에서는 그 반대 논거가 어느 정도 타당하지만 부유한 사회에서의 국내 기부에 적용될 때는 논거의 타당성이 크게 떨어진다. 예를 들어 피터 싱어(2004, 11)는 기부 방법의 문제에서 우리가 고려해야 할 사항은 단 두 가지뿐이라고 말한다. 하나는 "우리의 지원이 적절한 사람에게 전해질 것이며, 그에게 정말로 도움이 된다는 확실성의 정도"이고, 다른 하나는 도움이 필요한 사람이 느끼는 필요의 상대적 범위이다. 즉 기부의 명분이나 대상의 결정에는 개인적 재량권이 허용되지 않는다. 하지만 싱어의 유명한 논증(1972)은 기부의 의무와 손쉬운 구제 의무 사이의 논란이 매우 많은 비유에 기반하고 있다. 이 비유가 국제 기부에서는 타당하다고 가정하더라도 부유한 사회의 국내 기부에서도 동일한 직관적 힘을 발휘할지는 분명하지 않다. 부유한 사회에서 심각한 가난에 시달리는 경우는 제한적이며, 시민의 최소 생활수준—우리가 구제의 의무라고 무리 없이 이야기할 수 있는 수준—은 보통 정부가 책임진다. 그러므로 국제 민간 원조를 통해 외국에서 구제의 의무를 이행할 때 개인은 재량권을 누릴 수 없다는 싱어의 의견에 동의하는 이들조차도 여전히 국내 필란트로피를 통한 국내 기부에서는 개인들에게 재량권 행사가 허용되어야 한다고 생각할 수 있다.[3]

이 장의 궁극적인 목표는 재량권 문제에서 이렇듯 우위를 차지하고 있는 시각이 사실은 잘못되었음을 증명하는 것이다. 하지만 나는 먼저 왜 우리가 이 문제를 중요하게 다루어야 하는지부터 설명하고자 한다. 재량적 관점은 기부 실천이 일상적이고 전체 기부액의 총합이 상당한 사회에서 중대한 분배적 결과를 초래한다. 기부자가 '관심 있는' 명분, 흔히 교회나 사립대학 지원과 같은 명분에 기부할 권리가 자신에게 있다고 느끼는 것, 그리고 자신의 개인적 정체성과 덜 가깝더라도 긍정적인 재분배 효과를 낳는 명분—이를테면 초등교육이나 낙후된 보건 인프라 지원—을 지지할 의무가 자신에게 있다고 받아들이는 것은 그 사회에서 전반적으로 중요한 차이를 초래할 수 있다. 이 문제는 기초 재화에 대한 정부의 자금 지원이 부족한 상황에서 더욱 중요해진다.

더 나아가 재량적 관점은 비용이 많이 드는 공공정책 수립에 미치는 영향이 크다. 예를 들어 미국에서 자선적 기부에 대한 인센티브—즉 기부금 세액 공제—의 설계 목적은 세액 공제가 되는 자선 기부금의 수혜자를 기부자가 직접 선택할 수 있는 넓은 재량권을 주는 데 있다. 공제는 특수한 명분과 연결되어 있지 않으며, 분배 원칙에 근거해 구조화되어 있지도 않다(Reich 2006). 미국에서 종교 자선단체는 세금 공제 혜택을 받는 자선적 기부의 최대 수혜자로서 전체 기부액의 32퍼센트에 달하는 958억 8000만 달러를 가져간다는 것은 그리 놀라운 사실이 아니다(Giving Institute 2012). 따라서 재량적 관점의 도덕적 정당성을 평가하는 것은 이렇듯 상당한 비용을 초래하는 조세정책―이를테면 미국 재무부는 기부금 세액 공제로 연간 500억 달러 이상의 손실을 입는다―의 타당성 평가에 도움이 된다(Reich 2006).

재량적 관점의 도덕적 정당성을 평가하기 위해 나는 먼저 개인의 필란트로피적 기부의 의무가―만일 그런 것이 있다면―어떤 종류의 의무인지를 정립해야만 기부자의 타당한 재량권을 규정할 수 있다고 주장할 것이다. 그다음으로는 시민의 기부 의무는 재량에 따라 이행하는 선행의 의무나, 시간이 지남에 따라 분배적 평등을 확보하고 유지하기 위한 분배 정의의 의무로 이해해서는 안 된다는 것을 보여줄 것이다. 그보다는 이상적이지 않은 현대사회를 특징짓는 여러 유의미한 정치적 사실을 고려할 때 필란트로피는 무엇보다 배상적 정의의 의무로 이해되어야 한다는 것이 나의 주장이다. 다시 말해서 우리는 부유층에게 책임을 지울 수 있으며, 이때 기부는 부유층이 빈민층에 입힌 (상대적이 아닌) 절대적인 피해를 배상할 수 있는 가장 효과적인 수단이다.[4] 이러한 설명은 필란트로피를 일종의 이타적 증여로 보는 일반적인 이해와 선명한 대조를 이룬다. 또한 앤드루 카네기가 『부의 복음』에서 필란트로피를 옹호하며 펼친 주장의 핵심인 보상적이고 계몽된 자기 이익과도 첨예하게 대조된다.[5] 필란트로피적 기부를 배상적 정의로 설명하는 데 성공한다면 이제 다음의 중요한 도덕적·정치적 함의들이 도출된다. 첫째, 부유한 기부자는 적어도 유의미한 임계치까지는 도덕적 의무 이행의 차원에서 기부의 방법 및 대상을 결정할 개인적 재량권을 갖지 않는다. 사실 부유한 기부자는 기부를 정당하게 남들의 것이었던 것을 그들에게 되돌려주는 방편으로 여겨야 한다. 둘째, 공직자들은 공공 담론에서 개인적 재량권의 장려를 삼가야 하며, 민간 기부 대상의 세제 혜택은 재량권을 최소화할 수 있도록 설계되어야 한다.

정의 대 선행

행위자가 어떤 의무를 이행할 때 얼마나 많은 재량권을 정당하게 행사할 수 있느냐는 그 의무의 종류에 달려 있다. 이러한 관점의 근거는 개인의 일상적인 행동방식에 관한 우리의 직관에서 찾을 수 있다. 예를 들어 내가 당신에게 자전거를 빌렸다고 가정해보자. 대부분은 내가 당신에게 자전거를 돌려줄지 아니면 자전거 대신 전자레인지를 줄지를 선택할 재량권이 없다는 데에 동의할 것이다. 비록 내가 개인적으로 자전거보다 전자레인지가 더 비싸다고 생각한다고 해도 이는 이 결정과 무관한 것으로 간주된다. 심지어 두 물건의 시장 가치가 동일하다고 가정해도 마찬가지이다. 당신이 다르게 이야기하지 않는 한, 나는 정확히 내가 당신에게서 빌린 것을 빚지고 있다. 그런데 당신에게 무언가를 주어야 할 도덕적 의무가 나에게 있다고 하더라도 정당히 당신의 소유물인 어떤 것을 빚진 것이 아닌 경우에는 분명 상황은 달라진다. 예를 들어 당신이 나의 시험 준비를 도왔다고 가정해보자. 나는 당신에게 도움을 요청하지 않았을 뿐만 아니라 나를 도울 의무가 당신에게 있는 것도 아니었다. 나는 시험을 잘 보았다. 이제 나는 당신에게 감사를 표할 무언가를 주어야 한다. 나는 당신에게 전자레인지를 사주기로 결정했다. 동일한 가치의 자전거를 살 수도 있었지만 단지 내가 전자레인지를 더 가치 있게 여기기 때문에 나는 전자레인지를 선택했다. 이 경우에는 앞의 경우와 달리 단지 내가 전자레인지를 더 가치 있게 여긴다는 이유만으로 전자레인지를 선택하는 것이 아무런 문제가 없어 보인다.

이 두 경우에서 행위자의 정당한 재량권과 관련해 우리의 직관이 다른 이유를 어떻게 설명할 수 있을까? 유의미한 차이는 행위자가 지니는 의무의 종류와 관련이 있다. 첫번째 경우에서 나는 물건을 돌려줄 정의의 의무가 있다. 나는 당신의 정당한 소유물인 어떤 것을 당신에게 빚지고 있다. 당신의 재산을 어떻게 사용할지 결정할 권한이 나에게 없으므로 의무 이행의 방법을 결정할 권한도 나에게는 없다. 두번째 경우에서 나는 당신에게 감사를 표할 도덕적 의무가 있다고 할 수 있다. 이 의무는 당신의 소유물에 대한 특수한 권리가 아닌 감사의 표현이라는 일반적인 목적을 가리킨다. 나는 동일한 목적을 아주 다양한 방식으로 추구함으로써 내 의무를 이행할 수 있다. 이는 나에게 일정 범위의 재량권을 허용한다.

자원을 나눠주어야 할 의무에는 여러 종류가 있고, 따라서 상이한 범위의 재량권이 허용될 수 있다는 관점의 이론적 토대는 칸트주의적 전통에서 발견할 수 있다. 칸트주의적 전통에서 내가 누군가에게 무언가를 주어야 하는 의무는 대체로 정의나 선행에 근거하여 생길 수 있다. 정의의 원칙은 마땅히 받을 권리가 있는 자원이나 재산, 재화를 규정한다(Barry 1989; Valentini 2011도 참조). 그러므로 정의의 의무는 정의의 원칙이 정한 대로 정당하게 남들의 것인 어떤 것을 그들에게 주거나 반납할 의무, 다시 말해서 자격 중심적 의무이다. 이와는 달리 선행의 원칙은 (정의의 근거로) 정당한 권리를 갖는 사람들에게 자원을 사용함으로써 도덕적으로 가치 있는 목적을 달성하는 것이다. 따라서 선행의 의무는 다른 사람의 행복을 증진하기 위해서든 괴로움을 덜어주기 위해서든 정당하게 자신의 소유인 자원을 사용해 도덕적 목적을 채택하고 성취할 의무, 다시 말해서 목적 지향적 의무이다.

이렇듯 규범적 구조가 다르므로 선행의 의무를 지니는 자는 정의의 의무를 지닌 자에게는 허용되지 않는, 의무 이행의 방법 및 시기를 결정할 수 있는 재량권을 부여받는다.[6] 칸트의 용어를 빌리자면 선행의 의무는 넓은 의무라고 할 수 있다. 의무를 지니는 자(기부자)가 해당 의무를 이행할 방법을 결정할 때 자기 자신의 '감성'에 기댈 자격이 있다는 뜻이다(Kant 1797, 6:393). 이러한 넓음을 정당화하는 근거는 선행의 의무가 정의의 의무보다 덜 중요하다거나 일반적으로 강제성이 없다는 사실이 아님에 주목하자. 그보다는 선행의 의무가 지니는 목적 지향적 성격에서 그 근거를 찾을 수 있다. 목적을 성취할 수 있는 수단이 다양하기 때문에 행위자는 해당 목적을 실현할 수 있는 적합한 수단을 선택할 재량권을 갖는다. 또한 넓은 의무는 행위의 특정한 방향 및 환경조건을 결정할 수 있는 재량권을 허용한다. 왜냐하면 이러한 의무들은 특정 개인에게 부여된 것이 아니고 시간에 구애를 받을 필요가 없기 때문이다. 이와는 대조적으로 정의의 의무는 특정 자격과 상관관계가 있으므로 좁은 의무이다. 다시 말해서 의무를 지니는 자는 의무를 이행할 수단 및 대상을 결정할 수 있는 재량권을 거의 또는 아예 갖지 않는다.

정의와 선행의 차이에 관한 논의는 훨씬 더 많다. 하지만 이 장의 목적을 위해 중요한 것은 다음에 동의하는 것이다. 현대사회의 기부자들은 그들의 기부 의무가 정의의 의무가 아니라고 가정할 때만 현재 누리고 있는 기부의 방법 및 대상을 결정할 수 있는 개인적 재량권—그들의 정부가 장려하는 재량권—을 가질 자격이 있다.[7] 만일 시민의 기부 의무가 정당하게 남들의 소유인 것을 그들에게 돌려줄 의무로 밝혀지면 재량권은 보장되지 않는다.

종류의 문제

현대 민주주의국가 시민들의 기부 의무가 정의에 근거하는지 또는 선행에 근거하는지 어떻게 알 수 있을까? 우리는 먼저 시민들이 기부하는 돈이 정당한 그들의 것인지 아니면 다른 누군가에게 빚진 것인지부터 알아야 한다. 이것을 알려면 우리는 이 시민들이 서로에게 지는 정의의 의무를 이미 그리고 완전히 이행했는지의 여부를 먼저 알아야 한다.

정의에 대한 자유주의적 평등주의 이론의 관점―이 장에서 취하는 관점이다―에서 시민은 동료 시민에게 분배적 정의의 의무를 지고 있다고 말하는 것은 별반 논란의 여지가 없다. 분배적 정의의 의무는 희소자원에 대한 권리를 확립하고―사회적 협력의 이점―이러한 권리에 따라 자원을 분배하는 정치 및 경제 제도를 공정한 몫의 세금을 납부함으로써 정치적·재정적으로 지원할 의무의 형태를 취할 때가 많다(Rawls 1971).

정의에 기반한 권리는 현금 자원으로 환원되지 않는다. 또한 여기에는 동종 재화에 대한 접근권도 포함된다(D. Miller 2004). 자유주의적 평등주의의 정의가 치안, 기초교육, 보건과 같은 공공 재화의 공급을 최소한 어느 임계치까지 의무화하는 이유는 이해하기 어렵지 않다. 이러한 재화는 개인의 평등한 자유의 보호, 기회의 평등, 자기 존중이라는 사회적 토대의 보존을 위해 필요하다. 심지어 대부분의 '공공' 재화에 대한 개인의 권리를 부정하는 자유주의자들도 치안이나 기초교육 같은 재화는 정의에 근거해 집단적으로 공급되어야 하는 재화에 포함시킬 것이다.[8]

따라서 분배적 정의의 제도는 정부의 두 가지 사업 부문, 즉 재분배 부문과 공적 공급 부문으로 나누어 구분하는 것이 일반적이다(Rawls 1971, 245–46). 첫번째 부문은 소득세제도를 통해 현금 자원을 부유층에서 빈민층으로 재분배한다. 두번째 부문은 세금 징수와 보건, 기초교육 등 정의가 요구하는 재화(정의 필수재)를 확보할 책임이 있다. 따라서 분배적 정의의 의무는 남들이 받을 권리가 있는 것을 그들에게 공급할 수 있도록 각자 공평한 몫의 자원을 이 두 가지 제도 모두에 기여할 의무이다.

여기서 중요한 것은 공정한 조세제도를 비롯한 공정한 제도들이 이미 (이 제도가 시행되기 전에) 사람들의 소유물이었던 것의 일부를 그들에게서 공제하는 것으로 이해해서는 안 된다는 점이다. 오히려 이러한 제도는 사람들이 소유한 것이 무엇인지를 확정한다. 재산권은 자연권이 아니다. 재산권은 제도의 산물이며, 조세제도는 여기서 핵심적인 구성요소이다(Murphy and Nagel 2002). 그러므로 사람들은 재분배 부문과 공적 제공 부문에 공정한 몫의 세금을 납부한 뒤에 주머니에 남은 돈을 정당하게 소유한다. 시민이 이러한 방식으로 자신의 분배적 의무를 적절히 이행하고 나면 자신이 정당하게 소유한 자원을 예를 들어 비정부 자선단체에 기부함으로써 (또는 문화적 재화를 비롯한 재량적 공공 재화의 생산을 지원하기로 결정할 수도 있다. 페브닉의 9장 참조) 잔여적인 선행의 의무를 이행할 수 있다. 이것은 대체로 이상적인 이론의 맥락에서 정의와 선행의 제도적 분업을 이해하는 방식이기도 하다.

그러나 현실세계로 눈을 돌려보면 상황은 훨씬 더 복잡해진다. 대부분의 현대사회는 앞에서 이야기한 종류의 (분배적) 정부제도와 (비분배적) 비정부제도로 철저히 분리되어 조직되어 있지 않다. 예를 들어 미국이나 영국 같은 부유한 자유민주주의 국가의 경우를 생각해보자. 이들 국가에서 정부는 분명히 정의의 필수재를 제공하는 유일한 자금원이 아니며 심지어 일부 경우에는 자격이 충분한 자금원도 아니다. 예를 들어 미국에서는 필수재의 재원 조달 및 생산이 공적 자금과 민간자금의 혼합 시스템을 통해 이루어질 때가 많다. 초등 및 중등 공립학교가 적절히 기능하려면 종종 (세금이 면제되는) 민간재단의 설립이 필수적이다(Merz and Frankel 1997; Reich 2005). 이들 재단은 해당 학구의 운영 및 자본 예산으로 비용을 온전히 감당하기 힘든 교육용 도구 및 서비스를 비롯한 핵심 자원을 공급한다. 가끔은 교사의 월급을 보충해주기도 한다. 필란트로피 기부는 보건 체계가 노후화된 인프라를 혁신하고 인력 부족 문제를 해결할 수 있는 자금을 마련하는 중요한 수단으로 떠오르고 있다(McGinly 2008). 비슷한 고려 사항들이 치안에도 적용된다. 영국의 광역경찰청은 갈수록 민간 기부에 더 많이 의지하고 있으며―2012년 기준 2300만 파운드―자원봉사자로 경찰 인력을 대체하고 있다(Rawlinson 2012).

간단히 말해서 이제 민간 기부와 자원봉사는 정의의 필수재에 대한 재원 마련에서 보완적이 아닌 필수적인 역할을 하고 있다(호바스와 파월의 4장 참조). 그러므로 종류의 문제는 조세제도와 자발적 기부 체계 간 분업의 경계가 모호한 맥락에 위치시켜야 한다. 정부가 정의의 필수재에 대한 자금을 전부 조달하지 않는 사회 시스템에서 기부자가 돈을 기부할 의무는 어떤 종류의 의무일까? 이러한 사회 시스템에서 필란트로피스트들이 기부하는 돈이 전적으로 그들의 것으로 여겨질 수 있는지는 불분명하다. 다음 절에서 나는 이 종류의 문제에 대한 평범하고 언뜻 직관적으로 보이는 답을 분석해 그 한계를 밝혀보고자 한다.

기부 의무에 대한 분배적 설명

현실세계에서는 이상적인 경우와 달리 부유한 개인이 분배적 정의의 의무에 따라 필수재 분배를 지원하기 위해 자발적 기부를 해야 한다고 주장하기 쉽다. 실제로 현실사회에서는 정부 혼자가 아닌 개인 기부자와 재단이 함께 특정 재화에 자금을 지원해야 한다는 사실 때문에 이러한 재화가 정의의 차원에서 공급되어야 한다는 사실이 달라지지는 않는다. 이상적인 사회의 시민이라면 이러한 재화의 공정한 분배를 지원하기 위한 분배적 정의의 의무를 조세제도를 통해 지지만, 현실사회에서 시민들은 동일한 재화의 공정한 분배를 지원하기 위한 같은 종류의 의무를 기부를 통해 져야 한다.

이 주장이 어떻게 규범적 지지를 확보할 수 있는지 보기 위해 로버트 구딘(Robert Goodin, 1988, 680)이 제시한 다음의 예를 살펴보자.[9] 이 예는 제시된 맥락은 다르나 우리의 목적에 부합한다. 어느 해변에서 많은 사람이 물에 빠진 남자를 지켜보고 있다. 여기에 그 남자를 구할 수 있을 정도로 힘이 센 사람은 아무도 없다. 다만 이 남자를 구조하도록 '사회적으로 지정'된 사람이 한 명 있으니 그는 바로 구조요원이다. 구딘은 "이 경우 구조라는 일반적인 의무가 명백히 그 사람에게 특별한 책임으로 귀속된다"고 주장한다. 이어서 그는 다음과 같이 덧붙여 이야기한다. "우리의 일반적인 도덕적 의무를 이행할 특별한 책임을 질 사람을 누구로 선택할 것인가는 사소한 문제가 아니다." 하지만 "여기서 그에게 특별한 책임이 주어지는 이유는 전적으로 그가 지정된 사람이라는 사실에서 나오는 것"(같은 책)이지 그의 본래적 역량에서 나온 것이 아니다.

이 예에서 유추해보면 사회에서 정부뿐만 아니라 개인 기부자와 재단을 '구조요원'—정의의 필수재를 모든 시민에게 공급하는 사회의 일반적인 의무를 이행할 책임을 질 행위자—으로서 '사회적으로 지정'하는 것은, 정의의 조건을 확보해야 하는 일반적인 의무를 이 행위자들에게 특별한 책임으로 귀속시키는 것임이 분명해진다. 이러한 의무를 수행할 필란트로피 재단의 역량이 정부보다 뛰어난지 부족한지는 '사소한 문제'가 아닐 수 있지만, 이 문제에서 그들의 특별한 책임은 전적으로 그들이 이 과제를 수행하도록 '사회적으로 지정'되었다는 사실에서 비롯된다.

여기서 공식적 인가만이 비정부 행위자에게 사회적 책임을 위임하는 수단이 아니라고 가정하고 있음에 주목하길 바란다. 개인 기부자와 재단에 특별한 인센티브를 주거나 특별한 공개적 인정을 부여하거나 공공 담론을 통해 재차 도움을 호소하는 것으로도 그 사회는 이 행위자들을 정당한 '구조요원'으로 '사회적으로 지정'한다고 할 수 있다.

이 주장이 옳다면 우리는 개인 기부자나 재단의 기부 의무는 무엇보다도 동종의 분배적 정의의 의무―정부의 대체자로서 기초 재화의 공정한 공급을 보장할 의무―라고 주장할 타당한 근거를 얻게 된다. 만약 그렇다면 우리는 '재량적 관점'이 잘못되었다고 주장할 쉬운 방법을 발견할 것이다. 이 시나리오에서 필란트로피스트들이 하는 일은 정부의 파트너 자격으로 정치적 권력을 행사하는 것이다. 따라서 그들이 정부의 조치를 이끄는 것과 동일한 공적 원리와 근거에 따라 행동하기를 기대하는 것이 합리적이다. 정부가 공적 자금을 사용할 방법을 결정할 때 사적이고 비공유적인 근거에 기반할 수 없는 것과 마찬가지로 필란트로피스트들이 정부를 대신해 행동한다는 조건하에 또한 실제로 그러할 때 이러한 재량권을 행사하도록 허용해서는 안 된다. 필란트로피스트들은 정부와 동일한 분배방식을 확보 및 유지할 수 있는 방식으로 기부하도록 해야 할 것이다. 그러나 다음 절에서 나는 기부 의무의 분배적 설명에 반하는 몇 가지 근거를 제시할 것이다.

분배적 설명의 한계

구조요원의 예에서 구조요원의 책임은 그들의 역량이 아닌 전적으로 그들이 사회적으로 지정된 사람이라는 사실에서 나왔음이 주장의 요지였음을 상기하자. 하지만 우리가 행위자의 역량이 그가 지는 특별한 책임의 궁극적 원천이 될 수 없다는 주장을 받아들이더라도, 우리는 행위자 A가 X를 수행할 수 있는 역량은 A에게 X를 수행할 의무를 귀속하거나 양도할 가능성과 관련이 있다는 사실을 고려해야 한다. 오노라 오닐(Onora O'Neill, 2004)이 이야기하듯이 "역량 부족은 역량 부족을 선택하는 경우를 제외하고 언제나 의무의 귀속에 불리하게 작용한다."

그러므로 개인과 재단이 사회적으로 정부를 보완하기 위해 필요한 행위자로 지정되었을 때, 그들이 '구명밧줄을 단단히 붙잡아' 분배적 정의의 의무를 질 수 있을지의 여부를 평가하려면 우리는 먼저 이 행위자들이 분배적 정의의 조건을 현실화할 역량을 갖추고 있는지부터 평가해야 한다.

'역량(capacity)'이라는 개념은 이론이 분분하다. 존 롤스(John Rawls)가 '이타주의의 한계'(1993, 281)라고 일컬은 것―"개인과 집단은 서로 경합하는 요구들을 내세우며, 기꺼이 정당하게 행동하려는 마음이 있는 한편 자기 이익을 포기할 준비는 되어 있지 않다"는 사실―을 인간 본성의 근본적 한계라고 가정한다면, 자발적 기여에 기반을 둔 사회 시스템은 시간이 지남에 따라 정의의 배경 조건을 확보 및 유지할 '역량'이 결국 부족하게 될 것이라는 결론에 쉽게 도달할 수 있다.

하지만 이타주의의 한계는 선택된 역량 부족의 한 형태로 간주되어야 하기 때문에 의무의 귀속에 불리하게 작용하는 역량 부족의 형태로 이해되어서는 안 된다고 주장할 수도 있다. 개인과 재단을 분배적 정의의 부적합한 행위자로 만드는 선택되지 않은 역량 부족의 또다른 형태가 있을까? 그런 것으로 보인다.

분배적 정의는 대부분의 자유주의적 평등주의자들이 이해하듯이 본 질적으로 일종의 패턴에 따라—X에 따라 각자에게—확립된 분배율의 공정성에 관한 문제이다. 이렇게 이해했을 때 분배적 정의는 패턴화된 관련 원리에 따른 분배율의 지속적인 조정을 요구한다(Rawls 1971). 이러한 조정을 수행하기 위해서는 일정한 분배적 역량을 갖춘 공정한 처리방식이 있어야 한다. 이제 개인과 단체가 아무리 영향력 있고 의도가 선하더라도 정부와 달리 조정 역량이 부족하다는 데는 대체로(전체적은 아니어도) 의견이 일치한다(Rawls 1993). 이는 롤스가 이야기하듯이(1993, 242) 개인과 단체는 "특정 행위의 파급 효과를 전체적인 시각에서 이해하지 못하며 미래 상황을 예측할 수 있을 것이라고 기대하기도 어렵"기 때문이다. 그렇다고 해서 이것이 개인이나 단체가 빈민층의 생활 개선을 위해 할 수 있는 일이나 해야 할 일이 전혀 없다는 뜻이 아님에 주의하자. 예를 들어 다른 사람들의 필요를 충족시키거나 그들을 충족의 임계치 이상으로 끌어올릴 역량이 민간 행위자에게 있을 수 있다는 주장은 일견 타당해 보인다. 앞의 말이 암시하는 바는 다음과 같다. 단순히 평등주의에 기반한 분배적 정의에는 시간에 따른 분배율의 지속적인 조정이 요구되기 때문에 헌신적이고 이타적인 필란트로피스트의 지원을 전적으로 받는 독립적이고 자발적인 단체라고 해도, 이들 단체는 적어도 우리가 알고 있는 세계에서는 이러한 정의를 실현할 적절한 수단이 될 수 없다는 것이다. 이러한 경험적 전제가 옳다면 그리고 우리가 분배적 정의의 평등주의적 개념을 수용한다면 '민영화된' 분배 시스템에 지원하는(즉 재정적으로 기여하는) 분배적 정의의 의무를 개인에게 귀속시키는 것은 자멸이라는 결론에 이른다. 이러한 시스템은 분배적으로 불공정할 가능성이 높기 때문이다.

하지만 민간 행위자가 자원과 물질적 재화를 평등하게 분배하는 패턴을 확보 및 유지하는 데 정부만큼 또는 심지어 정부보다 더 역량이 있다고 가정해보자. 이때도 여전히 정의의 필수재에 필요한 자금 조달을 민간 기부에 의존하는 시스템은 분배적으로 불공정하다고 간주할 만한 근거가 있다. 그중 하나는 이러한 시스템은 시민들 사이에서 민주적 평등—시민들이 서로를 동등하게 여기고 상호존중할 수 있는 능력—을 위협할 가능성이 크다는 사실과 관련이 있다. 민주적 평등은 (관계적 정의뿐 아니라) 분배적 정의의 요건이기도 하다는 점을 우리는 쉽게 이해할 수 있다. 왜냐하면 분배적 정의의 관점에서 보더라도 물질적 자원의 분배만이 중요한 것이 아니기 때문이다. 사람들은 "자기 존중이라는 사회적 토대"(Rawls 1971, 386), 즉 자신이 남들과 같은 평등한 사회적 지위를 누리고 있다는 확신을 유지하기 위해 필요한 사회적 조건에 적절히 접근할 수 있어야 한다. 따라서 민주적 평등에 대한 위협은 분명 사회적 분배에 중요한 목표로 손꼽히는 자기 존중이라는 사회적 토대에 대한 위협이다.

민간 기부에 크게 의존하는 시스템은 어떤 방식으로 민주적 평등을 위협할까? 첫째, 경제적 자원에 더 많은 통제권을 가진 사람들이 경제적 권력을 정치적 권력으로 전환할 수 있도록 허용하는 방식이다(Pevnick 2013). 기부할 능력이 되는 개인 또는 다른 시민들보다 더 많은 기부금을 낼 수 있는 시민은 정의의 필수재가 생산 및 전달되는 규모와 방식을 결정할 수 있는 권력을 갖는다. 이는 결국 경제적 자원을 더 많이 가진 사람들은 재화에 대한 자신의 생각을 남들에게 강요할 수 있는 특권화된 수단을 획득한다는 뜻이 된다. 이러한 사실은 그 자체로 시민들이 서로 동등한 관계를 맺을 수 있는 능력을 위태롭게 한다.

더욱이 이러한 시스템은 시민들을 지배관계로, 즉 정의상 자기 존중이라는 사회적 토대의 유지와 양립 불가능한 관계로 이끌 가능성이 높다. 지배관계가 생겨나기 위해서 그 사회에 노예관계가 실제로 있어야만 하는 것은 아님에 주목하자. 지배관계는 노예관계가 생길 수 있는 사회적 조건이 있다는 사실만으로 혹은 노예관계에 빠질 위험으로부터 사람들을 보호할 조건이 부재하다는 사실만으로도 충분히 생겨날 수 있다. 어떤 사람이 지배관계에 종속된 정도는 부분적으로 그가 자유재량권을 행사할 수 있는 가능성에 달려 있다(Pettit 1997). 다시 말해서 지배관계가 없는 민주적 평등이 유지되려면 노예관계의 발생을 방지하는 보장―강압적인 공공 조세제도만이 제공할 수 있는 보장―이 사회에 자리잡아야 한다. 정의의 필수재의 적절한 공급을 지원하기 위해 민간 기부가 필수적인 사회에서는 이것이 보장될 수 없다(공적 책무의 민영화를 반대하는 더 많은 근거는 비어봄의 8장 참조).

지금까지 개진한 주장이 타당하다면 민간 행위자는 분배적 정의의 조건 확보라는 정부의 역할을 보완하기 위해 독립적이고 자발적으로 기부할 분배적 정의의 의무를 질 수 없다. 이러한 행위자들은 이 같은 조건을 확보할 수 있는 역량이 부족하므로 분배적 정의의 의무가 분배적으로 불공정한 시스템에 기여하는 의무가 되는 모순적인 상황에 이르게 될 것이다. 분배적 정의는 시민들이 자신의 힘이 닿는 데까지 공정한 정치적 제도를 더 많이 창출할 것을 요구한다. 예를 들어 시민들이 정치적으로 지지하는 단체에 기부금을 내는 것이 이러한 의무를 이행하는 가장 효과적인 수단이라면 그들은 그렇게 해야 한다. 그러나 그 이상의 것들에 대해서 시민들은 기껏해야 자신의 재산을 기부할 불완전한 선행의 의무를 지는 것처럼 보일 것이다. 그러나 나는 다음 절에서 이러한 관점이 불완전하다고 주장한다.

배상의 근거: 이득, 기여, 관계

정부가 정의의 필수재를 (개인들이 자율적인 삶을 영위하는 데 필요한 조건을 충족시키기 위한 필수 임계치까지) 완전히 공급하는 데 부분적으로 실패할 때 부유한 시민은 이러한 실패로부터 이득을 볼 가능성이 있는 반면(실제로 종종 그러하다) 가난한 시민은 손해를 입는다. 부유한 시민이 이득을 보는 경우는 최소한 첫째는 정부가 운영하는 공적 공급 시스템을 지원하기 위해 원래 내야 할 세금보다 적게 낼 때, 둘째는 (공공서비스가 이용 가능할 때도 자주 그렇듯이) 교육과 보건 서비스 등을 시장을 통해 이용하여 정부의 자금 지원 삭감으로 인해 피해를 받지 않을 때이다.

부유층이 빈민층에 손해를 입히는 시스템으로부터 이득을 보고 빈민층이 국가에 대해 그들의 권리로서 요구할 수 있는 것을 박탈할 때 부유층은 빈민층에게 배상적 정의의 의무를 진다고 주장하는 것은 전혀 무리가 없어 보인다. 부유층은 이 시스템이 빈민층에게 불공정하게 입힌 손해를 보상함으로써 피해자가 손해를 입기 전의 기준치에 최대한 가깝게 그들의 몫을 돌려주어야 한다.[10]

논의를 계속하기 전에 먼저 명료화가 필요할 것 같다. 여기서 배상적 정의라는 말의 의미는 P라는 사람이 (반드시 자기 탓이 아니더라도) 변상해야 할 손해에 대해 P1에게 공정하게 보상해야 할 의무이며, '손해'란 P1의 이익에 발생한 차질을 말한다. 중요한 점은 배상적 정의의 의무는 분배적 정의의 의무와 달리 반드시 공정한 몫과 관련이 있지는 않다는 것이다. 배상적 정의의 관점에서 중요한 것은 사람들이 자신의 특정한 자원 보따리를 가지고 어떻게 비교적 잘 지내느냐보다 손해를 보상하는 데 있다(Thompson 2002, xi). 물론 이러한 손해는 평등주의적 정의에 근거해 접근해야 할 재화에 접근하지 못함으로써 발생하는 '결손'으로 정의될 수 있으며, 이 경우에는 배상적 정의가 (앞에서 정의한 것처럼) 분배적 정의와 맞아떨어질 수 있다. 하지만 항상 그렇지는 않다. 국가가 내 동료 시민의 보건이나 교육에 대한 접근권 일부를 박탈한다면 국가는 그들에게 한 가지 이상의 방식으로 손해를 끼치고 있다고 간주할 수 있다. 한편 국가는 재화에 대한 그들의 공정한 몫을 그들로부터 박탈하고 있고, 그 크기는 다른 시민들이 갖는 권리의 몫을 기준으로 상대적으로 산출된다. 이는 분배적 손해와 종류가 같다. 또한 국가는 절대적인 측면에서도 손해를 끼치고 있다. 그들을 필요충족의 임계치 아래로 끌어내리거나, 그들이 개인적으로 권리를 부여받은 자율적인 삶을 영위하기 위해 필요한 조건을 그들에게서 박탈하고 있기 때문이다. 두번째 손해는 상대적 불평등의 고려 사항과 무관하게 독립적이다. 나는 이것을 절대적인 종류의 손해라고 부를 것이다. 분배적 손해는 상대적인 평등의 패턴을 복구함으로써 배상할 수 있는 반면, 절대적인 손해는 아무리 정확히 규정된다고 해도 손해를 입은 사람을 관련된 임계치(피해자가 손해를 입기 전의 기준치)에 더 가깝게 만듦으로써만 배상할 수 있다. 두번째 경우에서 배상적 정의는 분배적 손해를 배상하기 위해 필요한 지속적인 조정과 같은 것을 요구하지 않는다.

이제 부유한 시민이 자신이 속한 사회 시스템으로부터 이득을 보았을 때 또 그러한 이득을 본다는 이유로 국가가 동료 시민에게 입힌 손해에 대해 보상할 배상적 정의의 의무를 그들이 지니는가의 문제로 돌아가보자. 먼저 어떤 사람이 다른 사람에게 손해를 끼치는 시스템으로부터 이득을 본다는 사실은 심지어 그가 그 이득을 자발적으로 좇았다 하더라도 그에게 배상의 의무를 지우기에 충분한 근거가 되지 않음을 명확히 해둔다(Fullinwider 1980). 예를 들어 많은 학자가 해로운 사회적 불공정에 관한 책을 출판해 이득을 얻었다고 이 학자들의 그러한 행동이 잘못되었다거나 그 책으로 이득을 얻었다는 단순한 사실만을 근거로 그들이 그러한 불공정의 피해자들에게 배상해야 한다고 이야기한다면 이상하게 들릴 것이다 (Anwander 2005). 배상적 의무의 근거는 우리가 해로운 사회적 불공정으로부터 이득을 얻는다는 단순한 사실이 아니라 오직 우리가 그러한 불공정을 야기하거나 자행함으로써 어떤 유관한 의미에서 불공정에 기여한다는 사실에 있다고 볼 수 있다.

하지만 특정 형태의 이득은 그 자체로 불공정에 대한 실질적인 기여이기도 하다는 점에 주목할 필요가 있다(Anwander 2005). 이 관찰에 따르면 불공정으로부터 이득을 취한 경우 최소한 그 이득을 가져다준 행위가 어떤 형태로 불공정에 기여한다면 이 행위는 배상적 의무의 근거가 되기에 (필수조건까지는 아니더라도) 충분조건이 된다고 주장할 수 있다. 예를 들어 백인 청년 남성들은 노동시장에서 여성을 열등하게 취급하는 사회 시스템에 애당초 기여하지 않았더라도 그들이 피해자들에게 돌려주어야 할 것으로부터 계속 이득을 취하고 있다면 불공정을 자행하는 것이다. 이러한 이익의 취득이 피해자를 더 빈곤하게 만드는 대가로 일어나고 있다면 이는 불공정에 대한 더욱 심각한 형태의 기여가 된다. 부유한 개인들이 자기 아이를 사립학교에 보내면서 공교육제도의 적절한 시스템을 지원하는 데 필요한 세금보다 적게 내고 있다면 그들은 불공정으로부터 이득을 취하는 것에서 더 나아가 자기 아이와 빈민층 사이의 경쟁력 차이를 벌리고 있는 셈이다. 따라서 공공서비스에 대한 공적 자금 지원 축소로부터 부유층이 이득을 보는 사회에서 이러한 이익의 취득이 불공정에 기여하거나 불공정을 자행하는 형태로 간주되는 한, 부유층은 불공정으로 인한 손해를 배상할 의무를 지닌다고 이야기할 수 있다는 것이 나의 주장이다.

그러나 부유층이 불공정한 시스템으로부터 이득을 취한다고 합리적으로 확신할 수 있는 조건이 항상 성립되는 것은 (또는 모든 부유한 시민에게 성립되는 것은) 아니다. 왜냐하면 정부가 기초서비스를 제대로 공급하지 못한다는 사실이 반드시 정부가 운영하는 공급 시스템을 지원하기 위해 부유층이 내야 하는 세금보다 적게 내고 있음을 의미하지는 않기 때문이다. 실제로 그들이 낸 세금이 단순히 다른 어떤 무용한 용도로 사용되었을 수도 있다. 더욱이 부유층도 이러한 자금 지원 축소로 손해를(그 손해가 빈민층보다는 적더라도) 입을 수 있다. 상대적으로 부유한 사람들 중 많은 이가 정의의 필수재가 충분한 자금 지원을 받는 공정한 사회에서 산다면 더 부유해질 수 있다. 그러므로 우리는 부유층이 이들 재화에 대한 공적 자금 축소로 반드시 이득을 얻는다고 가정해서는 안 된다.

하지만 그렇다고 해서 부유층이 모든 의무에서 면제되는 것은 아니다. 개인들은 불공정으로부터 전혀 이득을 취하지 않았을 때조차도 배상적 의무를 지게 될 수 있다. (최소한 이러한 이득 취득이 기여에 해당할 때) 불공정으로부터 이득을 얻었다는 사실은 배상적 의무의 충분조건은 되지만 필수조건은 아니다. 예를 들어 나는 내가 부주의하게 상해를 입힌 사람에게 내가 그의 상해로 이득을 얻었든 얻지 않았든 분명히 배상의 의무를 진다. 부유층이 기초 재화 및 서비스를 제대로 공급하지 않는 시스템으로부터 이득을 보지 않는 환경에서 부유층이 빈민층에게 손해를 끼치는 정책에 어떤 유관한 의미의 책임이나 탓이 있다면 그들은 여전히 배상적 정의의 의무를 지게 될 수 있다.

책임 문제에 철두철미한 답을 내놓으려면 집단적 잘못에 대한 개인의 책임을 다룰 수 있는 이론이 필요하다. 내가 여기서 하나의 완결된 이론을 전개할 수는 없다. 하지만 나는 정당성을 갖춘 민주국가의 시민은 자국이

행한 불공정의 공범이라고 주장하는 오랜 민주주의 이론에 기반을 둘 것이다. 예를 들어 칸트주의자들은 국가는 정당하게 권한을 부여받은 기관으로서 본질적 요소를 구비한 헌법에 따라 법치를 존중하며, 평등의 기본원리에 의거해 행위하는 한, 시민의 이름으로 시민을 대표해 행위하는 것으로 간주될 수 있다고 주장할 것이다(Stilz 2011; Nagel 2005도 참조). 이는 시민들이 실제로 국가의 모든 정책을 지지하는지의 여부와 무관하다는 점에 주목하자. 개인들에게는 그들의 권리 그리고 그들의 권리를 공적 규칙에 따라 '운영할' 재량권을 국가 제도에 양도할 엄중한 도덕적 이유가 있다. 이러한 권리의 양도는 정당성의 기본 조건을 충족하는 국가가 시민이 모든 정책에 일일이 동의하지 않더라도 시민의 이름으로 행위할 권한을 획득함을 의미한다. "시민들은 그들의 국가가 해석하고 시행하는 권리를 '소유'하므로 그들은 또한 국가가 한 행위에 대해 책임을 져야 한다"(Stilz 2011, 203). 많은 이론가가 그렇듯이 우리가 민주적 공모라는 개념을 받아들인다면, 시민들이 해당 정책에 직접 찬성표를 던지지 않았어도 국가가 정당성을 가지고 행위하고, 이러한 행위를 시민이 승인했다고 간주될 수 있는 한 시민들은 국가의 정책에 대해 책임이 있음을 받아들여야 한다.[11] 이러한 정책에 반대해 적극적으로 운동을 펼친 시민들에게는 예외가 적용될 수 있다. 불공정을 상쇄시키는 이러한 행위는 그들의 책임을 무효화한다고 주장할수 있을 것이다(Beerbohm 2012). 이 경우를 제외하면 우리의 목적에 중요한 것은 국가의 행위가 시민들에 의해 집단적으로 승인되었다고 간주될수 있는 한 시민들은 국가의 행위에 책임이 있다는 것이다.

정당성을 갖춘 민주국가의 시민은 불공정한 국가 정책의 공모자라는데 동의한다면 정당성을 갖춘 국가의 시민은 그들 국가의 불공정한 정책때문에 동료 시민이 손해를 입었을 때 배상적 정의의 의무를 진다는 데 동의할 수 있을 것이다.[12] 그렇다면 이제 부유층과 빈민층 모두 국가의 권한을 승인한 시민이므로 이러한 배상 책임은 양측 모두에게 있으며, 배상적 의무는 부유층에게만 부과되지 않는다는 주장이 제기될 수 있다. 하지만 에릭 비어봄이 지적하듯이(2012, 11) "정치권력에서의 불평등은 불공정한 정책을 민주적으로 후원한 것에 대한 책임을 변화시킨다. 권력이 소득이나 재산에 따라 달라지는 심각하게 불완전한 민주국가에서는 시민의 도덕적 책임 역시 이러한 불평등에 따라 달라진다."

빈곤이 정치적 영향력을 누릴 수 있는 시민의 기회를 제한하고, 빈민층이 부유층보다 시행된 정책에 의해 더 큰 손해를 입는다면 이는 부유층이 배상의 책임을 더 무겁게 져야 할 타당한 근거가 된다.

지금까지 나는 불공정으로부터 (제한적인 의미에서) 이득을 얻는 개인들과 (그로부터 이득을 얻지 않았더라도) 불공정에 공모한 것으로 합리적으로 간주될 수 있는 사람들 모두 각기 이유는 다르지만 불공정의 피해자들에게 보상할 배상적 정의의 의무를 지닌다고 주장했다. 이제 나는 방향을 달리해 부유한 개인들이 불공정으로부터 이득을 얻지 않고 어떠한 의미에서도 국가의 불공정한 시스템의 공모자로 간주될 수 없는 경우에도 그들이 여전히 이 시스템의 피해자들에게 배상의 의무를 질 수 있음을 주장하고자 한다. 왜냐하면 부유한 개인에게는 공모의 측면에서 X에 대한 도덕적 책임 없이 그리고 X로부터 이득을 취했는지의 여부와 무관하게 X에 대한 시정의 책임이 있기 때문이다.

당신이 가지고 있는 바이올린이 실은 내 바이올린이라는 사실을 내가 알게 되었다고 가정해보자.[13] 내 사촌이 내 어머니에게서 바이올린을 훔쳐 당신에게 선물로 준 것이다. 당신은 이 바이올린을 받았을 때 이것이 훔친 물건이라는 사실을 몰랐으므로 도덕적 의무를 거스르지 않았고 이에 대해 비난받을 이유가 없다. 게다가 당신은 바이올린 소리를 싫어하기 때문에 이 바이올린으로부터 얻은 이득도 없다. 또한 당신은 이 바이올린을 판매하거나 대여할 수도 없어서 이것으로 수익을 올릴 수도 없다고 가정하자. 그럼에도 당신은 이 사실을 알게 된 즉시 나에게 바이올린을 돌려주고 심지어는 내 사촌을 대신해 사과를 할 시정의 책임이 있는 것처럼 보인다. 이 경우 행위자가 시정의 책임을 지는 이유는 심지어 이 사태로 인해 초래된 손해에 그가 직접적으로 기여한 바도 없고, 어떠한 이득도 취하지 않은 경우라고 할지라도, 행위자가 피해자와 도덕적 관계를 회복할 수 있는 유일한 방법은 시정의 책임을 이행하는 것뿐이기 때문이다(Satz 2007; Minow 1998도 참조).

이와 유사하게 어떤 시민이 빈민층의 정당한 권리인 것을 그들로부터 박탈하는 공적 공급의 축소를 지지하지 않았다면, 더욱이 그가 그 정책으로부터 아무런 이득도 취하지 않았다면 이는 그가 비난받지 않을 충분한 근거가 될지도 모른다. 하지만 그는 사실상 빈민층의 정당한 권리인 것을 그들로부터 박탈하는 집단의 구성원으로서 여전히 이러한 불공정의 피해자에게 보상을 해야 할 시정의 책임을 진다고 할 수 있다. 오로지 이 방법을 통해서만이 시민들 사이의 정치적 평등이라는 도덕적 관계가 최소한 부분적으로나마 회복될 수 있을 것이기 때문이다.

그러므로 정의의 필수재를 제대로 공급하지 않는 정책으로부터 이득을 취하거나 이 정책에 기여한 바가 없는 부유한 사회 구성원(W)조차도 가난한 구성원(P)에게 적어도 이 정책에 대한 보상 비용의 일부라도 부담해야 할 의무를 질 수 있다. 그렇다면 이제 중요한 질문은 W는 이 비용을 P에게 어떤 방식으로 치를 것인가이다. 다음 절에서 나는 조직화된 민간 기부가 (도덕적으로) 최상의 수단을 제공하는 형태라고 주장할 것이다.

기부 의무에 대한 배상적 설명

손해배상은 피해자에게 현금을 지불하거나 그가 빼앗긴 특정 물건을 돌려줌으로써 가능하다. 가장 적절한 보상 방법을 우리는 어떻게 알 수 있을까? 데브라 사츠(Debra Satz, 2007, 183)가 주장하듯이 보상이 공평하려면 최소 두 가지 조건이 충족되어야 한다. 첫째는 '보상으로 바로잡으려는 잘못을 (가능하다면) 목표로 해야' 하고, 둘째는 피해자가 손해를 입기 전의 기준치로 (최대한 가깝게) 복구하는 한편 피해자가 입은 손해의 특정한 종류를 고려하는 방식이어야 한다.

이 원칙을 따른다면 불공정한 공적 공급 시스템으로 인해 초래된 손실을 P에게 보상할 의무를 W에게 지울 때 우리는 대상 특정적인 방법을 선택해야 할 근거를 갖는다. 왜냐하면 문제의 시스템은 P가 국가에게 정당하게 요구할 권리가 있는 특정한 동종의 재화와 서비스에 대한 P의 접근권 측면에서 P에게 손해를 입히기 때문이다. 따라서 W에게 P가 이러한 특정한 재화에 접근할 수 있도록 보장하라고 요구하는 것은 타당하다. 다만 P에게 현금으로 지불하라고 W에게 요구하는 것은 타당하지 않을 수 있다. 왜냐하면 P가 이 돈을 이 특정한 재화가 아닌 그가 원하는 다른 항목에 지출할 수도 있기 때문이다(Satz 2010, chap. 3; Scanlon 1975). 나는 이것을 대상 특정적 보상의 원칙이라 부르고자 한다.

이제 더 공정한 공적 공급 시스템이 창출되기 전까지 W는 이 비용을 세금을 통해 정부가 운영하는 시스템을 지원함으로써 지불하는 것이 불가능하다. 이 시스템은 일시적으로 이용이 불가능하며 이러한 시스템이 생기기까지 시간이 걸리기 때문이다. 그때까지는 W가 이 비용을 지불할 수 있는 최선의 방법은 정의의 필수재 공급이 원활하지 않을 때 이러한 서비스를 제공하는 기관(흔히 비영리단체)에 직접 기부하는 것이다.[14] 대상 특정적 보상의 원칙은 W가 배상의 의무를 이행할 수 있는 최선의 수단을 자선적 기부로 볼 수 있는 첫번째 근거가 된다.

아울러 불공정한 시스템에 대해 배상할 도덕적으로 가장 좋은 방법은 이 시스템이 피해자에게 가장 나쁜 영향을 미치지 않도록 방지하는 것이다. 오늘 일부 재화에 대한 접근성 부족은 내일 동일한 재화에 대한 접근성을 확보하는 것으로 배상될 수 없다. 아동은 유년기에 좋은 공립학교에 다닐 수 있는 접근권이 필요하다. 어머니가 직장을 계속 다니고자 할 경우 임신 기간이 끝나는 즉시 보육시설에 대한 접근권이 필요하다. 앞으로 5년 내에 더 많고 더 나은 서비스의 공급을 지원하기 위해 정치적 지지활동에 시간과 돈을 투자하는 것으로는 지금 여기 이들 서비스의 자금 삭감으로 초래된 손해를 보상할 수 없다. 보상은 더 공정한 제도가 창출될 수 있기 전에 이루어져야 한다. 나는 이것을 손해 한정의 원칙이라 부르고자 한다. 이 원칙은 자발적 기부를 배상적 정의의 적합한 수단으로 간주할 두번째 도덕적 근거를 제공한다. 공정한 제도를 창출하기 위해 부유층이 자신의 능력이 허락하는 모든 일을 하는 한편, 자선단체에 기부함으로써 불공정한 공적 공급 시스템이 빈민층에게 입힌 손해에 대해 여기서는 절대적 측면에서 배상해야 한다.

그런데 이러한 자선단체들은 전체적인 공정한 패턴을 확보하고 유지할 수 있는 역량이 없기 때문에 개인들은 특정한 단체에 기부함으로써 분배적 정의의 의무를 이행할 수 없으며, 따라서 같은 이유로 이 개인들은 이 방식으로는 배상적 정의의 의무를 이행할 수 없다는 이의가 제기될 수 있다. 하지만 이러한 이의 제기는 앞에서 설명한 배상적 정의와 분배적 정의의 차이를 이해하지 못한 것에서 나온다. 나는 여기서 분배적 정의를 평등과 관련이 있는 것으로 이해했고, 이는 분배율이라는 특수한 형식과 관련이 있다. 반면에 배상적 정의는 발생한 손해에 대한 배상과 연관이 있는 것으로 이해한다. 배상 요구에 분배적 정의에 대한 요구가 포함될 수는 있지만 정부가 특정 기초서비스를 철회한 경우 배상되어야 할 손해는 오로지 평등 침해이기만 한 것은 아니다. 이는 절대적인 박탈의 문제이기도 하다. 정부가 서비스를 철회할 때 일부 시민들은 자율적인 삶을 영위하기 위해 (충분하지는 않더라도) 필수적인 동종 재화에 적절한 임계치로 접근할 수 있는 기회를 박탈당한다. 그러므로 비록 민간 기부가 분배적 정의의 적절한 수단이 될 수 없다는 것에 동의한다고 해도 조직화된 필란트로피 체계에 대한 기여는 배상적 정의를 적절히 이행하는 최선의 도덕적 수단일 수 있다.

재량의 문제

부유한 기부자의 기부 의무가 최소한 어떤 임계치까지 배상적 정의의 의무라고 가정한다면 기부자는 기부의 수단과 목적을 결정할 때 어떤 재량권을 누려야 할까? 나는 앞에서 '최소한 어떤 임계치까지'라는 단서를 붙였다. 그 이유는 기부자가 자신의 배상적 정의의 의무를 충족시켰더라도 여전히 의무가 남아 있을 수 있기 때문이다. 그것은 새로운 집단적 역량이나 공적 혜택의 창출을 목적으로 삼는 '문명적인' 프로젝트에 기여하기 위해 추가적인 기부를 하는 보완적이고 불완전한 선행의 의무나 정의의 필요요건을 초과하는 선한 시민의 의무이다.[15]

기부 의무는 배상의 도구로 여겨질 수 있는 한, 각 개인이 자신의 정서에 따라 증진할 의무가 있는 목적을 택함으로써 생기는 결과물이 아니다. 그보다는 남들이 박탈당한 것 그리고 그들이 정당히 요구할 수 있는 것을 그들에게 돌려주어야 할 의무이다. 이것은 채무를 갚을 의무이고 따라서 좁은 의무이다. 이 말은 기부자가 '관심을 두는' 것이나 그의 '삶의 이력'에 기대는 행위자와 관련된 동기가 기부 방법의 결정 과정에 어떠한 영향도 주어서는 안 된다는 뜻이다. 부유한 기부자가 근거로 삼을 수 있는 것은 오로지 불공정한 시스템의 결과로 빈민층이 겪어야 하는 박탈의 수준에 대한 염려뿐이다. 가장 큰 손해―시간에 민감한 정의의 필수재 부족 정도에 따라 규정되는―를 입었거나 입을 위험에 처한 피해자가 먼저 도움을 받아야 한다. 따라서 기부자들은 접근권이 박탈된 지역에서 활동하고, 시간에 민감한 정의의 필수재를 취급하며, 정부가 제대로 공급하지 못하는 재화를 공급하는 단체를 더 부유한 지역에서 다른 종류의 재화(여가활동, 종교사업, 미술관, 사립대학 등)를 공급하는 단체보다 우선적으로 선택해야 한다.

이 관점에 내포된 명백한 문제는 필란트로피적 기부가 완벽하게 정비되고 제도화되지 않는 한, 기부자는 불공정으로 피해를 입은 각 개인에게 각자 얼마나 빚을 지고 있는지 알 수 없다는 데 있다. 그렇다면 그들은 어떻게 이 의무를 이행할 수 있을까? 이 문제 제기는 중요한 인식적 한계를 지적한다. 그러나 도덕적 관점에서 우리가 여전히 이야기할 수 있는 것은 일반적인 원칙에 근거해 개인들을 충족의 임계치 위로 끌어올리는 데 필요한 수준의 동종 재화를 정부 스스로 확보(즉 직접적으로 재정 지원)할 때 이 개인들이 세금으로 납부했을 금액, 적어도 그만큼은 필란트로피 시스템에 기여하도록 요구된다는 것이다. 내가 '정부 스스로'라고 이야기한 이유는 만일 그들의 정부가 재화 G를 효율적으로 공급하고 그 비용을 기준으로 각 개인이 지불해야 할 몫을 청구했을 때와 비교하면, 집단적으로 공급하는 데 실패한 재화 G의 일부를 시민 개개인이 공급할 때는 이보다 훨씬 더 큰 금액을 요구할 수도 있을 것이기 때문이다. 나는 시민들이 반드시 엄청난 금액을 지불해야 할 것으로는 보지 않는다. 그들이 정의에 근거해 기부해야 할 금액은 정부가 충분주의적 의무를 올바르게 이행하고 그 비용을 정당히 할당했을 경우 그들이 지불해야 할 공평한 몫에 (최소한도로) 상응할 것이다.

실제로 제도화된 필란트로피 시스템 없이는 기부자들이 자신의 몫을 정확히 알 수 없다고 하더라도 여전히 그들은 이 원리에 근거해 일상에서 최선의 근사치를 얻을 의무를 지닌다. 이 의무가 미결정 상태로 머무를 수밖에 없다는 사실이 정의의 의무를 조금이라도 줄이는 것이 아님을 주목하자. 사실 기부자들이 스스로 배상적 정의를 근거로 국내 기부를 할 의무가 있다는 생각을 진지하게 받아들인다면 이는 그들이 기부하는 방식에 분명한 변화를 가져올 것이다. 자신의 개인적인 성공에 도움을 준 이미 재원이 풍부한 종교단체나 엘리트 대학에 대한 기부는 이제 더이상 그들의 기부 결정에서 우선권을 갖지 않을 것이다. 또한 지금처럼 가난한 가정이 부유한 가정보다 소득과 재산에 비례해 더 많이 기부하는 상황도 더는 생겨나지 않을 것이다.

그러나 일부는 기부 시스템이 완벽하게 정비되어 공적으로 강제되지 않는 한 시민들은 기부 의무를 질 수 없다고 주장할 수도 있을 것이다. 시민들이 기부 의무를 지려면 다른 사람도 같은 의무를 이행할 것이라는 분명한 확신이 있어야 한다. 강제적 집행 체계가 없다면 이러한 확신은 생길 수 없다.

이러한 이의 제기를 나는 세 가지 측면에서 반박한다. 첫째, 우리는 이미 강제된 의무만 정의의 의무라는 주장을 받아들일 수 없다. 만일 그렇다면 예를 들어 테러 공격으로 국가의 강제적인 장치가 일시적으로 무력해졌을 때, 살인을 하지 않을 의무가 정의의 의무가 아니게 된다는 불합리한 주장에 동의해야 할 것이다. 기부를 해야 할 정의의 의무가 지금 여기에서 국가에 의해 강요되지 않더라도 시민들은 이 의무를 지닐 수 있다.

둘째, 무임승차 문제는 심각한 문제이며 이는 기부 의무를 정비하고 집단적으로 강요해야 할 근거를 제공하지만, 존 롤스(1971, 192)에 따르면 우리는 "다른 사람들이 불공정하게 행동하는 경향을 보일 때마다" 우리가 정의의 의무로부터 면제되는 것은 아님을 인정해야 한다. "여기에는 더 엄중한 조건이 요구된다. 우리 자신의 정당한 이익을 잃을 수도 있는 어떤 큰 위험이 있어야 한다." 다른 사람의 불이행이 우리의 불이행을 정당화하는 경우는 오로지 이행이 우리 자신의 안전이나 근본적인 사업을 상당한 수준으로 위태롭게 할 때뿐이다. 운전시 우측통행 규칙을 지킬 의무는 사람들이 자주 좌측통행을 하기 시작하는 순간 무효화된다. 하지만 부유한 기부자에게 원래는 국가에 세금으로 내야 했을 만큼의 기부금을 자원봉사 단체에 기부해달라고 요청하는 것은, 다른 사람이 기부 의무를 이행하지 않는 경우 이것이 그들의 근본적인 이익에 유사한 위험이나 침해를 초래할 것으로 보이지는 않는다.

하지만 다른 사람들은 아무도 돈을 내지 않고, 우리가 공동으로 생산해야 할 재화에 만일 다른 사람들이 전혀 기여하지 않는다면, 내 기여가 나에게 비용만 초래할 뿐 완전히 무용한 것이 되는 종류의 재화라면 어떨까? 무용성의 문제에 답을 제시하기 전에 먼저 이 문제는 우리 사회에서 발생하는 대다수의 상황에 해당되지 않는다는 점과 이 장의 직접적인 관심의 대상은 이 문제와 무관한 상황임을 분명히 하고 싶다. 정부가 교육이나 치안에 대한 공적 지출을 삭감할 때 시민으로서 우리는 공공재를 처음부터 다시 생산해야 하는 상황에 처하지 않는다. 공립학교와 경찰서는 여전히 존재한다. 다만 자금 지원이 부족할 뿐이다. 이러한 상황에서는 다른 사람들의 기여와 상관없이 어떤 기부든 이들 서비스의 공급을 개선할 수 있는 잠재력을 가지고 있다. 이와는 별개로 우리의 기여가 사실상 전적으로 무용한 경우, 우리에게는 이 기여가 무용하지 않은 것이 될 정도로 다른 사람들도 기여하도록 설득하기 위해 이 기여를 분산시켜 대중적 지지를 이끌어낼 강력한 도덕적 이유가 생긴다.

셋째, 단지 논의 그 자체를 위해 다음의 상황을 가정해보자. 만일 우리가 부유한 기부자에게 이상적인 원칙에 따라 정확한 그들의 몫을 기부하라고 강요할 수 없다면(이 경우 민간 기부는 조세제도로 사실상 흡수될 것이다) 부유한 기부자에게 현재 벌어진 불공정의 피해자에 대한 보상을 요구하는 것은 도덕적으로 옹호할 수 없는 일이라고 가정하자. 그래도 여전히 우리는 현재 상태—빈민층이 공적 자금 삭감으로 큰 손해를 입은 상태—를 도덕적으로 옹호하기가 더 어렵다는 데 동의할 수 있다. 이 경우에 우리는 강요되지 않은 기부를 배상적 정의의 거친(차선의) 형태로 간주해야 한다고 결론을 내려야 한다(Vermeule 2012). 이것이 옳다면 기부자들이 기부 방법을 결정할 때 개인적인 프로젝트나 다른 행위자와 동기에 기반하는 것을 장려하는 것뿐만 아니라 그럴 자격을 부여해서도 안 된다는 내 주장은 여전히 타당하다.

결론

나의 관점이 시민 기부자(개인과 재단)와 정치적 제도 양측에 어떤 실천적 함의를 갖는지 자세히 설명하면서 이 글을 마치고자 한다. 전자의 경우 부유한 시민은 결코 돈이나 시간을 기부할 선행의 의무만을 지지 않으며, 여기에 덧붙여 (1) 시간이 지남에 따라 평등한 분배의 패턴을 확보 및 유지할 수 있는 제도를 마련할 가장 효과적인 방법이 기부인 한에서 효과적인 지지 단체에 기부할 분배적 정의의 의무를 지닌다. 또한 (2) 불이익을 당한 이들을 충족의 임계치 위로 끌어올리고 그들에게 가해지는 손해를 제한하기 위한 가장 효과적인 방법이 기부인 한 시간에 민감한 정의의 필수재 중 자금 지원이 불충분한 재화를 공급하는 민간단체에 기부할 배상적 정의의 의무를 지닌다. 의무 (2)는 (2a) 부유한 기부자가 이러한 재화에 자금을 충분히 지급하지 않는 정부에 대항해 적극적으로 항의운동을 펼치고 있거나, (2b) 그들의 기여가 완전히 무용하지 않은 한 부유한 기부자 모두에게 적용된다. 그러나 (2b)에 해당하는 상황에서도 개인들은 여전히 이러한 재화의 집단적 공급을 지원하는 다른 사람이나 제도를 설득하기 위한 활동에 그들의 돈을 분산해 기부할 배상적 정의의 의무를 지닌다. 기부를 해야 할 정의의 의무가 그들에게 있는 한 기부자들은 기부의 명분을 결정함에 있어서 개인적 재량권을 누려서는 안 된다. 기부자들은 정당하게 그들의 것이 아닌 것을 돌려주는 것이므로 행위자와 관련된 근거가 아닌 공적 근거에 기반해 기부 결정을 내려야 한다. 물론 어느 정도의 재량권은 불가피하게 남을 것이다. 실제로 여러 유형의 단체에 기부하거나 여러 형태로 기부함으로써 정확히 동일한 결과(예를 들어 공정한 제도를 창출하거나 빈민층에 가해지는 손해를 제한하는 것)를 얻을 수도 있다. 이러한 범위 내에서 기부자가 어떤 특정 단체를 선택하느냐 또는 어떤 형태의 기부를 선택하느냐는 도덕적으로 차이가 없다. 그러나 기부자들은 기부를 할 때 자신들의 자원이 마치 자신의 것이 아닌 것처럼 생각해야 한다는 점이 중요하다. 따라서 기부자가 자신의 돈을 기부할 방법을 선택할 때 기반을 두어야 할 근거는 그들 자신의 개인적인 감성이나 삶의 이력이 되어서는 안 된다. 그보다는 정의에 대한 숙고에서 비롯되어야 한다.

제도적 조치와 관련해 나의 주장은 정치제도들이 기부자의 개인적 재량권을 제한할 수 있도록 정의에 기반한 타당한 근거를 제공한다. 이는 정부가 공공 담론에서 개인의 재량권을 장려해서는 안 된다는 것만을 의미하지 않는다. 아울러 이러한 재량권이 축소되도록 기부금 인센티브를 재구조화해야 한다는 뜻이기도 하다. 더 정확히 말해서 자선적 기여에 대한 세액 공제가 최소한 가끔은 타당하다고 가정한다면(Reich 2006) 정책 입안자들은 자선적 기부에 대한 세액 공제 체계를 설계하거나 개혁할 때 공제 대상을 특정 명분에 연결할 수 있는 근거를 갖는다. 이러한 공제 대상과 특정 명분의 연결은 개인의 기부를 이끄는 동일한 도덕적 원칙을 따라야 한다. 예를 들어 미국에서 종교단체로 들어가는 연간 960억 달러를 생각해 보자. 내 분석이 옳다면 이 기부액 중 (1) 궁핍한 지역에서 활동하고, (2) 시간에 민감한 정의의 필수재를 공급하며, (3) 정부의 자금 지원이 부족한 종교단체로 들어가는 기부금만 세액 공제의 대상이 되어야 한다. 반대로 이러한 필수요건을 충족시키지 못하는 종교단체로 들어가는 기부금은 세액 공제의 대상이 되어서는 안 된다.

글을 마치기 전에 내가 이 장에서 개진한 주장은 정부가 개개인의 필요를 충족시키고 평등주의적 정의의 조건을 확보 및 유지하기에 필요한 범위와 양만큼 공공 재화 및 서비스를 성공적으로 공급하는 사회에서의 필란트로피적 기부의 역할과 한계에 대해서는 전혀 다루지 않았음을 분명히 이야기한다. 심지어 이러한 '이상적' 사회에서도 기부자의 재량권과 기부가 허용되는 금액은 공공 가치를 고려해 제한되어야 한다(페브닉의 9장 참조). 예를 들어 이러한 이상적 사회에서도 민간자금에 의한 정치 식민지화를 방지하기 위해서는 정치적 운동으로 들어가는 기부금을 제한할 필요가 있으며 또한 사람들이 특정 재화—예를 들어 아동의 노동이나 투표권—를 이타심에서 나누어주는 것을 막을 필요가 있을 것이다. 그러나 이러한 이상적 사회에서는 '표현적 필란트로피'—개인의 특이한 감성의 표현을 목표로 삼는 필란트로피—라고 불리는 것의 범위가 더 넓을 것이다. 이를 통해 내가 의미하는 이상적 사회에서 사람들은 폭넓은 재량적 공간을 정당하게 부여받을 것이라는 점이다. 정의를 비롯한 공공 가치를 다른 일반적인 제도에서 돌보고 있음을 알기 때문에 개인은 자신의 관심사에 따라 기부의 자유를 더욱 폭넓게 누릴 것이다. 그러므로 국가의 역할 축소는 필란트로피에 축복이라기보다는 저주에 가깝다고 보아야 할 것이다.

감사의 말

이 책이 탄생하게 된 계기는 필란트로피가 지금까지 학계 담론에서 받은 관심보다 훨씬 더 많은 주목을 받아 마땅하다는 생각에서 비롯되었다. 우리는 학제 간 대화가 앞으로 나아가는 길이 되기를 열망했다. 필란트로피 활동, 가치, 제도적 구조의 문제를 각자의 전공 지식으로 해석하는 데 매진하는 학자들을 한자리에 모아 상호학습의 과정을 마련했다. 생각대로 일이 잘 풀린다면 필란트로피의 역사적·법적·조직적·윤리적 차원의 연결 고리를 명확히 밝힐 수 있는 책을 펴낼 수 있기를 희망했다. 과연 그 바람대로 성공했는지는 우리가 판단할 부분이 아니다. 어느 정도로 성공했는지의 여부와 상관없이 우리가 개최한 워크숍에 참여하고 이 책의 각 장을 담당해준 학자들에게 감사하지 않을 수 없다.

이 같은 책은 주로 개별 실험과 집단적 대화, 후방의 기관적 지원에 힘입어 만들어진다. 이중 후자와 관련해 우리의 워크숍을 가능하게 해준 빌 앤드 멀린다 게이츠 재단, 찰스 스튜어트 모트 재단, 윌리엄 앤드 플로라 휼렛 재단의 도움에 감사한다. 스탠퍼드대학 필란트로피 및 시민사회센터의 우수한 인재들, 특히 그중에서도 셀 수 없을 만큼 여러 방면으로 개별 워크숍에 기여한 킴 메러디스(kim Meredith)와 샘 스피왁(Sam Spiewak)에게도 감사를 전한다. 재기 넘치는 학부생 연구원팀의 많은 도움도 있었다. 케이티 켈러(katie keller), 앨릭 호건(Alec Hogan), 솔베이지 프랙시스(Solveij Praxis)는 워크숍 계획을 보조했으며, 워크숍에서 나눈 대화를 상세히 기록함으로써 공동으로 집필한 각 부의 서문이 된 소개글의 기초 자료를 제공해주었다. 마지막으로 시카고대학 출판부의 엘리자베스 브랜치 다이슨(Elizabeth branch dyson)은 더할 나위 없이 훌륭한 편집자였다. 다이슨의 팀은 환상적인 지원과 아낌없는 격려를 보내주었고, 익명의 두 검토자는 멋진 의견을 제시해주었다.

워크숍이 진행되는 동안 우리가 고심하고 논의하며 글을 쓰면서 분주하게 보내는 와중에도 삶은 계속되었다. 건강 이상, 이직 등을 비롯해 인생을 가치 있게 만들어주는 이런저런 기복이 매순간 우리 곁에 있었다. 이 책에 참여한 저자들은 가족이나 친구와 함께 보낼 귀한 시간을 할애해 우리와 함께했다. 우리 편집진은 멀리서 응원을 보내준 각 저자의 가족과 친구들에게도 감사를 전한다.

끝으로 개인적인 감사의 말을 덧붙인다.

폴라와 해리에게. 좋은 일은 두 사람으로부터 시작된다.

_루시 베른홀츠(캘리포니아주 스탠퍼드대학)

무조건적인 응원과 인내, 사랑을 주시는 나의 부모님 애나와 프랑코 그리고 일상의 기쁨과 고통을 나와 함께 나누는 존에게.

_키아라 코델리(뉴저지주 프린스턴대학)

나의 운명 헤더에게. 그리고 큰 기쁨과 웃음을 주고 좋은 삶의 근원이
어디에 있는지 끊임없이 상기시켜주는 거스와 그레타에게.

_롭 라이히(캘리포니아주 스탠퍼드대학)

주

서문

1. 4장에서 재인용, Aaron Horvath and Walter Powell.
2. William J. Broad, "Billionaires with Big Ideas Are Privatizing American Science," *New York Times*, 2014년 3월 15일자, http://www.nytimes. com/2014/03/16/science/billionaires-with-big-ideas-are-privatizing-american-science.html.
3. Theda Skocpol, *Diminished Democracy: From Membership to Management* (Norman: University of Oklahoma Press, 2003); Robert Putnam, *Bowling Alone: The Collapse and Revival of American Community* (New York: Simon & Schuster, 2000).
4. Elizabeth Anderson, *Value in Ethics and Economics* (Cambridge, MA: Harvard University Press, 1993); Debra Satz, *Why Some Things Should Not Be for Sale* (Oxford: Oxford University Press, 2010); Michael Sandel, *What Money Can't Buy: The Moral Limits of Markets* (London: Allen Lane, 2012) 참조.

1장

1. Joseph Angell and Samuel Ames, *Treatise on the Law of Private Corporations Aggregate* (New York, 1832). 다음도 참조. Hendrik Hartog, *Public Property and Private Power: The Corporation of the City of New York in American Law, 1730–1870* (Ithaca, NY: Cornell University Press, 1989).
2. Ernst H. Kantorowicz, *The King's Two Bodies* (1957; Princeton, NJ: Princeton University Press, 1997).
3. *Terret v. Taylor*, 13 U.S. 43 (1815).
4. *University of North Carolina v. Foy*, 5 N.C. 58 (1805).

5. Angell and Ames, *Treatise*, 7.

6. Pauline Maier, "The Revolutionary Origins of the American Corporation," *William and Mary Quarterly* 50, no. 1 (January 1993): 51–84; Herbert J. Hovenkamp, "The Classical Corporation in American Legal Thought," *Georgetown Law Journal* 76, no. 4 (1988): 1593–1689; Lucian Arye Bebchuck, "Federalism and the Corporation: The Desirable Limits on State Competition in Corporate Law," *Harvard Law Review* 7, no. 123 (May 2010): 1549–95.

7. *Trustees of Dartmouth College v. Woodward*, 17 U.S. 518 (1819).

8. Olivier Zunz, *Philanthropy in America: A History* (Princeton, NJ: Princeton University Press, 2012), 14–18; James J. Fishman, "The Development of Nonprofit Corporation Law and an Agenda for Reform," *Emory Law Journal* 34 (Summer 1985): 61–83; Stanley N. Katz, Barry Sullivan, and C. Paul Beach, "Legal Change and Legal Autonomy: Charitable Trusts in New York, 1777–1893," *Law and History Review* 3 (Spring 1985): 51–89.

9. Ruth H. Bloch and Naomi R. Lamoreaux, "Voluntary Associations, Corporate Rights, and the State: Legal Constraints on the Development of American Civil Society, 1750–1900" (NBER Working Paper No. 21153).

10. James Willard Hurst, *The Legitimacy of the Business Corporation in the Law of the United States, 1780–1970* (Charlottesville: University of Virginia Press, 1970); Susan Pace Hamill, "From Special Privilege to General Utility: A Continuation of Willard Hurst's Study of Corporations," *American University Law Review* 49, no. 1 (1999): 79–181.

11. Liam Séamus O'Melinn, "Neither Contract nor Concession: The Public Personality of the Corporation," *George Washington Law Review* 74 (February 2006): 225; Kellen Funk, "This Stone Which I Erect Shall Be a House of God: Disestablishment and Religious Corporations in New York, 1784–1854," 미출간 원고.

12. Eric Hilt, "Early American Corporations and the State" (근간); Howard Bodenhorn, "Bank Chartering and Political Corruption in Antebellum New York: Free Banking as Reform," in *Corruption and Reform: Lessons from America's Economic History*, ed. Edward L. Glaeser and Claudia Goldin (Chicago: University of Chicago Press, 2006), 231–57.

13. Arthur Charles Cole, *Collections of the Illinois State Historical Society Library, Volume XIV. Constitutional Series Volume II: The Constitutional Debates of 1847*

(Springfield: Illinois State Historical Library, 1919), 651.

14. Jessica Hennessey and John Joseph Wallis, "Corporations and Organizations in the United States after 1840" (근간); John Joseph Wallis, "Constitutions, Corporations, and Corruption: American States and Constitutional Change, 1842 to 1852," *Journal of Economic History* 65 (March 2005): 211–56.

15. Hamill, "Special Privilege," 102.

16. John Witte Jr., "Tax Exemption of Church Property: Historical Anomaly or Valid Constitutional Practice?" *Southern California Law Review* 64 (January 1991): 363–415.

17. Hurst, *Legitimacy*, 132.

18. Peter Dobkin Hall, "A Historical Overview of Philanthropy, Voluntary Association, and Nonprofit Organizations in the United States, 1600–2000," in *The Nonprofit Sector: A Research Handbook*, ed. W. W. Powell and R. Steinberg (New Haven, CT: Yale University Press, 2006), 37.

19. 1874년 펜실베이니아 헌법, article III, section 1.

20. Albert J. Churella, *The Pennsylvania Railroad, Volume 1: Building an Empire, 1846–1917* (Philadelphia: University of Pennsylvania Press, 2012), 11장.

21. 1870년대 이후로 많은 주 헌법이 특수법인 설립을 금지했다. 그러나 다른 주들에서는 이러한 관행이 20세기 초까지 지속되었다. Hamill, "Special Privilege" 참조.

22. Zunz, *Philanthropy in America*, 3장.

23. 뉴욕주의 1895년 법률에 관해서는 Norman I. Silber, *A Corporate Form of Freedom: The Emergence of the Modern NonProfit Sector* (Boulder, CO: Westview, 2001), 22–23 참조.

24. Stefan Collini, "The Culture of Altruism: Selfishness and the Decay of Motive," in *Public Thought and Intellectual Life in Britain, 1850–1930* (Oxford: Clarendon, 1991), 60–90, 이 글은 빅토리아시대 도덕 담론에서 이타주의가 차지하는 역할을 강조한다; Heath Pearson, "Economics and Altruism at the *Fin de Siècle*," in *Worlds of Political Economy: Knowledge and Power in the Nineteenth and Twentieth Centuries*, ed. Martin Daunton and Frank Trentmann (London: Palgrave, 2005), 24–43, 이 글은 신고전주의 경제학에 관해 비슷한 견해를 밝힌다; Thomas Dixon, *The Invention of Altruism: Making Moral Meanings in Victorian Britain* (Oxford University Press, 2008), 19세기 후반 및 20세기 초반 영국의 이타주의를 문화적·학문적으로 풍부하게 다룬 연구서이다; Louis J. Budd, "Altruism Arrives in America," *American Quarterly* 8, no. 1 (Spring 1956): 40–52.

25. E. L. Youmans, ed., *Herbert Spencer on the Americans and the Americans on Herbert Spencer* (New York, 1883) 참조. 스펜서는 자서전에서 "일에 지나치게 몰두하는 것으로 유명한 미국인의 삶에 대한 비판에 연설의 상당 부분을 할애했다"고 언급했다. Herbert Spencer, *An Autobiography* (New York, 1904), 2:406. 스펜서의 미국 방문에 관해서는 John White, "Andrew Carnegie and Herbert Spencer: A Special Relationship," *Journal of American Studies* 13, no. 1 (April 1979): 57–71 참조. 미국의 사회진화론에 관해서는 Richard Hofstadter, *Social Darwinism and American Life* (1944; Boston: Beacon, 1992) 참조.

26. Auguste Comte, *System of Positive Polity* (1851; London, 1875), 1:12.

27. G. H. Lewes, "Contemporary Literature of France," *Westminster Review* 58 (1852): 618.

28. Dixon, *The Invention of Altruism*, 49에서 재인용.

29. J. S. Mill, "The Positive Philosophy of Auguste Comte," *Westminister Review* 83 (1865): 339–405. 다음도 참조. J. S. Mill, "Later Speculations of Auguste Comte," *Westminster Review* 84 (1865): 1–42. Stefan Collini, ed., *J.S. Mill on Liberty and Other Writings* (New York: Cambridge University Press, 1989/1859), 15. 밀 본인은 생물학이 아닌 연상 심리학에서 도덕의 기원을 찾았다.

30. Dixon, *The Invention of Altruism*, 78에서 재인용. Henry Sidgwick, *The Method of Ethics* (London, 1874). 1861년 시지윅은 자신의 일기에서 "내가 가진 가장 확고한 신념은 콩트가 말한 '이타주의'에 대한 믿음인데 [하지만] 내가 생각하는 필란트로피의 뿌리는 이기심에 있는 것일까?"라고 끄적였다. Collini, "The Culture of Altruism," 86.

31. Leslie Stephen, *Science of Ethics* (London, 1882), 219–63.

32. Herbert Spencer, *The Principles of Psychology* (London, 1870–72), 2:607.

33. 그뿐만 아니라 19세기 초반에 '선의'는 여성성과 결부되는 경우가 점점 빈번해졌다. Lori D. Ginzburg, *Women and the Work of Benevolence: Morality, Politics, and Class in the Nineteenth-Century United States* (New Haven, CT: Yale University Press, 1992). 꼭 남성적인 것까지는 아니더라도 초창기 이타주의에는 여성성의 함의가 없었다.

34. 미국에서 특히 유명한 저서인 『사회 정학(Social Statics)』(London, 1850)에서 이어진 논의.

35. Herbert Spencer, *First Principles of a New System of Philosophy* (London, 1870), 176.

36. Thomas Cochran and William Miller, *The Age of Enterprise: A Social History of*

Industrial America (New York, 1942), 125.

37. John Fiske, *Outlines of Cosmic Philosophy, Based on the Doctrine of Evolution* (New York, 1875), 2:201. 다음도 참조. Cora M. Williams, *The System of Ethics Founded on the Theory of Evolution* (New York, 1893). 미국의 모든 지식인이 스펜서의 마력에 매료된 것은 아니었다. William James, "Herbert Spencer's *Data of Ethics,*" *Nation*, September 11, 1879; John Dewey, *Psychology* (New York, 1886), 326–27 참조.

38. Andrew Carnegie, *Autobiography of Andrew Carnegie* (Boston, 1920), 339.

39. Andrew Carnegie, "Wealth," *North American Review*, June 1889.

40. Herbert Spencer, *Principles of Ethics* (London, 1892), 1:vi.

41. 1870년대와 1880년대 철강업계에는 카네기의 진정한 맞수가 없었다. 그는 '경쟁원리'에 따라 사업을 경영했지만 그 경쟁은 그의 머릿속에만 존재했다.

42. Joshua D. Wolff, *Western Union and the Creation of the American Corporate Order* (New York: Cambridge University Press, 2013).

43. Amos G. Warner, *American Charities: A Study in Philanthropy and Economy* (1894; New York, 1908), 19. 다음도 참조. Budd, "Altruism Arrives in America," 45.

44. Charles W. Smiley, "Altruism Economically Considered," *Popular Science Monthly*, November 1888.

45. John D. Rockefeller Sr., *Random Reminiscences of Men and Events* (New York, 1907), 142, 141, 159.

46. David Hammack, "American Debates on the Legitimacy of Foundations," in *The Legitimacy of Philanthropic Foundations Untied States and European Perspectives*, ed. Kenneth Prewitt, Mattei Dogan, Steven Heydemann, and Stefan Topeler (New York: Russell Sage, 2006), 55.

47. 롱리에 관해서는 Budd, "Altruism Arrives in America"; Robert Jeffrey David Wells, "The Communist and the Altruist: Alexander Longley's Newspapers and Communities" (PhD diss., Missouri State University, 2008) 참조.

48. Alexander Longley, *What Is Communism* (St. Louis, 1890); *Altruist*, February 1897. 다음도 참조. William A. Hinds, *American Communities and Cooperative Colonies* (Chicago, 1908), 500–504.

49. "Editor's Study," *Harper's Monthly*, December, 1890. William Dean Howells, *A Traveler from Altruria* (New York, 1895). 마거릿 셔우드(Margaret Sherwood)의 소설 『이타주의 실험(An Experiment in Altruism)』 (New York, 1895)도 같은 해에

발표되었다.

50. Morrison Swift, "Altruria in California," *Overland Monthly*, June 1897. 다음도 참조. Robert Harton, "The Discovery of Altruria," *Cosmopolitan*, November 1895; Edward B. Payne, "Altruria," *American Magazine of Civics*, February 1895.

51. Budd, "Altruism Arrives in America."

52. John Bates Clark, *The Philosophy of Wealth* (Boston, 1892), 39-41.

53. 구체적인 예로 "The Philosophy of Mutualism," *Arena*, May 1894; *Altruistic Review*, June 1894; Washington Gladden, *Applied Christianity* (Boston, 1886), 34-35; Jane Addams, "A Modern Lear," *Survey* 29, no. 2 (1912): 131-37 참조.

54. Kenneth Lies and Cynthia Blum, "Development of the Federal Tax Treatment of Charities: A Prelude to the Tax Reform Act of 1969," *Law and Contemporary Problems* 39 (Autumn 1975): 6-56.

55. Zunz, *Philanthropy in America*.

56. Friedrich Nietzsche, *The Gay Science, trans. Walter Kaufmann* (1882; New York: Vintage, 1974), 1976.

57. Collini, "Culture of Altruism."

58. Lincoln Steffens, "Eugene V. Debs on What the Matter Is in America and What to Do About It," *Everybody's Magazine*, October 1908.

59. John Dewey, *The Public and Its Problems* (New York, 1927).

60. "Appeals Which the Rockefeller Foundation Must Decline," *Rockefeller Foundation* 1, no. 6 (March 1919): 1.

61. M. Brier Kidder, "Altruism," *Overland Monthly*, February 1913.

62. George Herbert Palmer, *Altruism: Its Nature and Varieties* (New York, 1919), 39.

63. John H. Filer, *Giving in America: Toward a Stronger Voluntary Sector*, 민간 필란트로피 및 공공의 필요 위원회(Commission on Private Philanthropy and Public Needs)의 보고서 (n.p., 1975).

2장

1. Benjamin Franklin, *The Autobiography*, in Franklin's *Writings* (New York: Library of America, 1987), 1424.

2. 경제분석국(Bureau of Economic Analysis)에 따르면 2009년 비영리 부문은

7791억 달러로 GDP의 5.5퍼센트를 차지했다. 2009년 한 해 동안 미국은 해외 작전에 들어간 1460억 달러를 포함해 국방비로 약 6670억 달러를 지출했다. 백악관 관리예산실은 2009년 국방비 지출 규모를 GDP 대비 약 4.6퍼센트로 추정한다. 그렇다면 2009년 지출액을 기준으로 볼 때 비영리 부문은 국방부 예산(전쟁 포함)에 비해 17퍼센트 가까이 규모가 더 컸다. 『비영리연감(The Nonprofit Almanac)』 2012년 호에 따르면 비영리 부문이 GDP에서 차지하는 비중은 2012년에 5.5퍼센트로 변동이 없었고, 세계은행이 밝힌 미국 국방비 지출은 2012년에는 GDP의 4.2퍼센트, 2013년에는 GDP의 3.8퍼센트로 감소했다.

3. 구체적인 예로 Allan Nevins, *John D. Rockefeller: The Heroic Age of American Enterprise* (New York: Charles Scribner's Sons, 1940); Joseph Frazier Wall, *Andrew Carnegie* (New York: Oxford University Press, 1970); Ron Chernow, *Titan: The Life of John D. Rockefeller, Sr.* (New York: Random House, 1998); David Nasaw, *Andrew Carnegie* (New York: Penguin, 2006); Ruth Crocker, *Mrs. Russell Sage: Women's Activism and Philanthropy in Gilded Age and Progressive Era America* (Bloomington: Indiana University Press, 2006); Peter M. Ascoli, *Julius Rosenwald: The Man Who Built Sears, Roebuck and Advanced the Cause of Black Education in the American South* (Bloomington: Indiana University Press, 2006) 참조.

4. 비영리 부문의 이타주의에 관해서는 조너선 레비(Jonathan Levy), 이 책의 1장 참조.

5. Olivier Zunz, *Philanthropy in America: A History* (Princeton, NJ: Princeton University Press, 2012).

6. Richard Hofstadter, *The Progressive Historians: Turner, Beard, Parrington* (New York: Knopf, 1968), 245.

7. Charles A. Beard and Mary R. Beard, *The Rise of American Civilization*, 개정판 (1927; New York: MacMillan, 1954), 748, 768.

8. Ibid., 769-70.

9. Thomas Bender, "The Historian and Public Life: Charles A. Beard and the City," in *Intellect and Public Life* (Baltimore: Johns Hopkins University Press, 1993), 91-105 참조.

10. Beard and Beard, *Rise of American Civilization*, 768.

11. Ibid., vii.

12. Charles A. Beard and Mary R. Beard, *The Making of American Civilization* (New York: Macmillan, 1937), 580.

13. Arthur M. Schlesinger Jr., "Liberalism in America: A Note for Europeans" (1956), in *"The Politics of Hope" and "The Bitter Heritage"* (Princeton, NJ: Princeton University Press, 2008), 89 참조.

14. Nancy Cott, in *Mary Ritter Beard, A Woman Making History: Mary Ritter Beard through Her Letters*, ed. Nancy Cott (New Haven, CT: Yale University Press, 1991), 206. 특히 메리 비어드가 커티에게 보낸 1940년 5월 10일자 편지 207쪽 참조.

15. 러셀 세이지 재단의 F. 에머슨 앤드루스는 1956년 초 프린스턴대학에서 연구 기획 콘퍼런스를 개최했다. 참석자로는 토머스 코크런, 커티와 다른 역사학자 몇 명, 포드 재단 대표자 2명 등이 있었다. 러셀 세이지 재단은 「미국 필란트로피 역사에 관한 프린스턴 콘퍼런스 보고서(Report of the Princeton Conference on the History of Philanthropy in the United States)」(New York: Russell Sage Foundation, 1956)를 발행했다. Merle Curti, "The History of American Philanthropy as a Field of Research," *American Historical Review* 62 (January 1957): 352 참조.

16. Merle Curti and Roderick Nash, *Philanthropy in the Shaping of American Higher Education* (New Brunswick, NJ: Rutgers University Press, 1965).

17. Merle Curti and Vernon Carstensen, *The University of Wisconsin: A History, 1848–1925* (Madison: University of Wisconsin Press, 1949), 2:223–32.

18. Paul K. Conkin, "Merle Curti," in *Clio's Favorites: Leading Historians of the United States, 1945–2000*, ed. Robert Allen Rutland (Columbia: University of Missouri Press, 2000), 30.

19. Curti and Nash, *Philanthropy in the Shaping of American Higher Education*, 201–11.

20. Conkin, "Merle Curti," 30.

21. John Higham, "The Cult of the 'American Consensus': Homogenizing our History," *Commentary* (January 1959): 93–100.

22. Hofstadter, *Progressive Historians*, 300.

23. Robert H. Bremner, *American Philanthropy* (Chicago: University of Chicago Press, 1960).

24. Daniel J. Boorstin, *The Americans: The Democratic Experience* (New York: Random House, 1973), 490.

25. Ibid., 563, 575–79.

26. Rob Reich, 이 책의 3장 참조.

27. 구체적인 예로 Matthew Bishop and Michael Green, *Philanthrocapitalism: How the Rich Can Save the World* (New York: Bloomsbury, 2008); David Bornstein

and Susan Davis, *Social Entrepreneurship: What Everyone Needs to Know* (New York: Oxford University Press, 2010); and Chao Guo and Wolfgang Bielefeld, *Social Entrepreneurship: An Evidence-Based Approach to Creating Social Value*, Bryson Series in Public and Nonprofit Management (San Francisco: Jossey-Bass, 2014) 참조.

28. Matthew Josephson, *The Robber Barons: The Great American Capitalists, 1861–1901* (1934; New York: Harcourt, Brace & World, 1962), 19, 182, 321–322, 319.

29. Hal Bridges, "The Robber Baron Concept in American History," *Business History Review* 32, no. 1 (1958): 13.

30. Nevins, *John D. Rockefeller*, 1:viii.

31. Ibid., 2:295.

32. Boorstin, *Democratic Experience*, 567.

33. Ibid., 563.

34. 토머스 C. 코크런의 저작 중 특히 다음도 참조. Thomas C. Cochran, *The Age of Enterprise: A Social History of Industrial America* (New York: Macmillan, 1942) (William Miller 공저), and *Railroad Leaders, 1845–1890: The Business Mind in Action* (Cambridge, MA: Harvard University Press, 1953).

35. Alfred Chandler, *The Essential Alfred Chandler: Essays toward a Historical Theory of Big Business*, ed. Thomas McCraw (Boston: Harvard Business School Press, 1988), 10.

36. Judith Sealander, *Private Wealth & Public Life: Foundation Philanthropy and the Reshaping of American Social Policy from the Progressive Era to the New Deal* (Baltimore: Johns Hopkins University Press, 1997), 4–5.

37. 〈비즈니스 히스토리 리뷰(Business History Review)〉지에 실린 기사 중 하나는 넬슨 록펠러가 브라질에서 제안한 경제 방안을, 다른 하나는 그의 조부의 필란트로피 자문가 프레더릭 T. 게이츠를 다루었다. 〈비즈니스 히스토리(Business History)〉에 실린 소론 3편은 각각 카네기와 '기업가적 필란트로피', 비영리단체와 개인 금융, 세계화와 '가족 필란트로피'를 주제로 삼았다.

38. 19세기 초반을 집중 조명한 경우를 보려면 William H. Pease and Jane H. Pease, *The Web of Progress: Private Values and Public Styles in Boston and Charleston, 1828–1843* (New York: Oxford University Press, 1985); and Robert F. Dalzell Jr., *Enterprising Elite: The Boston Associates and the World They Made* (Cambridge, MA: Harvard University Press, 1987) 참조. 19세기 후반과 20세기 초반을 다룬 경우로는 Jeffrey A. Charles, *Service Clubs in American Society: Rotary, Kiwanis, and*

Lions (Urbana: University of Illinois Press, 1993); and John S. Gikelson Jr., *Middle-Class Providence, 1820–1940* (Princeton, NJ: Princeton University Press, 1986) 참조.

39. 경제학자가 이런 주장을 한 경우를 보려면 Zoltan J. Acs, *Why Philanthropy Matters: How the Wealthy Give, and What It Means for Our Economic Well-Being* (Princeton, NJ: Princeton University Press, 2013) 참조.

40. Merle Curti, *American Philanthropy Abroad: A History* (New Brunswick, NJ: Rutgers University Press, 1963), 276, 401.

41. Ibid., 409.

42. 윌리엄스의 주장을 유용하게 요약한 글을 보려면 Andrew Bacevich, "Tragedy Renewed: William Appleman Williams," *World Affairs* 171 (Winter 2009): 62–72 참조.

43. Edward H. Berman, *The Influence of the Carnegie, Ford, and Rockefeller Foundations on American Foreign Policy: The Ideology of Philanthropy* (Albany: State University of New York Press, 1983); and Inderjeet Parmar, *Foundations of the American Century: The Ford, Carnegie, & Rockefeller Foundations in the Rise of American Power* (New York: Columbia University Press, 2012) 참조.

44. 해외에서 포드 재단과 미국 정부 사이에서 일어난 의견 충돌에 관해서는 Douglas Ensminger, *Rural India in Transition* (New Delhi: All India Panchayat Parishad, 1972); and Victor V. Nemchenok, "The Ford Foundation and Rural Development in Iran," *Middle East Journal* 63 (Spring 2009): 261–84 참조. 냉전 시대 재단의 필란트로피를 다룬 훌륭한 연구로는 Volker R. Berghahn, *America and the Intellectual Cold Wars in Europe: Shepard Stone between Philanthropy, Academy, and Diplomacy* (Princeton, NJ: Princeton University Press, 2001) 참조.

45. Zunz, *Philanthropy in America*, 249.

46. 하지만 그 중요한 흔적을 Emily S. Rosenberg, *Spreading the American Dream: American Economic and Cultural Expansion, 1890–1945* (New York: Hill & Wang, 1982)에서 찾아볼 수 있다.

47. 특히 Akira Iriye, Petra Goedde, and William I. Hitchcock, *The Human Rights Revolution: An International History* (New York: Oxford University Press, 2012) 참조.

48. Ellis W. Hawley, *The Great War and the Search for a Modern Order: A History of the American People and Their Institutions, 1917–1933* (New York: St. Martin's, 1979); and Barry D. Karl, "Foundations and Public Policy," in *Encyclopedia of the*

United States in the Twentieth Century, ed. Stanley I. Kutler (New York: Charles Scribner's Sons, 1996), 2:491-512.

49. 이처럼 새롭게 부상한 학제 간 대화의 시작을 알린 책은 Steve Fraser와 Gary Gerstle이 편집한 *The Rise and Fall of the New Deal Order, 1930–1980* (Princeton, NJ: Princeton University Press, 1989)이다.

50. 특히 Robert D. Putnam, *Bowling Alone: The Collapse and Revival of American Community* (New York: Simon & Schuster, 2000); and Theda Skocpol, "United States: From Membership to Advocacy," in *Democracies in Flux: The Evolution of Social Capital in Contemporary Society*, ed. Robert D. Putnam (New York: Oxford University Press, 2002), 103-36, 444-50 참조.

51. '계약 국가'에 관해서는 Aaron L. Freidberg, *In the Shadow of the Garrison State: America's Anti-Statism and Its Cold War Grand Strategy* (Princeton, NJ: Princeton University Press, 2000) 참조. 다음도 참조. Brian Balogh, *A Government Out of Sight: The Mystery of National Authority in Nineteenth-Century America* (Cambridge, UK: Cambridge University Press, 2009), 394.

52. Herbert Gutman의 저작, 그중에서도 특히 *Work, Culture, and Society in Industrializing America: Essays in American Working-Class and Social History* (New York: Alfred A. Knopf, 1976) 참조. 대안적 견해를 보려면 Olivier Zunz, *The Changing Face of Inequality: Urbanization, Industrial Development, and Immigrants in Detroit, 1880–1920* (Chicago: University of Chicago Press, 1982) 참조.

53. Richard Magat, *Unlikely Partners: Philanthropic Foundations and the Labor Movement* (Ithaca, NY: ILR Press, an imprint of Cornell University Press, 1999), 39.

54. Eleanor L. Brilliant, *The United Way: Dilemmas of Organized Charity* (New York: Columbia University Press, 1990) 참조. 다음도 참조. Emily Barman, *Contesting Communities: The Transformation of Workplace Charity* (Stanford, CA: Stanford University Press, 2006); and Elizabeth A. Fones-Wolf, *Selling Free Enterprise: The Business Assault on Labor and Liberalism, 1945–60* (Urbana: University of Illinois Press, 1994).

55. 구체적인 예로 Nelson Lichtenstein, *The Most Dangerous Man in Detroit: Walter Reuther and the Fate of American Labor* (New York: Basic Books, 1995) 참조.

56. 특히 Kathleen McCarthy, ed., *Women, Philanthropy, and Civil Society* (Bloomington: Indiana University Press, 2001); and Ruth Crocker, *Mrs. Russell*

Sage: Women's Activism and Philanthropy in Gilded Age and Progressive Era America (Bloomington: Indiana University Press, 2006) 참조.

57. Harry Belafonte, *My Song: A Memoir* (New York: Alfred A. Knopf, 2011).

58. 이러한 세력 다툼의 강도는 배리 칼과 공동으로 수행한 프로젝트의 기원을 다룬 스탠리 캐츠의 유익한 글에 대해 피터 홀이 보낸 답변에서 어느 정도 엿볼 수 있다. Peter Dobkin Hall, "The Work of Many Hands: A Response to Stanley N. Katz on the Origins of the 'Serious Study' of Philanthropy," *Nonprofit & Voluntary Sector Quarterly* 28 (December 1999): 522–34.

59. David C. Hammack and Helmut K. Anheier, *A Versatile American Institution: The Changing Ideals and Realities of Philanthropic Foundations* (Washington, DC: Brookings Institution, 2013), x, 117.

60. 특히 Lester M. Salamon, ed., *The State of Nonprofit America* (Washington, DC: Brookings Institution, 2002)와 Lawrence J. Friedmann and Mark. D. McGarvie, eds., *Charity, Philanthropy, and Civility in American History* (Cambridge, UK: Cambridge University Press, 2003)에 수록된 여러 소론 참조.

61. Ellen Lagemann, *Philanthropic Foundations: New Scholarship; New Possibilities* (Bloomington: Indiana University Press, 1999), xiv.

62. Ibid., 292.

63. 주목할 만한 예외는 록펠러 아카이브 센터(Rockefeller Archive Center)이다.

64. Olivier Zunz, "Community Foundations and the Compound Republic," *Nonprofit Quarterly* 21 (Summer 2014): 28–30 참조.

65. Woody Powell and Aaron Horwath, 이 책의 4장 참조.

3장

이 장은 2013년 〈보스턴 리뷰(Boston Review)〉에 수록된 "재단의 용도는 무엇인가?" 라는 글을 증보하고 대폭 수정한 것이다.

1. Ron Chernow, *Titan: The Life of John D. Rockefeller, Sr.* (Vintage, 2004), 563에서 재인용.

2. Peter Dobkin Hall, "Philanthropy, the Nonprofit Sector, and the Democratic Dilemma," *Daedalus*, vol. 2 (2013): 8에서 재인용.

3. 노사관계위원회의 보고서: 1912년 8월 23일 법에 의해 설치된 노사관계위원회가

의회에 제출한 최종 보고와 증언: 7916-17.

4. Frank P. Walsh, "Perilous Philanthropy," *Independent* 83 (1915): 262-64.

5. Richard Posner, "Charitable Foundations," Becker-Posner blog, January 1, 2007, http://www.becker-posner-blog.com/2007/01/charitable-foun.html.

6. Mark Dowie, *American Foundations* (MIT Press, 2002), 247.

7. 각각의 경우에 '대략' 그렇다는 말이다. 재단에 대한 비과세 기부나 재단기금에 대한 비과세 투자 수익에 일정한 한도가 있기도 하기 때문이다.

8. Rob Reich, "Philanthropy and Caring for the Needs of Strangers," *Social Research* 80, no. 2 (2013).

9. *Bob Jones University v. United States*, 461 US 574 (1983) 사건.

10. Benjamin Page, Larry Bartels, and Jason Seawright, "Democracy and the Policy Preferences of Wealthy Americans," *Perspectives on Politics* 11, no. 1 (2013): 51-73; Martin Gilens, *Affluence and Influence: Economic Inequality and Political Power in America* (Princeton University Press, 2014) 참조.

11. Dennis Thompson, "Representing Future Generations: Political Presentism and Democratic Trusteeship," *Critical Review of International and Political Philosophy* 13, no. 1 (2010): 17-37.

12. Gara LaMarche, "Democracy and the Donor Class," *Democracy: A Journal of Ideas* 34 (Fall 2014): 55.

4장

1. 전면 컬러 사진을 보려면 @U2blog, http://www.atu2blog.com/wp-content/uploads/2013/04/HeislerBonoGateses.jpg 참조.

2. Gallup.com, "Most Admired Man and Woman," http://www.gallup.com/poll/1678/most-admired-man-woman.aspx. YouGov, "Bill Gates Is Most Admired Person in the World," https://todayyougov.com/news/2014/01/10/infographic-bill-gates-most-admired-person-world/.

3. Mass Insight Education School Turnaround Group website, "Research Overview," http://www.massinsight.org/stg/research/.

4. Eli and Edythe Broad Foundation website, "75 Examples of How Bureaucracy Stands in the Way of America's Students & Teachers," http://www.broadeducation.org/about/bureaucracy.html.

5. Startup: Education website, http://www.startupeducation.org/.

6. Mark Zuckerberg, "A Letter to Our Daughter," December 1, 2015, https://www.facebook.com/notes/mark-zuckerberg/a-letter-to-our-daughter/101533750815 81634?pnref=story."

7. 〈뉴욕타임스〉에 따르면 이 자금은 보좌진의 특전과 보너스, 선거 캠페인 지원, 자선 활동과 사회적 대의 증진, 시장 보좌관들의 여행 및 숙박 표준 업그레이드 등 다양한 용도에 사용되었다.

8. Office of Social Innovation and Civic Participation website, "About the SICP_ The Community Solutions Agenda," http://www.whitehouse.gov/administration/eop/sicp/about.

9. 이것에 해당하는 한 가지 흥미로운 사례는 '정치적 CSR(기업의 사회적 책임)'의 활용이다. 이 경우 기업들과 외국 정부들은 표면상 그들의 이익에 유리한 정책 결정을 얻는 대가로 정계 인사가 이끄는 필란트로피 재단—예를 들어 클린턴 재단—에 자금을 제공한다(Carroll 2015).

10. 2010년 판결은 정부가 법인, 협회, 노조의 독자적인 정치활동 지출을 제한하는 것은 수정 헌법 제1조에 위배된다고 판단했다. 이 판결을 계기로 엄청난 민간자금이 선거판으로 흘러들었다.

11. 2008년 판결은 투표권 행사시 투표자에게 신분증 제시를 요구할 수 있다고 인정했으며, 2013년 판결은 특정 주에서 투표 관련 법이나 관행을 개정하려면 연방정부의 사전 승인을 받아야 한다고 규정한 투표권법의 핵심 조항을 파기했다.

12. MacArthur Foundation Strengthening American Democracy website, http://www.macfound.org/programs/democracy/.

5장

원고에 대해 의견을 준 Jeremy Brest, William Damon, Einer Elhauge, David Engel, Lawrence Friedman, Joseph Grundfest, Mark Kramer, Howard Gardner, Ronald Gilson, Ben Heineman, Margaret Levi, Susan Liautaud, Avishai Margalit, Lynn Sharp Paine, Andrew Woods, 스탠퍼드 법학대학원 교수 워크숍과 PACS 학자 워크숍 참가자들, 그리고 언제나처럼 여러 수정 원고를 편집해준 Iris Brest에게 감사를 전한다.

1. Daniel Eran Dilger, "Tim Cook to Shareholders: iPhone 5s & 5c Outpace

Predecessors, Apple Bought 23 Companies in 16 Months," *Apple Insider*, February 28, 2014, http://appleinsider.com/articles/14/02/28/tim-cook-at-shareholder-meeting-iphone-5s-5c-outpace-predecessors-apple-bought-23-companies-in-16-months. 다음도 참조. ProgLegs, "Apple Tells Limbaugh and His Ilk to Stick Their Money Where the Sun Don't Shine," *Daily Kos blog*, March 4, 2014, http://m.dailykos.com/story/2014/03/04/1281848/-Apple-Tells-Limbaugh-and-His-Ilk-to-Stick-Their-Money-Where-the-Sun-Don-t-Shine?detail=email.

2. Kyle Westwick, "Adam Smith Was Not Schizophrenic," *Harvard Business Review*, December 1, 2011, http://blogs.hbr.org/2011/12/adam-smith-was-not-a-schizophr/; Jerry Evensky, "Adam Smith's 'Theory of Moral Sentiments': On Morals and Why They Matter to a Liberal Society of Free People and Free Markets," *Journal of Economic Perspectives* 19 (2005): 109–30; Amartya Sen, "Adam Smith and the Contemporary World," *Erasmus Journal for Philosophy and Economics 3* (2010): 50–67.

3. Adam Smith, *Wealth of Nations*, ed. C. J. Bullock, Harvard Classics, vol. 10 (New York: P. F. Collier & Son, 1909–14; Bartleby.com, 2001), www.bartleby.com/10/402.html#9.

4. 예를 들어 Robert Nozick, *Anarchy, State, and Utopia* (New York: Basic Books, 1974) 참조.

5. Lynn Sharp Paine, *Value Shift: Why Companies Must Merge Social and Financial Imperatives to Achieve Superior Performance* (McGraw-Hill, 2002); Ben W. Heineman Jr., *High Performance with High Integrity* (Boston: Harvard Business School, 2008).

6. 예를 들어 Cynthia Williams and John Conley, "An Emerging Third Way: The Erosion of the Anglo-American Shareholder Value Construct," *Cornell International Law Journal* 493 (2005): 516–19 참조. 물론 CSR 옹호자들은 윤리적 관행이 훌륭한 비즈니스 관행임을 입증하는 데 관심이 있다. 주 5번에 인용한 린 페인과 벤 하이네만은 예외이다.

7. 이 지표의 적합성은 미래 현금 흐름의 할인된 현재 가치를 기준으로 주식 지분의 가치를 추정하는 자산 가격 책정 모델에 반영된다. 예를 들어 "Discounted Cash Flow," *Wikipedia*, http://en.wikipedia.org/wiki/Discounted_cash_flow 참조.

8. 이는 상대적으로 착한 상품뿐 아니라 술, 담배, 도박 같은 '죄악 상품'에도 해당된다.

9. Ben Heineman Jr., "GC and CEO Responsibility for GM's Dysfunctional

Culture," *Corporate Counsel*, June 6, 2014, www.corpcounsel.com/id=120265836 6128?slreturn=20140613190929.

10. Milton Friedman, "The Social Responsibility of Business to Increase Its Profits," *New York Times Magazine*, September 13, 1970.

11. 대안 가설들로 프리드먼의 견해를 타파할 수 있는지, 어떤 경우에 타파할 수 있는지가 우리가 제기한 질문인 만큼 프리드먼의 견해를 사실상 영가설로 생각할 수도 있을 것이다.

12. 프리드먼이 글을 쓴 시점은 기업들이 인플레이션을 줄이기 위해 자발적으로 임금 및 가격 상한제를 채택해야 한다는 제안이 나올 때였다.

13. 프리드먼은 1962년에 출간한 『자본주의와 자유(Capitalism and Freedom)』에서 다음과 같은 날카로운 질문을 던진다. "스스로 나선 민간의 개인들이 사회적 이익이 무엇인지 결정할 수 있는가? 그 사회적 이익을 위해서 자신들 또는 주주들에게 어디까지 부담을 지워도 정당화될지를 그들이 정할 수 있는가? 이와 같은 조세, 지출, 통제 등의 공적 역할을 어쩌다보니 지금 특정 기업을 책임지고 있으며 순전히 사적인 집단에 의해 그 직위에 선정된 사람들이 행사하는 것이 괜찮은 일인가? 만약 경영인들이 주주들의 고용인이 아닌 공무원이라면 민주국가에서 그들은 조만간 선거와 임명이라는 공적 처리방식으로 선택될 것이다." Milton Friedman, *Capitalism and Freedom* (University of Chicago Press, 2002), 133-34.

14. 예를 들어 "ABA Rule 1.6: Confidentiality of Information," American Bar Association, http://www.americanbar.org/groups/professional_responsibility/publications/model_rules_of_professional_conduct/rule_1_6_confidentiality_of_information.html 참조. 대부분의 주는 어떤 환자가 에이즈 감염자라는 사실을 위험에 처한 파트너들에게 알릴 수 있는 재량권을 의사에게 주며, 특정한 치료를 받는 청소년들과 관련해 정보 공개 재량권을 갖는다.

15. 구체적인 예로 Stephen Bainbridge, "Interpreting Nonshareholder Constituency Statutes," *Pepperdine Law Review* 19 (1992): 971-1025; Anthony Bisconti, "The Double Bottom Line: Can Constituency Statutes Protect Socially Responsible Corporations Stuck in Revlon Land?" *Loyola of Los Angeles Law Review* 42 (2009): 765-805 참조.

16. PRINCIPLES, § 2.01(b)(2)-(3) & comment D. 가끔 다르다고 전해졌지만 실제로 이는 *Dodge v. Ford Motor Company*, 170 N.W. 668 사건(Mich. 1919)에서의 미시간주 대법원 판결과 일치한다. Einer Elhauge, "Sacrificing Corporate Profits in the Public Interest," *New York University Law Review* 80 (2005): 733-869; William H. Simon, "What Difference Does It Make Whether Corporate Managers Have

Public Responsibilities?," *Washington & Lee Law Review* 50 (1993): 1697; Lynn A. Stout, "Why We Should Stop Teaching *Dodge v. Ford*," *Virginia Law and Business School Review* 3 (2008): 1 참조. 이 사건의 흥미로운 역사를 보려면, M. Todd Henderson, "Everything Old Is New Again: Lessons from Dodge v. Ford Motor Company," J. M. Olin Law and Economics Working Paper No. 373 (2d Series) 참조.

17. PRINCIPLES, § 2.01, comment f.

18. PRINCIPLES, § 4.01, comment d to § 4.01(a). *Burwell v. Hobby Lobby Stores, Inc.*, 573 U.S. (2014)도 참조.

19. PRINCIPLES, § 2.01(b)(2)-(3) and comments h-i.

20. Elhauge, "Sacrificing Corporate Profits in the Public Interest," 733-869.

21. 헌법의 맥락에서도 비슷한 문제가 발생하는데, 이 경우 법원은 의원들의 동기를 조사할 능력이 없지만 의원들은 자신들의 동기가 헌법적으로 허용되는지의 여부를 알고 있다. Paul Brest, "The Conscientious Legislator's Guide to Constitutional Interpretation," *Stanford Law Review* 27 (1975): 585-601 참조.

22. Archie B. Carroll, "A History of Corporate Social Responsibility: Concepts and Practices," in *The Oxford Handbook of Corporate Social Responsibility* (Oxford: Oxford University Press, 2008), 19-46 전반적으로 참조. https://www.academia.edu/860777/A_history_of_corporate_social_responsibility_concepts_and_practices.

23. Keith Davis, "The Case for and against Business Assumption of Social Responsibilities," *Academy of Management Journal* 16 (1973): 312-22.

24. Archie Carroll, "A Three-Dimensional Conceptual Model of Corporate Social Performance," *Academy of Management Review* 4 (1979): 497-505.

25. R. Edward Freeman, *Strategic Management: A Stakeholder Approach* (Boston: Cambridge University Press, 2010), 46.

26. David Henderson, *Misguided Virtue: False Notions of Corporate Social Responsibility* (London: Institute of Economic Affairs, 2001), 156.

27. "Virtue Ethics," *Stanford Encyclopedia of Philosophy*, last modified March 8, 2012, http://stanford.library.usyd.edu.au/entries/ethics-virtue/.

28. Heineman, *High Performance with High Integrity*, 27-128; PowerPoint slides, Harvard Law School, Spring 2012.

29. *Citizens United v. Federal Election Commission*, 558 U.S. 310 2010.

30. Henderson, *Misguided Virtue*, 42에서 재인용.

31. 렙트랙(RepTrak)은 매년 CSR 평판에 따른 기업 순위를 발표하며 그 내용은 다음 자료에서 확인할 수 있다. Jacquelyn Smith, "The Companies with the Best CSR Reputations," *Forbes*, October 2, 2013, http://www.forbes.com/sites/jacquelynsmith/2013/10/02/the-companies-with-the-best-csr-reputations-2/. 유명 다국적 기업은 자사의 CSR 정책을 온라인에 게재하는 경우가 많다(예: Google, at http://www.google.cn/intl/en/about/company/responsibility/).

32. "Environmental, Social, and Governance (ESG) Criteria," *Investopedia*, http://www.investopedia.com/terms/e/environmental-social-and-governance-esg-criteria.asp.

33. Global Reporting Initiative, https://www.globalreporting.org.

34. Integrated Reporting, http://www.theiirc.org.

35. Sustainability Accounting Standards Board, http://www.sasb.org.

36. "Linking GRI and IRIS," IRIS, http://iris.thegiin.org; "GIIRS Ratings," B Analytics, http://giirs.org.

37. 윌리엄스와 콘리는 유럽과 미국의 공시 요건을 밀턴 프리드먼이 우려했던 바로 그 이른바 '신거버넌스(new governance)'나 '새로운 지배 패러다임'—"관계망으로 얽힌 국가 및 비국가 행위자들 사이에 규제 권한이 점진적으로 확산"—에 대한 현재 진행중인 실험으로도 해석할 수 있다고 이야기한다. Cynthia Williams and John Conley, "An Emerging Third Way: The Erosion of the Anglo-American Shareholder Value Construct," *Cornell International Law Journal* 493 (2005). 이 장에서 다루는 내용 대부분이 그들의 탁월한 논문에 기반하고 있다. 다음도 참조. "SustainAbility and UN Global Compact," in *Gearing Up: From Corporate Responsibility to Good Governance and Scalable Solutions* (2004). 이 점에서 공시 요건은 찰스 세이블, 윌리엄 사이먼 등이 '실험주의'라고 명명한 패러다임에 들어맞을 수 있다. Charles Sabel and William Simon, "Minimalism and Experimentalism in the Administrative State," *Georgetown Law Journal* 100 (2011).

38. Williams and Conley, "Emerging Third Way."

39. Williams and Conley, "Emerging Third Way." 두 저자는 정부가 이 접근법의 정식 채택을 고려하면서 거친 우여곡절 많은 역사를 기술한다. 그 이후의 역사를 보려면 Rachel Sanderson, "OFR Reinstated," *Financial Times*, May 24, 2010, http://www.ft.com/intl/cms/s/0/013915e8-66cb-11df-aeb1-00144feab49a.html#axzz2r4rXLhGO 참조.

40. 예를 들어 "Are American Investors Warming Up to ESG?" Callan, October 2013, http://www.callan.com/research/download/?file=charticle%2Ffree%

2F745.pdf 참조. 이 관계에 대한 최근의 고찰을 보려면 Gordon L. Clark and Michael Viehs, "The Implications of Corporate Social Responsibility for Investors: An Overview and Evaluation of the Existing CSR Literature," August 17, 2014, available at SSRN: http://ssrn.com/abstract=2481877 참조.

41. Williams and Conley, "Emerging Third Way"에서 재인용.

42. "The Six Principles," Principles for Responsible Investment, http://www.unpri.org/about-pri/the-six-principles/. 책임투자원칙(PRI)에 가입한 기관은 일부 대형 기금과 자산운용사를 포함해 1000곳이 넘는다. 2014년 4월에는 하버드대학이 330억 달러 기금과 함께 PRI에 가입했다(http://news.harvard.edu/gazette/story/2014/04/harvard-to-sign-on-to-united-nations-supported-principles-for-responsible-investment/). 기관투자가들이 ESG 요소를 얼마나 고려하는지는 불확실한 문제이며 유동적일 수 있다. 예를 들어 "Despite Hype, International ESG Demand Falters," *Fundfire*, http://www.fundfire.com/c/839374/74944?referrer_module=SearchSubFromFF&highlight=Callan 참조.

43. Lifestyles of Health and Sustainability, http://www.lohas.com/.

44. Natural Marketing Institute (NMI)가 작성한 보고서; S. French and G. Rogers, "LOHAS Market Research Review: Marketplace Opportunities Abound," *LOHAS Journal* (2005), online: http://www.lohas.com/lohas-journal 참조.

45. Lynn Paine, Rohit Deshpandé, Joshua D. Margolis, and Kim Eric Bettcher, "Up to Code: Does Your Company's Conduct Meet World-Class Standards?" *Harvard Business Review* 83 (2005): 122–33.

46. "Principles for Business," Caux Round Table, http://www.cauxroundtable.org/index.cfm?menuid=8; "Guidelines for Multinational Corporations," OECD, http://www.oecd.org/corporate/mne/; United Nations Global Compact, http://www.unglobalcompact.org/; "Statement of Principles and Recommended Corporate Practices to Promote Global Health," Interfaith Center on Corporate Responsibility, http://www.iccr.org/iccrs-statement-principles-and-recommended-corporate-practices-promote-global-health-0.

47. Paine, *Value Shift*, 61. 페인은 이 두 영역을 '경제적 이점'과 '윤리적 책무'라고 일컫는다.

48. "기업이 CSR에 열의를 보이는 주된 동인은 기업이 활동하는 지역사회를 개선하고자 하는 바람이 아니다. 그보다 기업들은 자사의 평판, 그들을 겨냥한 공공 캠페인이 초래할 잠재적 손해, 그리고 다른 무엇보다 수익 확대를 달성하고자 하는 바람과 반드시 달성해야 할 의무에 관심이 있다." "Behind the Mask: The Real Face of

Corporate Social Responsibility," *Christian Aid*, August 2000, http://www.st-andrews.ac.uk/media/csear/app2practice-docs/CSEAR_behind-the-mask.pdf.

49. Henderson, *Misguided Virtue*, 66, 124.

50. Paine, *Value Shift*, 12, 20, 41, 53, 67, 116, 142.

51. Michael Porter and Mark Kramer, "Creating Shared Value," *Harvard Business Review*, January 2011.

52. Rick Cadman and Derek Bildfell, "Putting Shared Value into Practice," *Stanford Social Innovation Review*, December 4, 2012, http://www.ssireview.org/blog/entry/putting_shared_value_into_practice.

53. Ibid.

54. Ibid.

55. "Concrete Actions for a Real Transformation of Africa's Agriculture," YARA, May 21, 2013, http://www.yara.com/media/news_archive/grow_africa_investment_forum_2013.asp.

56. Ibid.

57. John Elkington, "Don't Abandon CSR for Creating Shared Value Just Yet," *Guardian*, May 25, 2011, http://www.theguardian.com/sustainable-business/sustainability-with-john-elkington/corporate-social-resposibility-creating-shared-value; Michael Sadowski, "What's 'New' about Creating Shared Value?" *SustainAbility blog*, April 5, 2011, http://www.sustainability.com/blog/what-s-new-about-creating-shared-value#.VOtffaPTmAY; "Oh, Mr. Porter," *Economist*, May 10, 2011, http://www.economist.com/node/18330445; Thomas Beschorner, "Creating Shared Value: The One Trick Pony Approach," *Business Ethics Journal Review* 17 (2013): 106–12.

58. Paine, *Value Shift*, 135, 141.

59. David Engel, "An Approach to Corporate Social Responsibility," *Stanford Law Review* 32 (1979): 1. 그는 기업이 위반 행위를 자발적으로 밝혀서는 안 된다고도 주장했다. 이런 입장을 견지한 사람은 엥겔뿐만이 아니다. Frank H. Easterbrook and Daniel R. Fischel, "Antitrust Suits by Targets of Tender Offers," *Michigan Law Review* 80 (1982): 1155–77 참조.("최적의 제재라는 개념은 경영자들이 규칙을 위반하는 것이 이득이 될 때는 규칙을 위반할 수 있을 뿐 아니라 위반해야 한다는 추정을 토대로 한다"); id. at 1168n36 (같은 주장을 하되 본래적 범죄 사례는 무시); Daniel R. Fischel, "The Corporate Governance Movement," *Vanderbilt Law*

Review 35 (1982): 1259-71—이 모두를 논한 글은 Elhauge, "Sacrificing Corporate Profits in the Public Interest," at 756ff. 오늘날의 일부 독자는 이러한 견해를 법과 경제학 운동의 청년기 단계가 거칠게 발현된 것으로 치부해버리고 싶을 수도 있겠지만, 이들은 풍부한 사상을 지닌 저자들이 내놓은 결과물로서 마땅히 그 진가에 따라 고찰되어야 한다.

60. 예를 들어 입법부는 일정한 한계값 미만으로 오염을 줄이면 가치가 큰 산업에 과중한 부담을 지우게 될 것이라고 생각할 수 있다.

61. Engel, "An Approach to Corporate Social Responsibility," 45.

62. Ibid., 44.

63. 주주는 유한 책임을 진다—주로 투자시장 활성화를 위해—는 사실이 기업(실제로 여러 가지 목적에서 가설인으로 여겨진다)에는 비슷한 의무가 없다는 것을 의미하지는 않는다—이 문제는 뒤에서 좀더 길게 다뤄볼 것이다. 시민연합(Citizens United) 사건에 대해 어떤 견해를 갖고 있든 수정 헌법 제1조의 권리를 기업에 아낌없이 부여한 대법원의 결정은 본문에 나온 주장을 강화할 뿐이다.

64. "많은 운전자가 일상적으로 과속을 하는 것은 속도위반은 진짜 범죄에 해당하지 않는다는 오래된 사회 규범 때문이다." Tom Vanderbilt, "A Psychological Speed Limit: How the Power of Suggestion Can Slow Speeding Drivers," *New York Times*, August 14, 2014, http://www.nytimes.com/2014/08/15/opinion/how-the-power-of-suggestion-can-slow-speeding-drivers.html?hpw&action=click&pgtype=Homepage&version=HpHedThumbWell&module=well-region&region=bottom-well&WT.nav=bottom-well&_r=1.

65. David Henderson, *Misguided Virtue*, 22. 아이러니하게도 엥겔의 주장은 별문제 없이 빠져나갈 수만 있으면 기업의 경영자가 주주에 대한 의무를 위반해도 된다는 의미로 이해될 수도 있다.

66. Ibid., 309.

67. Elhauge, "Sacrificing Corporate Profits in the Public Interest," 783ff. M. Todd Henderson and Anup Malani, "Corporate Philanthropy and the Market for Altruism," *Columbia Law Review* 109 (2009): 571-628 참조.

68. 그는 다음과 같이 적고 있다. "기업의 자선 기부금 공제제도에 관한 법률을 고려해볼 때 이해관계자들은 직접 하는 것보다 기업이 기부하게 함으로써 자신이 선호하는 자선단체에 더 많이 기여할 수 있는데, 그렇게 함으로써 다른 경우라면 법인세로 지불되었을 금액을 기부로 돌릴 수 있기 때문이다." Milton Friedman, *Capitalism and Freedom* (University of Chicago Press, 2002). 이 방법이 실제로 조세 이득을 제공하는지의 여부와 그 제공 시기는 여기서 다루는 내용과는 무관한 다양한 상황

에 달려 있다.

69. "Shareholder-Designated Contributions Program Commonly Asked Questions," Berkshire-Hathaway, Inc., http://www.berkshirehathaway.com/sholdqa.html. 버크셔 해서웨이는 기부금 중 일부가 가족계획연맹(Planned Parenthoold)을 비롯한 낙태권 지지단체들에 전달된 것에 대한 항의를 받고 2003년 이 프로그램을 폐지했다. "Berkshire Hathaway Drops Charitable Giving Program," *Philanthropy News Digest*, July 8, 2003, http://www.philanthropynewsdigest.org/news/berkshire-hathaway-drops-charitable-giving-program.

70. 하지만 이에 동의할 수 없는 사람은 "애플 주식을 팔고 나가라"는 쿡의 발언은 이러한 통지를 받지 못한 기존 주주들의 이익에는 호응하지 못한다.

71. "B Corporation," http://www.bcorporation.net 참조.

72. "Method Products, PBC," B Corporation, http://www.bcorporation.net/community/method-products-pbc.

73. Elhauge, "Sacrificing Corporate Profits in the Public Interest," 748.

74. Ibid., 740.

75. Ibid., 758-59.

76. David Henderson, *Misguided Virtue*, 22.

77. Michael Jensen, "Value Maximization, Stakeholder Theory, and the Corporate Objective Function," *Journal of Applied Corporate Finance* 14 (2005): 304. 대형 할인 유통업체 2곳의 직원 임금과 소비자가격 간의 절충에 대한 분석을 보려면 Megan McArdle, "Why Wal-Mart Will Never Pay Like Costco," *Bloomberg View*, August 27, 2013, http://www.bloombergview.com/articles/2013-08-27/why-walmart-will-never-pay-like-costco 참조.

78. 법인 인가서의 특권이나 주주의 유한책임이 도덕적 의무를 수반한다고 주장해서 무슨 이득이 있을지 잘 모르겠다. 설령 주주가 책임으로부터 자유롭지 않다고 해도 본문의 주장은 성립한다.

79. James P. Hawley and Andrew T. Williams, *The Rise of Fiduciary Capitalism: How Institutional Investors Can Make Corporate America More Democratic* (Philadelphia: University of Pennsylvania Press, 2000); John Rodgers, "A New Era of Fiduciary Capital? Let's Hope So," *Enterprising Investor*, April 28, 2014, http://blogs.cfainstitute.org/investor/2014/04/28/a-new-era-of-fiduciary-capitalism-lets-hope-so/ 참조.

80. Paine, *Value Shift*, 91, 130 참조.

81. Friedman, "*The Social Responsibility of Business Is to Increase Its Profits.*"

82. Paine, *Value Shift*, 145. 다음도 참조. Peter French, "The Corporation as a Moral Person," *American Philosophical Quarterly* 16 (1979): 207-15.

83. Paine, *Value Shift*, 155.

84. 본문의 전반적인 논지에도 불구하고 기업의 경영자가 일명 러니드 핸드(Learned Hand) 공식을 적용했을 때 기업이 과실에 대한 민사 책임을 지는 상황을 피하기 위해 비용-편익 분석을 실시하는 것은 타당할 수도 있다. 핸드 판사의 공식에서 예방 조치를 취하는 데 드는 비용이 원고가 입은 상해 피해액와 상해를 입을 확률을 곱한 값보다 적을 경우 피고에게는 주의 의무를 다하지 못한 과실이 있다. *United States v. Carroll Towing Co.*159 F.2d 169 (2d. Cir. 1947).

85. Paine, *Value Shift*, 203ff.

86. Richard Cyert and James G. March, *A Behavioral Theory of the Firm* (Oxford: Blackwell, 1992), 41-44 참조. 이 장에서 다루는 문제들과 슬랙의 개념을 연결지은 조 그런드페스트에게 감사한다.

87. Heineman Jr., *High Performance with High Integrity*, 136-37.

88. 유감스럽게도 물론 기업들은 수익을 감소시키는 건강, 안전, 근로 환경, 환경 관련 규제로부터 업계를 보호하기 위해 로비를 하는 경우가 많다.

89. Adam Krantz, "Increased Investment & Collaboration Offer Solution to Water Quality Calamities," *NACWA*, August 4, 2014, http://www.nacwa.org/index.php?option=com_content&view=article&id=2011&Itemid=49; "Nutrient Management," Watershed Agricultural Council, http://www.nycwatershed.org/ag_nutrient-management.html 참조.

90. *Trop v. Dulles*, 356 U.S. 86, 101 (1958).

91. *Coker v. Georgia*, 433 U.S. 584 (1977).

92. *Penry v. Lynaugh*, 492 U.S. 302 (1989).

93. *Atkins v. Virginia*, 536 U.S. 304 (2002).

94. *Rochin v. California*, 342 U.S. 165 (1952).

95. Harry H. Wellington, "Common Law Rules and Constitutional Double Standards: Some Notes on Adjudication," *Yale Law Journal* 221 (1973).

96. Ibid., 35.

97. John Hart Ely, *Democracy and Distrust: A Theory of Judicial Review* (Cambridge, MA: Harvard University Press, 1981), 64.

98. Laura D'Andrea Tyson, "The Challenges of Running Responsible Supply Chains," *New York Times*, February 7, 2014, http://economix.blogs.nytimes.

com/2014/02/07/the-challenges-of-running-responsible-supply-chains/?_
php=true&_type=blogs&_r=1.

99. "History," Fair Labor Association, http://www.webcitation.org/5eyxjUuNX. 보
다 적극적인 행동주의를 표방한 노동자 권리 컨소시엄(Worker Rights Consortium,
http://www.workersrights.org/)도 비슷한 시기에 설립되었으며, 노동 착취 기업에
반대하는 학생연합(United Students against Sweatshops, http://usas.org/) 같은
새로운 단체들이 등장해 공정노동협회를 압박했다.

100. "Participating Companies," Fair Labor Association, http://www.fairlabor.org/
affiliates/participating-companies?page=3.

101. "About the Alliance for Bangladesh Worker Safety," Alliance for Bangladesh
Worker Safety, http://www.bangladeshworkersafety.org/about/about-the-
alliance.

102. 공급망 문제에 대한 탁월하고 포괄적인 분석을 보려면 Margaret Levi,
Christopher Adolph, Daniel Berliner, Aaron Erlich, et al., "Aligning Rights and
Interests: Why, When and How to Uphold Labor Standards," in *World
Development Report 2013* (World Bank, 2013) 참조.

103. 이 차이에 관한 논의를 보려면 Lynn S. Paine, Rohit Deshpandé, and Joshua D.
Margolis, "A Global Leader's Guide to Managing Business Conduct," *Harvard
Business Review* 89 (2011) 참조.

104. *Rochin v. California*.

105. Bill Vlasic, "GM Ignitions Switch Internal Recall Investigation Report," *New
York Times*, June 5, 2014, http://www.nytimes.com/2014/06/06/business/
gm-ignition-switch-internal-recall-investigation-report.html.

106. 그동안 밝혀진 전후 사정을 보면 제너럴 모터스가 정보를 공개하지 않은 것은 최
고 경영진이 의도적으로 판단한 결과가 아니라 그 아래 직원들의 연이은 판단, 행동
부재, 의사소통 부족이 원인이 되었던 것으로 보인다. Jerry Hirsch, "GM Fires 15 at
Top Levels; Report on Ignition Switches 'Brutally Tough,'" *Los Angeles Times*,
June 5, 2014, http://www.latimes.com/business/autos/la-fi-gm-firings-
20140605-story.html; Ben Klayman, "GM Top Executives Spared in Internal
Report on Safety Failure," *Reuters*, June 5, 2014, http://www.reuters.com/
article/2014/06/05/us-gm-recall-idUSKBN0EG1KI20140605 참조. 벤 하이네만의
표현을 빌리자면 제너럴 모터스는 진실성 문화를 유지하지 못했다.

107. Paine, *Value Shift*, 225, 233.

108. W. Kip Viscusi, "Corporate Risk Analysis: A Reckless Act?" *Stanford Law*

Review 547 (2000) 참조.

109. 본문의 분석은 소유주와 기타 이해관계자들이 다양하고 분산되어 있는 대규모 다국적 기업에 초점을 맞추었다. 소유주와 기타 이해관계자들이 주로 한 지역에 집중된 기업의 경영자들은 지역 규범을 참조하는 것이 타당할 수 있다는 점을 언급해 둘 만하다. 예를 들어 중국인 투자자들이 주주이고 주로 중국에서 활동하는 기업의 경영자인 경우를 생각해보자. 이 경영자는 다국적 기업의 경영자와는 다른 준거 집단들에 의지하겠지만 그가 수행하는 조사의 기본적인 속성은 앞에서 제시한 내용과 별반 다르지 않을 것이다.

110. 역설적으로 들리겠지만 경영자가 공공 규범의 강제가 있을 때만 절충을 고려한다면 그 규범이 가진 영향력 자체가 애초에 절충이 필요 없는 상황을 가져올 수 있다. 그 규범을 준수하는 것이 영향력 있는 이해관계자들의 긍정적인 인식을 유지함으로써 기업 가치를 극대화하는 데 필수적인 요소가 될 수 있기 때문이다.

111. Bruce Japsen, "CVS Stops Tobacco Sales Today, Changes Name to Reflect New Era," *Forbes*, September 3, 2014, http://www.forbes.com/sites/brucejapsen/2014/09/03/cvs-stops-tobacco-sales-today-changes-name-to-reflect-new-era/.

112. Sarah Kliff, "CVS to Stop Selling Cigarettes by Oct. 1," *Washington Post*, February 5, 2014, http://www.washingtonpost.com/blogs/wonkblog/wp/2014/02/05/why-cvs-thinks-it-can-win-big-by-ending-cigarette-sales/.

113. 이런 정책을 채택한 약국체인업체는 없지만 개별 약사들이 응급 피임약 판매를 거부한 사례는 있다. Tara Culp-Ressler, "Walgreens Will Update Its Contraception Policy after Pharmacists Refused to Sell Plan B to Men," *Think Progress*, January 24, 2013, http://thinkprogress.org/health/2013/01/24/1489081/walgreens-contraception-policy/ 참조. 유사한 예로 버웰 대 호비로비(Burwell v. Hobby Lobby Stores, Inc.) 사건의 대법원 판결을 생각해보자. 이 판결은 주주들의 신념에 따라 폐쇄형 기업은 낙태용으로 여겨지는 자궁 내 피임기구와 기타 피임제에 대한 직원들의 부담액을 회사가 지불하도록 규정한 적정부담보험법(Affordable Care Act)의 요건에서 면제된다는 내용이었다. 대법원은 피임제 사용이 자신들의 종교적 신념에 어긋난다고 믿는 가족 구성원들에게 소유가 집중되어 있는 기업과 관련된 사건에서 어렵지 않게 주주 규범을 결정했지만, 다수의 사람들은 과연 "혈연관계가 아닌 주주들—각기 나름의 이해관계자들이 있는 기관투자가들을 포함해—이같은 종교적 신념에 따라 기업을 운영하는 데 동의"할지 의심스러워했다.

114. Andrew C. Wicks, R. Edward Freeman, Patricia H. Werhane, and Kirsten E. Martin, *Business Ethics: A Managerial Approach* (Pearson, 2010), part 1; Sara

Louise Muhr, Bent Meier Sorensen, and Steen Vallentin, *Ethics and Organizational Practice: Questioning the Moral Foundations of Management* (Edward Elgar, 2010) 참조.

115. *Burwell v. Hobby Lobby Stores, Inc.*

116. Paul Brest and Linda Krieger, *Problem Solving, Decision Making, and Professional Judgment: A Guide for Lawyers and Policymakers* (Oxford: Oxford University Press, 2010), chap. 19 전반적으로 참조.

117. 둘의 차이를 보여주는 예를 들자면 내가 '공기가 맑은 날'에 바비큐용 그릴을 사용했다면 나는 사회 구성원으로서 나의 시민적 혹은 도덕적 책임을 다하지 못한 것이다. 하지만 만약 내가 자선 목적의 달리기 대회에 나가지 않았거나 (아니면 전형적인 예로) 길을 건너는 할머니를 도와드리지 않았다면 인정머리 없다고 비난받을 수는 있어도 의무를 이행하지 않았다고 비난받을 수는 없다.

118. 아마도 대부분의 기업 규약이 자선 기부를 명시적으로 허용하는 것은 바로 이런 이유 때문일 것이다. Elhauge, "Sacrificing Corporate Profits in the Public Interest" 참조.

119. 어쩌면 경영자의 보수에는 기업 필란트로피를 통해 개인의 이타주의적 이익을 추구할 수 있는 재량권이 포함되어 있을 수도 있다. 하지만 그것은 다른 문제이다.

6장

1. 이 장은 우리가 사는 자선 세계의 자선을 관장하는 조세 규정의 영향을 언급하지만, 미국 사회에서 자선단체가 담당하고 있는 중추적 역할로 인해 이러한 규정의 영향은 훨씬 더 광범위하다. 주로 정부의 직접 지출을 통해 교육, 보건, 과학 연구, 예술, 사회안전망에 자금을 지원하는 다른 많은 국가들과 달리 미국은 대개 정부가 세제 혜택―가장 두드러지는 예로 자선단체에 대한 세금 감면과 자선 기부금에 대한 세액 공제―을 통해 간접적으로 보조하는 민간 기부를 통해 이 중요한 활동들을 지원한다. 이처럼 자선 부문에 대한 의존도가 높은 탓에 미국에서는 다른 국가들에 비해 조세 규정의 형세가 훨씬 더 중요하게 작용한다.

2. Sally Engle Merry, *Getting Justice and Getting Even* (Chicago: University of Chicago Press, 1990).

3. 기부자들이 조언 권한을 유지하는 동안은 기부자 개인의 재무 설계사들에게 관리 수수료 일부가 지급되는 경우가 많다. 그 덕분에 재무 설계사들도 기부자 조언기금의 시류에 합류했다.

4. Charlotte Cloutier, "Donor-Advised Funds in the U.S.: Controversy and Debate," *Philanthropist* 19, no. 2 (2004): 85-108.

5. Form 1023 Application for Recognition of Exemption for Fidelity Investments Charitable Gift Trust (저자가 파일로 소장).

6. 2014년에 발표된 보고서에 따르면 민간재단은 약 8만 4000개, 기부자 조언기금은 21만 7000개였다. "2014 Donor-Advised Fund Report," National Philanthropic Trust, http://www.nptrust.org/daf-report/.

7. 2014 Donor-Advised Fund Report, National Philanthropic Trust, http://www.nptrust.org/daf-report/.

8. Sarah Frostenson "Donor Advised Funds Keep Up Rapid Growth," *Chronicle of Philanthropy*, May 19, 2013.

9. *Durden v. Commissioner*, T.C. Memo. 2012-140 (2012).

10. 기부자 상당수가 전혀 지급하지 않더라도 이처럼 일부 기부자가 기부자 조언기금을 활용함으로써 지원 기관의 총 기부 통계치를 높이는 효과가 있다.

11. 로저 콜린보는 어느 자선 기부금에 대해서든 이 같은 이중 혜택을 제공해야 할지에 대해 의문을 제기했다. Roger Colinvaux, "Charitable Contributions of Property: A Broken System Reimagined," *Harvard Journal on Legislation* 50, no. 293 (2013): 263-329 참조.

12. IRC Section 170. 이 금액을 초과하는 기부금은 최대 5년까지 이월될 수 있다. 그 이후에는 공제를 요청할 수 없다.

13. IRC Section 170(c)(2)(A).

14. Congressional Research Services report at 17.

15. 의회조사국의 기부자 조언기금에 관한 최근 보고서는 다음과 같다. "보조금 권고와 관련해 법률상 기부자는 보조금에 대해 권고만 할 수 있지만 운용기관이 대개 기부자의 조언을 따르기 때문에 실제로는 기부자가 언제 어떻게 기금을 배분할지 결정한다." Congressional Research Services report at 6.

16. Fidelity Charitable Gift Fund fact sheet, http://personal.fidelity.com/myfidelity/InsideFidelity/NewsCenter/mediadocs/charitable_gift_fund.pdf. 선호하는 자선단체를 지원할 '권리'가 아니라 '유연성'을 부여한다는 점에 주목할 필요가 있다.

17. I.R.C. § 4966(d)(2). 기부자 조언기금이라는 용어는 (1) 확인된 단일한 조직이나 정부기관에만 자금을 배분하거나, (2) 이와 관련해 일정 요건이 충족될 경우 기부자가 여행이나 학업 또는 유사한 목적의 보조금에 관해 운용기관에 조언하는 기금이나 계좌는 포함하지 않는다.

18. 어느 기자로부터 들은 이야기에 따르면 실리콘밸리 지역사회 재단에 10억 달러가 기부되었지만 그 계좌에서 나온 보조금 대부분은 해외 수령인들에게 지급되었다.

19. Richard L. Fox, *Recent DAF Cases Raise Issues of Charities Facing Financial Difficulties*, 37 Estate Planning 32, 2010 WL 7817 (2010). 항소심에서 네바다주 대법원은 "스타일스는 피지의 친구들(FOF)에 대한 비제한 기부를 통해 FOF에 해당 기부금의 용도에 대한 그의 권고를 거부할 재량권을 부여했을 때 그 돈에 대한 모든 이익을 포기한 것이다"라고 한 지방법원의 판단이 옳다고 보고 지방법원의 판결을 확정했다. *Friends of Fiji*, 2011 WL at 1. 또한 대법원은 "스타일스가 기부자 조언기금 합의서의 규정에 따라 출연금에 대한 모든 권한과 통제권을 포기했으므로 지방법원이 그 계약의 폐지를 기각한 것 또한 법원의 재량권 범위 내에서 행해진 적법한 처분이다"라고 판결했다.

20. Thomas A. Troyer, "The 1969 Private Foundation Law: Historical Perspectives on Its Origins and Underpinnings," *Exempt Organization Tax Review* 27, no. 1 (January 2000): 52–65 참조. Filer Commission Report도 참조.

21. R. Madoff, C. Tenney, M. Hall, and L. Mingolla, *Practical Guide to Estate Planning-2014 Edition*, at §10.03 (Wolters Kluwer CCH 2013) 참조.

22. 나는 연구조사를 통해 일부 지역사회 재단이 기부자 조언기금 계좌의 자금이 자선단체에 배분될 때마다 자체 구성원들에게 계좌를 다시 채우도록 요구함으로써 이러한 저해 요소가 때로는 조직 전체로 옮아간다는 사실을 알게 되었다.

7장

1. "Bookless Library Offers Glimpse of the Future," *San Francisco Chronicle*, January 5, 2014.

2. Susan Crawford, *Captive Audience: The Telecom Industry and Monopoly Power in the New Gilded Age* (New Haven, CT: Yale University Press, 2013); Susan Crawford, "Failing to Close the Digital Divide," *New York Times*, December 27, 2012, http://www.nytimes.com/roomfordebate/2012/12/27/do-we-still-need-libraries/libraries-struggle-to-close-the-digital-divide; and Erhardt Graeff, 수전 크로퍼드 라이브 블로그 보도 (MIT 미디어랩 연설, March 28, 2013), MIT Center for Civic Media, http://civic.mit.edu/blog/erhardt/susan-crawfords-captive-audience-talk-at-the-mit-media-lab 참조.

3. 운영 데이터와 최종 사용자 정책 등을 설명한 미국 디지털 공공도서관(DPLA) 웹사

이트의 "Policies(정책)" 참조. http://dp.la/info/about/policies/.

4. Peter Hernon and Joseph R. Mathews, eds., *Reflecting on the Future of Academic and Public Libraries* (Chicago: American Library Association, 2013), 3.

5. Joseph Janes, ed., *Library 2020: Today's Leading Visionaries Describe Tomorrow's Libraries* (Lanham: Scarecrow, 2013).

6. Marilyn Johnson, *This Book Is Overdue! How Librarians and Cybrarians Can Save Us All* (New York: Harper Collins, 2010), 3.

7. 모두가 이러한 역사 안에서 도서관이 맡은 역할을 다루지는 않았지만 책과 기술에 관한 역사서는 셀 수 없이 많다. 그중에서도 가장 유용하다고 생각된 책들은 다음과 같다. Henry Petroski, *The Book on the Book Shelf* (New York: Alfred A. Knopf, 1999); Matthew Battles, *The Library: An Unquiet History* (New York: W. W. Norton, 2004); and Nicholas A. Basbanes, *Patience and Fortitude: Wherein a Colorful Cast of Determined Book Collectors, Dealers, and Librarians Go About the Quixotic Task of Preserving a Legacy* (New York: Perennial, 2001).

8. 도서관과 기술의 역사에 관한 결정적이고 중요한 설명을 보려면, Nicholson Baker, *Double Fold: Libraries and the Assault on Paper* (New York: Random House, 2001) 참조.

9. Lawrence W. Towner, "An End to Innocence," in *Past Imperfect: Essays on History, Libraries, and the Humanities* (Chicago: University of Chicago Press, 1993), 202–7.

10. Elisabeth A. Jones, chapter 3, in *Library 2020*, ed. Joseph Janes, 14–24.

11. Kieron O'Hara and Nigel Shadbolt, *The Spy in the Coffee Machine: The End of Privacy as We Know It* (Oxford: OneWorld, 2013), 138–39.

12. Sam Williams, *Free as in Freedom (2.0): Richard Stallman and the Free Software Revolution*, 2nd ed. (Boston: Free Software Foundation, 2010) 참조.

13. 분산 네트워크의 작동 원리를 살펴보려면 Gabriella Coleman, *Coding Freedom: The Ethics and Aesthetics of Hacking* (Princeton, NJ: Princeton University Press, 2010); and Coleman, *Hacker, Hoaxer, Whistleblower, Spy: The Many Faces of Anonymous* (London: Verso, 2014); and Parmy Olsen, *We Are Anonymous: Inside the Hacker World of LulzSec, Anonymous, and the Global Cyber Insurgency* (New York: Little Brown, 2012) 참조.

14. John Palfrey, "Solutions beyond the Law," *New York Times* online, October 1, 2010, http://www.nytimes.com/roomfordebate/2010/09/30/cyberbullying-and-a-students-suicide/palfrey.

15. 2012년 8월 하버드대학 버크만센터 인터넷 법률 상담소와 DPLA 연구팀은 거버넌 스 워킹 그룹(Governance Workstream)을 위해 작성된 "DPLA를 위한 유사 거버넌 스 모델(Analogous Governance Models for the DPLA)"이라는 제목의 제안서를 발표했다. http://blogs.law.harvard.edu/dplaalpha/2012/08/29/new-dpla-research-on-possible-governance-models/.

16. 새로운 제도 유형의 부상을 다룬 존 패짓과 우디 파월의 연구가 핵심이다. John F. Padgett and Walter W. Powell, *The Emergence of Organizations and Markets* (Princeton, NJ: Princeton University Press, 2012) 참조.

17. H. M. Harris, *History of Libraries in the Western World*, 4th ed. (Lanham, MD: Scarecrow, 1999).

18. Basbanes, *Patience and Fortitude*, 89.

19. Battles, *The Library*, 67–68.

20. 2010 회계연도 미국 공공도서관 조사, Institute for Museum and Library Services, 2013, http://www.imls.gov/research/public_libraries_in_the_us_fy_2010_report.aspx.

21. Maeve Duggan, Kristen Purcell, Lee Rainie, and Kathryn Zucker, "How Americans Value Public Libraries in Their Communities," December 2013, Pew Internet and American Life Project, http://libraries.pewinternet.org/2013/12/11/libraries-in-communities/.

22. 국립교육통계센터(National Center for Education Statistics) 자료, 1992–2009, http://nces.ed.gov/programs/digest/d95/dtab412.asp.

23. Carla Hesse, "The Rise of Intellectual Property, 700 B.C.–A.D. 2000: An Idea in the Balance," *Daedalus* (Spring 2002): 26–45 참조.

24. "Gutenberg Society," 2010, Internationale Gutenberg-Gellschaft in Mainz e.V., http://www.gutenberg-gesellschaft.de/gutenberg_society.html.

25. Robert Darnton, "The Library in the New Age," *New York Review of Books*, June 12, 2008.

26. Sidney Verba, "Libraries, Books, Equality—and Google," 보도 자료, Harvard University Libraries, November 17, 2006, http://hul.harvard.edu/hgproject/verba.html.

27. Ibid.

28. Ryan Singel, "Facebook's Zuckerberg Becomes Poster Child for New Privacy Settings," *Wired*, December 11, 2009, http://www.wired.com/business/2009/12/zuckerberg-facebook-privacy/.

29. *Authors Guild Inc. et al vs. Google Inc.* 770 F.Supp.2d 666 (S.D.N.Y. 2011).

30. Mary Rosenberger and Chris Weston, "Overview of the Libraries and Archives Exception in the Copyright Act: Background, History and Meaning." 제108조 연구 그룹(Section 108 Study Group)을 위해 작성된 미발표 논문, April 5, 2005. http://www.section108.gov/papers.html.

31. Hirtle, 저작권청에 제출한 미발표 원고, Rosenberger and Weston, "Overview of the Libraries and Archives Exception," 10에서 재인용.

32. *Williams & Wilkins Co. v. United States*, 487 F.2d 1345 (Ct. Cl. 1973).

33. Rosenberger and Weston, "Overview of the Libraries and Archives Exception."

34. Siva Vaidhyanathan, "The Googlization of Everything and the Future of Copyright," *UC Davis Law Review* 40, no. 3 (2006): 1222–23 참조.

35. 도서관저작권연맹(Librarians Copyright Alliance), 전자 프런티어 재단(Electronic Frontier Foundation), 미국도서관협회(American Library Association), 대학·연구 도서관협회(Association of College and Research Libraries), 북미연구도서관협회 (Association of Research Libraries)는 구글을 지지하는 법정 의견서를 제출했다.

36. *Authors Guild Inc. et al. v. Google Inc.*, 770 F.Supp.2d 666 (S.D.N.Y. 2011) p. 13.

37. Ibid., 9–12.

38. 구체적인 예로 "Libraries Applaud Dismissal of Google Book Search Case," Library Copyright Alliance, 보도 자료, November 14, 2013, http://www.librarycopyrightalliance.org/bm~doc/lca_googledismissalrelease_11142013_final.pdf; and "Court Upholds Legality of Google Books: Tremendous Victory for Fair Use and the Public Interest," Electronic Frontier Foundation, November 14, 2013, https://www.eff.org/deeplinks/2013/11/court-upholds-legality-google-books-tremendous-victory-fair-use-and-public 참조.

39. 미국작가조합의 회장 폴 에이컨의 성명서, November 14, 2013, http://www.authorsguild.org/general/round-one-to-google-judge-chin-finds-mass-book-digitization-a-fair-use-guild-plans-appeal/ 참조.

40. Robert Darnton, "A Library without Walls," *New York Review of Books*, October 4, 2010, http://www.nybooks.com/blogs/nyrblog/2010/oct/04/library-without-walls/.

41. DPLA 형성 과정에서 나온 역사적 기록, http://dp.la/wiki/Sign_On; 앨프리드 P. 슬론 재단의 2010 990-PF에 담긴 보조금 정보.

42. 단턴의 개회사는 다음과 같이 발표되었다. Darnton, "A Library without Walls."

On October 28, 2010, 〈뉴욕 리뷰 오브 북스〉는 "우리는 국가 디지털도서관을 구축할 수 있을까?"라는 같은 주제로 단턴의 전체 기사를 실었다.

43. Darnton, "A Library without Walls"와 http://www.nybooks.com/blogs/nyrblog/2010/oct/04/library-without-walls/에 게재된 온라인 논평; Robert Darnton and Tony Simpson, "Toward the Digital Public Library of America: An Exchange," *New York Review of Books*, November 25, 2010, http://www.nybooks.com/articles/archives/2010/nov/25/toward-digital-public-library-america-exchange/; Robert Darnton and Joseph Raben, "Digital Democratic Vistas," *New York Review of Books*, December 23, 2010, http://www.nybooks.com/articles/archives/2010/dec/23/digital-democratic-vistas/ 참조.

44. *Authors Guild, Inc. v. Google Inc.*

45. Darnton, "The Library in the New Age," *New York Review of Books*, June 12, 2008.

46. 도서관 운영과 기업 운영의 차이에 관한 전체 논의를 보려면 Vaidhyanathan, "The Googlization of Everything", 1207-31 참조.

47. Jonathan Judaken and Justin Willingham, 로버트 단턴과의 인터뷰, October 3, 2013, http://wknofm.org/post/robert-darnton-digitization-books-and-future-libraries-and-publishing.

48. Internal Revenue Code, Chapter 501 Section C, IRS Publication 557, http://www.irs.gov/pub/irs-pdf/p557.pdf.

49. 다양한 기관의 신뢰에 관한 연례 조사는 에델만 신뢰도 지표(Edelman Trust Barometers) 참조. 25개 국가를 대상으로 실시한 에델만 조사 결과 12년 연속으로 비정부기구(NGO)가 정부, 기업, 언론과 비교해 가장 신뢰받는 기관으로 나타났다. http://trust.edelman.com/trusts/trust-in-institutions-2/ngos-remain-most-trusted/.

50. Ibid.

51. "Policies," February 15, 2014, Digital Public Library of America, http://dp.la/info/about/policies/.

52. DPLA, "Sign On," April 18, 2013, http://dp.la/wiki/Sign_On. 위키스(Wikis)는 흥미로운 역사적 분석을 보여준다. 누가 언제 무슨 글을 썼는지, 누가 게재했는지 추적할 수 있게 되어 있다. 모든 회의의 회의록이 위키에 게재되었는지는 확실치 않은데, 회의록을 작성하지 않아서인지 게재하지 않아서인지 정확히 알 수 없다.

53. Ibid.

54. http://dp.la/wiki/Governance#Important_insights_from_Commons_Research

와 http://dp.la/wiki/What_models_already_exist_in_other_national_initiatives 등 위키 아카이브의 다양한 페이지 참조. 위키를 운영 체계로 볼 수 있는지에 대해 논의가 이루어졌다.

55. DPLA West 콘퍼런스는 2012년 4월 12일 샌프란시스코 인터넷 아카이브에서 열렸다. 발표자 전체 명단은 온라인에서 확인 가능하다. http://dp.la/info/get-involved/events/dplawest/speakers/.

56. DPLA, "Steering Committee," October 26, 2012, http://dp.la/wiki/Steering_Committee.

57. Paula Wasley, "National Endowment for the Humanities Announces Award to Build 'Library of the Future,'" July 26, 2012, National Endowment for the Humanities, http://www.neh.gov/news/press-release/2012-07-26-0.

58. Mamie Bittner and Kenny Whitebloom, "IMLS Awards $250,000 to the Digital Public Library of America for Digital Hubs Pilot Program," September 13, 2012, Institute of Museum and Library Services, http://www.imls.gov/imls_awards_250000_to_the_digital_public_library_of_america_for_digital_hubs_pilot_program.aspx.

59. Dan Cohen, 공개서한, April 18, 2013, http://cyber.law.harvard.edu/events/2013/04/dpla.

60. DPLA, 2014년 1월 14일 이사회 회의 기록, DPLA Board of Directors, http://dp.la/info/2014/01/10/january-14-2014-board-of-directors-call/.

61. 2014년 6월 19일 존 팰프리와의 저자 인터뷰.

62. DPLA, "DPLA Committees," http://dp.la/info/about/who/committees/.

63. Ibid.

64. DPLA, 2014년 1월 14일 이사회 회의 기록, DPLA Board of Directors, http://dp.la/info/2014/01/10/january-14-2014-board-of-directors-call/.

65. "The Nation's Largest Libraries: A Listing by Volumes Held," October 2012, American Library Association, http://www.ala.org/tools/libfactsheets/alalibraryfactsheet22.

66. DPLA, "Hubs," http://dp.la/info/about/hubs/.

67. DPLA, "Become a Hub," http://dp.la/info/get-involved/partnerships/ 참조.

68. Robert Darnton, "Google and the New Digital Future," *New York Review of Books*, December 17, 2009.

69. Ibid.

70. DPLA, 2011, "Legal Issues," http://dp.la/wiki/Legal_Issues.

71. Michael Specter, "The Gene Factory," *New Yorker*, January 6, 2014.

72. Dan Cohen, "Getting It Right on Rights: Simplifying, Harmonizing, and Maximizing the Openness of Rights in Digital Libraries around the World," March 18, 2014, Knight News Challenge, https://www.newschallenge.org/ challenge/2014/submissions/getting-it-right-on-rights-simplifying-harmonizing-and-maximizing-the-openness-of-rights-in-digital-libraries-around-the-world.

8장

1. Robert D. Cooter, "The Donation Registry," *Fordham Law Review* 72, no. 5 (2004): 1981–89.

2. Michael Walzer, "Communal Provision," in *Spheres of Justice* (New York: Basic Books, 1983).

3. James Andreoni, "Impure Altruism and Donations to Public Goods: A Theory of Warm-Glow Giving," *Economic Journal* 100, no. 401 (1990): 464–77.

4. 토머스 네이글(Thomas Nagel)이 *The View from Nowhere* (New York: Oxford University Press), 159에서 이 주장을 펼친다. 초기의 원형을 보려면 Derek Parfit, *Reasons and Persons* (Oxford: Clarendon, 1984) 참조. 이 특징을 다룬 중요한 저작들은 다음과 같다. James Dreier, "Structures of Normative Theories," *Monist* 76 (1993): 22–40; James Dreier, "Accepting Agent Centered Norms," *Australasian Journal of Philosophy*, 74: 409–22; and P. Hurley, "Agent-Centered Restrictions: Clearing the Air of Paradox," *Ethics* 108, no. 1 (1997): 120–46.

5. James Andreoni, "An Experimental Test of the Public-Goods Crowding-Out Hypothesis," *American Economic Review* 83, no. 5 (1993): 1317–27.

6. Jean Hampton, "Free-Rider Problems in the Production of Collective Goods," *Economics and Philosophy* 3 (1987): 245–47.

7. 당신의 국가가 분배 원칙을 이행해야 할 특별한 이유는 제시되지 않았다는 점에 주목하자. 그러므로 또다른 실증적 주장—즉 당신의 국가가 행동하지 않는다면 다른 국가들이 이러한 원칙을 이행하기 위해 노력할 것이라고 확신할 수 없다—을 제시하는 세번째 전제가 안에 숨어 있다.

8. Walzer, *Spheres of Justice*, 68–70.

9. John Stuart Mill, *The Collected Works of John Stuart Mill*, ed. J. M. Robson, vol. 3,

The Principles of Political Economy, Part II [1848] (Toronto: University of Toronto Press; London: Routledge and Kegan Paul, 1963–1991), chap. 11, §9, http://oll.libertyfund.org/titles/mill-the-collected-works-of-john-stuart-mill-volume-iii-principles-of-political-economy-part-ii.

10. "G. A. Cohen on the Inequality of Wealth," G. A. 코언 인터뷰, by Nigel Warburton and David Edmonds, *Philosophy Bites, December 23, 2007*, http://philosophybites.com/2007/12/ga-cohen-on-ine.html.

11. G. A. Cohen, *Rescuing Justice and Equality* (Cambridge, MA: Harvard University Press, 2008), 375.

12. Philip Pettit, *On the People's Terms: A Republican Theory and Model of Democracy* (Cambridge, UK: Cambridge University Press, 2012), 112.

13. T. M. Scanlon, "Plural Equality," in *Reading Walzer*, ed. Yitzhak Benbaji and Naomi Sussmann (New York: Routledge, 2014), 183.

14. Michael Sandel, *Liberalism and the Limits of Justice* (Cambridge, UK: Cambridge University Press, 1998), 94.

15. Walzer, *Spheres of Justice*, 65.

16. 잘 알려진 공적 기부가 필란트로피스트에게 주는 신중함의 이득은 제쳐놓고 이야기하는 것이다. 더 자세한 논의는 Horvath and Powell, 이 책의 4장 참조.

17. Sandel, *Liberalism and the Limits of Justice*, 94.

18. Robert Nozick, *Philosophical Meditations* (New York: Touchstone Books, 1989), 287. 존 롤스(John Rawls)는 복지의 맥락에서 이러한 우려를 표한다. "스스로를 건사해야 하는 여성과 아동의 경제적 지위는 불안정한 경우가 많다. [이 같은 취약성을] 허용하는 사회는 여성 평등은 고사하고 여성에 대해서나 심지어 사회의 미래를 책임질 아동에 대해서도 신경쓰지 않는다. 과연 이것이 정치적 사회이기는 한가?" John Rawls, *Justice as Fairness: A Briefer Restatement* (Boston: Harvard University Press, 1990), 167.

19. Joseph Stiglitz, "Markets, Market Failures and Development," *American Economic Review* 79, no. 2 (May 1989): 197–203.

20. 표현적인 주장이 이런 유의 역할을 할 만큼 강력할지는 의문이지만 그 문제는 열어놓기로 하자.

21. 칸트의 "국민 전체의 대리자."

22. 이는 기본적 필요의 개념과 국가 공급이라는 개념 간에 독립적인 연결고리가 없다는 로버트 구딘(Robert Goodin)의 견해에 이의를 제기한다. Goodin's *Reasons for Welfare* (Princeton, NJ: Princeton University Press, 1988), 27–50 참조.

23. Thomas Nagel, "Individual and Collective Responsibility," *Fordham Law Review* 72, no. 5 (2004): 2018.

24. 이것과 이마누엘 칸트의 위임론을 대조해보자. *The Metaphysical Elements of Justice*, W326 (Ladd trans., p. 93) 참조: "시민들의 일반 의지에 따라…… 정부는 부유층으로 하여금 가장 필수적인 필요를 스스로 제공할 수 없는 이들에게 생계유지 방편을 의무적으로 제공하게 할 권한을 위임받았다."

25. A. J. Julius, "Nagel's Atlas," *Philosophy and Public Affairs* 34, no. 2 (March 2006): 176–92.

26. Susan Moller Okin, *Justice, Gender, and the Family* (New York: Basic Books, 1991); G. A. Cohen, *Rescuing Justice and Equality* (Cambridge, MA: Harvard University Press, 2009); David Estlund, "Debate: Liberalism, Equality, and Fraternity in Cohen's Critique of Rawls," *Journal of Political Philosophy* 6, no. 1 (1998) 참조.

27. Cohen, *Rescuing Justice and Equality*, 375.

28. Seana Valentine Shiffrin, "Incentives, Motives, and Talents," *Philosophy & Public Affairs* 38, no. 2 (2010): 112.

29. A. J. Julius, "Basic Structure and the Value of Equality," *Philosophy & Public Affairs* 31, no. 4 (October 2003): 348.

30. F. Scott Fitzgerald, *The Great Gatsby* (London: Cambridge University Press, 1991), 239.

31. D. Kahneman and J. L. Knetsch, "Valuing Public Goods: The Purchase of Moral Satisfaction," *Journal of Environmental Economics and Management* 22 (1992): 57–70.

32. James Andreoni, "Impure Altruism and Donations to Public Goods: A Theory of Warm-Glow Giving," *Economic Journal* 100, no. 401 (June 1990): 464–77.

33. James Andreoni, "An Experimental Test of the Crowding-Out Hypothesis," *The American Economic Review* 83, no. 5 (December 1993), 1317–27.

34. 문제: 판데이크와 빌케는 공공재 공급을 부를 재분배할 수 있는 간접적인 기회로 보고 다음과 같이 주장한다. "이 기회에 주목하지 않는 데는 어쩌면 지금까지 대부분의 실험 연구가…… 집단 구성원들이 공공재에 기부할 기금을 똑같은 양만큼 보유한 상황에 집중했다는 사실이 작용했을 수 있다." E. Van Dijk and H. Wilke, "Asymmetry of Wealth and Public Good Provision," *Social Psychology Quarterly* 57 (1994): 352–59.

35. Jennifer Steinhauer, "A Billionaire Philanthropist in Washington Who's Big on 'Patriotic Giving,'" *New York Times*, February 20, 2014.

36. Nagel, "Individual and Collective Responsibility," 2018.

37. Lyndsey Layton, "How Bill Gates Pulled Off the Swift Common Core Revolution," *Washington Post*, June 7, 2014.

38. Will Kymlicka, "Altruism in Philosophical and Ethical Traditions: Two Views," in *Between State and Market: Essays on Charities Law and Policy in Canada*, ed. Bruce Chapman, Jim Phillips, and David Stevens (Montreal: McGill-Queen's University Press, 2001), 115.

39. Nozick, *Philosophical Meditations*, 288.

9장

1. 나는 예술적·지적 추구, 종교적 재화, 아마추어운동 등을 포괄하는 매우 느슨한 의미로 '문화사업'이라는 용어를 사용한다.

2. 이 논거의 구조는 이 책 앞부분에서 롭 라이히가 재단에 대해 제시한 논거와 어느 정도 유사성을 지닌다.

3. 문화 체계에 대한 지원을 필란트로피에 의존하는 방식의 한 가지 문제점은 그것이 특히 거액을 기부할 수 있는 자원을 보유한 이들의 필요와 이익에 부응하는 일련의 선택지를 만들어낸다는 데 있다. 다른 지면에서 나는 이러한 우려 사항을 부분적으로 개선할 방법을 제안한 바 있다(Pevnick, "Democratizing the Nonprofit Sector," *Journal of Political Philosophy* 21, no. 3 [2013]: 260–82).

4. 정치적 절차를 민주주의 규범에 더 부합하게 만드는 것이 목표인 파괴적 필란트로피에 관한 논의를 보려면 이 책 4장의 호바스와 파월 참조.

5. 비영리 부문과 사회정의 추구 사이의 관계에 대한 논의는 Chiara Cordelli, "The Institutional Division of Labor and the Egalitarian Obligations of Nonprofits," *Journal of Political Philosophy* 20, no. 2 (2012): 131–55 참조.

6. 이러한 사실은 문화적 기부가 기부자가 공적 지원을 해야 할 이유를 제공하지 않는데도 왜 기부자들이 문화적 기부를 추구할 이유가 있는지를 설명하는 데 도움이 될 수 있다.

7. 외부인들과 관련한 고려 사항이 페어플레이의 의무와 어떤 관계가 있는지에 관한 추가적인 논의는 Ryan Pevnick, "Obligations of Fair Play and Foreigners," *Journal of Political Philosophy* 14, no. 2 (2006) 참조.

10장

1. 영국의 교육 지출 삭감 추산액을 보려면 Haroon Chowdry and Luke Sibieta, "Trends in Education and Schools Spending," Institute for Fiscal Studies, October 2011, www.ifs.org.uk/bns/bn121.pdf 참조. 최근의 미국 연방 예산 삭감 내역의 개요를 보려면 The Washington Post Editors, "What's Getting Cut in the FY 2011 Budget?" *Washington Post*, April 13, 2011, http://www.washingtonpost.com/blogs/federal-eye/post/whats-getting-cut-in-the-fy-2011-budget/2011/04/11/AFMIynLD_blog.html 참조. 영국 경찰 인력 감축에 관해서는 Alan Travis, "Police Forces Set to Cut 5,800 Frontline Officers by 2015," *Guardian*, July 2, 2012, http://www.guardian.co.uk/uk/2012/jul/02/police-forces-cut-5800-officers 참조.

2. 롭 라이히의 필란트로피 연구("A Failure of Philanthropy," *Stanford Social Innovation Review* 3, no. 4 [2005]; "Philanthropy and Its Uneasy Relation to Equality," in *Taking Philanthropy Seriously: Beyond Noble Intentions to Responsible Giving*, ed. William Damon and Susan Verducci [Bloomington: Indiana University Press, 2006], 33-49)는 예외적으로 주목할 만하다. 하지만 라이히는 민간 기부자의 의무보다 기부금 세액 공제의 도덕적·정치적 정당성에 초점을 둔다.

3. 물론 싱어는 도덕적 근거에서 우리는 언제나 국내 명분보다 국제 명분을 우선시해야 한다고 이야기할 수도 있다. 전자가 후자보다 긴급한 경향이 있기 때문이다. 하지만 (1)기부가 효과를 가져올 가능성이 제한적이라는 사실을 알면서도 매우 긴급한 국제적 명분에 기부하는 것과 (2)근접성 때문에 성공 가능성이 이를테면 80퍼센트로 더 높지만 덜 긴급한 국내 명분에 기부하는 것 중 싱어가 기부자에게 어느 쪽을 권할지는 분명하지 않다.

4. 이상적인 사회에서 필란트로피의 역할은 논외로 두겠다(이 질문에 대한 답은 페브닉의 9장 참조). 여기서 이상적인 사회라는 말은 정치제도가 모든 책무를 성공적으로 이행하며, 이러한 제도가 시민에게 부과하는 규칙을 모든 시민이 준수하는 사회를 뜻한다. 내 관점은 이상적인 사회에서 필란트로피의 역할은 문화적 재화를 장려하는 데 있다는 페브닉의 주장과 원칙적으로 양립한다. 하지만 나는 비이상적인 현대사회에서는 문화의 장려가 필란트로피의 1차 역할일 수는 없다고 믿는다.

5. Andrew Carnegie, "The Gospel of Wealth," *North American Review* 183, no. 599 (1906): 526-37, http://www.jstor.org/stable/25105641.

6. 칸트의 저작에서 이 주제와 관련된 논의를 보려면 Thomas E. Hill, *Dignity and Practical Reason in Kant's Moral Theory* (Ithaca, NY: Cornell University Press, 1995); and Barbara Herman, "The Scope of Moral Requirement," *Philosophy and*

Public Affairs 30 (2002): 227-56 참조.

7. 심지어 이러한 경우에도 기부자는 기부할 때 일부 도덕적 제약 사항을 존중해야 한다. 예를 들어 기부자들은 기부가 득보다 해를 더 많이 초래하지 않도록 주의해야 한다.

8. 자유주의자들(Morris Lipson and Peter Vallentyne, "Libertarianism, Autonomy and Children," *Public Affairs Quarterly* 5, no. 4 [1991]: 333-52)은 정의에 기반한 기초교육 제공을 아동의 자율성을 발달시키기 위한 수단으로 정당화한다.

9. 구딘은 모든 특별한 의무는 일반적인 의무에서 파생된다고 주장하기 위해 이 예를 사용했다.

10. Judith Jarvis Thomson ("Preferential Hiring," *Philosophy and Public Affairs* 4 [1973]: 364-84)과 Daniel Butt ("On Benefiting from Injustice," *Canadian Journal of Philosophy* 37 [2007]: 129-52)는 이득론(Benefiting Thesis)을 지지한다.

11. 그렇다고 해서 모든 시민이 동일한 몫의 책임을 진다는 뜻은 아니다. 불공정한 정책에 찬성표를 던진 이들과 이 정책을 설계한 이들이 더 무거운 짐을 질 것이다(Eric Beerbohm, *In Our Name: The Ethics of Democracy* [Princeton, NJ: Princeton University Press, 2012]).

12. 이 주장에서는 토머스 포기(Thomas Pogge)의 주장과 관련한 논란(*World Poverty and Human Rights: Cosmopolitan Responsibilities and Reforms* [Cambridge, UK: Polity, 2002])은 다루지 않는 점에 주목하자. 포기의 주장은 부유한 국가들은 불공정한 세계 질서를 지지함으로써 세계의 빈곤에 기여하기 때문에 세계의 가난한 사람들에게 정의의 의무를 진다는 것이다. 일단 국내 기부는 국제 기부와 달리 기여가 더 직접적이며 책임을 더 쉽게 확정할 수 있다. 둘째, 포기와 달리 나는 부유한 시민은 가난한 시민의 인권을 침해한다고 주장하지 않는다. 이 경우에는 개인에 대한 비난이 수반된다. 나는 그보다 조심스러운 입장으로 비난 여부를 떠나 부유한 시민은 그들의 제도가 자행한 불공정에 대한 책임을 질 수 있다고 주장한다.

13. 나는 데브라 사츠(Debra Satz)의 예를 살짝 바꾸어 사용했다("Countering the Wrongs of the Past: The Role of Compensation," in *Reparations: Interdisciplinary Inquiries*, ed. Jon Miller and Rahul Kumar [Oxford: Oxford University Press, 2007], 176-92).

14. 정부의 실패에 대한 대응으로서 비영리단체의 역할에 대해서는 Weisbrod (1978) 참조.

15. 나는 다른 곳에서 개개인이 목표를 특정하는 방식으로 필란트로피적 기부를 해야 할 세대 간의 정의의 의무를 질 수도 있다고 주장했다. 동시대의 같은 국적을 가진

사람들에 대해 지는 배상적 정의의 의무가 미래 세대를 위한 의무보다 우선해야 하는가는 이 장의 범위에서 벗어난다. Chiara Cordelli and Rob Reich, "Philanthropy and Intergenerational Justice," in *Institutions for Future Generations*, ed. Axel Gosseries and Inigo Gonzales-Ricoy (Oxford: Oxford University Press, forthcoming) 참조.

참고문헌

Abbott, Andrew. "Boundaries of Social Work or Social Work of Boundaries?: The Social Service Review Lecture." *The Social Service Review* 69, no. 4 (December 1995): 545.

"About the Alliance for Bangladesh Worker Safety." 2013. Alliance for Bangladesh Worker Safety. http://www.bangladeshworkersafety.org/about/about-the-alliance.

Acs, Zoltan J. *Why Philanthropy Matters: How the Wealthy Give, and What It Means for Our Economic Well-Being*. Princeton, NJ: Princeton University Press, 2013.

Addams, Jane. "A Modern Lear." *Survey* 29, no. 2 (1912): 131–37.

The Altruist, February 1897.

Andreoni, James. "An Experimental Test of the Public-Goods Crowding-Out Hypothesis." *The American Economic Review* 83, no. 5 (December 1993): 1317–27.

———. "Impure Altruism and Donations to Public Goods: A Theory of Warm-Glow Giving." *The Economic Journal* 100, no. 401 (June 1990): 464–77.

Angell, Joseph, and Samuel Ames. *Treatise on the Law of Private Corporations Aggregate*. New York, 1832.

Anwander, Norbert. "Contributing and Benefiting: Two Grounds for Duties to Victims of Injustice." *Ethics and International Affairs* 19 (2005): 39–45.

"Appeals Which the Rockefeller Foundation Must Decline." *The Rockefeller Foundation* 1, no. 6 (March 1919): 1.

"Apple Tells Limbaugh and His Ilk to Stick Their Money Where the Sun Don't Shine." March 4, 2014. Daily KOS. http://m.dailykos.com/story/2014/03/04/1281848/-Apple-Tells-Limbaugh-and-His-Ilk-to-Stick-Their-Money-Where-the-Sun-Don-t-Shine?detail=email.

"Are U.S. Investors Warming Up to ESG?" Callan Research 2013. www.callan.com/research/download/?file=charticle%2Ffree%2F745.pdf.

Arrington, Michael. "TechCrunch Interview with Mark Zuckerberg on $100 Million Education Donation." *TechCrunch*. 2010. http://techcrunch.com/2010/09/24/

techcrunch-interview-with-mark-zuckerberg-on-100-million-education-donation.

Bacevich, Andrew J. "Tragedy Renewed: William Appleman Williams." *World Affairs* (Winter2009): 62–72.

Bainbridge, Stephen. "Interpreting Nonshareholder Constituency Statutes." *Pepperdine Law Review* 19, no. 3 (April 1992): 971–1025.

Baker, Nicholson. "The Charms of Wikipedia." *New York Review of Books.* March 20, 2008.

————. *Double Fold: Libraries and the Assault on Paper.* New York: Random House, 2001.

Balogh, Brian. *A Government Out of Sight: The Mystery of National Authority in Nineteenth-Century America.* Cambridge, UK: Cambridge University Press, 2009.

Barbaro, Michael. "Cost of Being Mayor? $650 Million, If He's Rich." *New York Times,* December 29, 2013. http://www.nytimes.com/2013/12/30/nyregion/cost-of-being-mayor-650-million-if-hes-rich.html?pagewanted=all&_r=0.

Barkan, Joanne. "Got Dough? How Billionaires Rule Our Schools." *Dissent* (Winter 2011): 49–57.

Barman, Emily. *Contesting Communities: The Transformation of Workplace Charity.* Stanford, CA: Stanford University Press, 2006.

Barry, Brian. "Humanity and Justice in Global Perspective." In J. Pennock and J. Chapman, eds., *NOMOS XXIV, Ethics, Economics and the Law. New York*: Harvester Wheatsheaf, 1982.

In *Democracy, Power and Justice,* ed. Brian Barry, 434–62. Oxford: Oxford University Press, 1989.

Bartels, Larry. *Unequal Democracy* Princeton, NJ: Princeton University Press, 2008.

Basbanes, Nicholas A. *Patience and Fortitude: Wherein a Colorful Cast of Determined Book Collectors, Dealers and Librarians Go About the Quixotic Task of Preserving a Legacy.* New York: Harper Collins, 2001.

Basken, Paul. "Federal Spending on Science, Already Down, Would Remain Tight." *The Chronicle of Higher Education,* 2014. http://chronicle.com/article/Spending-on-Science-Already/145123/.

Battles, Mathew. *Library: An Unquiet History.* New York: W. W. Norton, 2003.

Beard, Charles A., and Mary R. Beard. *The Making of American Civilization.* New York: Macmillan, 1937.

————. *The Rise of American Civilization.* New York: Macmillan, 1927.

Beard, Mary Ritter. *A Woman Making History: Mary Ritter Beard through her Letters.* Edited by Nancy Cott. New Haven, CT: Yale University Press, 1991.

Bebchuck, Lucian Arye. "Federalism and the Corporation: The Desirable Limits on State Competition in Corporate Law." *Harvard Law Review* 7, no. 123 (May 2010): 1549–95.

Beerbohm, Eric. *In Our Name: The Ethics of Democracy.* Princeton, NJ: Princeton University Press, 2012.

"Behind the Mask: The Real Face of Corporate Social Responsibility." Christian Aid. January 2004. http://www.st-andrews.ac.uk/media/csear/app2practice-docs/CSEAR_behind-the-mask.pdf.

Belafonte, Harry, with Michael Shnayerson. *My Song: A Memoir.* New York: Alfred A. Knopf, 2011.

Bender, Thomas. "The Historian and Public Life: Charles A. Beard and the City." In *Intellect and Public Life: Essays on the Social History of Academic Intellectuals in the United States,* by Thomas Bender, 91–105. Baltimore: Johns Hopkins University Press, 1993.

Berghahn, Volker R. *America and the Intellectual Cold Wars in Europe: Shepard Stone between Philanthropy, Academy, and Diplomacy.* Princeton, NJ: Princeton University Press, 2001.

Berkman Center Cyberlaw Clinic and DPLA Research.

"Berkshire Hathaway Drops Charitable Giving Program." July 8, 2003. Philanthropy News Digest. http://www.philanthropynewsdigest.org/news/berkshire-hathaway-drops-charitable-giving-program.

Berman, Edward H. *The Influence of the Carnegie, Ford, and Rockefeller Foundations on American Foreign Policy: The Ideology of Philanthropy.* Albany: State University of New York Press, 1983.

Beschorner, Thomas. "Creating Shared Value: The One-Trick Pony Approach." *Business Ethics Journal Review* 1, no. 17 (September 2013): 106–12.

Bettcher, Kim, et al. "Up to Code: Does Your Company's Conduct Meet World-Class Standards?" *Harvard Business Review* 85, no. 12 (December 2005): 122–33.

Bildfell, Derek, and Rick Cadman. "Putting Shared Value into Practice." *Stanford Social Innovation Review.* December 4, 2012. http://www.ssireview.org/ blog/entry/putting_shared_value_into_practice.

Bill and Melinda Gates Foundation. *All Students Ready for College, Career and Life:*

Reflections on the Foundation's Education Investments 2000–2008. 2008. https://docs.gatesfoundation.org/Documents/reflections-foundations-education-investments.pdf.

Bisconti, Anthony. "The Double Bottom Line: Can Constituency Statutes Protect Socially Responsible Corporations Stuck in Revlon Land?" *Loyola Los Angeles Law Review* 42, no. 3 (March 2009): 765–805.

Bishop, Matthew, and Michael Green. *Philanthrocapitalism: How the Rich Can Save the World.* New York: Bloomsbury, 2008.

Bloch, Ruth H., and Naomi R. Lamoreaux. *Voluntary Associations, Corporate Rights, and the State: Legal Constraints on the Development of American Civil Society, 1750–1900.* No. w21153. National Bureau of Economic Research, 2015.

Blum, Cynthia, and Kenneth Lies. "Development of the Federal Tax Treatment of Charities: A Prelude to the Tax Reform Act of 1969." *Law and Contemporary Problems* 39 (Autumn 1975): 6–56.

Boorstin, Daniel J. *The Americans: The Democratic Experiment.* New York: Random House, 1973.

Bremner, Robert H. *American Philanthropy.* 2nd ed. The Chicago History of American Civilization. Chicago: University of Chicago Press, 1988 [1960].

Brest, Paul. "The Conscientious Legislator's Guide to Constitutional Interpretation." *Stanford Law Review* 27, no. 3 (February 1975): 585–601.

Brewer, Talbot. "The Coup That Failed" *The Hedgehog Review* 16, no. 2 (2014): 65–83.

Bridges, Hal. "The Robber Baron Concept in American History." *Business History Review* 32 (Spring 1958): 1–13.

Brighouse, Harry. "Neutrality, Publicity, and State Funding of the Arts." *Philosophy & Public Affairs* 24, no. 1 (1995): 35–63.

Brilliant, Eleanor L. *The United Way: Dilemmas of Organized Charity.* New York: Columbia University Press, 1990.

Broad, William J. "Billionaires with Big Ideas Are Privatizing American Science." *New York Times*, March 15, 2014. http://www.nytimes.com/2014/03/16/science/billionaires-with-big-ideas-are-privatizing-american-science.html?_r=0.

Budd, Louis J. "Altruism Arrives in America." *American Quarterly*, 8, no. 1 (Spring 1956): 40–52.

Butt, Daniel. "On Benefiting from Injustice." *Canadian Journal of Philosophy* 37

(2007): 129–52.

Cabinet Office. "Building the Big Society." May 18, 2010. http://www.cabinetoffice. gov.uk/news/building-big-society.

Callan Associates. "Are US Investors Warming Up to ESG?" October 2013. http:// www.callan.com/research/download/?file=charticle%2Ffree%2F745.pdf.

Carnegie, Andrew. *Autobiography of Andrew Carnegie*. Boston: Houghton Mifflin, 1920.

――――. "Wealth." *North American Review*, June 1889, 653–64.

Carr, Nicholas. "The Library of Utopia." *Technology Review* 116, no. 3 (2012): 54–60.

Carroll, Archie. "A History of Corporate Social Responsibility." In *The Oxford Handbook of Corporate Social Responsibility*, edited by Andrew Crane et al., 19–46. New York: Oxford University Press, 2008.

――――. "Political CSR: Why Companies and Foreign Governments Give to Foundations like Clinton's." *The Conversation*, 2015. http://theconversation.com/ political-csr-why-companies-and-foreign-governments-give-to-foundations-like-clintons-37876.

――――. "A Three-Dimensional Conceptual Model of Corporate Social Performance." *Academy of Management Review* 4, no. 4 (October 1979): 497–505.

Chandler, Alfred D., Jr. *The Essential Alfred Chandler: Essays Toward a Historical Theory of Big Business*. Edited by Thomas McCraw. Boston: Harvard Business School Press, 1988.

――――. *The Visible Hand: The Managerial Revolution in American Business*. Cambridge, MA: Belknap, 1977.

"Charity and Taxation." *The Economist*, June 9, 2012. www.economist.com/ node/21556570.

Charles, Jeffrey A. *Service Clubs in American Society: Rotary, Kiwanis, and Lions*. Urbana: University of Illinois Press, 1993.

Chowdry, Haroon, and Luke Sibieta. "Trends in Education and Schools Spending." *Institute for Fiscal Studies*. October 2011. www.ifs.org.uk/bns/bn121.pdf.

Churella, Albert J. *The Pennsylvania Railroad*, volume 1: *Building an Empire, 1846–1917*. Philadelphia: University of Pennsylvania Press, 2012.

Citizens United v. Federal Election Commission 558 U.S. 310. U.S. Supreme Court. (2010).

Clark, John Bates. *The Philosophy of Wealth*. Boston: Ginn, 1892.

Clemens, Elizabeth S. "The Constitution of Citizens: Political Theories of Nonprofit Organizations." In *The Nonprofit Sector: A Research Handbook*, edited by W. W. Powell and R. Steinberg, 209–20. New Haven, CT: Yale University Press, 2006.

Cloutier, Charlotte. "Donor-Advised Funds in the U.S.: Controversy and Debate." *The Philanthropist 19*, no. 2 (2004): 85–108.

Cobbs, Elizabeth A. "Entrepreneurship as Diplomacy: Nelson Rockefeller and the Development of the Brazilian Capital Market." *Business History Review* 63 (Spring 1989): 88–121.

Cochran, Thomas, and William Miller. *The Age of Enterprise: A Social History of Industrial America*. New York: Macmillan, 1942.

Cohen, G. A. Interview. *Philosophy Bites*. http://philosophybites.com/2007/12/ga-cohen-onl-ine.html.

———. *Rescuing Justice and Equality*. Cambridge, MA: Harvard University Press, 2008.

Cohen, Joshua. *Philosophy, Politics, Democracy*. Cambridge, MA: Harvard University Press, 2009.

Colinvaux, Roger. "Charitable Contributions of Property: A Broken System Reimagined." *Harvard Journal on Legislation* 50, no. 293 (2013): 263–329.

Collini, Stefan. "The Culture of Altruism: Selfishness and the Decay of Motive." In *Public Thought and Intellectual Life in Britain, 1850–1930*, 60–90. Oxford: Clarendon, 1991.

———, ed. *J. S. Mill on Liberty and Other Writings*. New York: Cambridge University Press, 1989 [1959].

"Company." Participant Media. n.d. http://www.participantmedia.com/company/.

Comte, Auguste. *System of Positive Polity*. London: Longmans, Green, 1875 [1851].

"Concrete Actions for a Real Transformation of Africa's Agriculture." May 21, 2013. Yara. http://www.yara.com/media/news_archive/grow_africa_ investment_forum_2013.aspx.

Conkin, Paul K. "Merle Curti." In *Clio's Favorites: Leading Historians of the United States, 1945–2000*, edited by Robert Allen Rutland, 23–34. Columbia: University of Missouri Press, 2000.

Conley, John, and Cynthia Williams. "An Emerging Third Way: The Erosion of the AngloAmerican Shareholder Value Construct." *Cornell International Law Journal* 38 (2005): 500–502.

"Contemporary Literature of France." *Westminster Review* 58 (1852): 618.

Cordelli, Chiara. "The Institutional Division of Labor and the Egalitarian Obligations of Nonprofits." *Journal of Political Philosophy* 20, no. 2 (2012): 131–55.

Cox, Paul N. "John Hart Ely, Democracy and Distrust: A Theory of Judicial Review." *Valparaiso University Law Review* 15, no. 3 (Spring 1981): 637–55.

Crawford v. Marion County Election Bd., 2008. 128 S. Ct. 1610, 553 U.S. 181, 170 L. Ed. 2d 574.

Culp-Ressler, Tara. "Walgreens Will Update Its Contraception Policy after Pharmacists Refused to Sell Plan B to Men." January 24, 2013. ThinkProgress. http://thinkprogress.org/health/2013/01/24/1489081/walgreens-contraception-policy/.

Curti, Merle. *American Philanthropy Abroad: A History.* New Brunswick, NJ: Rutgers University Press, 1963.

Curti, Merle, and Vernon Carstensen. *The University of Wisconsin: A History, 1848–1925.* Vol. 2. Madison: University of Wisconsin Press, 1949.

Curti, Merle, and Roderick Nash. *Philanthropy in the Shaping of Higher Education.* New Brunswick, NJ: Rutgers University Press, 1965.

Cyert, Richard M., and James G. March. *A Behavioral Theory of the Firm.* Englewood Cliffs: Prentice-Hall, 1963.

Dalzell, Robert F., Jr. *Enterprising Elite: The Boston Associates and the World They Made.* Cambridge, MA: Harvard University Press, 1987.

Darnton, Robert. "Can We Create a National Digital Library?" *New York Review of Books.* October 28, 2010.

———. *The Case for Books: Past, Present and Future.* New York: Public Affairs, 2009.

———. "The Good Way to Do History." *New York Review of Books*, January 9, 2014.

———. "Google & the Future of Books." *New York Review of Books*, February 12, 2009.

———. "Google & the Future of Books: An Exchange." *New York Review of Books*, January 14, 2010.

———. "Google and the New Digital Future." *New York Review of Books*, December 17, 2009.

———. "Google's Loss: The Public's Gain." *New York Review of Books*, April 28,

2011.

———. "The Library in the New Age." *New York Review of Books*, June 12, 2008.

———. "The Library: Three Jeremiads." *New York Review of Books*, December 23, 2010.

———. "A Library without Walls." *New York Review of Books*, October 4, 2010.

———. "Six Reasons Google Books Failed." *New York Review of Books*, March 28, 2011.

———. "Toward 'the Digital Public Library of America': An Exchange." *New York Review of Books*, November 25, 2010.

Davis, Keith. "The Case For and Against Business Assumption of Social Responsibilities. *Academy of Management Journal* 16, no. 2 (June 1973): 312–22.

"Despite Hype, Institutional ESG Demand Falters." Fundfire. http://www.fundfire.com/c/839374/74944?referrer_module=SearchSubFromFF&highlight=Callan.

Dewey, John. "The Historic Background of Corporate Legal Personality." *Yale Law Journal* 35, no. 6 (April 1926): 655–73.

———. *Psychology*. New York: SIU Press, 1886.

———. *The Public and Its Problems*. New York: Penn State Press, 1927.

Dilger, Daniel. "Apple to Shareholders: iPhone 5s and 5c Outpace Predecessors, Apple Bought 23 Companies in 16 Months." February 28, 2014. Apple Insider. http://appleinsider.com/articles/14/02/28/tim-cook-at-shareholder-meeting-iphone-5s-5c-outpace-predecessors-apple-bought-23-companies-in-16-months.

DiMaggio, Paul J. "Constructing an Organizational Field as a Professional Project: US Art Museums, 1920–1940." In *The New Institutionalism in Organizational Analysis*, edited by W. W. Powell and P. J. DiMaggio, 267–92. Chicago: University of Chicago Press, 1991.

———. "Nonprofit Organizations and the Intersectoral Division of Labor in the Arts." In *The Nonprofit Sector: A Research Handbook*, edited by W. W. Powell and R. Steinberg, 432–61. New Haven, CT: Yale University Press, 2006.

Dimock, Michael, Carroll Doherty, and Danielle Gewurz. "Trust in Government Nears Record Low, But Most Federal Agencies Are Viewed Favorably." *Pew Research Center*, 2013. http://www.people-press.org/files/legacy-pdf/10-18-13 Trust in Govt Update.pdf.

Dixon, Thomas. *The Invention of Altruism: Making Moral Meanings in Victorian Britain*. Oxford: Oxford University Press, 2008.

Dowie, Mark. *American Foundations*. Boston: MIT Press, 2002.

Dreier, James. "Accepting Agent Centered Norms." *Australasian Journal of Philosophy*, 74 (1996): 409–22.

———. "Structures of Normative Theories." *The Monist* 76 (1993): 22–40.

Dworkin, Ronald. *A Matter of Principle*. Cambridge, MA: Harvard University Press, 1985.

———. *Sovereign Virtue*. Cambridge, MA: Harvard University Press, 2000.

Easterbrook, Frank, and Daniel Fischel. "Antitrust Suits by Targets of Tender Offers." *Michigan Law Review* 80, no. 57 (1982): 1155–77.

"Editor's Study." *Harper's Monthly*, December 1890.

"Education Reform." Walton Family Foundation. n.d. http://www.waltonfamilyfoun dation

.org/educationreform.

Eikenberry, Angela M. "Refusing the Market: A Democratic Discourse for Voluntary and Nonprofit Organizations." *Nonprofit and Voluntary Sector Quarterly* 38 (2009): 582–96.

Elhauge, Einer. "Sacrificing Corporate Profits in the Public Interest." *New York University Law Review* 80, no. 3 (June 2005): 733–869.

Elkington, John. "Don't Abandon CSR for Creating Shared Value Just Yet." *The Guardian*, May 25, 2011.

Engel, David. "An Approach to Corporate Social Responsibility." *Stanford Law Review* 32, no. 3 (1979):1–98.

Epstein, Jason. "Books @Google." *The New York Review of Books*, October 19, 2006.

Estlund, David. "Debate: Liberalism, Equality, and Fraternity in Cohen's Critique of Rawls." *Journal of Political Philosophy* 6, no. 1 (1998): 99–112.

Evensky, Jerry. "Adam Smith's 'Theory of Moral Sentiments': On Morals and Why They Matter to a Liberal Society of Free People and Free Markets." *Journal of Economic Perspectives* 19, no. 3 (2005): 109–30.

"Fact Sheet." Fidelity Charitable Gift Fund. http://personal.fidelity.com/myfidelity/ InsideFidelity/NewsCenter/mediadocs/charitable_gift_fund.pdf.

Fell, James E., Jr. "Rockefeller's Right-Hand Man: Frederick T. Gates and the Northwestern Mining Investments." *The Business History Review* 52 (Winter 1978): 537–61.

Filer, John H. *Giving in America: Toward a Stronger Voluntary Sector*. Report of the

Commission on Private Philanthropy and Public Needs (n.p., 1975).

Fischel, Daniel. "The Corporate Governance Movement." *Vanderbilt Law Review* 35 (1982): 1259–71.

Fishman, James J. "The Development of Nonprofit Corporation Law and an Agenda for Reform." *Emory Law Journal* 34 (Summer 1985): 61–83.

Fiske, John. *Outlines of Cosmic Philosophy, Based on the Doctrine of Evolution.* New York: Riverside, 1875.

Fones-Wolf, Elizabeth A. *Selling Free Enterprise: The Business Assault on Labor and Liberalism, 1945–60.* Urbana: University of Illinois Press, 1994.

Fox, Daniel M. *Engines of Culture: Philanthropy and Art Museums.* Piscataway, NJ: Transaction, 1963.

Franklin, Benjamin. *The Autobiography* (1771–1790). In *Writings.* New York: Library of America, 1987.

Fredrickson, James W. "The Strategic Decision Process and Organizational Structure." *Academy of Management Review* 11 (1986): 280–97.

Freeman, R. Edward. *Strategic Management: A Stakeholder Approach.* Boston: Pitman, 1984.

Friedman, Milton. *Capitalism and Freedom.* Chicago: University of Chicago Press, 1962.

————. *Capitalism and Freedom.* Chicago: University of Chicago Press, 2009.

————. "The Social Responsibility of Business Is to Increase Its Profits." *New York Times Magazine*, September 13, 1970.

Friedmann, Lawrence J., and Mark. D. Garvie, eds. *Charity, Philanthropy, and Civility in American History.* Cambridge, UK: Cambridge University Press, 2003.

Frostenson, Sarah. "Donor Advised Funds Keep Up Rapid Growth." *Chronicle of Philanthropy* (May 19, 2013): 7–10.

Frumkin, Peter. *On Being Nonprofit: A Conceptual and Policy Primer.* Cambridge, MA: Harvard University Press, 2002.

Fullinwider, Robert K. *The Reverse Discrimination Controversy: A Moral and Legal Analysis.* New Jersey: Rowman and Littlefield, 1980.

Funk, Kellen. "This Stone Which I Erect Shall Be a House of God: Disestablishment and Religious Corporations in New York, 1784–1854." 미출간 원고.

Gates, Bill. "Bill Gates—National Education Summit on High Schools." Gates Foundation. 2005. http://www.gatesfoundation.org/media-center/

speeches/2005/02/bill-gates-2005-national-education-summit.

Giesberg, Judith Ann. *Civil War Sisterhood: The US Sanitary Commission and Women's Politics in Transition*. Boston, MA: Northeastern University Press, 2000.

Gikelson, John S., Jr. *Middle-Class Providence, 1820–1940*. Princeton, NJ: Princeton University Press, 1986.

Gilens, Martin. *Affluence and Influence*. Princeton, NJ: Princeton University Press, 2012.

Ginzburg, Lori D. *Women and the Work of Benevolence: Morality, Politics, and Class in the Nineteenth-Century United States*. New Haven, CT: Yale University Press, 1992.

Giving Institute. "Giving USA 2012." 2014. http://store.givingusareports.org/2012-Giving-USA-The-Annual-Report-on-Philanthropy-for-the-Year-2011-Executive-Summary-P43.aspx.

Gladden, Washington. *Applied Christianity*. Boston: Houghton Mifflin, 1886.

Global Reporting Initiative. Last modified 2014. https://www.globalreporting.org/Pages/default.aspx.

Goodin, Robert E. "Democratic Deliberation Within." *Philosophy & Public Affairs* 29, no. 1 (2000): 81–109.

———. "What Is So Special About Our Fellow Countrymen?" *Ethics* 98 (1988): 663–86.

"Guidelines for Multinational Corporations." OECD. http://www.oecd.org/corporate/mne/.

"Guidelines for Multinational Enterprises." OECD. http://www.oecd.org/.

Gutmann, Amy. *Democratic Education*. Princeton, NJ: Princeton University Press, 1999.

Hall, Peter Dobkin. "A Historical Overview of Philanthropy, Voluntary Associations, and Nonprofit Organizations in the United States, 1600–2000." In *The Nonprofit Sector: A Research Handbook*, edited by W. W. Powell and R. Steinberg, 32–65. New Haven, CT: Yale University Press, 2006.

———. "The Work of Many Hands: A Response to Stanley N. Katz on the Origins of the 'Serious Study' of Philanthropy." *Voluntary Sector Quarterly* 28 (December 1999): 535–36.

Hamill, Susan Pace. "From Special Privilege to General Utility: A Continuation of Willard Hurst's Study of Corporations." *American University Law Review* 49, no. 1

(1999): 79-181.

Hammack, David. "American Debates on the Legitimacy of Foundations." In *The Legitimacy of Philanthropic Foundations: United States and European Perspectives*, ed. Kenneth Prewitt, Mattei Dogan, Steven Heydemann, and Stefan Topeler. New York: Russell Sage, 2006.

Hammack, David C., and Helmut K. Anheier. *A Versatile American Institution: The Changing Ideals and Realities of Philanthropic Foundations*. Washington, DC: Brookings Institution, 2013.

Hampton, Jean. "Free-Rider Problems in the Production of Collective Goods." *Economics and Philosophy* 3, no. 2 (1987): 245-47.

Hansmann, Henry. "Economic Theories of Nonprofit Organization." In *The Nonprofit Sector: A Research Handbook*, edited by Walter Powell and Richard Steinberg, 27-42. New Haven, CT: Yale University Press, 2006.

Hartog, Hendrik. *Public Property and Private Power: The Corporation of the City of New York in American Law, 1730-1870*. Ithaca, NY: Cornell University Press, 1989.

Harton, Robert. "The Discovery of Altruria." *Cosmopolitan*, November 1895.

"Harvard to Sign On to United Nations-Supported 'Principles For Responsible Investment.'" *Harvard Gazette*, April 7, 2014.

Harvery, Charles, Mairi Maclean, Jillian Gordon, and Eleanor Shaw. "Andrew Carnegie and the Foundations of Contemporary Entrepreneurial Philanthropy." *Business History* 53 (June 2011): 425-50.

Hawley, Ellis W. *The Great War and the Search for a Modern Order: A History of the American People and Their Institutions, 1917-1933*. New York: St. Martin's, 1979.

Hawley, James P., and Andrew T. Williams. *The Rise of Fiduciary Capitalism*. Philadelphia: University of Pennsylvania Press, 2000.

Hebel, Sara. "From Public Good to Private Good: How Education Got to a Tipping Point." *The Chronicle of Higher Education*. 2014. http://chronicle.com/article/From-Public-Good-to-Private/145061.

Heineman, Ben, Jr. "GC and CEO Responsibility for GM's Dysfunctional Culture." June 6, 2014. Corporate Counsel. www.corpcounsel.com/id=1202658366128?

————. *High Performance with High Integrity*. Boston: Harvard Business School Press, 2013. "The Heinz Micronutrient Campaign." Heinz. http://www.heinz.com/CSR2009/social/community/micronutrient.aspx.

Hemment, Drew, Bill Thomson, José Luis de Vicente, and Rachel Cooper, eds. *Digital Public Spaces*. Manchester, UK: FutureEverything, 2013.

Henderson, David. *Misguided Virtue: False Notions of Corporate Social Responsibility*. Westminster: Institute of Economic Affairs, 2001.

Henderson, M. Todd. "Everything Old Is New Again: Lessons from Dodge v. Ford Motor Company." Olin Working Paper No. 373, December 2007.

Henderson, M. Todd, and Anup Malani. "Corporate Philanthropy and the Market for Altruism." John M. Olin Law and Economics Working Paper no. 399, April 2008.

Herman, Barbara. "The Scope of Moral Requirement." *Philosophy and Public Affairs* 30 (2002): 227–56.

Hernon, Peter, and Joseph R. Mathews, eds. *Reflecting on the Future of Academic and Public Libraries*. Chicago: American Library Association, 2013.

Hesse, Carla. "The Rise of Intellectual Property, 700 b.c.–a.d. 2000: An Idea in the Balance." *Daedalus* 131, no. 2 (Spring 2002): 26–45.

Higham, John. "The Cult of Consensus: Homogenizing Our History." *Commentary* (February1959): 93–100.

Hill, Thomas E. *Dignity and Practical Reason in Kant's Moral Theory*. Ithaca, NY: Cornell University Press, 1995.

Hinds, William A. *American Communities and Co-operative Colonies*. Chicago: Kerr, 1908.

Hirsch, Jerry. "GM Fires 15 at Top Levels; Report on Ignition Switches 'Brutally Tough.'" *Los Angeles Times*, June 5, 2014. http://www.latimes.com/business/autos/la-fi-gm-firings-20140605-story.html.

"History." 2008. Fair Labor Association. http://www.webcitation.org/5eyxjUuNX.

HM Government. 2011. "Giving." www.cabinetoffice.gov.uk.

Hofstadter, Richard. *The Progressive Historians: Turner, Beard, Parrington*. New York: Alfred A. Knopf, 1968.

———. *Social Darwinism and American Life*. Boston: Beacon, 1992 [1944].

"Homepage." Startup: Education. n.d. http://www.startupeducation.org/.

Hood, Christopher. "A Public Management for All Seasons?" *Public Administration* 69 (1991): 3–19.

Hood, Christopher, and Guy Peters. "The Middle Aging of New Public Management: Into the Age of Paradox?" *Journal of Public Administration Research and Theory* 14 (2004): 267–82.

Hovenkamp, Herbert J. "The Classical Corporation in American Legal Thought." *Georgetown Law Journal* 76, no. 4 (2008): 1593–1689.

Howells, William Dean. *A Traveler from Altruria.* New York: Icon Group, 1895.

Hurley, P. "Agent-Centered Restrictions: Clearing the Air of Paradox." *Ethics* 108, no. 1 (1997): 120–46.

Hurst, James Willard. *The Legitimacy of the Business Corporation in the Law of the United States, 1780–1970.* Charlottesville: University of Virginia Press, 1970.

Hursthouse, Rosalind. "Virtue Ethics." *The Stanford Encyclopedia of Philosophy* (Fall 2013). Edited by Edward N. Zalta. http://plato.stanford.edu/archives/fal12013/entries/ethics-virtue/.

Husock, Howard. "More Independence, Greater Results." *New York Times,* November 27, 2012. http://www.nytimes.com/roomfordebate/2012/11/27/are-charities-more-effective-than-government/more-independence-greater-results.

Hwang, Hokyu, and Walter W. Powell. "The Rationalization of Charity: The Influences of Professionalism in the Nonprofit Sector." *Administrative Science Quarterly* 54 (2009): 268–98.

"ICCR's Statement of Principles and Recommended Corporate Practices to Promote Global Health." 2014. Interfaith Center on Corporate Responsibility. http://www.iccr.org/iccrs-statement-principles-and-recommended-corporate-practices-promote-global-health-0.

Integrated Reporting. Last modified 2014. http://www.theiirc.org/.

Iriye, Akira, Petra Goedde, and William I. Hitchcock. *The Human Rights Revolution: An International History.* New York: Oxford University Press, 2012.

James, William. "Herbert Spencer's Data of Ethics." *The Nation,* September 11, 1879.

Janes, Joseph, ed. Library 2020: Today's Leading Visionaries Describe Tomorrow's Library. Lanham, MD: Scarecrow, 2013.

John, Richard. *Network Nation: Inventing American Telecommunications.* Cambridge, MA: Harvard University Press, 2010.

Johnson, Marilyn. *This Book Is Overdue: How Librarians and Cybrarians Can Save Us All.* New York: HarperCollins e-books, 2010.

Johnson, Steven B. *Future Perfect: The Case for Progress in the Networked Age.* New York: Penguin Books, 2012.

Johnson, Victoria, and Walter W. Powell "Poisedness and Propagation:

Organizational Emergence and the Transformation of Civic Order in 19th-Century New York City." NBER Working Paper No. 21011. To appear in *Organizations, Civil Society, and the Roots of Development*, ed. Naomi R. Lamoreaux and John J. Wallis, 2015에 수록 예정.

Josephson, Matthew. *The Robber Barons: The Great American Capitalists, 1861–1901*. New York: Harcourt, Brace & World, 1962 [1934].

Julius, A. J. "Basic Structure and the Value of Equality." *Philosophy & Public Affairs* 31, no. 4 (October 2003): 348.

————. "Nagel's Atlas." *Philosophy and Public Affairs* 34, no. 2 (March 2006): 176–92.

Kanani, Rahim. "Mayor Bloomberg on Building a Culture Where Innovation Is Prized." *Forbes*, 2012. http://www.forbes.com/sites/rahimkanani/2012/08/01/mayor-bloomberg-on-building-a-culture-where-innovation-is-prized/.

Kant, Immanuel. "The Metaphysics of Morals." 1797. In *Practical Philosophy*, translated and edited by Mary J. Gregor. The Cambridge Edition of the Works of Immanuel Kant. Cambridge University Press, 1996.

Kantorowicz, Ernst H. *The King's Two Bodies*. Princeton, NJ: Princeton University Press, 1997 [1957].

Kaplan, Robert S. "Strategic Performance Measurement and Management in Nonprofit Organizations." *Nonprofit Management and Leadership* 11 (2001): 353–70.

Karl, Barry D. "Foundations and Public Policy." In *Encyclopedia of the United States in the Twentieth Century II*, edited by Stanley I. Kutler, 491–512. New York: Charles Scribner's Sons, 1996.

Karl, Barry D., and Stanley R. Katz. "The American Private Philanthropic Foundation and the Public Sphere, 1890–1930." *Minerva* 19 (Summer 1981): 236–70.

Katz, Michael B. *In the Shadow of the Poorhouse: A Social History of Welfare in America*. New York: Basic Books, 1996.

Katz, Stanley N. "Reply to Hall." *Nonprofit and Voluntary Sector Quarterly* 28 (December 1999): 535–36.

————. "Where Did the Serious Study of Philanthropy Come From, Anyway?" *Nonprofit and Voluntary Sector Quarterly* 28 (March 1999): 74–82.

Katz, Stanley N., Barry Sullivan, and C. Paul Beach. "Legal Change and Legal

Autonomy: Charitable Trusts in New York, 1777–1893." *Law and History Review* 3 (Spring 1985): 51–89.

Kelly, Kevin. "Scan This Book!" *New York Times Magazine*, May 14, 2006. http://www.nytimes.com/2006/05/14/magazine/14publishing.html.

Kidder, M. Brier. "Altruism." *Overland Monthly*, February 1913.

Klayman, Ben. "GM Top Executives Spared in Internal Report on Safety Failure." *Reuters*, June 5, 2014.

Kliff, Sarah. "CVS to Stop Selling Cigarettes by Oct. 1." *Washington Post*, February 5, 2014. http://www.washingtonpost.com/news/wonkblog/wp/2014/02/05/why-cvs-thinks-it-can-win-big-by-ending-cigarette-sales/.

Knight, Jack, and James Johnson. "What Sort of Political Equality Does Deliberative Democracy Require?" In *Deliberative Democracy*, ed. James Bohman and William Lagemann, 279–319. MIT Press, 1997.

Kramer, Mark and Michael Porter. "Creating Shared Value." *Harvard Business Review* 89, no. 1/2 (January 2011): 62–77.

Kymlicka, Will. "Altruism in Philosophical and Ethical Traditions: Two Views." In *Between State and Market: Essays on Charities Law and Policy in Canada*, edited by Bruce Chapman, Jim Phillips, and David Stevens, 115. Montreal: McGill-Queen's University Press, 2001.

Layton, Lyndsey. "How Bill Gates Pulled Off the Swift Common Core Revolution." *Washington Post*, June 7, 2014. http://www.washingtonpost.com/politics/how-bill-gates-pulled-off-the-swift-common-core-revolution/2014/06/07/a830e32e-ec34-11e3-9f5c-9075d5508f0a_story.html.

Lessig, Larry. *Code and Other Laws of Cyberspace*. New York. Basic Books, 1999.

Letts, Christine W., William Ryan, and Allen Grossman. "Virtuous Capital: What Foundations Can Learn from Venture Capitalists." *Harvard Business Review* 75 (1997): 36.

Liberman, Mark. "The Google Books Settlement." Language Log blog, April 28, 2009. http://languagelog.Idc.upen.edu/nll/?p=1698.

Lifestyles of Health and Sustainability. Last modified 2014. http://www.lohas.com/.

Lipson, Morris, and Peter Vallentyne. "Libertarianism, Autonomy and Children." *Public Affairs Quarterly* 5, no. 4 (1991): 333–52.

Longley, Alcander. *What Is Communism?* St. Louis: AMS Press, 1890.

Lubove, Roy. *The Professional Altruist: The Emergence of Social Work as a Career,*

1880–1930. Cambridge, MA: Harvard University Press, 1965.

Magat, Richard. *Unlikely Partners: Philanthropic Foundations and the Labor Movement.* Ithaca, NY: ILR Press, an imprint of Cornell University Press, 1999.

Maier, Pauline. "The Revolutionary Origins of the American Corporation." *William and Mary Quarterly* 50, no. 1 (January 1993): 51–84.

Mark, Gregory. "The Personification of the Business Corporation in American Law." *University of Chicago Law Review* 54, no. 4 (1987): 1441–83

McArdle, Megan. "Why Wal-Mart Will Never Pay Like Costco." August 27, 2013. Bloomberg View. http://www.bloombergview.com/articles/2013–08–27/why-walmart-will-never-pay-like-costco.

McCarthy, Kathleen, ed. *Women, Philanthropy, and Civil Society.* Bloomington: Indiana University Press, 2001.

McGinly, W. C. "The Maturing Role of Philanthropy in Healthcare." *Frontiers of Health Services Management* 24, no. 4 (2008): 11–22.

McNutt, Marcia. "The New Patrons of Research." *Science* 344, no. 4 (April 2014): 9.

Meckled-Garcia, Saladin. "On the Very Idea of Cosmopolitan Justice." *Journal of Political Philosophy* 16, no. 3 (2008): 245–71.

Merry, Sally Engle. *Getting Justice and Getting Even.* Chicago: University of Chicago Press, 1990.

Merz, Carol, and Sheldon S. Frankel. "School Foundations: Local Control or Equity Circumvented?" *The School Administrator* 54, no. 1 (1997): 28–31.

"Method Products, PBC." Certified B Corporation. http://www.bcorporation.net/community/method-products-pbc.

Mill, John Stewart. *The Collected Works of John Stuart Mill,* volume 10: *Essays on Ethics, Religion, and Society.* Edited by J. M. Robson. Toronto: University of Toronto Press, 1991 [1833].

———. "Later Speculations of Auguste Comte." *Westminster Review* 84 (1865): 1–42.

———. "The Positive Philosophy of Auguste Comte." *Westminister Review* 83 (1865): 339–405.

Miller, David. "Justice, Democracy and Public Goods." In *Justice and Democracy: Essays for Brian Barry,* ed. Keith M. Dowding, Robert E. Goodin, and Carole Pateman, 127–49. Cambridge, UK: Cambridge University Press, 2004.

Miller, Richard. "Beneficence, Duty and Distance." *Philosophy and Public Affairs* 32

(2004): 357–83.

Minow, Martha. *Between Vengeance and Forgiveness*. Boston: Beacon, 1998.

Mohr, John W. "Soldiers, Mothers, Tramps and Others: Discourse Roles in the 1907 New York City Charity Directory." *Poetics* 22 (1994): 327–57.

Munoz-Darde, Veronique. "In the Face of Austerity." *Journal of Political Philosophy* 21, no. 2 (2013): 221–42.

Murphy, Liam, and Thomas Nagel. *The Myth of Ownership*. Oxford: Oxford University Press, 2002.

Nagel, Thomas. "The Problem of Global Justice." *Philosophy & Public Affairs* 3 (2005): 113–47.

————. *The View from Nowhere*. New York: Oxford University Press, 1986.

National Center for Education Statistics. "Table 108. Number and Enrollment of Public Elementary and Secondary Schools, by School Level, Type, and Charter and Magnet Status: Selected Years, 1990–91 through 2010–11." *Digest of Education Statistics*. 2012. https://nces.ed.gov/programs/digest/d12/tables/dt12_108.asp.

National Council for Voluntary Organisations. "UK Giving 2012." 2012. http://www.ncvo-vol.org.uk/policy-research/giving-philanthropy/what-research-tells-us.

National Science Foundation, National Science Board. *Diminishing Funding and Rising Expectations: Trends and Challenges for Public Research Universities*. 2012. http://www.nsf.gov/nsb/publications/2012/nsb1245.pdf.

Nature Neuroscience. "No Science Left Behind." Editorial. *Nature Neuroscience* 11, no. 10: 1117. http://dx.doi.org/10.1038/nn1008–1117.

Nelson, Richard R. "Assessing Private Enterprise: An Exegesis of Tangled Doctrine." *Bell Journal of Economics* 12, no. 1 (1981): 93–111.

Nemchenok, Victor V. "The Ford Foundation and Rural Development in Iran." *Middle East Journal* 63 (Spring 2009): 261–84.

"The NESCAFÉ Plan for Responsible Agriculture." NESCAFÉ. http://www.nescafe.co.uk/progress_farming_en_com.axcms.

Nevins, Allan. *John D. Rockefeller: The Heroic Age of American Enterprise*. 2 vols. New York: Scribner's, 1940.

Nietzsche, Friedrich. *The Gay Science*. Translated by Walter Kaufmann. New York: Vintage, 1974 [1882].

Nozick, Robert. *Anarchy, State, and Utopia*. New York: Basic Books, 1974.

————. *Philosophical Meditations*. New York: Touchstone Books, 1989.

Nunberg, Geoff. "Google Books: A Metadata Train Wreck." *Language Log* blog. August 29, 2009. http://languagelog.ldc.upenn.edu/nll/?p=1701.

O'Hara, Kieron, and Nigel Shadbolt. *The Spy in the Coffee Machine: The End of Privacy as We Know It*. Oxford: OneWorld. 2013.

O'Melinn, Liam Séamus. "Neither Contract nor Concession: The Public Personality of the Corporation." *George Washington Law Review* 74 (February 2006): 225.

O'Neill, Onora. "Global Justice, Whose Obligations." In *The Ethics of Assistance: Morality and the Distant Needy*, edited by Deen K. Chatterjee. Cambridge, UK: Cambridge University Press, 2004.

Office of Management and Budget. "Paying for Success." *The Federal Budget Fiscal Year 2012*. 2011. http://www.whitehouse.gov/omb/factsheet/paying-for-success.

"Oh, Mr. Porter: The New Big Idea from Business's Greatest Living Guru Seems a Bit Undercooked." *The Economist*. March 10, 2011. http://www.economist.com/node/18330445.

Okin, Susan Moller. *Justice, Gender, and the Family*. New York: BasicBooks, 1991.

Padgett, John F., and Walter W. Powell. *The Emergence of Organizations and Markets*. Princeton, NJ: Princeton University Press. 2012.

Paine, Lynn Sharp. *Value Shift: Why Companies Must Merge Social and Financial Imperatives to Achieve Superior Performance*. New York: McGraw Hill Professional, 2003.

Palfrey, John. "A Digital Public Library of America?: Collective Management's Implications for Privacy, Private Use and Fair Use." *Columbia Journal of Law and the Arts* 34, no. 4 (December 2011): 837–42.

Palmer, George Herbert. *Altruism: Its Nature and Varieties*. New York: C. Scribner's Sons, 1919.

Parfit, Derek. *Reasons and Persons*. Oxford: Clarendon, 1984.

Parmar, Inderjeet. *Foundations of the American Century: The Ford, Carnegie, & Rockefeller Foundations in the Rise of American Power* New York: Columbia University Press, 2012.

"Participating Companies." 2012. Fair Labor Association. http://www.fairlabor.org/affiliates/participating-companies?page=3.

Payne, Edward B. "Altruria." *American Magazine of Civics*, February 1895.

Pearson, Heath. "Economics and Altruism at the Fin de Siecle." In *Worlds of Political Economy: Knowledge and Power in the Nineteenth and Twentieth Centuries*, edited by Martin Daunton and Frank Trentmann. London: Palgrave, 2005.

Pease, William H., and Jane H. Pease. *The Web of Progress: Private Values and Public Styles in Boston and Charleston, 1828–1843*. New York: Oxford University Press, 1985.

Pennsylvania Constitution of 1874, article III, section 1.

Petroski, Henry. *The Book on the Bookshelf.* New York: Alfred Knopf, 1999.

Pettit, Philip. *On the People's Terms* (The Seeley Lectures) Cambridge, UK: Cambridge University Press, 2012.

————. *Republicanism: A Theory of Freedom and Government.* Oxford: Oxford University Press, 1997.

Pevnick, Ryan. "Democratizing the Nonprofit Sector." *Journal of Political Philosophy* 21, no. 3 (2013): 260–82.

Piketty, Thomas. *Capital in the Twenty-First Century* Translated by Arthur Goldhammer. Cambridge, MA: Harvard University Press, 2014.

"Pledger Profiles." Giving Pledge. http://givingpledge.org.

Pogge, Thomas. *World Poverty and Human Rights: Cosmopolitan Responsibilities and Reforms.* Cambridge, UK: Polity, 2002.

Pollitt, Christopher, and Geert Bouckaert. *Public Management Reform: A Comparative Analysis–New Public Management, Governance, and the Neo-Weberian State.* New York: Oxford University Press, 2011.

Posner, Richard. "Charitable Foundations." Becker–Posner blog. January 1, 2007. http://www.becker-posner-blog.com/2007/01/charitable-foun.html.

Powell, Walter W., Kelley Packalen, and Kjersten Whittington. "Organizational and Institutional Genesis: The Emergence of High–Tech Clusters in the Life Sciences." In *The Emergence of Organizations and Markets,* ed. John Padgett and Walter W. Powell, 433. Princeton, NJ: Princeton University Press, 2012.

"Principles for Business." Caux Round Table. http://www.cauxroundtable.org/index.cfm?menuid=8.

Putnam, Robert D. *Bowling Alone: The Collapse and Revival of American Community.* New York: Simon & Schuster, 2000.

————. "E Pluribus Unum: Diversity and Community in the Twenty-first Century." *Scandinavian Political Studies* 30 (2007): 137–74.

Raben, Joseph. "Digital Democratic Vistas." *The New York Review of Books.* December 23, 2010.

Ravitch, Diane. *The Death and Life of the Great American School System: How Testing and Choice Are Undermining Education.* New York: Basic Books, 2010.

————. "Time for Congress to Investigate Bill Gates' Coup." Diane Ravitch's blog. 2014. http://dianeravitch.net/2014/06/09/time-for-congress-to-investigate-bill-gates-coup/.

Rawlinson, Kevin. "Should the Met Be Allowed to Accept Private Donations and Sponsorship—or Does That Make an Ass of the Law?" *The Independent.* 2012. http://www.independent.co.uk/voices/debate/should-the-met-be-allowed-to-accept-private-donations-and-sponsorship—or-does-that-make-an-ass-of-the-law-8273657.html.

Rawls, John. *Justice as Fairness: A Brief Restatement.* Edited by Erin Kelly. Cambridge, MA: Harvard University Press, 2001.

————. *Justice as Fairness: A Briefer Restatement.* Boston: Harvard University Press, 1990.

————. *Political Liberalism.* New York: Columbia University Press, 1993.

————. *A Theory of Justice.* Original edition. Cambridge, MA: Harvard University Press, 1971.

Reckhow, Sarah, and Jeffrey. W. Snyder. "The Expanding Role of Philanthropy in Education Politics." *Educational Researcher* 43, no. 4 (May 8): 186.

Reich, Rob. "A Failure of Philanthropy." *Stanford Social Innovation Review* 3, no. 4 (2005): 24–33.

————. "Philanthropy and Its Uneasy Relation to Equality." In *Taking Philanthropy Seriously: Beyond Noble Intentions to Responsible Giving*, edited by William Damon and Susan Verducci, 33–49. Bloomington: Indiana University Press, 2006.

————. "What Are Foundations For?" *Boston Review* (March/April 2013): 10–15.

Reich, Rob, Lacey Dorn, and Stefanie Sutton. "Anything Goes: Approval of Nonprofit Status by the IRS." Stanford University Center on Philanthropy and Civil Society (2009). http://www.stanford.edu/~sdsachs/AnythingGoesPACS1109.pdf.

"Research Overview." Education, Mass Insight. n.d. http://www.massinsight.org/stg/research/.

Rey-Garcia, Marta, and Nuria Puig-Raposo. "Globalisation and the Organisation of FamilyPhilanthropy: A Case of Isomorphism?" *Business History* 55 (September 2013): 1019–46.

Robbins, Kevin C. "The Nonprofit Sector in Historical Perspective: Traditions of Philanthropy in the West." In *The Nonprofit Sector: A Research Handbook*, edited by W. W. Powell and R. Steinberg, 13–31. New Haven, CT: Yale University Press, 2006.

Rockefeller, John D., Sr. *Random Reminiscences of Men and Events*. New York: Doubleday, Doran, 1907.

Rogers, John. "A New Era of Fiduciary Capitalism? Let's Hope So." April 28, 2014. Enterprising Investor. http://blogs.cfainstitute.org/investor/2014/04/28/a-new-era-of-fiduciary-capitalism-lets-hope-so/.

Rojas, Ronald R. "A Review of Models for Measuring Organizational Effectiveness Among For-Profit and Nonprofit Organizations." *Nonprofit Management and Leadership* 11 (2000): 97–104.

Rosenberger, Mary, and Chris Weston. "Overview of the Libraries and Archives Exception in the Copyright Act: Background, History and Meaning." 제108조 연구 그룹을 위해 작성된 미발표 논문, April 5, 2005. http://www.section108.gov/papers.html.

"Rule 1.6: Confidentiality of Information." American Bar Association. http://www.americanbar.org/groups/professional_responsibility/publications/model_rules_of_professional_conduct/rule_1_6_confidentiality_of_information.html.

Russakoff, Dale. "Schooled." *The New Yorker*, 2014. http://www.newyorker.com/magazine/2014/05/19/schooled?currentPage=all.

Sabel, Charles, and William Simon. "Minimalism and Experimentalism in the Administrative State." *Georgetown Law Journal* 100, no. 1 (2011): 53–93.

Sadowski, Michael. "What's 'New' About Creating Shared Value?" April 5, 2011. Sustain-Ability. http://www.sustainability.com/blog/what-s-new-about-creating-shared-value#U8WkTI1dXZe.

Salamon, Lester. "Partners in Public Service: The Scope and Theory of Government Nonprofit Relations." In *The Nonprofit Sector: A Research Handbook, 1st Edition*, edited by W. W. Powell. New Haven, CT: Yale University Press, 1987.

Samuelson, Pamela. "The Audacity of the Google Book Search Settlement." Huffington Post. August 10, 2009. http://www.huffingtonpost.com/pamela-samuelson/the-audacity-of-the-googl_b_255490.html.

―――. "Legislative Alternatives to the Google Book Settlement." 34 *Columbia Journal of Law and the Arts* 697 (2010).

Sandel, Michael. *Liberalism and the Limits of Justice.* Cambridge, UK: Cambridge University Press, 1998.

Sanderson, Rachel. "OFT Reinstated." *Financial Times,* May 24, 2010. http://www.ft.com/intl/cms/s/0/013915e8-66cb-11df-aeb1-00144feab49a.html.

Satz, Debra. "Countering the Wrongs of the Past: The Role of Compensation." In *Reparations: Interdisciplinary Inquiries,* edited by Jon Miller and Rahul Kumar, 176-92. Oxford University Press, 2007.

―――. *Why Some Things Should Not Be for Sale.* Oxford: Oxford University Press, 2010.

Scanlon, T. M. "Plural Equality." In *Reading Walzer,* edited by Yitzhak Benbaji and Naomi Sussmann, 183. New York: Routledge, 2014.

―――. "Preference and Urgency." *Journal of Philosophy* 72 (1975): 659-60.

Schambra, William A. "The Progressive Assault of Civil Community." In *The Essential Civil Society Reader,* edited by Don E. Eberly. New York: Rowan and Littlefield, 2000.

Schlesinger, Arthur Meier. "Liberalism in America: A Note for Europeans" (1956). In *The Politics of Hope and The Bitter Heritage.* Princeton, NJ: Princeton University Press, 2008.

Schlesinger, Mark, and Bradford H. Gray. "How Nonprofits Matter in American Medicine and What to Do About It." *Health Affairs* 25, no. 4 (July 2006).

Schneiberg, Marc, Marissa King, and Thomas Smith. "Social Movements and Organizational Form: Cooperative Alternatives to Corporations in the American Insurance, Dairy and Grain Industries." *American Sociological Review* 73 (2008): 635-67.

Schumpeter, Joseph. *Capitalism, Socialism, and Democracy.* New York: Harper & Brothers, 1942.

Scott, W. Richard, Martin Ruef, Peter J. Mendel, and Carol A. Caronna. *Institutional Change and Healthcare Organizations: From Professional Dominance to Managed Care.* Chicago: University of Chicago Press, 2000.

Sealander, Judith. *Private Wealth & Public Life: Foundation Philanthropy and the Reshaping of American Social Policy from the Progressive Era to the New Deal.* Baltimore: Johns Hopkins University Press, 1997.

Seeley, John R., et al. *Community Chest: A Case Study in Philanthropy* (1957). New Brunswick, NJ: Transaction, 1989.

Sen, Amartya. "Adam Smith and the Contemporary World." *Erasmus Journal for Philosophy and Economics* 3, no. 1 (Spring 2010): 50–67.

"75 Examples of How Bureaucracy Stands in the Way of America's Students and Teachers." Eli and Edythe Broad Foundation. n.d. http://www.broadeducation. org/about/bureaucracy.html.

"Shareholder-Designated Contributions Program: Commonly Asked Questions." Berkshire Hathaway Inc. http://www.berkshirehathaway.com/sholdqa.html.

Shear, Michael D. "Amazon's Founder Pledges $2.5 Million in Support of Same-Sex Marriage." *New York Times: The Caucus*, June 27, 2012. http://thecaucus.blogs. nytimes.com/2012/07/27/amazons-founder-pledges-2–5-million-in-support-of- same-sex-marriage/?_r=0.

Shelby County, Ala. v. Holder. 2013. 133 S. Ct. 2612, 570 U.S., 186 L. Ed. 2d 651.

Sherwood, Margaret. *An Experiment in Altruism*. New York: Macmillan, 1895.

Shiffrin, Seana. "Incentive, Motives, and Talents." *Philosophy & Public Affairs* 38, no. 2 (Spring 2010): 112.

Sidgwick, Henry. *The Method of Ethics*. London: Macmillan, 1874.

Simon, William. "What Difference Does It Make Whether Corporate Managers Have Public Responsibilities?" *Washington and Lee Law Review* 50, no. 4 (September 1993): 1697–1703.

Singel, Ryan. "Facebook's Zuckerberg Becomes Poster Child for New Privacy Settings." Wired. December 11, 2009. http://www.wired.com/business/2009/12/ zuckerberg-facebook-privacy/.

Singer, Peter. "Famine, Affluence, and Morality." *Philosophy and Public Affairs* 1, no. 3 (1972): 229–43.

———. "Outsiders: Our Obligations to Those Beyond Our Borders." In *The Ethics of Assistance: Morality and the Distant Needy*, edited by Deen K. Chatterjee, 11–32. Cambridge, UK: Cambridge University Press, 2004.

"The Six Principles." Principles for Responsible Investment. http://www.unpri.org/ about-pri/the-six-principles/.

Skocpol, Theda. *Diminished Democracy: From Membership to Management in American Civic Life*. Norman: University of Oklahoma Press, 2003.

———. "United States: From Membership to Advocacy." In *Democracies in Flux: The Evolutionof Social Capital in Contemporary Society*, edited by Robert D. Putnam, 103–36, 444–50. New York: Oxford University Press, 2002.

Smiley, Charles W. "Altruism Economically Considered." *Popular Science Monthly*, November 1888.

Smith, Adam. "Book IV, II. Of Restraints Upon the Importation from Foreign Countries of Such Goods as Can Be Produced at Home." In *An Inquiry into the Nature and Causes of the Wealth of Nations*. 1776. The Harvard Classics, Bartleby. com.

Smith, Steven Rathgeb. "Social Services." In *The State of Nonprofit America*, edited by L. Salamon, 149–86. Washington, DC: Brookings Institution, 2002.

Specter, Michael. "The Gene Factory." *The New Yorker*. January 6, 2014, 34–43.

Spencer, Herbert. *An Autobiography*. New York: D. Appleton, 1904.

————. *First Principles of a New System of Philosophy*. London, 1870.

————. *Principles of Ethics*. London: D. Appleton, 1892.

————. *The Principles of Psychology*. London, 1870.

Stark, David. *The Sense of Dissonance*. Princeton, NJ: Princeton University Press, 2009.

Steffens, Lincoln. "Eugene V. Debs on What the Matter Is in America and What to Do About It." *Everybody's Magazine*, October 1908.

Steinhauer, Jennifer. "A Billionaire Philanthropist in Washington Who's Big on 'Patriotic Giving.'" *New York Times*, February 20, 2014. http://www.nytimes. com/2014/02/21/us/a-billionaire-philanthropist-in-washington-whos-big-on-patriotic-giving.html.

Stephen, Leslie. *Science of Ethics*. London: Read Books, 1882.

Stern, Ken. *With Charity for All*. New York: Doubleday, 2013.

Stilz, Anna. "Collective Responsibility and the State." *Journal of Political Philosophy* 19 (2011): 190–208.

"Storytelling." Skoll Foundation. n.d. http://www.skollfoundation.org/approach/ storytelling/.

Stout, Lynn A., "Why We Should Stop Teaching Dodge v. Ford." UCLA School of Law, Law–Econ Research Paper No. 07–11.

Strauss, Valerie. "Gates Gives $150 Million in Grants for Common Core Standards." *Washington Post*, May 12, 2013. http://m.washingtonpost.com/blogs/answer-sheet/ wp/2013/05/12/gates-gives-150-million-in-grants-for-common-core-standards/.

"Strengthening American Democracy." John D. and Catherine T. MacArthur Foundation. n.d. http://www.macfound.org/programs/democracy/.

Sunstein, Cass R. Democracy and the Problem of Free Speech. Free, 1993.

SustainAbility. "Gearing Up: From Corporate Responsibility to Good Governance and Scalable Solutions." September 1, 2004. http://www.unglobalcompact.org/docs/news_events/8.1/gearing-up.pdf.

Sustainability Accounting Standards Board. Last modified 2014. http://www.sasb.org/.

Swift, Morrison. "Altruria in California." Overland Monthly, June 1897.

Team. Memo to DPLA Governance Workstream. "Analogous Governance Models for the DPLA." August 2012.

Terret v. Taylor 13 US 43 (1815).

Thompson, Janna. Taking Responsibility for the Past: Reparation and Historical Injustice. Cambridge, UK: Polity, 2002.

Thomson, Judith Jarvis. "Preferential Hiring." Philosophy and Public Affairs 4 (1973): 364–84.

Tocqueville, Alexis de. Democracy in America. Translated by Arthur Goldhammer. Edited by Olivier Zunz. New York: Library of America, 2004.

Tomasi, John. Free Market Fairness. Princeton, NJ: Princeton University Press, 2012.

Towner, Lawrence W. Past Imperfect: Essays on History, Libraries and the Humanities. Chicago: University of Chicago Press, 1993.

Travis, Alan. "Police Forces Set to Cut 5,800 Frontline Officers by 2015." The Guardian. July 2, 2012. http://www.guardian.co.uk/uk/2012/jul/02/police-forces-cut-5800-officers.

Troyer, Thomas A. "The 1969 Private Foundation Law: Historical Perspectives on Its Origins and Underpinnings." Exempt Organization Tax Review 27, no. 1 (January 2000): 52–65.

Trustees of Dartmouth College v. Woodward 17 U.S. 518 (1819).

Turner, Fred. From Counterculture to Cyberculture: Stewart Brand, the Whole Earth Network, and the Rise of Digital Utopianism. Chicago: University of Chicago Press, 2006.

2013 Donor-Advised Fund Report. National Philanthropic Trust. http://www.nptrust.org/daf-report/.

Tyson, Laura D'Andrea. "The Challenges of Running Responsible Supply Chains." New York Times, February 7, 2014.

United Nations Global Compact. Last modified 2014. http://www.unglobalcompact.

org/.

United Students Against Sweatshops. Last modified 2014. http://usas.org/.

University of North Carolina v. Foy 5 N.C. 58 (1805).

Updike, John. "The End of Authorship." *New York Times Book Review.* June 25, 2006. 온라인으로 확인.

Vaidhyanathan, Siva. *The Anarchist in the Library: How the Clash between Freedom and Control Is Hacking the Real World and Crashing the System.* New York: Basic Books, 2004.

―――. "The Googlization of Everything and the Future of Copyright." *University of California, Davis Law Review* 40 (2006): 1207–31.

―――. *The Googlization of Everything (And Why We Should Worry).* Berkeley: University of California Press. 2011.

Valentini, Laura. *Justice in a Globalized World.* Oxford: Oxford University Press, 2011.

Van Slyck, Abigail A. *Free to All: Carnegie Libraries & American Culture, 1890–1920.* Chicago: University of Chicago Press, 1995.

Vermeule, Adrian. "Reparation as Rough Justice." In *Transitional Justice,* edited by Melissa Williams, Rosemary Nagy, and Jon Elster. New York: New York University Press, 2012.

Viscusi, W. Kip. "Corporate Risk Analysis: A Reckless Act?" *Stanford Law Review* 52, no. 3 (February 2000): 548–97.

Wadhwani, R. Daniel. "Organisational Form and Industry Emergence: Nonprofit and Mutual Firms in the Development of the US Personal Finance Industry." *Business History* 53 (December 2011): 1152–77.

Walton, Andrea. "Introduction: Women and Philanthropy in Education—A Problem of Conceptions." In *Women and Philanthropy in Education,* edited by Andrea Walton, 1–36. Philanthropic and Nonprofit Studies. Bloomington: Indiana University Press, 2005.

Walzer, Michael. "Communal Provision." In *Spheres of Justice,* 69–70. New York: Basic Books, 1983.

Warner, Amos G. *American Charities: A Study in Philanthropy and Economy.* New York: Crowell, 1908 [1894].

Warner, Sam Bass, Jr. "If All the World Were Philadelphia: A Scaffolding for Urban History, 1774–1930." *American Historical Review* 74 (1968): 26–43.

Washington Post Editors. "What's Getting Cut in the FY 2011 Budget?" *Washington Post*. April 13, 2011. http://www.washingtonpost.com/blogs/federal-eye/post/whats-getting-cut-in-the-fy-2011-budget/2011/04/11/AFMIynLD_blog.html.

Watson, Frank Dekker. *The Charity Organization Movement in the United States: A Study in American Philanthropy*. New York: Macmillan, 1922.

Weisbrod, Burton. "Institutional Form and Organizational Behavior." In *Private Action and the Public Good*, edited by W. W. Powell and E. S. Clemens, 69–84. New Haven, CT: Yale University Press, 1998.

———. "Toward a Theory of the Voluntary Nonprofit Sector in a Three-Sector Economy." In *The Voluntary Nonprofit Sector*, edited by Burton Weisbrod, 51–76. Lexington: Lexington Books, 1977.

———. *The Voluntary Nonprofit Sector: An Economic Analysis*. Lexington, MA: Lexington Books, 1978.

Wellington, Henry. "Common Law Rules and Constitutional Double Standards: Some Notes on Adjudication." *Yale Law Journal* 83, no. 2 (December 1973): 222–97.

Wells, Robert Jeffrey David. "The Communist and the Altruist: Alcander Longley's Newspapers and Communities." PhD diss., Missouri State University, 2008.

Westaway, Kyle. "Adam Smith Was Not Schizophrenic." December 1, 2011. Harvard Business Review blog network. http://blogs.hbr.org/2011/12/adam-smith-was-not-a-schizophr/

White, John. "Andrew Carnegie and Herbert Spencer: A Special Relationship." *Journal of American Studies* 13, no. 1 (April 1979): 57–71.

White House. "President Obama to Highlight Innovative Programs That Are Transforming Communities across the Nation." June 30, 2009. http://www.whitehouse.gov/the_press_office/President-Obama-To-Highlight-Innovative-Programs-that-are-Transforming-Communities-Across-the-Nation.

Wiebe, Robert H. *The Search for Order, 1877–1920*. New York: Hill & Wang, 1967.

Williams, Cora M. *The System of Ethics Founded on the Theory of Evolution*. New York: Macmillan,1893.

Williams, William Appleman. *The Tragedy of American Diplomacy*. New York: Dell, 1972 [1962, 1959].

Witte, John Jr. "Tax Exemption of Church Property: Historical Anomaly or Valid Constitutional Practice?" *Southern California Law Review* 64 (January 1991): 363–

415.

Wolff, Joshua D. *Western Union and the Creation of the American Corporate Order, 1845–1893.* New York: Cambridge University Press, 2013.

Worker Rights Consortium. Last modified 2014. http://www.workersrights.org/.

Youmans, E. L., ed. *Herbert Spencer on the Americans and the Americans on Herbert Spencer.* New York: D. Appleton, 1883.

Zickuhr, Kathryn. "How Americans Value Public Libraries in Their Communities." Washington, DC: Pew Research Center, 2013.

Zunz, Olivier. *Philanthropy in America: A History.* Princeton, NJ: Princeton University Press, 2012.

ㅎ

민주사회의 필란트로피

필란트로피와 역사, 제도, 가치에 대하여

초판 1쇄 인쇄 2021년 8월 10일
초판 1쇄 발행 2021년 8월 20일

엮은이 롭 라이히, 루시 베른홀츠, 키아라 코넬리 | 옮긴이 이은주 | 감수자 최영준
펴낸이 신정민

편집 박민애 김승주 이희연 | 디자인 신선아 이주영 | 저작권 김지영 이영은
마케팅 정민호 김경환 | 홍보 김희숙 함유지 김현지 이소정 이미희 박지원
제작 강신은 김동욱 임현식 | 제작처 상지사

펴낸곳 (주)교유당
출판등록 2019년 5월 24일 제406-2019-000052호

주소 10881 경기도 파주시 회동길 210
문의전화 031) 955-8891(마케팅), 031) 955-2680(편집)
팩스 031) 955-8855
전자우편 gyoyudang@munhak.com

ISBN 979-11-91278-58-3 03330